W0293393

Pour le Mérite

Viktor Suworow

Der Eisbrecher

Hitler in Stalins Kalkül

Pour le Mérite

Titelseitengestaltung unter Verwendung des Gemäldes „Der Führer im Kampfgelände"
von Conrad Hommel.

Die Karten zeichnete Ulf Balke.
Aus dem Russischen übersetzt von Hans Jaeger.

Bibliographische Information der Deutschen Bibliothek
Die Deutsche Bibliothek verzeichnet diese Publikation in der Deutschen Nationalbibliographie; detaillierte bibliographische Daten sind im Internet über http://dnb.ddb.de abrufbar.

Dem Bruder

ISBN 978-3-932381-45-4

Die deutschen Auflagen bis zum Jahr 2007
sind beim Verlag Klett-Cotta erschienen.

© 2008 Pour le Mérite. Alle Rechte vorbehalten

Pour le Mérite – Verlag für Militärgeschichte
Postfach 52, D-24236 Selent

Gedruckt in Österreich

VORWORT ZUR DEUTSCHEN AUSGABE

Der Westen mit seinen imperialistischen
Kannibalen hat sich in eine Brutstätte
der Finsternis und Sklaverei verwandelt.
Unsere Aufgabe ist es, diese Brutstätte zum
Glück und zur Freude der Werktätigen
aller Länder zu zerschlagen.
Stalin, 15.12.1918 (Werke IV, S. 182)

Weshalb wurden von Ribbentrop, Keitel und Jodl in Nürnberg zum Tode verurteilt?

1969 erschienen in Rußland die Memoiren des Marschalls der Sowjetunion Georgi Konstantinowitsch Schukow. Während des Krieges war Stalin der oberste Befehlshaber der Streitkräfte und Schukow sein einziger Stellvertreter gewesen. Da Stalin der Nachwelt keine Memoiren hinterlassen hat, ist Schukow der höchstrangige Zeuge dessen, was in den Kriegsjahren im Kreml vor sich ging.

Schukows Memoiren erlebten zahlreiche Neuauflagen und wurden in Dutzende von Fremdsprachen übersetzt. Ihre Gesamtauflage beläuft sich auf mehrere Millionen. Doch aus irgendwelchen Gründen scheinen die schier unglaublichen Enthüllungen, die sich in diesen Erinnerungen finden, niemandem aufzufallen. Hier ein Beispiel: „Kurz darauf eilte W.M. Molotow herein. Er sagte: ‚Die deutsche Regierung hat uns den Krieg erklärt.' J.W. Stalin ließ sich auf den Stuhl sinken und verlor sich in Gedanken."[1]

Als ich – damals Leutnant der sowjetischen Armee – diese Zeilen im fernen Jahre 1969 las, rissen sie mich förmlich vom Stuhl und ließen mir fortan keine Ruhe mehr. Was schrieb Marschall Schukow da? Schon in meiner Kindheit hatte man mir eingetrichtert, daß das Deutsche Reich unser Land *ohne Kriegserklärung* überfallen hatte. So stand es in jedem Buch über den Krieg: *ohne Kriegserklärung*. Und in jeder sowjetischen Zeitung liest man, wenn es um den Kriegsausbruch geht, immer wieder dieselben Worte: *ohne Kriegserklärung*!

Die Sache war fürwahr erstaunlich. Die ganze kommunistische Propaganda, sämtliche Experten und mit ihnen Hunderte von Millionen Menschen in unzähligen Ländern der Welt wiederholen immer noch gebetsmühlenartig die alte Formel: Deutschland hat *ohne Kriegserklärung* angegriffen! Doch von diesen Hunderten von Millionen haben immerhin einige Millionen die Memoiren Schukows und somit auch den Satz gelesen: „Die deutsche Regierung hat uns den Krieg erklärt." Eine Gegenüberstellung der beiden Aussagen beweist, daß sich die Kremlführer selber hinsichtlich der einfachsten Dinge in Widersprüche verstricken. Die russischen Politiker, Marschälle und Generale, Ideologen und Historiker sind nicht imstande, ein widerspruchsfreies Bild der entscheidendsten Augenblicke in der Geschichte des Krieges zu zeichnen.

Die Frage, ob Deutschland der Sowjetunion nun den Krieg erklärt hatte oder nicht, interessierte mich damals brennend. Es gelang mir, folgendes in Erfahrung zu bringen: Am 22. Juni 1941, um vier Uhr morgens, ließ der deutsche Reichsaußenminister Joachim von Ribbentrop den Stellvertretenden Volkskommissar für Auswärtige Angelegenheiten der UdSSR und sowjetischen Botschafter im Deutschen Reich, Wladimir Georgijewitsch Dekanossow, zu sich kommen und überreichte ihm ein Memorandum, in dem die Gründe für den deutschen Einmarsch in die Sowjetunion dargelegt wurden. Neben einer „Note des deutschen Außenministeriums zu Händen der sowjetischen Regierung" wurden Dekanossow drei Beilagen hierzu ausgehändigt:

- Ein „Bericht des deutschen Innenministeriums sowie des Reichsführers-SS und Chefs der deutschen Polizei an die deutsche Regierung über die subversive Tätigkeit der UdSSR gegen Deutschland und den Nationalsozialismus";
- Ein „Bericht des deutschen Außenministeriums über die Propaganda und politische Agitation der Sowjetregierung";
- Ein „Bericht des Oberkommandos der deutschen Wehrmacht an die deutsche Regierung über die Konzentrierung der sowjetischen Streitkräfte gegen Deutschland".

Die Überreichung dieser Dokumente bedeutete eine Kriegserklärung.

Zur gleichen Zeit ersuchte der deutsche Botschafter in Moskau, Friedrich-Werner Graf von der Schulenburg, um eine sofortige Audienz beim Volkskommissar für Auswärtige Angelegenheiten der UdSSR Wjatscheslaw Michailowitsch Molotow und händigte ihm ein gleichlautendes Memorandum mitsamt Beilagen aus.

Mit anderen Worten: Die Kriegserklärung des Deutschen Reiches an die Sowjetunion erfolgte sogar gleichzeitig über zwei Kanäle. Am selben Tag gab Propagandaminister Dr. Joseph Goebbels in Berlin um 5.30 Uhr morgens im Rundfunk eine Erklärung ab. Einige Stunden später hielt Adolf Hitler selber eine Rundfunkansprache, in der er die Gründe darlegte, die das Deutsche Reich gezwungen hätten, gegen die Sowjetunion loszuschlagen. Sowohl Goebbels als auch Hitler bezichtigten die Sowjetunion vor der ganzen Welt laut und deutlich der Vorbereitung eines Überfalls auf Deutschland und erhoben folgende Anklagen: Der sowjetische Geheimdienst habe aktive Wühlarbeit gegen das Deutsche Reich betrieben; die Sowjetregierung habe unter Verletzung der abgeschlossenen Verträge feindliche Propaganda gegen Deutschland betrieben; die Rote Armee habe in Grenznähe kolossale Streitkräfte massiert.

Kann man Goebbels und Hitler glauben?

Nehmen wir einmal an, beide hätten gelogen. In diesem Falle oblag es der sowjetischen Regierung in ihrer Gesamtheit sowie Stalin und seinem Stellvertreter Molotow persönlich, der ganzen Welt kundzutun, daß Hitler, von Ribbentrop und Dr. Goebbels falsche Anklagen erhoben hatten. Die Regierung der UdSSR war verpflichtet, die deutschen Beschuldigungen vor aller Welt zu widerlegen. Doch die Note des Reichsaußenministeriums zu Händen der Sowjetregierung sowie die drei Beilagen dazu wurden weder damals von Molotow noch später von irgend jemand anderem entkräftet. Das lag daran, daß die deutschen Beschuldigungen schlicht und einfach nicht zu widerlegen waren.

Die deutsche Regierung erklärte der UdSSR den Krieg und begründete diesen Schritt mit einer Vielzahl von Argumenten als einzigen unter den obwaltenden Umständen möglichen. Warum hat sich nie jemand mit diesen Argumenten auseinandergesetzt? Jahrzehnte sind seither verstrichen, doch niemand hat den Versuch unternommen, Hitler und Goebbels zu widerlegen.

Dies läßt nur einen Schluß zu: Weder der Genosse Stalin noch seine Nachfolger im Kreml vermochten die im Memorandum der deutschen Regierung dargelegten Anschuldigungen zu entkräften, weder am Morgen des 22. Juni 1941, noch zehn Jahre später, noch ein halbes Jahrhundert später... Hätten sich diese Anklagen widerlegen lassen, so wäre dies schon längst geschehen.

Da sich die nackten Fakten nicht unter den Teppich kehren ließen, verzichteten die Kremlbosse auf jeglichen Widerlegungsversuch und beteuerten statt dessen, die Sowjetunion sei völlig unschuldig; niemand habe irgendwelche Vorwürfe gegen sie erhoben, und sie habe von der deutschen Regierung kein Memorandum erhalten.

Am 22. Juni 1941, um 7.30 Uhr morgens, wurde im Rundfunk eine Erklärung der Sowjetregierung verlesen. Sie begann mit den Worten: „Deutschland hat die Sowjetunion ohne Kriegserklärung und ohne jedwede Begründung angegriffen..."

Um 12 Uhr wandte sich der stellvertretende Chef der sowjetischen Regierung und Außenminister der UdSSR, Wjatscheslaw Molotow, in einer Rundfunkansprache an die sowjetische Bevölkerung. Er erklärte: „Ohne jedwede Begründung und ohne Kriegserklärung haben die deutschen Streitkräfte unser Land überfallen..."

Dies war eine offenkundige Lüge. Sieben Stunden zuvor hatte Molotow den deutschen Botschafter empfangen, der ihm im Namen der deutschen Regierung eine Kriegserklärung überreichte und drei Dokumente aushändigte, in denen konkrete Beschuldigungen gegen die Sowjetunion erhoben wurden.

Nach Kriegsende forderte Stalin einen Prozeß gegen die führenden Persönlichkeiten des Dritten Reiches. Dieser Prozeß fand in Nürnberg statt. Ankläger und Richter aus der Sowjetunion, den USA, Großbritannien und Frankreich entschieden über das Schicksal der angeklagten nationalsozialistischen Führer.

Unter diesen befand sich auch der ehemalige Außenminister Joachim von Ribbentrop. Er sagte während des Prozesses aus, eine Kriegserklärung an die UdSSR sei sehr wohl erfolgt. Die sowjetischen Ankläger bestritten dies kategorisch und machten geltend, diesbezügliche Dokumente ließen sich nicht auffinden; dies bedeute, daß man der Sowjetunion keine solchen überreicht habe, und somit könne es auch keine Kriegserklärung gegeben haben.

Warum leugneten die sowjetischen Ankläger in Nürnberg den Erhalt der in der Tat erfolgten Kriegserklärung? Warum behaupteten sie wahrheitswidrig, Ribbentrop habe dem Sowjetbotschafter in Berlin am 22. Juni 1941 keinerlei Dokumente ausgehändigt? Warum begingen die Ankläger – zurückhaltend ausgedrückt – eine krasse Rechtsbeugung; warum erhoben sie nachweislich falsche Beschuldigungen gegen Ribbentrop?

Die amerikanischen, britischen und französischen Richter segneten diese Rechtsbeugung mit einem gehorsamen Nicken ab: Wenn die Sowjetregierung keine Dokumente mit einer Kriegserklärung finden konnte, bedeutete dies, daß sie von der deutschen Seite keine solchen erhalten hatte... Im Nürnberger Urteil hieß es denn auch: „Am 22. Juni 1941 ... fiel Deutschland ohne jede Kriegserklärung ins Sowjetgebiet ein."[2]

Und von Ribbentrop wurde gehängt.

Jahrzehntelang hat man uns eingehämmert, Deutschland habe uns „treubrüchig und ohne Kriegserklärung" überfallen, doch heute muß sogar das Verteidigungsministerium der Russischen Föderation in seinem offiziellen Organ, dem *Roten Stern*, anerkennen, daß Deutschland uns sehr wohl den Krieg erklärt hat.[3] Dasselbe Blatt vermeldete in seiner Ausgabe vom 23. Juni 2001: „Die offiziellen Anschuldigungen an die Adresse der UdSSR waren in einem Memorandum enthalten, das Reichsaußenminister von Ribbentrop dem Sowjetbotschafter in Berlin am 22. Juni 1941 um 4 Uhr morgens überreichte."

Selbst die offizielle sowjetische Geschichtsschreibung hatte bereits 1975 eingeräumt: „Im selben Sinne war das Memorandum abgefaßt, das dem sowjetischen Botschafter in Berlin am 22. Juni von J. von Ribbentrop überreicht wurde. In ihm wurde behauptet, die Sowjetregierung sei bestrebt, Deutschland innerlich zu zersetzen, und jederzeit bereit, eine Aggression gegen es zu begehen."[4]

Dies alles mutet äußerst undurchsichtig an; um sich einen Reim darauf machen zu können, muß man zuerst herauszufinden versuchen, was man Ribbentrop eigentlich vorwarf und wofür er gehängt wurde.

Joachim von Ribbentrop war ab 1934 Sonderbeauftragter für Abrüstung (!) gewesen. 1936 wurde er zum Botschafter in Großbritannien ernannt. Er hegte große Wertschätzung für dieses Land, war ausgesprochen anglophil und tat alles, um sicherzustellen, daß zwischen dem Deutschen Reich und Großbritannien nie wieder Krieg ausbrechen würde.

Ab 1938 bekleidete er das Amt des Reichsaußenministers. Legte man ihm das in jenem Jahr abgeschlossene Münchner Abkommen über den Anschluß des Sudetenlands an das Deutsche Reich zur Last? Mit Verlaub, diesen Vertrag hatten nicht Minister unterzeichnet, sondern Staatsoberhäupter, darunter das britische und das französische. Falls das Münchner Abkommen ein Verbrechen war, hätte man folglich dem damaligen französischen Premier Edouard Daladier und dem damaligen britischen Premierminister Neville Chamberlain einen Strick daraus drehen müssen. Schließlich waren sie es gewesen, die ihre Unterschrift unter die Übereinkunft gesetzt hatten, und nicht Ribbentrop.

Nach seiner Ernennung zum Reichsaußenminister stand Ribbentrop nur ein einziges Mal wirklich im Rampenlicht, nämlich als er in Gegenwart Stalins den nach Ribbentrop und dem sowjetischen Außenminister Molotow benannten Pakt unterzeichnete.

Beim Nürnberger Prozeß wurde er der direkten Beteiligung an der Entfesselung eines Angriffskrieges für schuldig befunden. Doch niemand fragte: An der Entfesselung *welchen* Krieges war er mitschuldig gewesen? An der des Zweiten Weltkrieges?

Davon konnte überhaupt nicht die Rede sein: Ribbentrop hatte im Kreml lediglich den *Nicht*angriffspakt zwischen Deutschland und der Sowjetunion unterschrieben.

Aber dieser Pakt sah doch in seinem geheimen Teil die Teilung Polens vor, wendet man da ein, und als Ergebnis dieser Teilung brach der Zweite Weltkrieg aus!

Dies stimmt, aber Ribbentrop hatte den Pakt ja nicht alleine unterschrieben. Als erster unterzeichnete ihn der Genosse Molotow und erst dann Herr von Ribbentrop. Kurz darauf, im September 1939, versah Stalin eine Karte, die das geteilte Polen zeigte, in seiner überschwenglichen Freude mit einer 58 cm großen Unterschrift. Der große Sowjetführer freute sich unbändig darüber, daß er Hitler den Weg freigemacht hatte, der zunächst zum Krieg gegen Polen, doch dann unvermeidlich zu einem weltweiten Krieg führen mußte, der nur mit Hitlers totaler Niederlage enden konnte.

Wenn von Ribbentrop ein Abkommen unterschrieb, das formell ein Nichtangriffspakt, de facto aber ein Vertrag über die Teilung Polens war, hatte er das Todesurteil natürlich verdient. Doch dann hätte man den Genossen Molotow neben ihn an den Galgen hängen müssen. Um des Gleichgewichtes willen. Und in der Mitte, zwischen den beiden, den Genossen Stalin. Um der Gerechtigkeit willen. Schließlich war der Pakt im Kreml unterzeichnet worden, und wer hatte im Kreml das Sagen? Ganz bestimmt nicht Ribbentrop!

Was war das bloß für ein merkwürdiger Prozeß! Ribbentrop unterschrieb ein Abkommen, das den Zweiten Weltkrieg auslöste, und wurde dafür gehängt, während Molotow, der seine Unterschrift unter dasselbe Dokument gesetzt hatte, gemeinsam mit dem Genossen Stalin an der Organisation ebendieses Prozesses beteiligt war.

Und dies ist der Grund dafür, daß von Ribbentrop in Nürnberg *nicht* wegen der Unterzeichnung dieses Paktes angeklagt wurde! Hier drängt sich die Frage auf: Was lastete man Ribbentrop eigentlich an? Und wodurch hatte er sich gegenüber Großbritannien und Frankreich schuldig gemacht? Schließlich hatte er keinem dieser beiden Staaten den Krieg erklärt. London und Paris hatten Ribbentrop nichts vorzuwerfen. Ganz im Gegenteil: Es waren Großbritannien und Frankreich, die dem Deutschen Reich den Krieg erklärt hatten. Wenn eine Kriegserklärung ein Verbrechen ist, hätten die französischen und britischen Führer in Nürnberg am Galgen baumeln müssen.

Nun folgt unweigerlich der nächste Einwand: Anno 1941 hat von Ribbentrop der Sowjetunion im Namen der deutschen Regierung den Krieg erklärt; hierin lag seine Schuld, und hierfür hatte er einen schimpflichen und qualvollen Tod verdient.

Dieses Argument scheint auf den ersten Blick unanfechtbar. Der Haken ist nur, daß eine solche Anklage gegen von Ribbentrop in Nürnberg *nicht* vorgelegt wurde. Im Gegenteil: Der sowjetische

Ankläger, Genosse A.I. Wischinski, behauptete lügenhaft, eine Kriegserklärung sei nicht erfolgt. Dies läuft darauf hinaus, daß er von Ribbentrop in diesem Punkt gedeckt hat.

Laut der sowjetischen Version gab es keine Kriegserklärung. Daraus folgte, daß von Ribbentrop und sein Ministerium nicht einmal formell etwas mit dem Einmarsch in die Sowjetunion zu tun hatten. Trotzdem wurde von Ribbentrop auf Drängen der sowjetischen Staatsanwälte gehängt.[5]

Wo blieb da die eiserne Logik Stalins?

Keine Sorge, die Fähigkeit, logisch zu denken, war Stalin auch während des Nürnberger Prozesses nicht abhanden gekommen. Hätte man Ribbentrop zur Last gelegt, der UdSSR den Krieg erklärt zu haben, so hätte man als Beweis das Memorandum der deutschen Regierung vorlegen müssen, das Ribbentrop dem Sowjetbotschafter Dekanossow am 22. Juni 1941 um 4 Uhr morgens überreicht hatte. Dann hätte sich jedoch die Frage gestellt, ob der Inhalt dieses Memorandums der Wahrheit entsprach oder pure Verleumdung war, und die Sowjetregierung verspürte nicht die geringste Lust, sich auf eine Diskussion hierüber einzulassen. Deshalb unterließ sie es, konkrete Anklagen gegen von Ribbentrop zu erheben, und die sowjetischen Ankläger belogen das Gericht dreist, indem sie vorgaben, Deutschland habe ohne Kriegserklärung angegriffen.

Selbst eine oberflächliche Auseinandersetzung mit dem Nürnberger Prozeß fördert eine Ungereimtheit nach der anderen zutage. Völlig unklar scheint zunächst, nach welchen Kriterien die Angeklagten eigentlich ausgewählt wurden.

Zum Tod durch den Strang verurteilt wurden in Nürnberg neben anderen auch Generalfeldmarschall Wilhelm Keitel und Generaloberst Alfred Jodl. Das Gericht hatte sie u.a. der Planung eines Angriffskrieges für schuldig befunden.[6]

Hierüber kann man nur sprachloses Erstaunen empfinden. Da die deutsche Führung davon überzeugt war, der Feldzug gegen die Sowjetunion werde mit einem raschen Sieg enden, hatte man Keitel und Jodl als Strategen höchsten Ranges überhaupt nicht zu seiner Planung herangezogen. Ihre Aufgaben waren anspruchsvollerer Art. Die Vorbereitung des Ostfeldzuges wurde gar nicht vom

Oberkommando der Wehrmacht, sondern – eine Stufe tiefer – vom Generalstab der Bodenstreitkräfte geleitet. Für den Plan „Barbarossa“ war also das Oberkommando des Heeres verantwortlich, und nicht das Oberkommando der Wehrmacht.

Bei der Ausarbeitung der Weisung Nr. 21, welche die Durchführung des Plans „Barbarossa“ regelte, sah die Befehlskette wie folgt aus:
- Adolf Hitler als oberster Befehlshaber;
- Generalfeldmarschall Walther von Brauchitsch als Oberbefehlshaber des Heeres;
- Generaloberst Franz Halder als Chef des Generalstabs der Bodenstreitkräfte.

Auf Befehl Halders wurden die provisorischen Vorbereitungen von Oberst Hans von Greiffenberg durchgeführt, und für die ersten Entwürfe zeichnete Generalmajor Erich Marcks verantwortlich. Letzterer wurde später durch Generalmajor Friedrich Paulus ersetzt, der von September 1940 bis Januar 1942 Oberquartiermeister des Generalstabs der Bodenstreitkräfte war. Dies bedeutete konkret, daß er die Position des Chefs der Operationsabteilung bekleidete und sämtliche Pläne seine Handschrift trugen. Der Plan „Barbarossa“ war also in erheblichem Umfang sein Werk. Am 5. Dezember 1940 faßte Halder seine Entwürfe vor Hitler zusammen; zu den Zuhörern gehörten Generalfeldmarschall Walther von Brauchitsch sowie Hauptmann Heinz Brandt, der erste Generalstabsoffizier der Operationsabteilung im Generalstab des Heeres.

Dementsprechend hätte man folgende Männer wegen der Vorbereitung eines Angriffskrieges aufhängen müssen: von Brauchitsch, Halder, Marcks, Paulus sowie (der Vollständigkeit halber) auch von Greiffenberg und Brandt. Doch keiner von ihnen endete am Galgen; sie wurden nicht einmal vor Gericht gestellt.

Weshalb forderten die sowjetischen Ankläger dann die Hinrichtung von Keitel und Jodl, obgleich sie genau wußten, daß der Plan „Barbarossa“ nicht ihr Werk gewesen war?

Worin hatte die Aufgabe Keitels und Jodls bestanden?

Keitel und Jodl leiteten keine Operationen auf sowjetischem oder sonstigem fremden Territorium. Sie hockten den ganzen

Krieg hindurch in ihren Kabinetten und Bunkern in Berlin. Keitel und Jodl blickten weit in die Zukunft. Mit dem Krieg gegen die Sowjetunion beschäftigten sie sich überhaupt nicht, da sie der Überzeugung waren, dieses Problem sei ohnehin bereits gelöst; ihre Überlegungen waren langfristiger strategischer Art. Mit Routineangelegenheiten wie der Zerschlagung der Roten Armee plagten sich Offiziere ab, die in der Hierarchie einen Rang tiefer standen. Keitel und Jodl planten Krieg in größerem Maßstab.

Am 17. Februar 1941 erhielt Generaloberst Jodl von Hitler den Auftrag, einen Plan zum Einmarsch in Indien via Afghanistan auszuarbeiten.[7] Am 11. Juni 1941 stellte er unter der Leitung Keitels die bekannte Weisung Nr. 32 fertig, die sich mit der Frage auseinandersetzte, was *nach* dem siegreichen Krieg gegen die Rote Armee zu tun war: Im Herbst 1941 wollte man von Libyen aus durch Ägypten in den Iran und von dort aus weiter nach Indien vorstoßen; eine weitere Offensive sollte von Bulgarien aus durch die Türkei in den Nahen Osten führen. Das Ziel waren in beiden Fällen die Lebensadern des britischen Empire.

Und nun forderten die sowjetischen Ankläger für diese beiden Offiziere das Todesurteil dafür, daß sie in Afghanistan und Indien einmarschieren wollten. Ein teuflisches Verbrechen, nicht wahr? Die amerikanischen, britischen und französischen Richter nickten eifrig: Ungeheuerlich, einfach ungeheuerlich! Wer derart verruchte Pläne geschmiedet hatte wie Keitel und Jodl, hatte den Galgen redlich verdient. Und das Gericht fällte das verlangte Todesurteil. Keitel und Jodl wurden für ihre phantastischen, niemals verwirklichten Pläne zur Eroberung Ägyptens, der Türkei, des Iran, Afghanistans und Indiens gehängt.

Man glaube nicht, ich wolle Hitlers Strategen verteidigen. Ich weise lediglich auf eine offenkundige Tatsache hin: Es gab weitaus würdigere Kandidaten für ein Todesurteil. Einer davon war Feldmarschall Friedrich Paulus: Immerhin hatte er die Aggression gegen die Sowjetunion geplant; immerhin war seine Variante des Angriffsplans angenommen und in die Tat umgesetzt worden. Dazu kam, daß er Operationen auf sowjetischem Territorium geleitet hatte, und zwar mit anfangs durchschlagendem Erfolg. Innerhalb eines einzigen Jahres schaffte er den Aufstieg vom Generalleutnant zum

Generalfeldmarschall. Von allen deutschen Truppenführern war Paulus am weitesten nach Osten vorgestoßen – bis nach Stalingrad. Dort geriet er dann in Gefangenschaft. Vom Januar 1942 bis zum Januar 1943 war er Befehlshaber der 6. Armee gewesen, so daß man ihm sämtliche den Soldaten und Offizieren dieser Armee angelasteten Missetaten bequem hätte in die Schuhe schieben können.

Die Moskauer Ankläger entschieden jedoch, daß Paulus lediglich *Zeuge* von Verbrechen gewesen sei... Stalin hätte Paulus ohne weiteres auch ohne Nürnberger Prozeß aufhängen lassen können. Man hätte ihn nicht nach Nürnberg zu schaffen brauchen, sondern in der UdSSR selbst vor Gericht stellen können. Eine andere Möglichkeit hätte darin bestanden, ihn in Nürnberg nicht als Zeugen auftreten zu lassen, sondern monströser Verbrechen zu bezichtigen und auf die Anklagebank zu setzen. Schließlich war er der entscheidende Planer und einer der wichtigsten Vollstrecker des Plans „Barbarossa" gewesen. Was, die Westmächte spielen nicht mit und wollen Paulus nicht in Nürnberg aufhängen? Zum Teufel mit ihnen; bringen wir unseren Gefangenen also zurück nach Moskau und drehen ihm dort den Hals um!

Doch niemand drehte Paulus den Hals um; er saß nie auf der Anklagebank.

Kurzum: Die einen stellte man in Nürnberg vor Gericht und hängte sie auf, die anderen faßte man mit Samthandschuhen an. Nach welchen Kriterien ging man dabei vor?

Warum war der Entwurf wirklichkeitsfremder Angriffspläne ein Verbrechen, der Entwurf *und die Umsetzung* von Plänen zur Zerschlagung der europäischen Armeen und zur Besetzung fast aller europäischen Staaten hingegen keines? Na gut, die Franzosen, die Belgier, die Holländer und die Griechen konnten uns ja gleichgültig sein – aber warum zogen Stalins Ankläger keinen jener Offiziere zur Verantwortung, die den Plan „Barbarossa" ausgearbeitet und umgesetzt hatten?

Ganz nebenbei: Im August 1941 besetzten die Rote Armee und die Briten gemeinsam den Iran, und Stalins Raubritter zettelten dort auch gleich noch einen Staatsstreich an. Wenn die Besetzung des Iran ein Verbrechen war, dann mußte man in Nürnberg von Rechts wegen jene sowjetischen und britischen Generale aufhängen, die *tatsächlich* im Iran einmarschiert waren, während Keitel und Jodl dergleichen lediglich *geplant* hatten. Und wenn die Ausarbeitung eines Plans zur Eroberung Afghanistans ein Verbrechen war, wie soll man dann mit den ruhmreichen sowjetischen Bezwingern Afghanistans umspringen? Im Gegensatz zu Keitel und Jodl hat eine ganze Menge sowjetischer Generale dieses Land höchst persönlich kennengelernt und sich nicht nur theoretisch dafür interessiert. Heerscharen sowjetischer Heerführer haben in Afghanistan gewütet. Während Keitel und Jodl niemals afghanischen Boden betraten, haben Dutzende sowjetischer Generale und Marschälle dort ohne vernünftigen Grund und ohne irgendwelchen Nutzen für ihr eigenes Land fremdes Blut vergossen.

Damit sind aber folgende Fragen immer noch nicht beantwortet: Warum hat Stalin dieses ganze Spektakel inszeniert; welchen Nutzen hatte er davon; warum ließ er die einen aufhängen und die anderen laufen?

Dem sowjetischen Diktator, der sich hinter der Autorität eines „Internationalen Militärtribunals" versteckte, ging es darum, unbequeme Zeugen seiner eigenen Verbrechen aus dem Weg zu räumen und zugleich jene Falschzeugen zu schützen, die zu jeder beliebigen Lüge bereit waren, um ihre eigene Haut zu retten.

Während der Voruntersuchungen gab Generalfeldmarschall Wilhelm Keitel in Nürnberg folgendes zu Protokoll: „Der Einmarsch in die Sowjetunion erfolgte, um einem russischen Angriff auf Deutschland zuvorzukommen." Und weiter: „Ich betone, daß alle von uns bis zum Frühjahr 1941 durchgeführten vorbereitenden Maßnahmen den Charakter reiner Verteidigungsvorkehrungen für den Fall eines Angriffs durch die Rote Armee trugen. Insofern kann man den ganzen Krieg im Osten gewissermaßen einen Präventivkrieg nennen ... Wir beschlossen ..., einem Angriff Sowjetrußlands zuvorzukommen und durch einen Überraschungsangriff dessen Streitkräfte zu zerschlagen. Gegen Frühjahr 1941 kam ich zu der festen Überzeugung, daß uns die starke Konzentrierung der russischen Truppen und deren nachfolgender Angriff auf Deutschland in strategischer und wirtschaftlicher Hinsicht in eine außerordentlich kritische Lage bringen könnten. Besonders gefährdet erschienen zwei weit im Osten liegende Ausläufer – Ostpreußen und Oberschlesien. In den ersten Wochen hätte ein Angriff von seiten Rußlands Deutschland in eine extrem ungünstige Situation versetzt. Unser Angriff war eine unmittelbare Folge dieser Bedrohung...“[8]

Im gleichen Sinne äußerte sich Generaloberst Alfred Jodl: „Es bestand die politische Meinung, daß sich die Lage komplizieren werde, wenn Rußland uns zuerst angreifen würde.“[9]

Diese Worte gaben den Anstoß dazu, daß Keitel und Jodl gehängt wurden. Genauer gesagt, nicht diese Worte, sondern ihre Weigerung, sie zurückzunehmen.

Aus demselben Grund mußte auch der unbeugsame Joachim von Ribbentrop den Gang zum Galgen antreten: Man verzichtete auf jegliche konkreten Anschuldigungen gegen ihn, während gegen den weitaus schwerer belasteten, aber feigen und verräterischen Paulus überhaupt keine Anklage erhoben wurde.

In Nürnberg verlangten die sowjetischen Untersuchungsrichter von Ribbentrop nur eines: Er sollte bezeugen, daß die Sowjetunion keinerlei Angriffsabsichten gehegt habe und nicht auf den Krieg vorbereitet gewesen sei, daß keine Kriegserklärung erfolgt sei und er dem Sowjetbotschafter keinerlei Dokumente überreicht habe. Wäre Ribbentrop während des Ermittlungsverfahrens auf dieses sowjetische Angebot eingegangen, so hätte man ihn sofort von der Anklagebank in den Zeugentrakt versetzt. Ribbentrop beharrte jedoch auf seinen Aussagen. In seiner Gefängniszelle verfaßte er Aufzeichnungen, die mittlerweile veröffentlicht worden sind: „Die großen sowjetischen Truppenkonzentrationen in Bessarabien erfüllten Adolf Hitler auch wegen der weiteren Kriegführung gegen England mit ernster Besorgnis, denn wir konnten auf das für uns lebenswichtige rumänische Öl unter keinen Umständen verzichten. Machte Rußland hier einen Vorstoß, so waren wir für die weitere Kriegführung vom guten Willen Stalins abhängig. Solche Perspektiven mußten natürlich Hitlers Mißtrauen gegenüber der russischen Politik erwecken. Er sagte mir bei jener Unterredung in München, daß er nun auch seinerseits militärische Maßnahmen in Erwägung ziehen werde, da er nicht die Absicht habe, sich vom Osten her überraschen zu lassen.“[10]

Stalin inszenierte die Nürnberger Schmierenkomödie nicht, um irgendwelche Schuldigen zu finden und zu bestrafen. Der Prozeß war ein Wink mit dem Zaunpfahl an die Adresse sämtlicher ehemaliger Generale, Admirale, Offiziere und Diplomaten des Dritten Reiches, eine Warnung folgenden Inhalts: Ribbentrop hat gegenüber der Sowjetunion keine Schuld auf sich geladen, im Gegenteil: Er brachte ein Papier nach Moskau, das ich in überschwenglicher Freude mit einer 58 cm großen Unterschrift schmückte. Trotzdem lasse ich ihn aufknüpfen, damit er endlich aufhört zu schwatzen. Keitel und Jodl haben nicht auf unserem Territorium gekämpft, haben keine Angriffspläne gegen uns geschmiedet, sondern lediglich phantastische Projekte für einen Feldzug gegen Indien ausgeheckt. Dennoch lasse ich auch sie aufknüpfen, und zwar aus genau demselben Grund: Damit sie nicht schwatzen.

Paulus begnadige ich hingegen, obwohl er eine ganze Menge auf dem Kerbholz hat. Wenn ich Leute, die *nicht* auf unserem Territorium gekämpft haben, mit größter Leichtigkeit an den Galgen bringen kann, wird es für mich erst recht ein Kinderspiel sein, jene aufhängen zu lassen, die tatsächlich sowjetischen Boden betreten haben. Ein falsches Wort, und ich lasse Hunderte von Zeugen aufmarschieren, deren Aussagen ohne weiteres für ein Todesurteil gegen euch ausreichen. Und in euren Memoiren schreibt ihr bitteschön: Die russischen Dummköpfe haben keinen Angriff auf Europa vorbereitet und waren aufgrund ihrer Blödheit dazu auch gar nicht imstande.

Viele deutsche Generale verstanden diesen Wink und taten, was von ihnen verlangt wurde. Zu denen, welche die Spielregeln verinnerlicht hatten, gehörte beispielsweise Feldmarschall Paulus: „Am 9. Januar 1946 schrieb F. Paulus einen Brief an die Sowjetregierung, in dem er die konkreten Schuldigen für die Entfesselung des Zweiten Weltkrieges entlarvte und die von ihnen begangenen Greuel und Übeltaten in den besetzten Gebieten schilderte.“[11] Genau dies wollte Stalin hören.

* * *

Vor vielen Jahren ließen mich drei Zeilen in den Memoiren Feldmarschall Schukows stutzig werden und bewogen mich dazu, den gesamten übrigen Text aufmerksamer zu studieren. Je mehr ich las, desto mehr Fragen drängten sich mir auf. Als nächstes nahm ich mir die Memoiren anderer sowjetischer Generale, Admirale und Marschälle vor. Schon bald gelangte ich zu dem Schluß, daß es die gesamte offizielle sowjetische Geschichte des Krieges umzuschreiben galt. Doch in der UdSSR war dies ein Ding der Unmöglichkeit.

1978 setzte ich mich mitsamt meiner Familie aus dem kommunistischen Paradies ab, wie Tausende von Bürgern Mitteldeutschlands („DDR") und anderer Staaten des „sozialistischen Lagers".

1985 schloß ich mein Buch *Der Eisbrecher* ab, das freilich erst 1989 in deutscher Sprache erscheinen konnte. Dieses Buch ist inzwischen in zahlreiche Sprachen übersetzt, vom Italienischen bis zum Griechischen und vom Finnischen bis zum Portugiesischen. Allein in Rußland wurden mehr als elf Millionen Exemplare verkauft. Das Buch hat zahlreiche Anhänger und Verehrer, aber auch viele Gegner. Man kreidet mir an, „Revisionist" zu sein und die Geschichte umzuschreiben. Darauf pflege ich zu antworten: „Es gab in der Tat sehr viel umzuschreiben!"

Das Problem besteht darin, daß in Rußland bis zum heutigen Tage keine offizielle Geschichte des Zweiten Weltkrieges existiert. Zur Stalinzeit wurde noch nicht einmal ein Versuch unternommen, eine Geschichte des deutsch-sowjetischen Krieges zu schreiben. Unter Nikita Chruschtschow erschien ein sechsbändiges Werk zu diesem Thema, über das die ganze Welt lachte. Unter Leonid Breschnew erschien gar ein zwölfbändiges Werk, über das die Welt noch lauter lachte. Unter Michail Gorbatschow wurde eine neue, zehnbändige Darstellung in Angriff genommen, doch wurde nicht einmal der erste Band publiziert. Anno 2003 ordnete Präsident Wladimir Putin die Erstellung einer offiziellen Geschichte des Krieges an; seither sind fünf Jahre verstrichen, aber bisher hat sich noch niemand dieser Aufgabe gestellt.

Wie bereits in der Sowjetunion werden auch im heutigen Rußland Unsummen in ideologisch gefärbte Forschungsprojekte investiert; schon seit sechs Jahrzehnten sind wissenschaftliche Komitees am Werk, denen es noch nie an Personal gemangelt hat. Dennoch sind greifbare Resultate bis heute ausgeblieben. Es gibt keine offizielle Geschichte des Krieges, so daß man nicht einmal so richtig weiß, wo man bei einer Revision den Rotstift ansetzen soll.

Auch in Zukunft werden diese Komitees nichts Brauchbares zustande bringen. Anhand eines einfachen Beispiels habe ich den Finger auf diverse Ungereimtheiten der Stalinschen Politik gelegt. Deutsche Generale, die einen phantastischen Indienfeldzug planten, wurden dafür vor Gericht gestellt und gehängt, während Generale, die den Angriff auf die Sowjetunion planten *und ausführten*, nicht einmal vor dem Richter standen, geschweige denn hingerichtet wurden.

Man versetze sich in die Lage eines offiziellen Kreml-Historikers. Er bezieht einen fürstlichen Lohn; sämtliche Archive stehen ihm offen. Doch wie soll der bedauernswerte Tropf diese Tatsache erklären?

Die sowjetischen Ankläger machten dem Nürnberger Gericht weis, Ribbentrop habe dem Sowjetbotschafter keine Kriegserklärung überreicht; wenn dies zutraf, hatte das Auswärtige Amt, dessen Vorsteher Ribbentrop war, nicht einmal formell etwas mit dem Angriff auf die UdSSR zu tun. Was konnte es da für einen Grund geben, Ribbentrop zu hängen? Wie soll der unglückliche Kreml-Historiker seinen Lesern dies erklären?

Nun hat sich herausgestellt, daß Ribbentrop den Krieg doch erklärt hat, und der offizielle Historiker sieht sich gleich einem neuen Problem gegenüber: Wie soll er die von den sowjetischen Anklägern in Nürnberg begangene Rechtsbeugung erklären? Weshalb haben sie vorsätzlich gelogen?

Man untersuche irgend einen anderen Aspekt der Geschichte jenes Krieges, und man wird über eine Fülle ungelöster Fragen stolpern, auf welche die offizielle Geschichtswissenschaft niemals eine Antwort finden wird.

Dies bewog mich dazu, selbst nach Antworten auf zahlreiche Schlüsselfragen zu suchen, und ich meine, daß es mir gelungen ist, sie zu finden. Seit dem ersten Erscheinen des *Eisbrechers* in deutscher Sprache sind mittlerweile fast zwei Jahrzehnte verflossen. Während dieser ganzen Zeit vermochte die offizielle sowjetische Geschichtswissenschaft meiner Version der Ereignisse nichts entgegenzusetzen. Im Gegenteil: Seither sind zahlreiche Beweise für die Richtigkeit meiner These ans Licht gekommen. Sowohl in Rußland als auch in anderen Ländern erschienen zahlreiche Bücher und noch mehr Artikel zu meiner Verteidigung, und viele meiner Argumente ließen sich in der Zwischenzeit dokumentarisch erhärten.

Hierzu ein Beispiel. Vor dem 19. August 1939, als Stalin Hitler die Freundeshand entgegenstreckte, galt der nationalsozialistische Führer als Erzfeind des Kommunismus. Ich äußerte die Vermutung, daß Stalin an jenem Tag seine engsten Mitstreiter zu sich zitiert und ihnen die Gründe für seinen Kurswechsel erläutert hat. Meine Mutmaßung erwies sich als zutreffend: Stalin hat seine Mitarbeiter am 19. August 1939 in der Tat antreten lassen und vor ihnen eine Ansprache gehalten, deren Text mittlerweile aufgefunden und publiziert worden ist.

Frage: Weshalb hat man diesen Text fünfzig Jahre lang versteckt?

Antwort: Weil es Stalin nicht darum ging, den Krieg abzuwenden, sondern darum, ihn durch die Hände Hitlers zu entfesseln, sich selbst von den Kriegsgeschehnissen fernzuhalten und abzuwarten, bis die kriegsführenden Staaten erschöpft und ausgelaugt waren. Und dann als lachender Dritter...

Während dieser Jahre stieß ich auf sowjetische Landkarten von hervorragender Qualität. Es waren Karten von Deutschland. Ich fand auch das Protokoll der Befragung eines in deutsche Kriegsgefangenschaft geratenen sowjetischen Artillerieoffiziers namens Jakow Dschugaschwili, der folgendes aussagte: Die sowjetische Artillerie verfügt über vortreffliche Kanonen und Haubitzen, doch fehlt es ihr an Karten des sowjetischen Territoriums. Dies ist der Grund dafür, daß ihr Artilleriefeuer so wenig wirksam ist. Die Sowjetunion hatte nicht mit einem Krieg auf eigenem, sondern auf deutschem Gebiet gerechnet. Die Aussagen Oberleutnant Dschugaschwilis sind nicht zuletzt deshalb von Interesse, weil er Stalins eigener Sohn war.

Ich fand ein *Russisch-deutsches Konversationswörterbuch*, das am 29. Mai 1941 in Moskau erschienen war; am 6. Juni begann man es auch in Minsk, Kiew, Riga und anderen Städten zu drucken. Insgesamt wurden sechs Millionen Exemplare hergestellt. In russischer und deutscher Sprache findet man dort Sätze wie folgenden: „Wie heißt diese Station?"

Angenommen, sowjetische Soldaten kämpfen auf ihrem Heimatboden und verteidigen ihr Land: Wem brauchen sie dann auf Deutsch Fragen zu stellen wie: „Wohin führt dieser Weg? Wo haben sich die SS-Soldaten versteckt? Wo ist der Bürgermeister?" Die letzte Frage konnten sie schon darum ganz unmöglich stellen, weil es in der Sowjetunion keine Bürgermeister gab...

Die Antwort ist ganz einfach und erschließt sich jedem unvoreingenommenen Betrachter wie von selbst: Die UdSSR bereitete sich auf einen Angriffskrieg vor.

Bristol, Juni 2008
Viktor Suworow

Anmerkungen

1 Georgi K. Schukow. *Erinnerungen und Gedanken*. Stuttgart: Deutsche Verlags-Anstalt, 1969. S. 234.

2 *Der Nürnberger Prozeß gegen die Hauptkriegsverbrecher vor dem Internationalen Militärgerichtshof*. [fortan: *Nürnberger Prozeß*] Bd. 1. Nürnberg, 1947. S. 239.

3 *Roter Stern*, 25. November 1998.

4 *История Второй Мировой Войны*. [Geschichte des Zweiten Weltkrieges] Bd. 4. Moskau: Wojenisdat, 1975. S. 31.

5 Offiziell wurde von Ribbentrop in vier Anklagepunkten für schuldig befunden (vgl.: *Nürnberger Prozeß*, a.a.O., Bd. 1, S. 321–324). Offenbar aber hatte man Probleme, Substantielles gegen den ehemaligen Reichsaußenminister vorzubringen, so heißt es etwa, von Ribbentrop habe „im Juli 1941" Japan „dringend" zugeredet, „die Sowjetunion anzugreifen" (ebd., S. 323); und noch schwammiger: „Ribbentrop nahm an allen Angriffshandlungen der Nazis ... bis zur Invasion der Sowjetunion teil." (Ebd., S. 324.)

6 Keitel und Jodl wurden – neben drei anderen Anklagepunkten – auch mehrere „Verbrechen gegen die Menschlichkeit" zur Last gelegt. Beiden warfen die Ankläger vor, sie hätten Mordbefehle unterzeichnet (vgl.: *Nürnberger Prozeß*, a.a.O., Bd. 1, S. 327 u. 366). Bei etlichen Dokumenten, die von der Anklage in Nürnberg vorgelegt wurden, handelte es sich zwar um Fälschungen, die nur fremdsprachig vorlagen, weil das Original „verlorengegangen" war (s. z.B.: *Nürnberger Prozeß*, a.a.O., Bd. 15, S. 581 f.); dennoch erfolgten die Verurteilungen auch auf Grundlage dieser vom Tribunal anerkannten „Dokumente".

7 *ВИЖ*. [*Военно-исторический журнал*; dt.: Militärhistorische Zeitschrift] 6/1961, S. 88.

8 Protokoll der Befragung vom 17. Juni 1945. *ВИЖ*. 9/1961, S. 77–87.

9 Protokoll der Befragung vom 18. Juli 1945. *ВИЖ*. 4/1961, S. 84–91.

10 Joachim von Ribbentrop. *Zwischen London und Moskau: Erinnerungen und letzte Aufzeichnungen*. hg. v. Annelies von Ribbentrop. Leoni: Druffel, 1953. S. 229.

11 *ВИЖ*. 3/1990, S. 52 f.

DER WEG ZUM GLÜCK

Wir sind die Partei einer Klasse, die
zur Eroberung angetreten ist, zur
Eroberung der Welt.
*General M. W. Frunse (1885–1925;
Werke, Bd. 2, S. 96)*

1.

Marx und Engels hatten einen Weltkrieg vorausgesagt und lange währende internationale Konflikte von 15, 20, 50 Jahren. Diese Aussicht schreckte sie nicht. Die Autoren des »Kommunistischen Manifests« haben das Proletariat nicht zur Verhinderung des Krieges aufgerufen, ganz im Gegenteil, für Marx und Engels war ein künftiger Weltkrieg geradezu wünschenswert. Der Krieg ist die Mutter der Revolution. Ein Weltkrieg ist die Mutter einer Weltrevolution. Das Ergebnis dieses Weltkrieges wird nach Engels' Worten »die allgemeine Erschöpfung und die Herstellung der Bedingungen des schließlichen Sieges der Arbeiterklasse« bedeuten. (Einleitung zu *Sigismund Borkheims* Broschüre »Zur Erinnerung für die deutschen Mordspatrioten. 1806–1807«. In: *Karl Marx, Friedrich Engels.* Werke. Hrsg. Institut für Marxismus-Leninismus beim ZK der SED. 39 Bände. Berlin 1961–1968. Bd. 21, S. 351)

Marx und Engels haben den Weltkrieg nicht mehr erlebt, aber es fand sich ein Mann, der ihr Werk weiterführte – Lenin. Die Partei Lenins setzte sich von den ersten Tagen des Weltkrieges an für eine Niederlage der Regierung ihres eigenen Landes ein, um »den imperialistischen Krieg in einen Bürgerkrieg zu verwandeln«. Lenin ging davon aus, daß die linken Parteien der anderen Länder sich ebenfalls gegen ihre Regierungen wenden und daß der weltweite imperialistische Krieg in einen weltweiten Bürgerkrieg münden würde. Das trat nicht ein. Doch hatte Lenin mit der Absage an die Hoffnung auf eine Weltrevolution bereits im Herbst 1914 die Aufstellung eines Minimalprogramms verbunden: Sollte es als Folge des Weltkrieges nicht zu einer Weltrevolution kommen, mußte alles Erforderliche unternommen werden, damit die Revolution zumindest in einem Lande ausbrach, ganz gleich wo. Hat das Proletariat in diesem Lande gesiegt, wird es gegen die gesamte übrige Welt antreten, Unruhen und Aufstände in den anderen Ländern entfachen oder direkt zum Angriff mit bewaffneten Kräften übergehen. (*Lenin* in dem am 23. 8. 1915 in der Zeitung »Sozial-Demokrat« Nr. 44 erschienenen Artikel »Zur Losung von den Vereinigten Staaten von Europa«. Vollständige Werkausgabe, Bd. 26, S. 354)

Während Lenin sein Minimalprogramm von der Eroberung der Macht in einem Lande aufstellt, verliert er nicht die größeren Perspektiven aus den Augen. Für Lenin bleibt – wie für Marx – die Weltrevolution der Leitstern. Wenn aber nach dem Minimalprogramm als Ergebnis des Ersten Weltkrieges die Revolution nur in einem Lande möglich ist, wie soll es dann mit der Weltrevolution weitergehen? Aufgrund welcher auslösenden Umstände? 1916 gibt Lenin eine präzise Antwort auf diese Frage: als Resultat eines *zweiten Weltkrieges*.

Ich mag mich irren, doch unter dem vielen, was ich von Hitler gelesen habe, ist mir nichts begegnet, was darauf hinwiese, daß dieser Adolf Hitler 1916 an einen zweiten Weltkrieg dachte. Lenin tat es. Nicht genug damit, formulierte Lenin bereits zu jener Zeit die theoretische Begründung für die Notwendigkeit eines solchen Krieges zur Errichtung des Sozialismus in der ganzen Welt.

Die Entwicklung der Ereignisse nimmt einen stürmischen Verlauf. Im folgenden Jahre bricht die Revolution in Rußland aus. Lenin eilt nach Rußland. Hier reißen er und seine kleine, aber militärisch organisierte Partei im Wirbel des allgemeinen Durcheinanders, in dem alles erlaubt ist, mit einem plötzlichen Umsturz die Staatsgewalt an sich. Lenins Schachzüge sind einfach, aber verschlagen. Im Augenblick der Bildung eines kommunistischen Staates erläßt Lenin das »Dekret über den Frieden« (Oktober 1917). Das macht sich nicht übel für Propagandazwecke. Doch den Frieden braucht Lenin nicht um des Friedens willen, sondern um sich an der Macht zu halten. Nach diesem Dekret fluteten Millionen bewaffneter Soldaten von der Front nach Hause. Mit dem »Dekret über den Frieden« verwandelte Lenin den imperialistischen Krieg in einen Bürgerkrieg, stürzte er das Land in ein tiefes Chaos, während er zugleich die Macht der Kommunisten konsolidierte und sich weiteres Territorium erkämpfte und unterwarf. Die von der Front zurückströmenden Soldaten spielten die Rolle eines Brecheisens, das Rußland auseinanderfallen ließ. Das Ergebnis des Bürgerkrieges war »die allgemeine Erschöpfung«, die es Lenin erlaubte, die gewonnene Macht zu behaupten und weiter zu festigen.

Lenins außenpolitische Schachzüge sind nicht weniger verschlagen. Auch hier handelt er nach demselben Prinzip: Dieweil ihr euch rauft, stehe ich abseits und beobachte, aber habt ihr einander erst hinreichend geschwächt...

Im März 1918 schließt Lenin mit Deutschland und seinen Verbündeten den Frieden von Brest-Litowsk. Zu dieser Zeit ist die Lage Deutschlands bereits hoffnungslos. Begreift Lenin das? Natürlich. Eben deshalb unterzeichnet er den Frieden, der
a) Lenin den Kampf um die Festigung der kommunistischen Diktatur im Lande ermöglicht,
b) Deutschland beachtliche Ressourcen und Reserven für die Fortsetzung des Krieges im Westen freigibt, der sowohl Deutschland wie auch die westlichen Verbündeten zermürbt.

Durch den Abschluß eines separaten Abkommens mit dem Gegner verriet Lenin die Verbündeten Rußlands. Aber er verriet auch Rußland. Anfang 1918 lag ein Sieg Frankreichs, Großbritanniens, Rußlands, der USA und der übrigen Länder über Deutschland und seine Verbündeten bereits nahe und war unausbleiblich. Rußland hatte im Kriege Millionen Soldaten verloren und besaß ein volles Recht darauf, gemeinsam mit seinen westlichen Bundesgenossen zu den Siegern zu zählen. Einen solchen Sieg hatte Lenin indessen nicht nötig; er brauchte die Weltrevolution. Lenin gibt zu, daß der »Friede« von Brest nicht im Interesse Rußlands geschlossen wurde, sondern im Interesse der Weltrevolution, im Interesse der Errichtung des Kommunismus in Rußland und in den übrigen Ländern. Lenin gibt in einer Rede zur Außenpolitik am 14. 5. 1918 zu, daß er die weltweite Diktatur des Proletariats und die weltweite Revolution über alle nationalen Opfer stellte. (Vollständige Werkausgabe, Bd. 36, S. 341 f.) Die Niederlage Deutschlands war bereits greifbar, aber Lenin schließt einen »Frieden«, in dem Rußland seinen Anspruch auf die Rolle des Siegers aufgibt und im Gegenteil Deutschland kampflos eine Million Quadratkilometer fruchtbarsten Bodens und die reichsten Industrieregionen des Landes überläßt, ja er zahlt obendrein eine Kriegskontribution in Gold. Wofür?!

Er tat es aus folgendem Grund: Der Friede von Brest machte Millionen russischer Soldaten überflüssig, und diese führerlosen Menschenmassen zogen nach Hause und zerstörten auf ihrem Wege das Grundgefüge des Staatswesens und der eben erst geborenen Demokratie. Diese Millionen bewaffneter Soldaten übernahmen in Rußland die Rolle eines Brecheisens, indem sie eine jahrhundertealte Ordnung vernichteten und ebenso die Grundlagen, auf denen das Land ruhte. Der »Brester Friede« wurde zum Auslöser eines ungemein grausamen Bürgerkrieges, weit blutiger und grausamer als der Erste Weltkrieg. Durch den »Brester Frieden« erreichte Lenin sein Ziel: Er verwandelte den imperialistischen Krieg in einen Bürgerkrieg. Während jeder gegen jeden kämpfte, festigten die Kommunisten ihren Machtbereich, bauten ihn aus und unterwarfen anschließend im Laufe weniger Jahre das ganze Land.

Der »Friede« von Brest widersprach nicht nur den nationalen Interessen Rußlands, sondern er richtete sich auch gegen Deutschland. Gemessen an seinem Zweck und Geist ist der »Friede« von Brest ein Urbild des Molotow-Ribbentrop-Paktes. Lenins Absichten 1918 und Stalins Absichten 1939 sind ein und dieselben: Mag Deutschland seinen Krieg im Westen führen, mag es sich ruhig auszehren und zugleich auch die westlichen Bundesgenossen bis zur Erschöpfung schwächen. Wir werden um jeden beliebigen Preis Deutschland behilflich sein, bis zur eigenen äußersten Auszehrung weiterzukämpfen, und dann ...

Zur gleichen Zeit, als auf Lenins Geheiß in Brest der »Friede« mit Deutschland unterzeichnet wird, arbeitet man in Petrograd intensiv an den Vorbereitungen zum Sturz der deutschen Regierung. In Petrograd wird in einer Auflage von einer halben Million Exemplaren die kommunistische deutschsprachige Zeitung »Die Fackel« herausgebracht, und noch vor der Unterzeichnung des »Friedensvertrages« von Brest wird im Januar 1918 in Petrograd die deutsche kommunistische »Spartakus«-Gruppe gegründet. Auch die Zeitungen »Die Weltrevolution« und »Die Rote Fahne« erleben ihre Geburtsstunde nicht in Deutschland, sondern im kommunistischen Rußland, auf Weisung Lenins, der den »Frieden« mit Deutschland unterzeichnet hat. In den zwanziger Jahren schlägt der Kommunismus in Deutschland tiefe Wurzeln. Vergessen wir nicht, daß Lenin hierzu seinen Beitrag leistete, und zwar gerade in einem Augenblick, da Deutschland einen zermürbenden, hoffnungslosen Kampf im Westen führte und Lenin mit der deutschen Regierung ein »Friedensabkommen« geschlossen hatte.

2.

Lenins Rechnung ging auf: Das vom Krieg erschöpfte Deutsche Reich war der ungeheuren Anspannung des Zermürbungskrieges nicht gewachsen. Der Krieg endet mit dem Kollaps des Reiches und dem Ausbruch der Revolution. Unverzüglich annulliert Lenin den Vertrag. In dem vom Kriege zerstörten Europa entstehen auf den Trümmern der Reiche kommunistische Staaten von erstaunlicher Ähnlichkeit mit dem Leninschen bolschewistischen Regime. In seiner Schlußrede auf dem 8. Parteikongreß am 23. 3. 1919 sieht sich Lenin jubelnd an der Schwelle zur Weltrevolution. (Vollständige Werkausgabe, Bd. 38, S. 215) Zu dieser Zeit trennt er sich von seinem Minimalprogramm. Er spricht nicht länger von der Notwendigkeit eines zweiten Weltkrieges, weil er jetzt glaubt, die Weltrevolution könne bereits im Gefolge des Ersten Weltkrieges verwirklicht werden.

Lenin gründet die Komintern, die sich selbst als Kommunistische Weltpartei deklariert und die Schaffung einer Sowjetischen Sozialistischen Weltrepublik zum Ziele setzt.

Doch die Weltrevolution blieb aus. Die kommunistischen Regime in Bayern, Bremen, in der Slowakei, in Ungarn erwiesen sich als brüchig und nicht lebensfähig, die linken Parteien der westlichen Länder zeigten Schwäche und Unentschlossenheit bei der Ergreifung und Bewahrung der Macht, und Lenin konnte ihnen zu der Zeit lediglich moralische Unterstützung gewähren: Alle Kräfte der Bolschewiken waren an die inneren Fronten geworfen, in den Kampf mit den Völkern Rußlands, die den Kommunismus nicht wollten.

Erst 1920 hat Lenin seine Position in Zentralrußland hinreichend gefestigt und kann starke Kräfte nach Europa entsenden, um die Revolution voranzutreiben.

Zwar ist der günstigste Augenblick in Deutschland bereits versäumt, und dennoch ist es im Jahre 1920 ein höchst geeignetes Feld für den Klassenkampf. Deutschland ist entwaffnet und gedemütigt. Sämtliche Ideale sind beschimpft und besudelt. Im Lande herrscht eine extreme wirtschaftliche Krise, im März 1920 wird es von einem Generalstreik erschüttert, an dem einigen Berichten zufolge über 12 Millionen Menschen beteiligt waren. Deutschland ist ein Pulverfaß, und es bedarf nur noch eines einzigen Funkens ... Im Text des offiziellen Marschliedes der Roten Armee (Budjonny-Marsch) heißt es: »Erst her mit Warschau, dann her mit Berlin!« Nikolai Bucharin, der Theoretiker der sowjetischen Kommunisten, gibt in der »Prawda« eine noch entschiedenere Losung aus: »Direkt vor die Mauern von Paris und London!«

Doch auf dem Wege der roten Legionen liegt Polen. Sowjetrußland und Deutschland besitzen keine gemeinsame Grenze. Um das Feuer der Revolution zu entfachen, gilt es, die trennende Barriere niederzureißen – das freie, unabhängige Polen. Zum Unglück der Kommunisten befand sich an der Spitze der sowjetischen Truppen ein Befehlshaber, der nichts vom Wesen der Strategie verstand: Tuchatschewski. Seine Armeen wurden 1920 vor Warschau geschlagen und ergriffen schmählich die Flucht. Im kritischen Augenblick standen Tuchatschewski keine strategischen Reserven zur Verfügung, das entschied den Ausgang der grandiosen Schlacht. Die Niederlage Tuchatschewskis war kein Zufall: Ein halbes Jahr vor Beginn des sowjetischen »Befreiungsfeldzuges« nach Warschau und Berlin hatte Tuchatschewski die mangelnde Notwendigkeit strategischer Reserven im Kriege »theoretisch begründet«.

Die militärische Strategie folgt einfachen, aber unerbittlichen Gesetzen. Ein Grundprinzip der Strategie ist die Konzentration. Ein Grund-»Geheimnis« der Strategie besteht darin, im entscheidenden Augenblick, am entscheidenden Ort seine geballte Kraft auf den empfindlichsten Punkt des Gegners zu konzentrieren. Um die eigenen Kräfte konzentrieren zu können, muß man sie in der Reserve halten. Tuchatschewski hatte das nicht begriffen und nun für dieses mangelnde Verständnis bezahlt. Die Revolution in Deutschland aber mußte auf 1923 verschoben werden.

3.

Die Zerschlagung von Tuchatschewskis Truppen in Polen zog für die Bolschewiken äußerst unangenehme Folgen nach sich. Rußland, das sie in ein Blutbad getaucht und scheinbar völlig ihrer Kontrolle unterjocht hatten, bäumte sich plötzlich in einem verzweifelten Versuch auf, die kommunistische Diktatur abzuwerfen. Das werktätige Petrograd, die Wiege der Revolution, trat in den Streik. Zwar erstickten die Bolschewiken die Arbeiterkundgebungen, doch nun stand plötzlich das Geschwader der Ostseeflotte an der Seite der Arbeiter. Die Matrosen von Kronstadt, dieselben, denen Lenin und Trotzki die Macht zu verdanken hatten, forderten jetzt die Säuberung der Räte von den Kommunisten. Durch das Land rollte eine Woge von Bauernprotesten. In den Wäldern um Tambow stellten die Bauern eine starke, gut organisierte, aber schlecht ausgerüstete antikommunistische Armee auf.

Nun, Tuchatschewski, sieh zu, wie du damit fertig wirst! Und nun wäscht Tuchatschewski mit fremdem Blut seine eigene strategische Schande ab. Tuchatschewskis Greueltaten in Kronstadt sind legendär. Die ungeheuerliche Vernichtung der Bauern im Gouvernement Tambow ist eine der schrecklichsten Seiten in der Geschichte Rußlands. Der Autor dieser Seite aber heißt Tuchatschewski. Das zwanzigste Jahrhundert kennt einige große Verbrecher: Jeschow, Himmler, Pol Pot u. a. Gemessen an der Menge vergossenen Blutes hat sich Tuchatschewski durchaus einen Platz an ihrer Seite verdient, in zeitlicher Hinsicht jedoch war Tuchatschewski ein Vorläufer für die meisten dieser Verbrecher.

4.

1921 führt Lenin die Neue Ökonomische Politik (NÖP) ein. Indessen war an dieser Politik nichts neu – es war der gute alte Kapitalismus. Die Kommunisten müssen sich an der Macht behaupten, und dafür lassen sie sich auf jede beliebige Abschwächung in ihrem Programm ein bis hin zur Einführung von Elementen eines freien Marktes. Man sieht gewöhnlich in Kronstadt und Tambow die Hauptbeweggründe für Lenins Einführung von Elementen der freien Marktwirtschaft und die Milderung des ideologischen Würgegriffs am Halse der Gesellschaft. Ich meine, daß man die Ursachen hierfür tiefer suchen muß: 1921 hatte Lenin begriffen, daß der Erste Weltkrieg nicht die Weltrevolution ausgelöst hatte. Trotzkis Rat folgend, mußte man zu einer permanenten Revolution übergehen, Schlag um Schlag den schwachen Kettengliedern der freien Gesellschaft versetzen und zugleich einen zweiten Weltkrieg vorbereiten, der die endgültige »Befreiung« bringen würde. Noch vor der Einführung der NÖP im Dezember 1920 äußerte sich Lenin zum Thema Weltkrieg: »Ein neuer derartiger Krieg ist unausbleiblich.« (Rede vor dem Moskauer Stadtsowjet zum Jahrestag der III. Internationale am 6. 3. 1920. Vollständige Werkausgabe, Bd. 40, S. 211)

Und wieder muß ich auf Hitler zurückkommen. Ich verteidige ihn nicht, sondern stelle bloß fest, daß er 1920 nicht öffentlich von der Unausbleiblichkeit und Erwünschtheit eines zweiten Weltkrieges redete. Hier dagegen eine Erklärung Lenins aus dieser Zeit: »Einen Teilabschnitt des Krieges haben wir beendet, nun müssen wir uns auf einen zweiten vorbereiten.« Eben dafür wird die NÖP eingeführt. Friede bedeutet ein Atemholen für den Krieg. Das sagt Lenin, das sagt Stalin, das sagt die »Prawda«. Die NÖP ist eine kurze Atempause vor den kommenden Kriegen. Die Kommunisten müssen ihr Land in Ordnung bringen, ihre Macht stärken und konsolidieren, eine gewaltige Rüstungsindustrie aufbauen, die Bevölkerung auf die künftigen

Kriege, Schlachten, »Befreiungsfeldzüge« vorbereiten. Und genau damit befassen sie sich.

Die Einführung von Elementen einer freien Marktwirtschaft bedeutet keineswegs eine Absage an die Vorbereitung der Weltrevolution und eines zweiten Weltkrieges, der diese Revolution bewirken soll. Bereits im folgenden Jahr wurde die Union der Sozialistischen Sowjetrepubliken, die UdSSR, geschaffen. Die Gründungsdeklaration der UdSSR besagte, daß die UdSSR nur der erste entschlossene Schritt zur Schaffung einer Weltweiten Sozialistischen Sowjetrepublik, WSSR, sei. Zum Zeitpunkt ihrer Gründung umfaßte die UdSSR vier Republiken. Diese Zahl sollte so lange vergrößert werden, bis sie die ganze Welt einschließen würde.

Die Gründungsdeklaration der UdSSR war eine ehrliche und offene Kriegserklärung an die gesamte restliche Welt. Zwischen Hitlers »Mein Kampf« und der Deklaration besteht ein Unterschied. Hitler schrieb sein Buch später, und es stellt den Standpunkt *eines* Mannes dar: »*Mein* Kampf«. Die Gründungsdeklaration der UdSSR war ein offizielles Dokument über das Hauptziel eines riesigen Staatsgebildes: sämtliche anderen Staaten der Welt zu liquidieren, um sie sich selbst unterzuordnen.

DER HAUPTFEIND

Wenn irgendwo die revolutionäre Erschütterung Europas beginnt, so wird dies von Deutschland aus geschehen . . . und der Sieg der Revolution in Deutschland ist gleichbedeutend mit der Gewährleistung des Sieges der internationalen Revolution.

Stalin auf der Sitzung der Polnischen Kommission der Komintern am 3. 7. 1924 (Werke VI, S. 267)

1.

1923 steht Deutschland erneut am Rande einer Revolution. Lenin nimmt an der Führung des Landes und der Komintern bereits nicht mehr teil.

Die Zügel der Regierung hat Stalin nahezu vollständig an sich gerissen, obwohl weder das Land noch die Welt, ja nicht einmal seine Konkurrenten dies zu der Zeit begreifen.

Seine Rolle bei der Vorbereitung der deutschen Revolution von 1923 beschreibt Stalin folgendermaßen: »Die deutsche Kommission in der Komintern, bestehend aus Sinowjew, Bucharin, Stalin, Trotzki, Radek und einer Reihe deutscher Genossen, faßte eine Anzahl konkreter Beschlüsse zur direkten Unterstützung der deutschen Genossen bei der Machtergreifung.« (Rede auf dem vereinigten Plenum des ZK und der Zentralen Kontrollkommission der KPdSU am 5. 8. 1927. Werke X, S. 63)

Stalins persönlicher Sekretär Baschanow hat diese Vorbereitung ausführlicher geschildert. Er sagt, riesige Geldmengen seien angewiesen worden, und das sowjetische Politbüro habe in geheimer Beratung den Beschluß gefaßt, keine Ausgaben zu scheuen. In der Sowjetunion wurden sämtliche Kommunisten deutscher Abstammung mobilisiert sowie alle Kommunisten, die des Deutschen mächtig waren. Sie wurden nach Deutschland zur Untergrundarbeit geschickt. Aber nicht nur gewöhnliche Kommunisten wurden nach Deutschland transferiert, sondern auch höherrangige sowjetische Führer, darunter der sowjetische Volkskommissar W. Schmidt, der Stellvertreter des Vorsitzenden der GPU (und künftige Chef des militärischen Geheimdienstes) Unschlicht, die Mitglieder des Zentralkomitees Radek und Pjatakow. Der sowjetische Bevollmächtigte (Botschafter) in Deutschland Krestinski entfaltete eine fieberhafte Aktivität. Die sowjetische Botschaft verwandelte sich in eine Organisationszentrale der Revolution. Über die Botschaft liefen die Anweisungen aus Moskau, flossen aber auch die Geldströme sowie Waffen und Munition. »Auf Unschlicht entfiel die Organisation von Abteilungen des bewaffneten Aufstandes für den Umsturz, ihrer Rekrutierung und Versorgung mit Waffen. Außerdem sollte er eine deutsche Tscheka zur Vernichtung der Bourgeoisie und der Revolutionsgegner nach dem Umsturz aufstellen.« (*B. Baschanow,* Ich war Stalins Sekretär. Frankfurt/Berlin/Wien 1977, S. 58)

Vom sowjetischen Politbüro wurde ein detaillierter Plan für den Umsturz ausgearbeitet und bestätigt, als Zeitpunkt war der 9. November 1923 festgesetzt worden.

Doch die Revolution fand nicht statt.

Es gibt viele Gründe dafür.

Erstens: Die große Masse der deutschen Bevölkerung wählte die goldene Mitte und entschied sich für die Sozialdemokratie. Die Kommunistische Partei besaß nicht die notwendige Unterstützung bei den Massen und war obendrein in zwei Fraktionen aufgespalten. Die Führer der Partei zeigten keine hinreichende Entschlossenheit, wie sie seinerzeit Trotzki und Lenin aufgebracht hatten.

Zweitens: Die Sowjetunion und Deutschland hatten keine gemeinsame Grenze. Wie schon vier Jahre zuvor trennte Polen die beiden Länder. Wäre eine gemeinsame Grenze vorhanden gewesen, hätte die Rote Armee der Deutschen Kommunistischen Partei und ihren unentschlossenen Führern zu Hilfe kommen können.

Der dritte Grund ist vielleicht der wichtigste: Lenin liegt bereits im Sterben und leitet schon lange weder die Sowjetunion noch die Weltrevolution. Er hat viele Thronfolger: Trotzki, Sinowjew, Kamenew, Rykow, Bucharin. Neben den offenen Konkurrenten arbeitet der bescheidene Stalin, in dem niemand einen Prätendenten auf die Macht sieht, der aber Lenins Worten zufolge bereits »eine enorme Macht in seinen Händen konzentriert hatte«.

Die deutsche Revolution von 1923 wurde zwar vom Kreml aus gelenkt, doch gleichzeitig spielte sich am Ruder der Weltrevolution ein erbitterter Kampf ab. Keiner der offenen Kronprätendenten wollte seinen Gegner in der Rolle eines Führers der deutschen und folglich auch der europäischen Revolution sehen. Die Führer stießen und drängten sich am Ruder und erteilten ihren Untergebenen widersprüchliche Anweisungen. Das konnte auf keinen Fall mit einem Sieg enden.

Der weise Stalin mischte sich in dieser Situation nicht unter die Männer am Ruder. Er beschloß, zunächst seine ganze Aufmerksamkeit den Fragen der endgültigen Konsolidierung seiner Alleinherrschaft zu widmen und sich erst hernach mit allen übrigen Problemen zu befassen, unter anderem auch mit der Weltrevolution.

In den nächstfolgenden Jahren schickt Stalin alle Prätendenten auf den Platz des Führers um eine Etage tiefer, dann aber läßt er sie immer weiter und weiter absinken, bis hinunter in die Keller des Lubjanka-Gefängnisses. Kaum hat Stalin die Macht ergriffen, beseitigt er alle Barrieren, die der deutschen Revolution im Wege stehen:

Er bringt Ordnung in die Deutsche Kommunistische Partei und erreicht von ihr die bedingungslose Erfüllung der Weisungen aus Moskau;

er sorgt für eine gemeinsame Grenze mit Deutschland;

er vernichtet die deutsche Sozialdemokratie. Natürlich nicht mit eigenen Händen. Hat Stalin jemals irgendjemanden eigenhändig umgebracht?

2.

Marx und Lenin zufolge entsteht die Revolution als Ergebnis eines Krieges. Der Krieg verschärft die vorhandenen Widersprüche, ruiniert die Wirtschaft, rückt die Revolution näher. Stalins Position ist einfach und von prinzipieller Natur: Sozialdemokraten und Pazifisten müssen bekämpft werden, weil sie das Proletariat von Revolution und Krieg ablenken. Am 7. November 1927 gibt Stalin die Losung aus: »Der Kapitalismus ist nicht zu beseitigen ohne vorherige Beseitigung der Sozialdemokratie in der Arbeiterbewegung.« (»Prawda«, 6./7. 11. 1927, Werke X, S. 250) Im folgenden Jahr erklärt Stalin den Kampf gegen die Sozialdemokratie zur Hauptaufgabe der Kommunisten: »Erstens, Kampf gegen die Sozialdemokratie auf allen Linien... einschließlich der zugehörigen Entlarvung des bürgerlichen Pazifismus.« (Rede vor dem Leningrader Parteiaktiv am 13. 7. 1928, Werke XI, S. 202) Bezüglich derjenigen, die offen für den Krieg eintreten, der deutschen Faschisten beispielsweise, ist Stalins Position ebenso einfach und verständlich: Sie sind zu unterstützen. Laßt die Faschisten ruhig Sozialdemokraten und Pazifisten vernichten. Laßt die Faschisten einen neuen Krieg beginnen. Laßt die Faschisten in Europa alle Staaten, alle politischen Parteien, die Parlamente, Armeen, Gewerkschaften zerschlagen. 1927 sieht Stalin die Machtergreifung durch die Faschisten voraus, und er hält dies für ein positives Phänomen: »Gerade diese Tatsache führt zur Verschärfung der inneren Lage in den Ländern des Kapitalismus und zu revolutionären Aktionen der Arbeiter.« (Rede auf dem vereinigten Plenum des ZK und der Zentralen Kontrollkommission der KPdSU am 1. 8. 1927. Werke X, S. 49)

Und Stalin fördert die Faschisten. Eifrige Stalinisten, wie zum Beispiel das Mitglied des Politbüros der Deutschen Kommunistischen Partei Hermann Remmele, unterstützen ganz offen die an die Macht drängenden deutschen Faschisten. Stalins Rolle bei der Machtergreifung durch die Faschisten in Deutschland ist beachtlich. Ich hoffe, darüber einmal ein ganzes Buch schreiben zu können. Hier beschränke ich mich darauf, Trotzkis Auffassung zu dieser Frage anzuführen, die er 1936 äußerte:

»Ohne Stalin hätte es keinen Hitler gegeben und keine Gestapo!« (»Bulletin der Opposition« Nr. 52–53, Oktober 1936) Von Trotzkis Scharfblick und Kenntnis dieser Problematik zeugt auch eine andere Bemerkung vom November 1938: »Stalin hat endgültig sowohl Hitler wie auch seinen Gegnern die Hände entfesselt und Europa in den Krieg getrieben.« (»Bulletin der Opposition« Nr. 71, November 1938) Das wird in einem Augenblick gesagt, da Chamberlain sich freut, daß es keinen Krieg geben wird, da Mussolini sich für einen Friedensstifter hält und Hitler noch nicht daran denkt, die Direktive für den Angriff auf Polen, geschweige denn auf Frankreich zu geben. Zu einem Zeitpunkt, da Europa erleichtert aufatmete und glaubte, daß die Gefahr eines Krieges gebannt sei, wußte Trotzki um seinen baldigen Ausbruch, und er wußte auch, wen die Schuld daran traf. Um Trotzki endgültig Glauben zu schenken, lassen Sie uns noch eine weitere, am 21. Juni 1939 geäußerte Voraussage hören. Zu der Zeit werden intensive, gegen Deutschland gerichtete Verhandlungen zwischen Großbritannien, Frankreich und der UdSSR geführt. Nichts deutet auf die Möglichkeit irgendwelcher unerwarteter Ereignisse und Komplikationen hin. Aber Trotzki sagt in diesem Augenblick: »Die UdSSR wird sich in geballter Masse in Richtung auf die Grenzen Deutschlands zu einem Zeitpunkt bewegen, wenn das Dritte Reich in einen Kampf um die Neuordnung der Welt verwickelt ist.« (»Bulletin der Opposition« Nr. 79–80, S. 14) Und genau so wird es geschehen! Deutschland wird in Frankreich kämpfen, und Stalin wird »in geballter Masse« die neutralen Staaten an seinen Westgrenzen liquidieren und sich damit in Richtung auf die Grenzen Deutschlands bewegen. An demselben 21. Juni 1939 stellte Trotzki eine noch verblüffendere Vorhersage auf: *»Im Herbst 1939 wird Polen Gegenstand einer Okkupation, im Herbst 1941 beabsichtigt Deutschland, zur Offensive auf die Sowjetunion überzugehen.«*

Trotzki ist nur ein minimaler Fehler von wenigen Monaten hinsichtlich des Termins für den Beginn des Krieges gegen die UdSSR unterlaufen. Wir werden im weiteren sehen, daß denselben Fehler auch Stalin beging.

Liest man heute, fünfzig Jahre später, Trotzkis Folgerungen

und Voraussagen unter Würdigung der Treffsicherheit seiner Urteile, müssen wir uns die Frage stellen, woher er dies alles wissen konnte. Trotzki machte kein Geheimnis daraus. Er ist ein ehemaliger Führer des kommunistischen Umsturzes, Begründer der Roten Armee, Vertreter der Sowjets bei den Verhandlungen in Brest-Litowsk, er war der erste Leiter der sowjetischen Diplomatie und der erste Chef der Roten Armee, ein anerkannter Führer der UdSSR an der Seite Lenins und ein Führer der Weltrevolution. Wer sonst, wenn nicht er, mußte wissen, was der Kommunismus bedeutet, was die Rote Armee und wer dieser Stalin ist. Trotzki sagt, alle seine Vorhersagen beruhen auf offen zugänglichen sowjetischen Publikationen, insbesondere auf den Erklärungen des Sekretärs der Komintern Dimitrow.

Trotzki hatte als erster in der Welt Stalins Spiel durchschaut, das die westlichen Führer nicht begriffen und das zunächst auch Hitler nicht verstand.

Stalins Spielregeln aber waren einfach. Trotzki ist selbst ein Opfer dieses Spiels, und deshalb versteht er es. Stalin hatte Trotzki mit Hilfe von Sinowjew und Kamenew aus der Macht entfernt, anschließend entledigte sich Stalin Sinowjews und Kamenews mit Hilfe Bucharins, später beseitigte Stalin auch Bucharin. Die Generation von Dserschinskis Tschekaleuten ließ Stalin durch die Hände Genrich Jagodas entmachten, dann wurde Genrich Jagoda und seine Generation auf Stalins Geheiß durch die Hände Jeschows beseitigt, schließlich ließ Stalin Jeschow und dessen Generation durch die Hände Berijas beseitigen usw. Stalin setzt sein Spiel in der internationalen Arena fort, und Trotzki verfolgt diese Vorgänge. Der deutsche Faschismus bedeutet für Stalin ein Instrument. Der deutsche Faschismus ist ein Feind, aber gemäß Komintern-Definition ist er auch der Eisbrecher der Revolution. Der deutsche Faschismus kann den Krieg auslösen, und ein Krieg führt zur Revolution. Laßt den Eisbrecher Europa aufbrechen! Hitler ist für Stalin ein reinigendes Gewitter in Europa. Hitler kann das bewirken, was Stalin selbst nicht besorgen mag. 1927 hatte Stalin erklärt, daß ein zweiter imperialistischer Krieg völlig unvermeidbar sei, so wie auch der Eintritt der Sowjetunion in diesen Krieg. Aber der weise Stalin will diesen Krieg nicht beginnen und nicht vom ersten Tage an beteiligt sein: »Wir werden eingreifen, aber wir greifen als letzte ein, wir greifen ein, um das entscheidende Gewicht in die Waagschale zu werfen, das Gewicht, das den Ausschlag geben dürfte.« (Rede auf der Plenarsitzung des ZK am 19. 1. 1925, Werke VII, S. 14)

Stalin braucht in Europa Krisen, Kriege, Hunger, Destruktion. Das alles kann Hitler für ihn erledigen. Je mehr Verbrechen Hitler in Europa anhäuft, um so besser für Stalin, um so viel mehr Gründe für Stalin, die Rote Armee eines Tages als Befreierin nach Europa zu entsenden. Trotzki erfaßt das alles noch vor Ausbruch des Zweiten Weltkrieges, ja sogar noch ehe Hitler an die Macht gelangt ist. 1932 erläutert Trotzki Stalins Verhalten gegenüber den deutschen Faschisten: »Laßt sie ruhig an die Macht kommen, mögen sie sich kompromittieren, dann aber . . .«

Seit 1927 unterstützt Stalin energisch (ohne dies indessen öffentlich zu zeigen) die Faschisten, die zur Macht drängen. Sobald die Faschisten die Macht erlangt haben, wird Stalin sie zielstrebig in den Krieg treiben. Haben sie erst den Krieg begonnen, wird Stalin die Kommunisten in den demokratischen Ländern anweisen, vorübergehend Pazifisten zu werden, die Armeen der westlichen Länder zu zersetzen, den Faschisten den Weg mit der Forderung nach Beendigung »des imperialistischen Krieges« zu ebnen, vor ihnen zu kapitulieren und die militärischen Anstrengungen ihrer Regierungen und Länder zu untergraben.

Aber indem Stalin den Eisbrecher auf das demokratische Europa ansetzte, sprach er ihm zugleich das Todesurteil. Fünf Jahre vor der Machtergreifung durch die Faschisten in Deutschland plant Stalin bereits ihre Vernichtung: »Zerschlagung des Faschismus, Beseitigung des Kapitalismus, Errichtung der Sowjetmacht, Befreiung der Kolonien aus der Sklaverei.«

Der Faschismus ist der Henker Europas. Stalin unterstützt diesen Henker, aber noch ehe der Henker seine blutige Arbeit beginnt, hat Stalin für den Henker das gleiche Schicksal wie für seine Opfer vorgesehen.

WOZU BRAUCHEN KOMMUNISTEN WAFFEN?

Menschen sterben für Metall.
(aus dem russischen Libretto zu Ch. Gounods »Faust«)

1.

1933 besuchte der deutsche Generaloberst Heinz Guderian die sowjetische Lokomotivenfabrik in Charkow. Guderian berichtet, daß das Werk außer Lokomotiven in einem Nebenproduktionszweig Panzer herstelle. Der Ausstoß an Panzern betrug 22 Stück pro Tag.

Um die *Neben*-Produktion eines *einzigen* sowjetischen Unternehmens in *Friedenszeiten* richtig zu bewerten, muß man sich ins Gedächtnis rufen, daß im Jahre 1933 Deutschland überhaupt keine Panzer produzierte. Als Hitler 1939 den Zweiten Weltkrieg begann, besaß er 3195 Stück, d. h. weniger, als die Charkower Lokomotivenfabrik in einem halben Jahr unter Friedensbedingungen produzieren konnte.

Um diese 22 Panzer pro Tag richtig zu bewerten, muß man sich bewußtmachen, daß die Vereinigten Staaten immerhin schon nach dem Ausbruch des Zweiten Weltkrieges im Jahre 1940 erst über *insgesamt* etwa 400 Panzer verfügten.

Und nun zur Qualität der Panzer, die Guderian in der Charkower Lokomotivenfabrik gesehen hat. Es waren Panzer, die das amerikanische Panzergenie J. W. Christie entworfen hatte. Christies Errungenschaften wußte niemand zu schätzen, mit Ausnahme der sowjetischen Konstrukteure. Der amerikanische Panzer wurde gekauft und mit falschen Papieren, in denen er als Traktor für landwirtschaftliche Zwecke deklariert war, in die Sowjetunion gebracht. Dort wurde der »Traktor« in riesigen Mengen unter der Typenbezeichnung BT (Bystrochodny Tank = Schnellpanzer) produziert. Die ersten BTs besaßen eine Marschgeschwindigkeit von 100 km/h. Sechzig Jahre später blickt jeder Panzersoldat neidvoll auf diese Geschwindigkeit zurück.

Die Form der Panzerwanne des BT war einfach und rationell konstruiert. Kein einziger Panzer der Welt zu jener Zeit einschließlich der für die US-Army produzierten besaß eine gleichwertige Panzerung. Der beste Panzer des Zweiten Weltkrieges, der russische T-34, ist ein unmittelbarer Abkömmling des BT. Die Form seiner Panzerwanne ist eine Weiterentwicklung der Ideen des genialen amerikanischen Panzerkonstrukteurs. Das Prinzip der schrägen Anordnung der Frontpanzerplatten ist später bei dem deutschen »Panther« angewendet worden und anschließend bei allen übrigen Panzern auf der ganzen Welt.

In den dreißiger Jahren wurden praktisch alle Panzer weltweit nach dem Schema »Antriebsaggregat im Heck, Kraftübertragung im Bugteil« hergestellt. Der BT bildet die Ausnahme von dieser Regel: Motor und Getriebe waren im Heck untergebracht. Fünfundzwanzig Jahre später begreift die ganze Welt die Vorzüge dieser Anordnung im BT. Der BT-Panzer wurde ständig verbessert, sein Aktionsradius bis auf 700 km ausgedehnt. Auch fünfzig Jahre später bleibt das noch immer ein Traum für die Mehrzahl der Panzerfahrer. 1936 waren die serienmäßig produzierten BT-Panzer in der Lage, tiefe Flußläufe quer durch das Flußbett unter Wasser zu überwinden. Ende der achtziger Jahre verfügen nicht alle Panzer der präsumtiven Gegner der Sowjetunion über diese Möglichkeit. 1938 begann man, die BT-Panzer mit Dieselmotoren auszurüsten. Die übrige Welt geht erst zehn bis zwanzig Jahre später dazu über. Schließlich besaß der BT eine für die damalige Zeit eindrucksvolle Bewaffnung.

Nach so vielen positiven Worten über Quantität und Qualität der sowjetischen Panzer sei, um der Gerechtigkeit Genüge zu tun, auch ein ganz geringfügiger Mangel erwähnt: Diese BT-Panzer *waren auf sowjetischem Territorium nicht einsetzbar.*

2.

Der entscheidende Vorzug des BT-Panzers ist seine Schnelligkeit. Diese Qualität war so dominierend, daß sie sogar in der Bezeichnung des Panzers zum Ausdruck kam: Schnellpanzer.

Der BT ist ein Angriffspanzer. In allen Einzelheiten seiner Charakteristik läßt er sich voll und ganz mit einem der kleinen, aber ausnehmend mobilen berittenen Krieger aus den zahllosen Horden Dschingis-Khans vergleichen. Dieser große Welteroberer besiegte alle Feinde durch überraschende Vorstöße der gewaltigen Massen seiner ungemein wendigen Krieger. Dschingis-Khan vernichtete seine Gegner in der Hauptsache nicht durch die Stärke seiner Waffen, sondern durch tief angelegte, ungestüm vorangetragene Attacken. Dschingis-Khan brauchte keine schwerfälligen Ritter, sondern Horden leichter, flinker, beweglicher Krieger, die in der Lage waren, riesige Räume zu bewältigen, Flüsse zu überwinden und tief in das Hinterland des Gegners einzudringen.

Genauso war der BT-Panzer beschaffen. Davon hatte man mehr produziert als sämtliche Panzer *aller* Typen in *allen* Ländern der Welt am 1. September 1939 zusammengenommen. Wendigkeit, Geschwindigkeit und Aktionsradius des BT waren auf Kosten einer rationellen, aber sehr leichten und dünnen Panzerung erreicht worden. Der BT konnte nur in einem Angriffskrieg eingesetzt werden, nur im Hinterland des Gegners, nur in einer zügig vorangetragenen Angriffsoperation, bei der die Panzerhorden überraschend in das Territorium des Gegners eindringen, die Stützpunkte des Widerstandes umgehen, in einem in die Tiefe gerichteten Vorstoß, dorthin, wo die Truppen des Gegners nicht stehen, wo jedoch seine Städte liegen, die Brücken, Produktionsstätten, Flugplätze, Häfen, Vorratslager, Kommandostellen und Verkehrsknotenpunkte.

Der verblüffend offensive Charakter des BT war allerdings auch durch Verwendung eines einzigartigen Fahrgestells erreicht worden. Der BT bewegte sich auf Feldwegen mit Hilfe von Ketten voran, sobald er jedoch auf gute Straßen stieß, warf er die schweren Ketten ab und drang weiter wie ein schnelles Kraftfahrzeug auf Rädern vor. Indessen ist wohlbekannt, daß Geschwindigkeit und Geländegängigkeit einander ausschließen: Man muß sich demnach entweder für ein schnelles Auto entscheiden, das nur auf guten Straßen fährt, oder für einen langsamen Traktor, der sich überall einen Weg bahnt. Dieses

Dilemma lösten die sowjetischen Marschälle zugunsten des schnellen Autos: Die Panzer vom Typ BT waren auf sowjetischem Boden völlig hilflos. Als Hitler das »Unternehmen Barbarossa« begann, mußten praktisch alle BT-Panzer aufgegeben werden. Selbst mit Panzerketten war ihre Benutzung abseits der Straßen so gut wie unmöglich. Auf Rädern aber wurden sie *niemals* benutzt. Das Potential an diesen großartigen BT-Panzern wurde nicht realisiert, aber *es konnte auch auf sowjetischem Territorium nicht realisiert werden*! Der BT war ausschließlich für Aktionen auf fremden Territorien konzipiert worden, und zwar nur auf solchen, die gute Straßen besaßen. Werfen wir einen Blick auf die sowjetischen Nachbarn: Die Türkei, Iran, Afghanistan, China, die Mongolei, die Mandschurei und Nordkorea verfügten damals so wenig wie heute über gute Straßen. Schukow hat BT-Panzer in der Mongolei eingesetzt, wo das Gelände eben wie ein Tisch ist, aber er verwendete sie nur mit Panzerketten und war mit ihnen äußerst unzufrieden: Abseits der Straßen lösten sich oft genug die Ketten, und wegen des relativ starken Druckes der Räder auf nicht befestigtem Untergrund und selbst auf Feldwegen brachen die Panzer ein, und die Räder drehten durch.

Auf die Frage nach einer erfolgversprechenden Einsatzmöglichkeit des gewaltigen Potentials an BT-Panzern bleibt eine einzige Antwort: Mittel- und Südeuropa. Sobald der BT seine Ketten abgeworfen hatte, war er mit Erfolg nur noch auf dem Territorium Deutschlands, Frankreichs und Belgiens zu verwenden.

Auf die Frage, was das Wesentliche für die Fortbewegung des BT war, Räder oder Ketten, geben die Lehrbücher jener Jahre eine präzise Antwort: die Räder. Die entscheidende Qualität des BT war seine Marschgeschwindigkeit, und diese wird nur mit Hilfe der Räder realisiert. Die Ketten waren lediglich als Mittel zur Erreichung des fremden Territoriums gedacht – um beispielsweise auf Ketten Polen zu durchqueren; hatte man jedoch erst die deutschen Autobahnen erreicht, sollten die Ketten abgeworfen und weiterhin auf Rädern vorgerückt werden. Die Ketten waren als Hilfsmittel vorgesehen, das im Krieg ein einziges Mal Verwendung fand, anschließend konnte man sich ihrer entledigen und sie vergessen, so wie der Fallschirmspringer seinen Fallschirm nur benutzt, um auf das Territorium des Gegners zu gelangen: Dort läßt er seinen Fallschirm zurück und operiert im Hinterland, ohne sich weiter mit der schweren und künftig nicht mehr benötigten Bürde zu belasten. Die gleiche Einstellung galt auch hinsichtlich der Panzerketten. Die mit BT-Panzern ausgerüsteten sowjetischen Divisionen und Korps verfügten nicht einmal über Lkws, die zum Aufsammeln und Transport der abgeworfenen Panzerketten bestimmt gewesen wären: Die BT-Panzer sollten nach dem Abwerfen der Ketten den Krieg auf Rädern beenden, indem sie auf den hervorragenden Straßen tief in das Hinterland des Gegners vorstießen.

3.

Einige sowjetische Panzertypen haben ihre Bezeichnung zu Ehren kommunistischer Führer erhalten: KW – Klim Woroschilow, IS – Iossif Stalin, doch die Mehrzahl der sowjetischen Panzertypen führte Bezeichnungen, die den Index T enthalten. Bisweilen trat zu diesem T ein weiterer Buchstabe hinzu, wie »O« (von ognemjotny = Flammenwerfer-), »B« (von bystrochodny = Schnell-), »P« (von plawajuschtschi = Schwimm-). Übrigens war die Sowjetunion das einzige Land der Welt, das Schwimmpanzer in Massen produzierte. In einem Verteidigungskrieg braucht ein Panzer nirgendwohin zu schwimmen, weshalb die sowjetischen Schwimmpanzer, als Hitler das »Unternehmen Barbarossa« begann, mangels Verwendungsfähigkeit in einem Verteidigungskrieg aufgegeben werden mußten; ihre Produktion wurde ebenso unverzüglich gestoppt wie die des BT.

Doch ich schweife ab. Die Hauptsache besteht in etwas anderem. 1938 wurden in der Sowjetunion intensive Anstrengungen zur Schaffung eines Panzer-Typs mit der ganz ungewöhnlichen Bezeichnung A-20 unternommen. Was bedeutet dieses »A«? Kein einziges sowjetisches Handbuch gibt eine Antwort auf diese Frage. Vielleicht werden die Kommunisten nach dem Erscheinen meines Buches im nachhinein eine Erklärung dieser Bezeichnung erfinden, aber vorerst gilt für viele Experten in der Welt dieser Index als nicht entziffert. Ich habe lange nach einer Antwort auf diese Frage gesucht und fand sie in dem Betrieb Nr. 183. Es ist dieselbe bereits erwähnte Lokomotivenfabrik, die, wie auch früher schon, eine Nebenproduktion betreibt. Ich weiß nicht, ob die Erklärung stimmt, aber Veteranen behaupten, der ursprüngliche Sinn des »A« sei »Awtostradny« (Autobahn-). Mir persönlich scheint diese Erklärung überzeugend. Der Panzer A-20 ist eine Weiterentwicklung aus der BT-Familie. Wenn beim BT die entscheidende Charakteristik in der Bezeichnung zum Ausdruck kommt, warum sollte dann beim A-20 dessen Hauptcharakteristik nicht in die Bezeichnung eingehen? Die Aufgabe des A-20 bestand darin, auf Panzerketten bis zu den Autobahnen vorzudringen, dort aber unter Zurücklassung der Ketten sich in einen Geschwindigkeits-Champion zu verwandeln.

Rufen wir uns jetzt ins Gedächtnis, daß selbst Ende der achtziger Jahre die Sowjetunion nur ganz wenige Straßenkilometer (auf ehemaligem ostpreußischem Territorium) besitzt, die die Bezeichnung Autobahn verdienen. Natürlich gab es erst recht fünfzig Jahre zuvor auf sowjetischem Boden keine Autobahnen. Und kein einziges angrenzendes Land hatte 1938 Autobahnen aufzuweisen. Aber im darauffolgenden Jahr 1939 teilte Stalin durch den Molotow-Ribbentrop-Pakt Polen auf und schuf damit eine gemeinsame Grenze mit jenem Staat, der über Autobahnen verfügte, und dieser Staat hieß Deutschland.

Man sagt, Stalins Panzer seien auf den Krieg nicht vorbereitet gewesen. Das trifft nicht zu. Sie waren nicht für einen *Verteidigungskrieg* auf eigenem Territorium vorbereitet. Man hatte sie einfach für einen Krieg auf fremden Territorien präpariert.

4.

Der Quantität und Qualität der sowjetischen Panzer entsprachen Quantität und Qualität der sowjetischen Flugzeuge. Kommunistische Geschichtsfälscher sagen heute: Gewiß, es gab viele

Flugzeuge, doch das sind schlechte Flugzeuge gewesen. Es waren veraltete Maschinen, die man nicht zu berücksichtigen braucht. Wir sollten uns lieber auf die neuesten sowjetischen Flugzeuge beschränken: die Mig-3, Jak-1, Pe-2, Il-2 und andere, aber die in den Vorkriegsjahren produzierten können wir vernachlässigen – das war veralteter Schrott.

Doch was hält der Offizier der Royal Airforce Alfred Price von diesem »veralteten Schrott«, ein Mann, der in seinem Leben vierzig verschiedene Flugzeugtypen geflogen und über 4000 Stunden in der Luft zugebracht hat? Hier seine Meinung zu dem »veralteten« sowjetischen Jagdflugzeug: »Die stärkste Bewaffnung unter allen einsatzbereiten Jagdflugzeugen der Welt besaß im September 1939 die russische Polikarpow I-16 ... An Feuerkraft war die I-16 der Messerschmitt 109 E-1 mehr als zweifach überlegen und fast um das Dreifache der Spitfire 1. Unter allen Vorkriegsjagdflugzeugen war die I-16 insofern einzigartig, als sie allein einen Panzerschutz für den Piloten besaß. Wer da glaubt, die Russen seien vor dem Zweiten Weltkrieg rückständige Bauern gewesen, die erst später unter dem Einfluß der Nutzung deutscher Erfahrungen vorankamen, sollte sich die Tatsachen ins Gedächtnis rufen.« (*A. Price,* World War II. Fighter Conflict. London 1975, S. 18, 21)

Hier wäre noch zu ergänzen, daß im August 1939 die sowjetischen Jagdflugzeuge als erste in der Welt Raketengeschosse unter Gefechtsbedingungen einsetzten. Zu ergänzen ist ferner, daß die sowjetischen Konstrukteure bereits das einzige Flugzeug in der Welt mit einem gepanzerten Rumpf entwarfen – einen echten fliegenden Panzer, die Il-2, die in jeder Hinsicht über eine optimale Bewaffnung verfügte, einschließlich ihrer acht Raketen.

Was liegt also vor? Weshalb hat die sowjetische Luftwaffe vom ersten Kriegstag an die Luftherrschaft abgetreten? Die Antwort ist einfach: Der Großteil der sowjetischen Flieger – die Jagdflieger eingeschlossen – *war nicht in der Führung von Luftkämpfen ausgebildet*. Was hatte man sie gelehrt? Sie hatten die Durchführung von Angriffen auf Bodenziele gelernt. Die Dienstvorschriften für die sowjetischen Jagd- und Bomberflieger orientierten die sowjetischen Flieger auf die Durchführung einer grandiosen überraschenden Angriffsoperation, in der die sowjetischen Luftstreitkräfte mit einem Schlag die gesamte Luftwaffe des Gegners ausschalten und die Luftherrschaft an sich reißen sollten. Bereits 1929 zog die sowjetische Zeitschrift »Krieg und Revolution« in einem Grundsatzartikel über »Die Anfangsphase des Krieges« einen Schluß, der später von den Fliegervorschriften, einschließlich der Dienstvorschriften aus den Jahren 1940 und 1941, wiederholt wird: »Es ist von extremem Vorteil, die Initiative zu ergreifen und als erster den Gegner zu attackieren. Derjenige, der durch einen Angriff seiner Luftflotte auf die Flugplätze und Hangare des Feindes die Initiative ergriffen hat, kann anschließend mit der Luftherrschaft rechnen.« (Nr. 9, S. 7) Die Theoretiker der sowjetischen Luftstreitkräfte hatten nicht irgendeinen Feind allgemein vor Augen, sondern einen ganz bestimmten. Laptschinski, der führende Theoretiker der sowjetischen Luftkriegsstrategie, versah seine Bücher mit sehr detaillierten Karten der Standardobjekte für Bombardierungen, darunter waren der Eisenbahnknotenpunkt Leipzig, der Bahnhof Friedrichstraße in Berlin. (*A. N. Laptschinski,* Das Luftheer. Moskau 1939, Abb. 24, 34) Laptschinski erläuterte, wie das sowjetische Territorium zu verteidigen sei: »Ein zielstrebiger Angriff auf dem Boden zieht wie ein Magnet die feindlichen Luftstreitkräfte auf sich und ist das beste Mittel zur Verteidigung des Landes gegen den Gegner aus der Luft . . . Die Luftverteidigung des Landes erfolgt nicht durch ein Manöver aus der Tiefe, sondern durch ein in die Tiefe gerichtetes Manöver.« (Ebenda, S. 176, 177) Aus eben diesem Grunde waren die gesamten sowjetischen Luftstreitkräfte 1941 unmittelbar an der Grenze zusammengezogen. Der Feldflugplatz des Jagdgeschwaders 123 lag beispielsweise zwei Kilometer von der deutschen Grenze entfernt. Unter Gefechtsbedingungen würden die Flugzeuge, um Treibstoff zu sparen, in Richtung des Gegners aufsteigen. Das Jagdgeschwader 123 sollte ebenso wie viele andere Geschwader seine Flughöhe erreichen, wenn es sich bereits über deutschem Territorium befand.

Die Sowjetunion hat vor dem Krieg und im Krieg selbst nicht

wenig ausgezeichnete und gleichzeitig erstaunlich einfache Flugzeuge entwickelt. Aber die größten Errungenschaften der sowjetischen Luftstreitkräfte liegen nicht im Bereich der Konstruktion von Flugzeugen, die die Maschinen des Gegners in der Luft vernichten, sondern in der Konstruktion von Flugzeugen, die die Flugzeuge und andere gegnerische Ziele am Boden zerstören. Der größte sowjetische Erfolg auf dem Gebiet der Luftwaffentechnik jener Zeit ist die Il-2, und eben sie war dazu bestimmt, den Gegner am Boden zu treffen. Die Flugplätze waren ihr wichtigstes Ziel. Als ihr Konstrukteur Iljuschin dieses für den Angriff konzipierte Flugzeug entwarf, hatte er auch ein kleines zur Verteidigung bestimmtes Detail vorgesehen. In der ursprünglichen Version war die Il-2 als Zweisitzer konstruiert: Der Pilot führt das Flugzeug und vernichtet das Angriffsziel, in seinem Rücken aber deckt ein Schütze die hintere Halbsphäre gegen Attacken feindlicher Jagdflieger. Iljuschin wurde von Stalin persönlich angerufen, der ihm befahl, den Schützen mit dem Maschinengewehr wegzulassen und die Il-2 als Einsitzer herzustellen. Stalin brauchte die Il-2 *für eine Situation, in der überhaupt kein einziges gegnerisches Flugzeug aufsteigen konnte*...

Nach dem Beginn des »Unternehmens Barbarossa« telefonierte Stalin wieder mit Iljuschin und befahl, die Il-2 als Zweisitzer zu produzieren: In einem Verteidigungskrieg braucht selbst ein für den Angriff konzipiertes Flugzeug eine Verteidigungswaffe.

5.

1927 ist das Jahr, in dem Stalin endgültig die Machtspitze erklommen und sich dort fest eingerichtet hat. Von diesem Augenblick an richtet sich seine Aufmerksamkeit nicht nur auf die Festigung seiner Diktatur, sie gilt vielmehr auch den Problemen der ganzen kommunistischen Bewegung und der Weltrevolution.

1927 ist das Jahr, in dem Stalin endgültig feststellt, daß ein zweiter Weltkrieg unvermeidlich ist, in dem er den entschiedenen Kampf gegen den sozialdemokratischen Pazifismus beschließt – der den Ausbruch eines Krieges hemmt –, aber auch die Unterstützung der an die Macht drängenden Faschisten, die man anschließend vernichten wird.

1927 ist das Jahr der beginnenden Industrialisierung der UdSSR. Einer extremen Industrialisierung. Einer Superindustrialisierung. Diese Industrialisierung war in Fünfjahresabschnitten geplant, und der erste Fünfjahrplan setzte in dem nämlichen Jahr 1927 ein. Wozu diese Fünfjahrpläne nötig waren, kann man an der folgenden Tatsache ablesen: Zu Beginn des ersten Fünfjahrplanes besaß die Rote Armee 92 Panzer, an seinem Ende über 4000 Stück. Dennoch ist die militärische Ausrichtung im ersten Fünfjahrplan nicht so augenfällig. Das Hauptinteresse gilt nicht der Rüstungsproduktion, sondern zunächst der Schaffung einer industriellen Basis, die anschließend Waffen produzieren wird.

Der zweite Fünfjahrplan dient dem weiteren Ausbau dieser industriellen Basis. Das bedeutet die Errichtung von Kokereien, Martinöfen, riesigen Elektrizitätswerken und Sauerstoffabriken, Walzstraßen und Blockwalzwerken sowie den Ausbau von Bergwerken und Erzgruben. Die Rüstungsproduktion ist vorerst nicht das Hauptanliegen, auch wenn sie von Stalin nicht vergessen wird: In den ersten beiden Fünfjahrplänen wurden 24 708 Kampfflugzeuge produziert.

Doch nun kommt der dritte Fünfjahrplan, der 1942 auslaufen sollte – und er bringt die Produktion. Kriegsproduktion. In gigantischen Mengen von hoher Qualität.

Die Industrialisierung war um einen teuren Preis erkauft worden. Für diese Industrialisierung zahlte Stalin mit dem Lebensstandard der Bevölkerung, den er auf ein extrem niedriges Niveau absinken ließ. Stalin veräußerte auf den Außenmärkten ungeheure Vorräte an Gold, Platin, Diamanten. Stalin verkaufte in wenigen Jahren, was die Nation in Jahrhunderten angesammelt hatte. Stalin plünderte die Kirchen und Klöster, die kaiserlichen Magazine und Schatzkammern. Ikonen und kostbare Bücher verließen das Land. Gemälde der großen Renaissancemeister gelangten in den Export, Brillantenkollektionen, Schätze aus Museen und Bibliotheken. Stalin forcierte den Export von Holz und Kohle, Nickel und Mangan, Erdöl und Baumwolle, Kaviar, Pelzwerk, Getreide und vielem, vielem anderen. Aber auch das reichte noch nicht aus. Und deshalb begann Stalin 1930 mit der blutigen Kollektivierung. Die Bauern wurden gewaltsam in die Kolchosen gezwungen, damit man hernach das Getreide bei ihnen umsonst abholen konnte. Das gesamte Getreide. Im Jargon der Kommunisten hieß das »die Mittel aus der Landwirtschaft in die Schwerindustrie pumpen«.

Das Ergebnis der Kollektivierung und des darauffolgenden Hungers waren 10 bis 16 Millionen Ermordeter, in den Lagern Umgekommener, Verhungerter. Angaben über eine noch höhere Zahl von Opfern haben in jüngster Zeit die sowjetische Zensur passiert. (»Fragen der Geschichte« 1988, Nr. 6, S. 32)

Über dem Land richtete sich das Gespenst des Kannibalismus in seiner ganzen riesigen Größe auf. Stalin aber verkaufte in jenen furchtbaren Jahren jährlich fünf Millionen Tonnen Getreide ins Ausland.

Wozu war die Kollektivierung nötig? Für die Industrialisierung. Und wozu wurde die Industrialisierung gebraucht? Um den Lebensstandard der Bevölkerung anzuheben? Keineswegs. Bis zur Industrialisierung und Kollektivierung war das Leben während der NÖP durchaus erträglich gewesen. Wenn dem Genossen Stalin am Lebensstandard des Volkes gelegen war, dann bedurfte es weder der Industrialisierung noch der Kollektivierung – dann mußte die NÖP beibehalten werden.

Nun aber sank trotz Industrialisierung und Kollektivierung der Lebensstandard des Volkes auf einen beängstigenden Tiefstand ab. Vor kurzem hat Robert Conquest ein grauenhaftes Buch über die damaligen Fünfjahrpläne herausgebracht mit den schrecklichen Photographien der zu Skeletten abgemagerten Kinder. (*R. Conquest,* The Harvest of Sorrow. Soviet Collectivization and the Terror-famine. London 1987)

Industrialisierung und Kollektivierung wurden also nicht wegen der Hebung des Lebensstandards durchgeführt, sondern um Waffen in gigantischen Mengen produzieren zu können. Wozu aber brauchen Kommunisten Waffen? Um die Menschen zu verteidigen? Auch dies kann der Grund nicht sein. Hätte Stalin für die Autobahn-Panzer, für die Fallschirmseide, für die westliche Rüstungstechnologie jährlich nicht fünf, sondern nur vier Millionen Tonnen Getreide verkauft, dann wären Millionen Kinder am Leben geblieben. In allen Ländern dienen Waffen dazu, die Bevölkerung zu verteidigen und vor allem die Kinder – die Zukunft der Nation – gegen schreckliche Leiden zu schützen. In der Sowjetunion verhielt es sich genau umgekehrt: Die Bevölkerung, und damit auch ihre Kinder, wurde schrecklichen Leiden unterworfen, um Waffen zu schaffen.

Der ganze Erste Weltkrieg war ein Spaziergang im Vergleich zu der Stalinschen Industrialisierung. In den vier Kriegsjahren verloren auf den ersten Blick viele Menschen ihr Leben – zehn Millionen. Verteilt man jedoch diese zehn Millionen auf alle beteiligten Länder, dann erweisen sich diese Opfer als sehr gering. Rußland zum Beispiel hat während des Ersten Weltkrieges insgesamt nur 2,3 Millionen Menschen verloren. Aber in *Friedenszeiten* hat Stalin um seiner Autobahnpanzer und Angriffsflugzeuge willen sehr viel mehr Menschen umgebracht. *Der kommunistische Frieden war weitaus schrecklicher als der imperialistische Krieg.*

Die Steigerung des sowjetischen militärischen Potentials war keineswegs durch äußere Bedrohung diktiert, denn sie setzte bereits ein, noch *ehe* Hitler an die Macht gelangte. Die Vernichtung von Millionen Kindern um der Waffen willen war zugleich von intensiven Anstrengungen Stalins zur Bekämpfung der westlichen Pazifisten und zur Förderung der Faschisten begleitet. Man könnte mir erwidern, Stalin habe Millionen Menschen geopfert, aber dafür Waffen geschaffen, um die übrigen Menschen zu schützen. Nein. Wir sahen bereits und werden im weiteren noch wiederholt sehen, daß die produzierten Waffen zur Verteidigung des eigenen Territoriums und zum Schutze der eigenen Menschen völlig ungeeignet waren und daß man sie hernach entweder nicht ihrer Bestimmung entsprechend einsetzen konnte oder überhaupt gänzlich auf ihre Anwendung verzichten mußte.

Wenn die Kommunisten die riesigen Waffenarsenale nicht zur Verteidigung ihres Territoriums und seiner Bevölkerung anlegten, wofür waren sie dann gedacht?

WESHALB HAT STALIN POLEN GETEILT?

Wir haben eine Aufgabe übernommen, die im Falle des Erfolges die ganze Welt aus den Angeln heben wird und die gesamte Arbeiterklasse befreit.

Stalin am 4. 2. 1931 (Werke XIII, S. 40)

1.

Am 22. Juni 1941 hat das faschistische Deutschland überraschend und in vertragsbrüchiger Weise die Sowjetunion überfallen. Das ist eine historische Tatsache. Es ist indessen eine sehr eigenartige Tatsache. *Bis zum Zweiten Weltkrieg besaßen Deutschland und die Sowjetunion keine gemeinsamen Grenzen, folglich konnte Deutschland die Sowjetunion nicht überfallen, geschweige denn überraschenderweise.*

Deutschland und die Sowjetunion waren durch eine geschlossene Barriere neutraler Staaten voneinander getrennt. Damit ein sowjetisch-deutscher Krieg stattfinden konnte, mußten vor allem die Voraussetzungen dafür geschaffen werden: Beseitigung der Barriere aus neutralen Staaten und Herstellung gemeinsamer sowjetisch-deutscher Grenzen. Ein jeder, der sich für dieses Datum, den 22. Juni 1941, interessiert, muß, ehe er Hitler verdammt und ihn des Vertragsbruches bezichtigt, zumindest für sich selbst die beiden folgenden Fragen klar beantworten:

1. Wer hat die trennende Barriere aus neutralen Staaten zwischen Deutschland und der Sowjetunion beseitigt?
2. Warum?

2.

Die Barriere zwischen Deutschland und der UdSSR war mit Ausnahme einer einzigen Stelle eine doppelte. Polen war das einzige Land, das sowohl an die Sowjetunion wie auch an

Deutschland grenzte. Polen ist die kürzeste, direkteste, glatteste, bequemste Verbindung zwischen der UdSSR und Deutschland. Polen bildet den schmalsten Teil dieser Trennmauer. Es ist begreiflich, daß ein potentieller Angreifer, der am Ausbruch eines sowjetisch-deutschen Krieges interessiert war, versuchen mußte, eben hier einen Korridor herzustellen. Dagegen mußte diejenige Seite, die diesen sowjetisch-deutschen Krieg nicht wollte, mit ihrer geballten militärischen Macht, mit ihrer ganzen Staatsklugheit, mit aller Kraft ihrer internationalen Autorität den Gegner daran hindern, auf polnisches Territorium zu gelangen, und im äußersten Fall den Krieg gegen ihn bereits in Polen beginnen, um ihn von den eigenen Grenzen fernzuhalten.

Hitler hatte seine Absichten völlig offen erklärt. Stalin nannte ihn in aller Öffentlichkeit einen Kannibalen. Aber Hitler konnte Stalin nicht überfallen, weil es keine gemeinsame Grenze gab. Hitler wandte sich an Stalin mit dem Vorschlag, durch vereinte Anstrengungen einen Durchbruch in der Trennwand zu erreichen. Stalin griff diesen Vorschlag begeistert auf, riß mit gewaltigem Enthusiasmus die polnische Mauer nieder und schlug einen Korridor zu Hitler hin. Hitlers Motive sind verständlich. Wie aber ist Stalins Verhalten zu erklären?

Die kommunistischen Geschichtsschreiber haben sich verschiedene Deutungen für das Verhalten der Sowjetunion ausgedacht.

Erste Erklärung: Nachdem Polen zerfetzt und in Blut ertränkt war, schoben wir unsere Grenzen nach Westen vor, d. h. wir stärkten unsere eigene Sicherheit. Eine seltsame Erklärung. Die sowjetischen Grenzen wurden in der Tat um zweihundert bis dreihundert Kilometer weitergerückt, aber dabei schob auch Deutschland seine Grenzen um dreihundert bis vierhundert Kilometer nach Osten vor. Das bedeutete keine Erhöhung der Sicherheit der Sowjetunion, sondern im Gegenteil ihre Reduzierung. Obendrein entstand ein vollkommen neuer Faktor: eine gemeinsame sowjetisch-deutsche Grenze und als deren Folge die Möglichkeit eines Krieges, auch eines Überraschungskrieges.

Zweite Erklärung: Als wir Polen während seines verzweifelten Kampfes gegen die Faschisten in den Rücken fielen, waren wir bemüht, den Augenblick des Ausbruches eines sowjetisch-deutschen Krieges hinauszuzögern ... Das ist eine Erklärung nach dem Motto: Wir haben das Feuer im Hause des Nachbarn gelegt, weil dann das Feuer unser Haus erst nach den anderen erreicht.

Dritte Erklärung: Frankreich und Großbritannien wollten mit uns keinen Vertrag abschließen, folglich ... Was für ein Unsinn! Wieso sollten Frankreich und Großbritannien die Sowjetunion verteidigen, wenn doch die Sowjetunion den Sturz der Demokratien der ganzen Welt und damit auch in Frankreich und Großbritannien als ihr Hauptziel proklamiert hatte? Dem Westen konnte es zumindest gleichgültig sein, ob Hitler gen Osten zog oder nicht, den Ländern Osteuropas hingegen keineswegs. Wenn Hitler sich nach Osten wendete, würden sie die ersten Opfer sein. Insofern waren die Länder Osteuropas die natürlichen Bündnispartner der Sowjetunion. Bei ihnen hätte man sich um ein Bündnis gegen Hitler bemühen müssen. Aber Stalin suchte ein solches Bündnis nicht, und da, wo entsprechende Verträge bestanden, ist die Sowjetunion der Erfüllung ihrer Pflichten aus dem Bündnis nicht nachgekommen. Stalin hätte seine Neutralität wahren können, aber statt dessen fiel er denjenigen in den Rücken, die gegen den Faschismus kämpften.

Erklärungen für Stalins Handlungsweisen haben sich die kommunistischen Historiker reichlich ausgedacht. Aber jede dieser Erklärungen enthält zwei Mängel:

a) sie wurden nachträglich ersonnen;
b) sie ignorieren völlig die Position der sowjetischen Führer, obwohl diese Position klarer und verständlicher dargelegt worden war als die Position Hitlers in seinen Werken und Reden.

3.

Als die Bresche durch die trennende Mauer gebrochen war, begnügte sich Hitler mit dem Erreichten und widmete sich zunächst seinen westeuropäischen, afrikanischen, mediterranen und atlantischen Problemen. Was hätte Stalin tun müssen, als vor ihm diese Bresche von 570 km Breite lag und ihm immerhin eine gewisse Zeit zur Verfügung stand? Er hätte umgehend seine Verteidigung gerade in diesem Abschnitt ausbauen müssen. Er hätte sie zügig verstärken und vervollkommnen müssen. Außerdem mußte eine zweite Verteidigungslinie angelegt werden, eine dritte, ... eine fünfte. Er mußte sofort die Straßen, Brücken, das Gelände verminen, Panzergräben ausheben lassen, sie mit Pak-Artillerie decken ... Nur wenige Jahre später, 1943, bereitete sich die Rote Armee im Kursker Bogen darauf vor, die gegnerische Offensive aufzufangen. Binnen kurzer Frist legten die sowjetischen Truppen an der riesigen Front sechs kontinuierliche Verteidigungsstreifen in einer Gesamttiefe von 250 bis 300 km an. Jeder Kilometer war gespickt mit Schützengräben, Schützenlaufgräben, Verbindungswegen, Unterständen und Feuerstellungen. Die durchschnittliche Minendichte lag bei 7000 Panzer- und Infanterieminen pro Kilometer, und die Panzerabwehrdichte war auf ein immenses Niveau angehoben – sie betrug 41 Geschütze pro Kilometer, Feldartillerie und Flak sowie die eingegrabenen Panzer nicht mitgerechnet. Auf diese Weise war auf freiem Felde in kürzester Zeit ein in der Tat undurchdringlicher Verteidigungsgürtel geschaffen worden.

1939 wären die Voraussetzungen für eine Verteidigung bei weitem besser gewesen: undurchdringliche Wälder, Flüsse, Sümpfe. Wenig Straßen und viel Zeit. Die sowjetischen Truppen konnten ein wirklich unpassierbares Gelände an der neuen sowjetisch-deutschen Grenze schaffen, und dies um so mehr, als der Durchbruch in der Mauer nicht sehr breit war.

Aber in diesem Augenblick stellte die Sowjetunion die Produktion von Panzer- und Fliegerabwehrgeschützen ein. Statt das Gelände undurchdringlich zu machen, wurde es zielstrebig besser passierbar gemacht. Da wurden Straßen und Brücken angelegt, das Eisenbahnnetz erweitert, verstärkt und vervollkommnet. Die früheren Befestigungsanlagen wurden zerstört und zugeschüttet.

Ein Teilnehmer jener Ereignisse, der Oberst in der militärischen Aufklärung *I. G. Starinow*, beschreibt dies folgendermaßen: »Es war eine dumme Situation. Als wir an relativ kleine

Staaten mit schwachen Armeen grenzten, hatten wir unsere Grenzen tatsächlich dicht gemacht. Als jedoch das faschistische Deutschland unser Nachbar wurde, stellte sich heraus, daß die von den Pionieren errichteten Verteidigungsanlagen entlang der früheren Grenze aufgegeben und teilweise sogar demontiert waren.« (Die Minen warten auf ihre Stunde. Moskau 1964, S. 176) Die Führung der Pioniereinheiten der Roten Armee forderte 120000 Eisenbahnminen mit Zeitzünder an. Diese Menge hätte vollkommen ausgereicht, um im Falle eines Eindringens der deutschen Wehrmacht den gesamten Eisenbahnverkehr in ihrem Rücken lahmzulegen, von dem sie völlig abhängig sein würde. Aber anstelle der angeforderten Menge erhielt man ... ganze 120 Minen! (Die Minen warten auf ihre Stunde, S. 186) Dabei ist eine Mine die einfachste, billigste und dabei höchst wirkungsvolle Waffe. Die Minenproduktion in der Sowjetunion war gewaltig, aber nachdem der Durchbruch in der Mauer erfolgt war, wurde dieser Produktionszweig stillgelegt.

Womit beschäftigte sich Stalin, abgesehen von der Zerstörung seiner eigenen Verteidigung? Er beschäftigte sich mit der Zerstörung der Barriere aus neutralen Staaten. Hitler begnügte sich mit einer Bresche in der Mauer. Stalin reichte das nicht. Hitler hatte (mit Stalins Hilfe) die Souveränität lediglich eines der Staaten, die diese trennende Barriere bildeten, beseitigt. Stalin besorgte dies (ohne fremde Hilfe) in drei Staaten (Estland, Lettland, Litauen), er versuchte es in einem vierten Land (Finnland) und traf aktive Vorbereitungen dazu in einem fünften Land (Rumänien), nachdem er sich vorsorglich bereits ein riesiges Stück von dessen Territorium abgetrennt hatte. Hitler war nur bemüht gewesen, einen Durchbruch in der Mauer zu erzielen, Stalin wollte die ganze Mauer einreißen. Und Stalin bekam, was er wollte. Nur zehn Monate nach der Unterzeichnung des *»Nichtangriffs«*-Paktes war dank Stalins Bemühungen die trennende Barriere vom Eismeer bis zum Schwarzen Meer restlos beseitigt. Es gab keine neutralen Staaten mehr zwischen Stalin und Hitler, und genau dadurch waren die Voraussetzungen *für einen Angriff* geschaffen. Sämtliche westlichen Nachbarn Stalins waren ihm in dieser kurzen Zeit zum Opfer gefallen. Außer den Ländern, die an die Sowjetunion grenzten, war auch Litauen in Stalins Sklaverei geraten, das zuvor überhaupt keine gemeinsame Grenze mit der Sowjetunion besaß. Das Auftauchen sowjetischer Truppen in Litauen bedeutete, daß diese bereits zu den echten deutschen Grenzen vorstießen. Früher war die sowjetisch-deutsche Grenze durch erobertes polnisches Territorium verlaufen. Jetzt standen sowjetische Truppen an der Grenze von Ostpreußen. Hier kann nun wirklich nicht mehr die Rede davon sein, daß Hitler gewaltsam einen Korridor nach Osten geschaffen habe und der dumme Stalin ihm dabei noch behilflich gewesen sei. Nein, Stalin selbst hat den Korridor nach Westen, und zwar ohne fremde Hilfe, geöffnet.

Auf die Frage, weshalb Stalin bereit gewesen sei, Hitler beim Durchbruch und der Schaffung eines relativ schmalen Korridors durch Polen zu helfen, haben sich die kommunistischen Historiker eine Antwort zu ersinnen bemüht, wenn auch nicht recht erfolgreich. Die Frage jedoch, weshalb Stalin die ganze Barriere niedergerissen hat, wird von ihnen lieber erst gar nicht gestellt. Auch wir wollen uns darüber nicht den Kopf zerbrechen. Das Wort hat Stalin. Er selbst hat auf diese Frage eine präzise und klare Antwort gegeben: »Die Geschichte sagt, wenn ein Staat gegen einen anderen Staat Krieg führen will, dann wird er, selbst wenn dieser andere Staat nicht sein Nachbar wäre, nach Grenzen suchen, über die hinweg er an die Grenzen jenes Staates gelangen kann, den er angreifen will.« (»Prawda«, 5. März 1939)

War die Rote Armee willens, an den erreichten Grenzen anzuhalten? *Marschall der Sowjetunion S. K. Timoschenko*: »In Litauen, Lettland und Estland ist die den Werktätigen verhaßte Macht der Gutsbesitzer und Kapitalisten beseitigt. Die Sowjetunion hat sich beachtlich vergrößert und ihre Grenzen nach Westen vorgeschoben. Die kapitalistische Welt wurde gezwungen, zusammenzurücken und zurückzuweichen. Aber uns, den Kämpfern der Roten Armee, kommt es nicht zu, überheblich zu werden und uns mit dem Erreichten zufrieden zu geben!« (Befehl des Volkskommissars für Verteidigung Nr. 400 vom 7. November 1940)

Das ist weder ein Kommentar noch eine Meldung der sowjetischen Nachrichtenagentur TASS. Es ist ein Befehl der Roten Armee. Aber westlich der sowjetischen Grenzen liegt nur Deutschland bzw. die mit ihm verbündeten Staaten. Sollen die Grenzen weiter nach Westen verschoben werden? Auf Kosten Deutschlands? Mit Deutschland wurde doch der Pakt unterzeichnet!

DER PAKT UND SEINE FOLGEN

Stalin war gerissener als Hitler.
Gerissener und hinterhältiger.
A. Antonow-Owsejenko (Porträt eines Tyrannen. New York 1980, S. 296)

1.

Rein äußerlich scheint alles gut ausgewogen: ein Teil Polens für Hitler, ein Teil Polens für Stalin. Aber schon eine Woche nach der Unterzeichnung leistet sich Stalin seinen ersten üblen Trick. Hitler begann den Polenkrieg, doch Stalin erklärte, seine Truppen seien noch nicht bereit. Er hätte es Ribbentrop vor der Unterzeichnung des Vertrages sagen können, aber er tat es nicht. Hitler begann den Krieg und mußte feststellen, daß er alleingelassen war.

Dies ist das erste Resultat für Hitler: Er, und nur er allein, gilt als schuldig am Zweiten Weltkrieg.

Kaum hatte Hitler den Krieg gegen Polen begonnen, bekam er auf der Stelle den Krieg gegen Frankreich hinzu, das heißt einen Krieg an zwei Fronten. Jeder deutsche Schuljunge weiß, womit für Deutschland Zweifrontenkriege letztlich enden.

Umgehend erklärte auch Großbritannien Deutschland den Krieg. Mit Frankreich konnte man noch fertigwerden, aber Großbritannien ist ein Inselstaat. Um dahin zu gelangen, bedarf es langwieriger und ernsthafter Vorbereitungen, bedarf es einer Flotte, die annähernd der britischen Flotte ebenbürtig ist, bedarf es der Luftherrschaft. Der Krieg versprach damit zu einem langwierigen Krieg zu werden. Jeder weiß, womit langwierige Kriege für Länder mit begrenzten Reserven enden.

Hinter Großbritannien standen die Vereinigten Staaten, und sie konnten im dramatischsten Augenblick (wie schon im Ersten Weltkrieg) ihre tatsächlich unerschöpflichen Kräfte in die Waagschale werfen. Der ganze Westen war Hitlers Feind geworden. Auf Stalins Freundschaft aber konnte Hitler nur bauen, solange er stark war. In einem langwierigen Krieg gegen den Westen mußte er seine Kräfte verausgaben, und dann ...

Hier dagegen Stalins Situation:

Polen war nicht in der Reichskanzlei aufgeteilt worden, sondern im Kreml. Hitler war nicht anwesend bei der Unterzeichnung, wohl aber Stalin. Dennoch ist Hitler schuld am Ausbruch des Krieges, nicht aber Stalin. Stalin ist das unschuldige Opfer. Stalin ist der Befreier Osteuropas.

Stalins Truppen begingen auf dem Territorium Polens die gleichen, wenn nicht noch ärgere Verbrechen, aber der Westen hat ihm aus diesem Anlaß nicht den Krieg erklärt.

Stalin hatte den Krieg bekommen, den er wollte: Die Menschen des Westens töteten einander und zerstörten gegenseitig ihre Städte und Fabriken; Stalin blieb dabei neutral und wartete auf einen günstigen Augenblick.

Als Stalin in eine schwierige Situation geriet, kam ihm der Westen umgehend zu Hilfe.

Am Ende hat Polen, für dessen Freiheit der Westen in den Krieg gezogen war, seine Freiheit nicht bekommen, sondern wurde der Sklaverei unter Stalin überlassen, zusammen mit ganz Osteuropa und auch einem Teil von Deutschland. Dennoch glauben einige Leute im Westen bis auf den heutigen Tag, ihre Staaten seien die Sieger im Zweiten Weltkrieg gewesen.

Am Ende kam Hitler durch Selbstmord um, Stalin aber wurde zum uneingeschränkten Herrscher in einem riesigen antiwestlichen Imperium, das mit Hilfe des Westens errichtet worden war. Bei alledem verstand es Stalin, die Reputation des naiven, gutgläubigen Einfaltspinsels zu wahren, während Hitler in die Geschichte als blutrünstiger Verbrecher einging! Man hat im Westen eine Menge Bücher herausgebracht, die auf der Vorstellung basieren, Stalin sei auf den Krieg nicht vorbereitet gewesen, während Hitler gerüstet war. Meines Erachtens aber ist nicht derjenige kriegsbereit, der dies laut proklamiert, sondern derjenige, der ihn gewinnt, nachdem er zuvor seine Feinde geteilt und mit den Köpfen zusammengestoßen hat.

2.

War Stalin gewillt, den Pakt einzuhalten?

Das Wort hat *Stalin*: »Die Frage des Kampfes ... darf man nicht aus dem Blickwinkel der Gerechtigkeit betrachten, sondern man muß sie aus dem Blickwinkel der Forderungen des politischen Augenblicks sehen, aus dem Blickwinkel der politischen Erfordernisse der Partei im jeweils gegebenen Augenblick.« (Rede auf der Sitzung des Exekutivkomitees der Komintern am 22. Januar 1926; Werke VIII, S. 1)

»Der Krieg kann alles und jegliche Vereinbarung auf den Kopf stellen.« (*Stalin,* »Prawda«, 15. September 1927)

Die Partei hat auf den Kongressen, auf denen Stalin sprach, ihre Führer richtig verstanden und ihnen die entsprechenden Vollmachten erteilt: »Der Kongreß betont insbesondere, daß das Zentralkomitee ermächtigt ist, zu jedem Zeitpunkt sämtliche Bündnisse und Friedensverträge mit den imperialistischen und bürgerlichen Staaten aufzukündigen, und ebenso, ihnen den Krieg zu erklären.« (Resolution des 7. außerordentlichen Parteikongresses im März 1918) Übrigens wurde dieser Parteibeschluß bis heute nicht aufgehoben.

Wann sollte dieser Zeitpunkt eintreten?

Stalin (unter Zitierung von Lenin im Rechenschaftsbericht des ZK am 3. 12. 1927): »Sehr vieles hängt für unseren Aufbau davon ab, ob es uns gelingt, den Krieg mit der kapitalistischen Welt, der unvermeidlich ist ..., bis zu dem Zeitpunkt hinauszuzögern, in dem die Kapitalisten sich untereinander in die Haare geraten ...« (Werke X, S. 288) »Man kann davon ausgehen, sagt Lenin, daß die entscheidende Schlacht voll herangereift ist, sobald sich die uns feindlichen Klassenkräfte hinreichend in Verwicklungen hineinmanövriert haben, sobald sie sich hinreichend untereinander in die Haare geraten sind, sobald sie sich hinreichend in einem Kampf, dem sie nicht gewachsen sind, geschwächt haben.« (Über die Grundlagen des Leninismus. Vorlesungen an der Swerdlow-Universität. Anfang April 1924. Werke VI, S. 158)

Stalin brauchte eine Situation, in der »sich die Kapitalisten wie die Hunde beißen«. (»Prawda«, 14. Mai 1939) Gerade der

Molotow-Ribbentrop-Pakt schuf eine solche Situation. Und jetzt begannen auch in der »Prawda« die entsprechenden Zitate aufzutauchen: Karl Marx wird zitiert, der gefordert hatte, die Gegner nicht nur an der Kehle zu packen, sondern sie auch zu töten. Die »Prawda« überschlägt sich vor Begeisterung: »Die Grundpfeiler der Welt erbeben, der Boden entgleitet den Menschen und Völkern unter den Füßen. Feuerschein lodert auf, und das Donnern der Geschütze erschüttert Meere und Kontinente. Wie ein Flaum zerstieben Mächte und Staaten ... Welch großartiger Augenblick, wie erhebend, wenn die ganze Welt in ihren Grundfesten erschüttert wird, wenn die Mächtigen untergehen und die Erhabenen stürzen.« (»Prawda«, 4. August 1940) »Jeder derartige Krieg bringt uns der glücklichen Periode näher, in der es kein Töten mehr unter den Menschen geben wird.« (»Prawda«, 18. August 1940)

Diese von der obersten Spitze ausgehende Stimmung wurde in der Roten Armee und in der Partei verbreitet. Generalleutnant *S. Kriwoschejin* schildert eine Unterhaltung mit seinem Stellvertreter Latyschew. [Wegen der zum Teil differierenden Einordnung gleichlautender Dienstgrade in Bundeswehr und Roter Armee vgl. die Übersicht der Offiziersdienstgrade, S. 446f. – d. Ü.] Zu der Zeit ist Kriwoschejin Kommandeur des 25. Mechanisierten Korps. Erst kurz zuvor hatte er mit General H. Guderian die gemeinsame sowjetisch-faschistische Parade in Brest anläßlich der blutigen Teilung Polens kommandiert.

»›Mit den Deutschen haben wir einen Vertrag, aber das ist ohne Belang.‹

›Jetzt ist die beste Zeit für eine endgültige und konstruktive Lösung aller Weltprobleme angebrochen ...‹« (Eine Kriegsgeschichte. Moskau 1962, S. 8) Kriwoschejin macht (im nachhinein) einen Scherz daraus. Es ist interessant, daß in seinem Korps so wie in der ganzen Roten Armee nur solche Scherze kursieren. Darüber, wie das Korps und überhaupt die gesamte Rote Armee auf eine Verteidigung vorbereitet war, führte niemand ernste Gespräche, geschweige denn, daß man scherzte.

Zu der Frage, ob die Kommunisten an den Nichtangriffspakt glaubten und ob sie ihn einzuhalten gesonnen waren, hat sich

Leonid Breschnew selbst geäußert. Er beschreibt eine Versammlung von Parteiagitatoren in Dnjepropetrowsk im Jahr 1940:

»›Genosse Breschnew, wir sollen den Leuten die Sache mit dem Nichtangriffspakt klarmachen, das heißt, daß alles ernst gemeint ist, und wer nicht daran glaubt, der führt provokatorische Reden. Aber das Volk glaubt kaum daran. Wie sollen wir uns verhalten? Sollen wir es ihnen nun klarmachen oder nicht?‹

Es war eine recht schwierige Zeit, im Saal saßen vierhundert Mann, alle warteten auf meine Antwort, langes Überlegen war nicht gut möglich.

›Unbedingt klarmachen‹, sagte ich. ›Wir werden es so lange klarmachen, bis im faschistischen Deutschland kein Stein mehr auf dem anderen steht.‹« (*L. I. Breschnew*, Kleines Land. Moskau 1978, S. 16)

Eine Situation, in der »in Deutschland kein Stein mehr auf dem anderen steht«, schwebte Stalin für das Jahr 1942 vor. Aber der schnelle Fall Frankreichs und Hitlers Verzicht auf eine Landung in England (was die sowjetische militärische Aufklärung Ende 1940 wußte) brachte alle Karten Stalins durcheinander. Die Befreiung Europas wurde vom Sommer 1942 auf den Sommer 1941 vorverlegt. Neujahr 1941 wurde daher unter der Losung begangen: Laßt uns die Anzahl der Republiken im Rahmen der Sowjetunion vermehren!

»Im Jahr einundvierzig werden wir unsere Schaufeln in frische Bodenschätze stoßen. Und vielleicht wird das vom Zyklotron gespaltene Uran zur gewöhnlichen Antriebsenergie. Jedes Jahr bedeutet für uns Kampf und Sieg um die Kohle, um den Aufschwung der Stahlindustrie ... Und vielleicht gesellen zu den sechzehn Wappen sich noch andere Wappen hinzu – – –«. (»Prawda«, 1. Januar 1941)

Nein, sie dachten nicht an Verteidigung! Sie hatten sich nicht darauf vorbereitet und trafen auch keine Anstalten dazu. Sie wußten sehr wohl, daß Deutschland, das bereits im Westen kämpfte, aus diesem Grunde keinen Krieg im Osten beginnen konnte. Sie wußten sehr wohl, daß ein Zweifrontenkrieg für

Hitler einem Selbstmord gleichkäme! Und dazu ist es schließlich auch gekommen. Aber Hitler, der wußte, was in seinem Rücken geschah, war gezwungen, den Zweifrontenkrieg aufzunehmen, obwohl dieser Krieg später tatsächlich mit seinem Selbstmord enden sollte.

Vor dem Krieg hatte die »Prawda« das Sowjetvolk durchaus nicht zur Stärkung seiner Verteidigung aufgerufen. Der Tenor der »Prawda« war ein anderer: Pakt hin, Pakt her, demnächst wird uns ohnehin die ganze Welt gehören! »Groß ist dieses Land: Selbst der Erdball muß sich neun Stunden drehen, ehe für unser gesamtes riesiges Land ein neues Siegesjahr begonnen hat. Die Zeit wird kommen, in der dafür nicht neun, sondern volle vierundzwanzig Stunden nötig sind ... Und wer weiß, wo wir das Neujahrsfest in fünf, in zehn Jahren begehen werden: in welcher Zone, auf welchem sowjetischen Meridian?« (»Prawda«, 1. Januar 1941)

Je näher das Datum der geplanten sowjetischen Invasion nach Europa rückt (Juli 1941), um so deutlicher wird die »Prawda«: »Trennt eure Feinde, erfüllt vorübergehend die Forderungen eines jeden von ihnen, doch dann schlagt sie einzeln, und laßt ihnen keine Möglichkeit, sich zu vereinen.« (»Prawda«, 4. März 1941)

Hitler kam zu dem Schluß, daß längeres Warten sich nicht lohnte. Er griff als erster an, ohne den Schlag der Befreiungsaxt in den Rücken abzuwarten. Doch obwohl er den Krieg unter den günstigsten Voraussetzungen begann, die es jemals für einen Angreifer gab, konnte er diesen Krieg nicht gewinnen. Selbst unter denkbar ungünstigen Umständen gelang es der Roten Armee, halb Europa zu befreien und fest in der Hand zu behalten. Was wäre wohl geschehen, wenn die besten deutschen Kräfte den Kontinent verlassen hätten, um nach Afrika zu gehen und auf den Britischen Inseln zu landen, während in ihrem Rücken die Rote Armee die einzige Erdölquelle Deutschlands vernichtet hätte?

WANN IST DIE SOWJETUNION IN DEN ZWEITEN WELTKRIEG EINGETRETEN?

Nur ein einziges Land – Sowjetrußland – kann im Falle eines allgemeinen Konfliktes gewinnen.

Adolf Hitler in einem Gespräch mit Lord Halifax auf dem Obersalzberg am 19. 11. 1937 (Dokumente und Materialien zum Vorabend des Zweiten Weltkriegs. Bd. 1. Moskau 1948, S. 48)

1.

Alles, was mit dem Beginn des Zweiten Weltkrieges zusammenhängt, ist in der Sowjetunion in das undurchdringliche Dunkel eines Staatsgeheimnisses gehüllt. Unter den vielen schrecklichen Geheimnissen des Krieges muß eines besonders gehütet werden – das Datum des Eintritts der Sowjetunion in den Zweiten Weltkrieg.

Um die Wahrheit zu vertuschen, hat die kommunistische Propaganda das irreführende Datum des Kriegsbeginns am 22. Juni 1941 in Umlauf gebracht. Die kommunistischen Geschichtsklitterer haben sich eine Menge Legenden über diesen 22. Juni ausgedacht. Mir kam sogar die folgende Version zu Ohren: »Wir lebten friedlich dahin, doch dann hat man uns angegriffen . . .« Würde man den Erfindungen der kommunistischen Propaganda Glauben schenken, dann käme heraus, daß die Sowjetunion nicht von sich aus in den Weltkrieg eingegriffen hat, sondern daß sie mit Gewalt hineingezogen wurde.

Um die brüchige Version vom 22. Juni zu stützen, mußte die sowjetische Propaganda dieses Datum mit speziellen Hilfskonstruktionen untermauern: Zum einen dachte man sich den Begriff der »Vorkriegsperiode« aus, die die beiden dem 22. Juni vorangehenden Jahre umfaßt, zum anderen erfand man eine Ziffer – die 1418 Kriegstage. Das war für den Fall vorgesehen, daß irgendein Neugieriger beabsichtigen sollte, selbst das Datum des Kriegseintrittes auszurechnen. Wenn er seine Zählung von hinten, bei der Beendigung des Krieges in Europa begann, dann mußte er unweigerlich (nach den Berechnungen dieser sowjetischen Geschichtsfälscher) auf jenen »schicksalhaften Sonntag« stoßen.

Indessen fällt es nicht schwer, dem Mythos vom 22. Juni seinen Nimbus zu rauben. Dazu braucht man bloß ein wenig an einem der Stützpfeiler zu rütteln, an der »Vorkriegsperiode« zum Beispiel, und die ganze Konstruktion fällt in sich zusammen, gemeinsam mit dem »schicksalhaften« Datum und den 1418 Tagen des »Großen Vaterländischen Krieges«.

Eine Vorkriegsperiode hat es niemals gegeben. Sie ist reine Erfindung. Es genügt, daran zu erinnern, daß während der »Vorkriegsperiode« *alle* europäischen Nachbarn der UdSSR der sowjetischen Aggression zum Opfer fielen. Und die Rote Armee hatte keineswegs die Absicht, sich damit zu begnügen oder ihre blutigen »Befreiungsfeldzüge« nach Westen einzustellen (siehe den Befehl des Volkskommissars für Verteidigung Nr. 400 vom 7. November 1940), obwohl im Westen der UdSSR nur noch Deutschland lag.

Im September 1939 hatte die Sowjetunion ihre Neutralität erklärt und während der »Vorkriegsperiode« Territorien mit einer Bevölkerung von über 24 Millionen Menschen besetzt. Ist das nicht ein bißchen viel für einen neutralen Staat?

In den besetzten Territorien verübten die Rote Armee und der NKWD grauenhafte Verbrechen. Die sowjetischen Konzentrationslager waren vollgestopft mit gefangenen Soldaten und Offizieren aus europäischen Ländern. Gefangene Offiziere (und nicht nur die polnischen) wurden zu Tausenden umgebracht. Wird ein neutrales Land gefangene Offiziere töten? Und woher kommen in einem neutralen Land Tausende gefangener Offiziere, und noch dazu in einer »Vorkriegsperiode«?

Eine eigenartige Wissenschaft ist diese Historiographie: Deutschland hat Polen angegriffen, also ist Deutschland Initiator des Krieges und am europäischen Krieg, folglich auch am Weltkrieg beteiligt. Die Sowjetunion hat dasselbe getan und in demselben Monat – aber sie gilt nicht als Initiator des Krieges.

Sogar unter die Kriegsteilnehmer fällt sie aus irgendeinem Grunde nicht in der Zeit von 1939 bis 1941.

Der im Kampf gegen die Rote Armee gefallene polnische Soldat gilt als Teilnehmer am Zweiten Weltkrieg und als dessen Opfer, der sowjetische Soldat jedoch, der ihn getötet hat, gilt als »neutral«. Wenn in demselben Kampfe auf polnischem Territorium ein sowjetischer Soldat getötet wird, dann wurde er nicht im Krieg, sondern in Friedenszeiten getötet, in der »Vorkriegsperiode«.

Deutschland hat Dänemark besetzt – und das ist ein kriegerischer Akt, obwohl keine großen Schlachten geschlagen worden sind. Die Sowjetunion hat ebenfalls kampflos die drei baltischen Staaten besetzt, die nach geographischer Lage, Bevölkerungszahl, Kultur und Traditionen Dänemark stark ähneln. Doch das Vorgehen der Sowjetunion gilt nicht als kriegerischer Akt.

Deutschland hat Norwegen besetzt – was eine Ausweitung der Aggression bedeutet, doch die Sowjetunion hatte zuvor schon Ströme von Blut im benachbarten Finnland vergossen. Dennoch beginnt das blutige Verzeichnis der deutschen Kriegsverbrechen mit dem 1. September 1939, die Liste der Verbrechen der Roten Armee im Zweiten Weltkrieg aber setzt erst mit dem 22. Juni 1941 ein. Warum?

In der »Vorkriegsperiode« hatte die Rote Armee in erbitterten Kämpfen Hunderttausende eigener Soldaten verloren. Die Verluste der deutschen Truppen waren in dieser Periode wesentlich geringer. Wollte man nach den Verlusten urteilen, dann hätte Deutschland mehr Gründe, sich für die Zeit von 1939 bis 1940 (Beginn des Frankreichfeldzuges) als neutral zu betrachten.

Die Aktionen der Roten Armee in der »Vorkriegsperiode« laufen offiziell unter der Bezeichnung »Festigung der Sicherheit unserer Westgrenzen«. Das stimmt nicht. Die Grenzen waren sicher, solange neutrale Staaten die Nachbarn der UdSSR waren, solange es keine gemeinsame Grenze mit Deutschland gab und demnach Hitler die UdSSR gar nicht angreifen, geschweige denn einen Überraschungsangriff durchführen konnte. Aber

Stalin hatte planmäßig die neutralen europäischen Staaten beseitigt, um eine gemeinsame Grenze mit Deutschland herzustellen. Das konnte die Sicherheit der sowjetischen Grenzen niemals vermehren.

Wenn wir jedoch schon die Aggression gegen sechs neutrale europäische Staaten mit dem Terminus »Stärkung der Sicherheit unserer Grenzen« belegen, warum wenden wir denselben Terminus nicht bei Hitler an? Hatte er etwa durch die Besetzung der Nachbarländer nicht die Sicherheit seiner eigenen Grenzen gestärkt?

Man hält mir entgegen, die Sowjetunion habe in der »Vorkriegsperiode« keinen permanenten Krieg geführt, es habe sich um eine Reihe von Einzelkriegen und Invasionen mit dazwischenliegenden Pausen gehandelt. Aber schließlich hat auch Hitler eine Reihe von Kriegen mit Pausen dazwischen geführt. Weshalb messen wir bei ihm mit anderem Maß?

Man ereifert sich mir gegenüber: Die Sowjetunion habe in der »Vorkriegsperiode« niemandem offiziell den Krieg erklärt, weshalb man ihr auch keine Beteiligung am Krieg nachsagen könne. Aber ich bitte Sie, auch Hitler hat nicht immer formal den Krieg erklärt. Folgt man den Verlautbarungen der sowjetischen Propaganda, dann hat auch am 22. Juni 1941 niemand irgendwem formal den Krieg erklärt. Weshalb also gilt dieses Datum als Grenzscheide zwischen Frieden und Krieg?

Der 22. Juni ist ein Durchschnittsdatum in der Militärgeschichte. Es ist schlicht der Tag des Einsetzens von Kampfhandlungen seitens der Streitkräfte des einen Staates gegen die Streitkräfte eines anderen Staates im Verlauf eines Krieges, an dem beide Staaten längst beteiligt sind.

Der ertappte Bandit berichtet das Vorgefallene von dem Augenblick an, als er selbst verbrecherisch angegriffen wurde, und verschweigt dabei, daß auch er bis dahin auf der Straße die Menschen ausgeraubt und erschlagen hat. Die rote Propaganda beginnt, ähnlich wie der ertappte Verbrecher, mit der Darstellung der Geschichte des Krieges von dem Augenblick an, da fremde Truppen auf sowjetischem Territorium erscheinen, und malt so das Bild der Sowjetunion als unschuldiges Opfer. Hören wir endlich auf, uns als unschuldiges Opfer hinzustellen! Laßt uns an die wirklich Unschuldigen denken, die in der »Vorkriegsperiode« unter den Bajonetten der Befreiungsarmee umgekommen sind. Laßt uns die Geschichte des Krieges nicht erst vom 22. Juni an schreiben, sondern von dem Augenblick, als kommunistische Soldaten ohne Kriegserklärung dem verblutenden Polen in den Rücken fielen, dessen heldenhafte Truppen in einem ungleichen Kampf das Vordringen Hitlers nach Osten aufzuhalten bemüht waren. Laßt uns die Geschichte des Krieges nicht einmal erst mit diesem Tage beginnen, sondern da, wo Stalin den Entschluß zu diesem Kriege faßte.

2.

Im Morgengrauen des 1. September 1939 begann die deutsche Wehrmacht den Krieg gegen Polen. Aber im zwanzigsten Jahrhundert bedeutet ein Krieg in Europa automatisch einen Weltkrieg. Der Krieg hatte in der Tat schnell auch Europa erfaßt und fast die ganze Welt.

In einem seltsamen Zusammentreffen der Ereignisse verabschiedete an dem nämlichen 1. September 1939 der Oberste Sowjet auf seiner vierten außerordentlichen Sitzung das Gesetz von der allgemeinen Wehrpflicht. Ein erstaunlicher Vorgang: Solange man Hitler den Kindern (und Erwachsenen) als Schreckgespenst hinstellte, ihn zum Ungeheuer und Kannibalen abstempelte, war man ohne die Wehrpflicht ausgekommen. Jetzt aber, da der Nichtangriffspakt unterzeichnet ist, wird die allgemeine Wehrpflicht nötig. Der September 1939 ist der Beginn eines »seltsamen Krieges« (»drôle de guerre«) im Westen. Im Osten begann in demselben Monat ein nicht weniger seltsamer Friede.

Wozu eigentlich braucht die Sowjetunion eine allgemeine Wehrpflicht? Die Antwort der Kommunisten kommt wie aus einem Munde: An diesem Tag begann der Zweite Weltkrieg, wir wollten nicht hineingezogen werden, trafen jedoch unsere Sicherheitsvorkehrungen. *Marschall der Sowjetunion K. A. Merezkow* ist einer von vielen, der bestätigt, das Gesetz sei von immenser Bedeutung gewesen und »unter den Bedingungen des bereits ausgebrochenen Zweiten Weltkrieges« verabschiedet worden. (Im Dienst für das Volk. Moskau 1968, S. 181)

Aber versuchen wir nun, uns die polnisch-deutsche Grenze an jenem historischen Morgen vorzustellen: Dunkelheit, Nebel, Schüsse, Motorenlärm. Es gibt kaum einen Menschen in Polen, der begreift, was da vor sich geht: Ist es eine Provokation oder ein spontan ausgebrochener nichtsanktionierter Konflikt? Unsere Abgeordneten des Obersten Sowjets allerdings (die Schafhirten auf ihren Bergmatten über den Wolken und die verdienten Rentierzüchter in ihren Nomadenlagern jenseits des Polarkreises) wissen es bereits: Das ist keine Provokation, das ist kein Konflikt, das ist kein deutsch-polnischer und nicht einmal ein europäischer Krieg, sondern der Ausbruch eines Weltkrieges. Wir – die Abgeordneten – müssen uns unverzüglich in Moskau versammeln (zu einer außerordentlichen Sitzung) und die entsprechenden Gesetze verabschieden. Unerfindlich bleibt nur, weshalb diese selben Abgeordneten nicht ebenso schnell reagierten, als sich Ähnliches an der sowjetisch-deutschen Grenze 1941 ereignete.

Am Morgen des 1. September wußte nicht nur die polnische Regierung, wußten nicht nur die Regierungen der westlichen Länder nicht, daß ein neuer Weltkrieg ausgebrochen war, nein, selbst Hitler wußte es nicht. Er begann den Krieg gegen Polen in der Hoffnung, daß es bei einer lokal begrenzten Operation bleiben würde wie schon seinerzeit bei der Besetzung der Tschechoslowakei. Und das ist keine Goebbelssche Propaganda. Sowjetische Historiker äußern sich ebenso.

Generaloberst der Luftstreitkräfte A. S. Jakowlew (zu jener Zeit persönlicher Referent Stalins): »Hitler war überzeugt, daß England und Frankreich für Polen nicht kämpfen würden.« (Ein Lebensziel. Moskau 1968, S. 212)

Hitler weiß also nicht, daß er den Zweiten Weltkrieg ausgelöst hat, aber die Genossen im Kreml, die wissen es ausgezeichnet! Und noch etwas: Der Weg nach Moskau ist ziemlich weit. Einige Abgeordnete brauchen sieben bis zehn, manche sogar zwölf Tage, um nach Moskau zu gelangen. Das aber bedeutet, daß für diese Erörterung über den in Europa *ausgebrochenen* Krieg jemand noch *vor Ausbruch des Krieges* den Abgeordneten ein Signal zur Zusammenkunft im Kreml gegeben hatte. Ich gehe noch weiter: *vor der Unterzeichnung des Molotow-Ribbentrop-Pakts.*

Jeder beliebige Versuch, das genaue Datum für den Ausbruch des Zweiten Weltkrieges und den Eintritt der UdSSR in diesen Krieg zu bestimmen, führt uns unweigerlich zum Datum des *19. August 1939.*

Stalin hat wiederholt und früher schon auf Geheimkonferenzen seinen Plan zur »Befreiung« Europas dargelegt: Europa muß in einen Krieg verwickelt werden – unter Wahrung der eigenen Neutralität –, und erst dann, wenn sich die Gegner gegenseitig hinreichend geschwächt haben, gilt es, die geballte Macht der Roten Armee in die Waagschale zu werfen. (*Stalin* unter Berufung auf Lenin 1924 in den Vorlesungen an der Swerdlow-Universität »Über die Grundlagen des Leninismus«, Werke VI, S. 158, und in seiner Rede auf dem Plenum des ZK am 19. 1. 1925, Werke VII, S. 140)

Auf der Sitzung des Politbüros am 19. August 1939 wurde der endgültige Beschluß zur Realisierung dieses Planes gefaßt.

Nachrichten über diese Sitzung des Politbüros und die dabei gefaßten Beschlüsse gelangten umgehend in die westliche Presse. Die französische Agentur Havas veröffentlichte eine Meldung über die verabschiedeten Beschlüsse. (Vgl. *E. Jäckel* in: Vierteljahreshefte für Zeitgeschichte, Oktober 1958, S. 383, unter Bezugnahme auf die in Genf erschienene »Revue de droit international«, Nr. 3, Juli–September 1939, S. 247 ff.)

Wie konnte ein streng geheimes Protokoll des Politbüros in die Hände der westlichen Presse gelangen? Ich weiß es nicht. Es sind jedoch mehrere Wege denkbar. Einer der wahrscheinlichsten hätte der folgende sein können: Ein Mitglied des Politbüros oder auch mehrere gemeinsam konnten, aufgeschreckt durch Stalins Pläne, zu dem Schluß gekommen sein, daß man ihn aufhalten müsse. Ein offener Protest war nicht möglich. Also blieb nur ein Weg, um Stalin zum Verzicht auf seine Pläne zu bewegen: die Veröffentlichung dieser Pläne im Westen. Mitglieder des Politbüros, besonders diejenigen, welche die Rote Armee, die Rüstungsindustrie, die militärische Aufklärung, den NKWD, die Propagandaabteilung, die Komintern kontrollierten, hatten durchaus die Möglichkeit dazu. Eine solche Version wäre nicht so phantastisch, wie sie auf den ersten Blick erscheinen mag. 1917 hatten die Mitglieder des Politbüros Sinowjew und Kamenew, um den Oktoberumsturz zu sabotieren, Lenins und Trotzkis Pläne in der »bürgerlichen« Presse veröffentlicht. Ich muß wiederholen, daß ich nicht weiß, wie das Dokument in den Westen gelangte, und möchte nur hervorheben, daß es Mittel und Wege gab, wie es dorthin geraten konnte.

Stalin reagierte auf die Meldung von Havas blitzschnell und in ganz ungewohnter Weise. Er meldete sich am 30. 11. 1939 in der »Prawda« mit einem Dementi zu Wort. Ein Dementi von Stalin ist ein sehr ernstzunehmendes Dokument, das man in seinem vollständigen Wortlaut lesen muß. Hier ist der Text:

»ZU EINER LÜGENMELDUNG DER NACHRICHTENAGENTUR HAVAS

Ein Redakteur der ›Prawda‹ hat sich an den Genossen Stalin mit der Frage gewandt, was Genosse Stalin zu der Meldung der Agentur Havas über die ›Stalinrede‹ meine, die er angeblich ›im Politbüro am 19. August‹ gehalten haben solle, in der er angeblich den Gedanken ausgeführt habe, daß ›der Krieg möglichst lange fortgesetzt werden müsse, damit sich die kämpfenden Parteien gegenseitig erschöpfen‹.

Genosse Stalin hat folgende Antwort geschickt:

›Diese Meldung der Agentur Havas ist wie viele andere ihrer Meldungen ein Lügengeschwätz. Ich kann natürlich nicht wissen, in welchem Café-chantant dieses Lügengeschwätz fabriziert worden ist. Aber wie sehr auch die Herrschaften in der Agentur Havas lügen mögen, so können sie doch nicht in Abrede stellen,

a) daß nicht Deutschland Frankreich und England angegriffen hat, sondern daß Frankreich und England Deutschland angegriffen und damit die Verantwortung für den gegenwärtigen Krieg auf sich genommen haben;

b) daß Deutschland nach der Eröffnung der Kampfhandlungen Frankreich und England Friedensvorschläge unterbreitet und daß die Sowjetunion diese Friedensvorschläge Deutschlands offen unterstützt hat, weil sie der Auffassung ist und dies auch weiterhin sein wird, daß eine schnellstmögliche Beendigung des Krieges in entscheidender Weise die Lage aller Länder und Völker erleichtern würde;
c) daß die herrschenden Kreise Englands und Frankreichs in brüsker Form sowohl die Friedensvorschläge Deutschlands wie auch die Versuche der Sowjetunion, eine schnellstmögliche Beendigung des Krieges zu erreichen, abgelehnt haben.

Das sind die Tatsachen.

Was können die Café-chantant-Politiker aus der Agentur Havas dem entgegenstellen?

I. Stalin‹«

Der Leser möge selbst entscheiden, was hier Lügengeschwätz ist – die Meldung von Havas oder Stalins Dementi. Ich glaube, selbst Stalin hätte einige Zeit später schwerlich seine eigenen Worte wiederholt. Es ist nicht uninteressant, daß die »Prawda« vom 30. 11. 1939 in der Sowjetunion praktisch nicht mehr existiert. Ich mußte verwundert feststellen, daß selbst im Spezialsafe des Archivs der Hauptverwaltung Militärische Aufklärung diese Ausgabe nicht vorhanden ist. Sie ist seit langem vernichtet. Erst im Westen konnte ich sie auftreiben.

Die offene Verlogenheit von Stalins Dementi und der für Stalin beispiellose Verlust an Gelassenheit sprechen zugunsten der Agentur Havas. Im vorliegenden Fall hatte man eine ungemein empfindliche Saite angerührt, und daher diese Resonanz. In den Jahrzehnten sowjetischer Machtausübung war in der westlichen Presse über die Sowjetunion und über Stalin viel geschrieben worden. Man hatte den Bolschewiken und Stalin persönlich sämtliche Todsünden angelastet, hatte von Stalin behauptet, er sei ein Polizeispitzel gewesen, habe seine Frau ermordet, er sei ein Despot, Sadist, Diktator, Kannibale, Henker usw. Doch Stalin hatte sich nie auf eine Polemik mit den »bürgerlichen Schmierfinken« eingelassen. Weshalb hat sich der schweigsame, kaltblütige Stalin ein einziges Mal zu öffentlichem Gezeter und billigen Beleidigungen hergegeben? Es bleibt nur die eine Antwort: Die Agentur Havas hatte die geheimsten Absichten Stalins bloßgelegt. Eben deshalb reagiert Stalin in so ungewohnter Weise. Es ist ihm völlig gleichgültig, was künftige Generationen von ihm denken werden (im übrigen machen die sich überhaupt keine Gedanken über sein Verhalten 1939), ihm ist im gegebenen Augenblick lediglich daran gelegen, seinen Plan für die nächsten zwei bis drei Jahre geheimzuhalten, bis die europäischen Länder einander in einem Vernichtungskrieg geschwächt haben.

Wir wollen uns für ein paar Minuten Stalins Argumentation anschließen: Ja, die Havas-Meldung ist ein »Lügengeschwätz, fabriziert in irgendeinem Café-chantant«. In diesem Falle dürfen wir unsere anerkennende Bewunderung den Journalisten der Agentur Havas nicht vorenthalten. Wenn sie tatsächlich ihre Meldung erfunden haben, dann ist dies aufgrund einer gründlichen Kenntnis des Marxismus-Leninismus, von Stalins Charakter und einer sorgfältigen wissenschaftlichen Analyse der militärpolitischen Situation in Europa erfolgt. Die Journalisten von Havas hätten die Situation natürlich weit besser als Hitler und die Führer der westlichen Demokratien begriffen. War die Havas-Meldung bloß erfunden, dann ist hier gerade der Fall eingetreten, daß das Erfundene vollkommen der Realität entspricht.

Viele Jahre später, als jedermann längst die Havas-Meldung und Stalins Dementi vergessen hatte, erschien in der Sowjetunion die dreizehnbändige Ausgabe der Werke Stalins (1949–1951). Darin sind auch Stalins Reden auf den Geheimsitzungen des ZK enthalten. Im Jahre 1939 hatten die Journalisten von Havas keinen Zugang zu diesen Reden. Aber die Publikation von Stalins Werken bestätigt, daß Stalins Plan einfach und genial zugleich gewesen war, und gerade so beschaffen, wie ihn die französischen Journalisten beschrieben hatten. Schon 1927 hatte Stalin auf einer geschlossenen Sitzung des ZK den Gedanken ausgesprochen, daß man im Falle eines Krieges so lange die eigene Neutralität wahren müsse, »bis sich die einander bekämpfenden Parteien in einem Kampfe, dem sie nicht gewachsen sind, geschwächt haben«. Dieser Gedanke wurde hernach mehrere Male auf geschlossenen Sitzungen wiederholt. Stalin rechnete damit, daß im Falle eines Krieges in Europa die Sowjetunion unweigerlich mitbeteiligt sein würde, aber sie sollte als letzte in diesen Krieg eintreten, um »das entscheidende Gewicht in die Waagschale zu werfen, das Gewicht, das den Ausschlag geben dürfte«.

Es ist interessant, daß zwei Nachfolger Stalins, Chruschtschow und Breschnew – ungeachtet ihrer unterschiedlichen Haltung zu seiner Person – seine Absicht, Europa in einem Krieg zu zermürben, selbst aber neutral zu bleiben, um es anschließend »befreien« zu können, bestätigt haben.

Aber auch Stalins Vorgänger hatten dasselbe gesagt. Als Stalin seinen Plan im engen Kreise der Mitstreiter begründete, zitierte er einfach Lenin und unterstrich dabei, daß die Idee von Lenin stamme. Doch selbst Lenin kann darin keine Originalität für sich beanspruchen. Er hatte seine Ideen aus dem unerschöpflichen Reservoir des Marxismus geschöpft. In dieser Hinsicht ist ein Brief von Friedrich Engels an Eduard Bernstein vom 12. Juni 1883 von Interesse: »Alle diese diversen Lumpenhunde müssen sich erst gegenseitig kaputtmachen, total ruinieren und blamieren und uns dadurch den Boden bereiten.« (*Karl Marx, Friedrich Engels.* Werke, Bd. 36, S. 37)

Stalin unterschied sich von seinen Vorläufern und Nachfolgern dadurch, daß er weniger redete und mehr handelte.

3.

Es ist ungemein wichtig zu wissen, was Stalin auf der Sitzung des Politbüros am 19. August 1939 gesagt hat. Aber selbst wenn wir dies nicht durch die Havas-Meldung erfahren hätten, sehen wir doch seine Taten, und diese verraten noch viel deutlicher seine Absichten. Bereits vier Tage nach der Sitzung des Politbüros im Kreml erfolgt die Unterzeichnung des Molotow-Ribbentrop-Paktes, die bedeutendste Leistung der sowjetischen Diplomatie während ihrer ganzen Geschichte und der glänzendste Sieg Stalins in seiner ganzen außergewöhnlichen Karriere. N. Chruschtschow berichtet in seinen Memoiren von

Stalins Freudenschrei nach der Unterzeichnung des Vertrages: »Ich habe Hitler hinters Licht geführt!« (*N. Chruschtschow,* Erinnerungen, Bd. 2. New York 1981, S. 69) Stalin hatte Hitler in der Tat gewaltig hinters Licht geführt. Schon zwei Wochen nach der Unterzeichnung des Paktes hatte Hitler einen Zweifrontenkrieg, das heißt, Deutschland war von allem Anfang an in eine Lage geraten, in der es den Krieg nur noch verlieren konnte (und auch verlor). Mit anderen Worten: *Am 23. August hatte Stalin den Zweiten Weltkrieg gewonnen, noch ehe Hitler ihn begann.*

Erst im Sommer 1940 begriff Hitler, daß er hinters Licht geführt worden war. Er versuchte noch einmal, Stalin zuvorzukommen, aber da war es bereits zu spät. Hitler konnte nur noch auf glänzende taktische Siege hoffen, doch die strategische Lage Deutschlands war katastrophal. Es war erneut zwischen zwei Mühlsteine geraten: auf der einen Seite Großbritannien mit seinen unzugänglichen Inseln (und den USA in seinem Rükken), auf der anderen Seite Stalin. Hitler wandte sich nach Westen, doch war ihm völlig bewußt, daß Stalin einen Angriff vorbereitete, daß er mit einem Schlag die Erdölaorta in Rumänien durchtrennen und die gesamte deutsche Industrie, Deutschlands Heer, seine Luftwaffe und die Flotte lahmlegen konnte. Als Hitler sich nach Osten wandte, setzten die strategischen Bombardierungen und anschließend die Invasion der Alliierten von Westen her ein.

Man sagt, Stalin habe nur dank der Hilfe und Mitwirkung Großbritanniens und der USA gesiegt. Wie wahr! Doch eben darin besteht gerade Stalins Größe, daß er, der Hauptfeind des Westens, diesen Westen zur Verteidigung und Festigung seiner Diktatur auszunutzen verstand. Gerade darin erweist sich Stalins Genialität, daß er seine Gegner zu entzweien und mit den Köpfen aneinanderzustoßen verstand. Gerade vor einer solchen Entwicklung der Ereignisse hatte die westliche freie Presse schon 1939 gewarnt, als Stalin in Worten seine Neutralität ausspielte, in seinen Taten aber ein entscheidender Anstifter und Teilnehmer am Kriege war.

DIE AUSWEITUNG DER KRIEGSBASIS

> **Die nationale Befreiung Deutschlands erfolgt in einer proletarischen Revolution, die Zentral- und Westeuropa umfaßt und dieses mit Osteuropa in Gestalt der Sowjetischen Vereinigten Staaten zusammenschließt.**
>
> *L. Trotzki (»Bulletin der Opposition« Nr. 24, S. 9)*

1.

Nach der Vertreibung Napoleons aus Rußland war die russische Armee siegreich in Paris eingezogen. Da sie Napoleon dort nicht vorfand, kehrten die russischen Soldaten mit Liedern auf den Lippen in die Heimat zurück. Für Rußland hatte das Kriegsziel in der Zerschlagung der Armee des Gegners bestanden. Droht Moskau von niemandem mehr Gefahr, haben auch die russischen Armeen nichts in Westeuropa zu suchen.

Der Unterschied zwischen Rußland und der Sowjetunion besteht im Ziel und Zweck eines Krieges. 1923 hat M. Tuchatschewski, der sich bereits durch ungeheure Härte bei der Massenvernichtung der Bevölkerung in Zentralrußland, im Nordkaukasus und im Ural, in Sibirien und in Polen hervorgetan hatte, das Ziel eines Krieges theoretisch begründet. Es besteht nach Tuchatschewski »in der Sicherung der unbehinderten Ausübung der Gewalt, dazu aber müssen in erster Linie die Streitkräfte des Gegners vernichtet werden«. (»Revolution und Krieg«, Nr. 22. Moskau 1923, S. 188) Die Zerschlagung der Armeen des Gegners und ihre »Vernichtung bis auf den letzten Mann« bedeutet nicht das Ende von Krieg und Gewalt, sondern nur die Schaffung der Voraussetzungen für »eine unbehinderte Ausübung der Gewalt«! »Jedes von uns eingenommene Territorium ist nach seiner Einnahme bereits sowjetisches Territorium, auf dem die Macht der Arbeiter und Bauern verwirklicht wird.« (*Marschall der Sowjetunion M. Tuchatschewski,* Ausgewählte Werke. Moskau 1964, Bd. 1, S. 258)

In seiner Arbeit »Fragen der modernen Strategie« macht Tuchatschewski darauf aufmerksam, daß die sowjetischen »Stäbe die politische Verwaltung und die entsprechenden Organe rechtzeitig auf die Vorbereitung von Revolutionskomitees und der übrigen lokalen Verwaltungsapparate für diese oder jene Gebiete hinweisen müssen«. (Ebenda, S. 196) Mit anderen Worten: Die sowjetischen Stäbe bereiten eine Operation zur »Befreiung« unter tiefster Geheimhaltung vor, aber zugleich sind sie gehalten, bei dieser Vorbereitung die politischen Kommissare und »entsprechenden Organe« wegen der rechtzeitigen Vorbereitung des kommunistischen Verwaltungsapparates für die »befreiten« Gebiete zu informieren: Die Rote Armee bringt den Nachbarn auf ihren Bajonetten die Freiheit, zusammen mit den rechtzeitig geschaffenen Organen der lokalen Exekutive . . .

Der Prozeß der raschen Sowjetisierung der eroberten Territorien durch die Methode völlig uneingeschränkter Anwendung von Gewalt und Terror und die barbarische Ausbeutung sämtlicher Reserven für die Fortsetzung der Aggression hat bei Tuchatschewski eine »wissenschaftliche« Bezeichnung erhalten – es ist die »Ausweitung der Kriegsbasis«. Dieser Terminus findet unter Tuchatschewski sogar Eingang in die Große Sowjetenzyklopädie (1. Auflage, Moskau 1928, Bd. 12, S. 276–277).

Adolf Hitler nannte am 30. März 1941 seinen Generalen das Ziel eines Krieges im Osten: Zerschlagung der Streitkräfte, Beseitigung der kommunistischen Diktatur, Errichtung des »wahren Sozialismus« und Umwandlung Rußlands in eine Basis zur Weiterführung des Krieges. Hatte Tuchatschewski andere Ziele gehabt? Hatte er nicht die gleichen Ideen bereits im Jahre 1923 vorgebracht?

Bei der Vorbereitung einer militärischen Operation sorgte Hitler für die Organisation eines Verwaltungsapparates für die neuen Territorien noch vor der Invasion, aber auch Tuchatschewski hatte nichts anderes vorgeschlagen.

Tuchatschewski hätte einen guten Gauleiter abgegeben, ein Stratege war er nicht. Tuchatschewskis mangelnde Fähigkeiten auf diesem Gebiet sind bekannt. Seine Konzeption der »Rammbockstrategie« zeigt sogar bei rein theoretischer Betrachtung ihre absolute Unhaltbarkeit. Tuchatschewskis Strategie erinnert an die Methode eines Schachspielers, der seine ganze Aufmerksamkeit auf das massenweise Schlagen der gegnerischen Figuren konzentriert, angefangen bei den Bauern. In dieses Konzept vernarrt, mußte Tuchatschewski bei jedem ernsthaften Zusammenstoß ohne Reserven dastehen.

Seine Niederlage an der Weichsel 1920 ist durchaus kein Zufall. Und doch ist er mit bornierter Hartnäckigkeit sein ganzes Leben lang bemüht, seine vom Prinzip her fehlerhafte Methode zu verbessern, indem er seine Ignoranz theoretisch zu untermauern versucht.

Die kommunistischen Historiker versuchen uns weiszumachen, Stalin habe mit der Beseitigung Tuchatschewskis (1937) auch dessen Methoden vollkommen verworfen. Nein, Stalin hat lediglich das inakzeptable, nachweislich zur Niederlage führende strategische Konzept Tuchatschewskis verworfen, wohl aber dessen Vorstellungen von der »Ausweitung der Kriegsbasis« beibehalten und anderen ihre Weiterentwicklung erlaubt.

2.

Außer Tuchatschewski und Leuten seines Schlages verfügte Stalin jedoch auch über wirkliche Strategen. Der erste und glänzendste unter ihnen war natürlich *Wladimir Triandafillow* – der Vater der Operativen Technik. Er war es gewesen, der 1926 als erster eine Annäherungsformel für die Theorie von der »Operation in die Tiefe« in seinem Buch »Die Operationsbreite moderner Armeen« geboten hatte. Seine Vorstellungen hatte Triandafillow in seinem Buch »Die Operationsweise moderner Armeen« (Moskau 1929) weiterentwickelt. Diese Bücher sind bis auf den heutigen Tag ein Fundament sowjetischer Kriegskunst geblieben. W. K. Triandafillow fand Männer, die seine wirklich genialen strategischen Ideen verstanden, und beförderte sie in den Generalstab, darunter den künftigen Marschall der Sowjetunion A. M. Wassilewski. Triandafillows Ideen wurden von G. K.

Schukow bei allen seinen Operationen, angefangen 1939 bei dem Sieg über die Japaner am Fluß Chalchyn-gol, in die Praxis umgesetzt.

Es ist begreiflich, daß Triandafillow Tuchatschewskis strategischen Vorstellungen gegenüber nicht ruhig bleiben konnte, obwohl dieser sein direkter und unmittelbarer Vorgesetzter war. Ohne Tuchatschewskis Rache zu fürchten, enthüllte er die ganze Unzulänglichkeit der »Rammbocktheorie« mit dem Hinweis, daß ein guter Schachspieler nicht seine ganze Aufmerksamkeit nur der Beseitigung der Bauern widmen dürfe. Ein guter Schachspieler richtet vielmehr seinen Angriff in die Tiefe und setzt dadurch die gegnerischen Bauern außer Gefecht. Ein guter Schachspieler schafft eine Drohung nicht nur in eine, sondern mindestens in zwei Richtungen und zwingt dadurch seinen Gegner, seine Aufmerksamkeit und seine Reserven aufzusplittern, während er selbst den eigenen Angriff in eine neue Richtung führt, in der dem Gegner überhaupt keine Reserven zur Verfügung stehen.

Triandafillow hatte Tuchatschewskis militärisches Konzept abgelehnt, dessen Theorie der gewaltsamen und schnellen Sowjetisierung »der befreiten Territorien« dagegen voll übernommen und weiterentwickelt. »... binnen kurzer Frist (in zwei bis drei Wochen) muß die Sowjetisierung ganzer Staaten bewältigt sein, oder – im Falle größerer Staatsgebilde mit extrem großen Räumen – im Verlaufe von drei bis vier Wochen.« »Bei der Organisation der Revolutionskomitees dürfte es äußerst schwierig sein, sich auf die lokalen Kräfte zu verlassen. Lediglich einen Teil des technischen Apparates und die Mitarbeiter mit geringer Verantwortung wird man am jeweiligen Ort selbst vorfinden können. Alle verantwortlichen Mitarbeiter und selbst einen Teil des technischen Personals wird man mitbringen müssen ... Die Anzahl dieser Mitarbeiter, die für die Durchführung der Sowjetisierung der neu eroberten Gebiete erforderlich sind, wird riesengroß sein.« (Die Operationsweise moderner Armeen, S. 177–178)

Triandafillow wies darauf hin, daß es nicht richtig wäre, Kampfeinheiten der Roten Armee für die »Sowjetisierung« abzuziehen. Vielmehr sei es ratsam, dafür besondere Einheiten zur Verfügung zu haben. Die Rote Armee kämpft mit dem Gegner, bereitet ihm Niederlagen; diese Sondereinheiten aber sorgen im Hinterland für ein glückliches Leben und errichten die Arbeiter- und Bauernmacht. Hitler nahm in der Folgezeit denselben Standpunkt ein: Die Wehrmacht vernichtet den Gegner, die SS führt die »neue Ordnung« ein. In kritischen Situationen wurden Wehrmachtsdivisionen auch zur Unterdrückung der Partisanenbewegung eingesetzt und Waffen-SS-Divisionen in Panzerschlachten an der vordersten Front. Aber dies war nicht die eigentliche Aufgabe, wofür Wehrmacht und SS jeweils aufgestellt worden waren.

Triandafillow hatte die Kriegskunst auf das Niveau einer exakten Wissenschaft gehoben, als er seine einfachen Formeln zur mathematischen Berechnung von Angriffsoperationen millionenstarker Armeen in eine kolossale Tiefe entwarf. Diese Formeln sind so glänzend und ausgefeilt wie ein Lehrsatz der Geometrie. Triandafillow hatte Formeln für sämtliche Phasen eines Angriffs zu bieten, einschließlich der errechneten Menge sowjetischer politischer Funktionäre für jede Verwaltungseinheit in den eroberten Gebieten.

Als Beispiel führt Triandafillow die errechnete Personenzahl des leitenden Verwaltungsapparates in fünf polnischen Wojewodschaften auf dem Territorium zwischen der sowjetisch-polnischen Grenze und dem Flusse San an. Triandafillow empfiehlt die Verwendung der in der UdSSR lebenden ausländischen Kommunisten bei der Sowjetisierung der »befreiten« Territorien, da man in Anbetracht der riesigen Eroberungen mit der sowjetischen Bürokratie allein nicht auskommen werde.

Die kommunistischen Historiker wollen uns glauben machen, die Teilung Polens sei erfolgt, weil Stalin den Frieden wollte, weil Stalin Hitler fürchtete. Aber die Kommunisten »vergessen« zu erwähnen, daß bereits vor dem Molotow-Ribbentrop-Pakt und, sogar noch ehe Hitler an die Macht kam, in den sowjetischen Stäben auf mathematischer Basis Pläne zur Sowjetisierung Europas ausgearbeitet worden waren, wobei das polnische Territorium zwischen der Grenze und dem San, das später nach dem Molotow-Ribbentrop-Pakt an die Sowjetunion fiel, einfach als kleines Beispiel dafür herangezogen wurde, wie die weitere Sowjetisierung zu erfolgen habe.

3.

Der Molotow-Ribbentrop-Pakt stieß das Tor zur Sowjetisierung auf. Stalin hatte alles nicht nur in der Theorie vorbereitet. Die sowjetischen Stäbe hatten ihre Operationen unter größter Geheimhaltung ausgearbeitet, aber doch nicht vergessen, die politischen Kommissare und »entsprechenden Organe« darauf hinzuweisen, sich für die Sowjetisierung bereitzuhalten.

In der Nacht zum 17. September 1939 erließ der NKWD-Brigadekommandeur I. A. Bogdanow folgenden Befehl an seine Tschekisten: »... die Armeen der Belorussischen Front gehen im Morgengrauen des 17. September zum Angriff über mit dem Kampfauftrag, den Aufstand der Arbeiter und Bauern Belorußlands zu unterstützen ...«

Das ist es also: Die Revolution ist in Polen ausgebrochen, die Arbeiter und Bauern kommen schon selbst zurecht, die Rote Armee und der NKWD werden sie lediglich durch ihre Mitwirkung unterstützen ... Die Folgen sind bekannt. Die Massenerschießung von Katyn gehört auch in das Gebiet dieser »Mitwirkung«.

Im übrigen hat Stalin wohl doch nicht so sehr Hitler gefürchtet, wie uns das die Kommunisten einreden wollen. Hätte Stalin Hitler gefürchtet, würde er die polnischen Offiziere am Leben gelassen haben, um sie im Falle einer deutschen Invasion an der Spitze Zehntausender polnischer Soldaten in den Partisanenkampf auf polnischem Territorium zu werfen. Aber eine Verteidigung gegen Hitler paßte nicht in Stalins Pläne. Stalin ließ nicht nur das polnische Potential ungenutzt, er jagte auch noch seine bereits früher für den Kriegsfall geschaffenen Partisanenabteilungen auseinander.

Die Sowjetisierung Finnlands war noch sorgfältiger vorbereitet worden. In dem Augenblick, als die »finnische Militärclique ihre bewaffneten Provokationen begann«, hatte Stalin bereits einen finnischen kommunistischen »Präsidenten«, einen

»Premierminister« und eine ganze »Regierung« zur Hand, einschließlich des Chef-Tschekisten im »freien demokratischen Finnland«.

In Estland, Litauen, Lettland, in Bessarabien und in der Bukowina gab es ebenfalls »Vertreter des Volkes«, die den Anschluß an die »brüderliche Völkerfamilie« verlangten, und es fanden sich (erstaunlich schnell) Vorsitzende für die Revolutionskomitees, Volksschöffen bei den Gerichten usw.

Die Sowjetisierung weitete sich aus, und Stalin vermehrte die Reserven an Parteiadministratoren für neue Feldzüge. Am 13. März 1940 faßte das Politbüro den Beschluß, allen hauptamtlichen Parteifunktionären militärische Ränge zu verleihen. Die gesamte Partei wird damit aus einer paramilitärischen zu einer militärischen Organisation. Das Volkskommissariat für Verteidigung wird vom Politbüro mit der praktischen Durchführung der Attestierung der gesamten Parteinomenklatur und der Verleihung militärischer Ränge betraut. Man beschließt, »die Mitarbeiter der Parteikomitees zu verpflichten, sich einer systematischen militärischen Umschulung zu unterziehen, um jederzeit im Falle der Einberufung zur Roten Arbeiter- und Bauernarmee oder Roten Arbeiter- und Bauernflotte ihre Arbeit in einer ihrer Qualifikation entsprechenden Funktion durchführen zu können«. (Beschluß des Politbüros »Über die militärische Umschulung und Umbenennung der Mitarbeiter der Parteikomitees sowie über die Durchführung ihrer Einberufung in die Rote Arbeiter- und Bauernarmee« vom 13. März 1940) Achten wir auf die Formulierung: »ihre Arbeit in einer ihrer Qualifikation entsprechenden Funktion durchführen zu können«. Was für eine Qualifikation besitzt ein Parteibonze außer der des Sekretärs eines Bezirkskomitees? Also sind sie auch für den Einsatz als Sekretäre in den Bezirkskomitees (Stadtkomitees, Gebietskomitees usf.) selbst nach ihrer Einberufung zur Armee vorgemerkt!

Vom Mai 1940 bis Februar 1941 erfolgte die Umbenennung von 99000 politischen Funktionären der Reserve einschließlich der 63000 »leitenden Mitarbeiter der Parteikomitees« (d. h. in diesem Zeitraum fanden die Prüfungen und Sitzungen der

Attestationskommissionen statt). Die Umschulung der Nomenklatur wird in forciertem Tempo durchgeführt. Und nicht nur die Umschulung. Ein Befehl wird erlassen. Am 17. Juni 1941 erhalten weitere 3700 hauptamtliche Funktionäre den Befehl, sich für die Armee zur Verfügung zu halten.

Steht eine neue Sowjetisierung bevor?

4.

Nicht nur die Parteibonzen haben Estland, Litauen, Lettland, die westliche Ukraine und das westliche Belorußland, Bessarabien und die Bukowina sowjetisiert, auch die »entsprechenden Organe« hatten mit Hand angelegt. Hinter dem Rücken der »Volksvertreter« und »Diener des Volkes« unterstützt der NKWD »durch seine Mitwirkung die revolutionären Arbeiter und Bauern bei der Festigung der Macht des Proletariats«.

Als erste hatten die NKWD-Grenztruppen die Grenzen überschritten. »In kleinen Gruppen operierend, besetzten und hielten sie die Flußübergänge und Eisenbahnknotenpunkte.« (»Militärhistorische Zeitschrift«, Moskau 1970, Nr. 7, S. 85) Im Winterkrieg 1939/40 war eine Abteilung der Grenztruppen des NKWD heimlich in finnisches Territorium eingedrungen, hatte blitzschnell die Tundra durchquert und in einem Überraschungsschlag die Stadt Petsamo und deren Hafen besetzt. Fünf Jahre später wurden im Japankrieg 1945 aus den Grenztruppen »320 Angriffsabteilungen in einer Stärke von jeweils 30 bis 75 Mann gebildet, ausgerüstet mit Maschinengewehren, Maschinenpistolen, Gewehren und Granaten. Einzelne Abteilungen bestanden aus 100 bis 150 Mann«. »Die Vorbereitung basierte auf früher ausgearbeiteten und weiter präzisierten Plänen für einen Überraschungsangriff... Eine herausragende Rolle für die Erzielung des Erfolges kam dem Überraschungsmoment bei den Aktionen zu.« (»Militärhistorische Zeitschrift« 1965, Nr. 8, S. 12)

Aber auch im Krieg mit Deutschland operierten die NKWD-Grenztruppen in gleicher Weise. Dort, wo die deutschen Truppen die Grenze nicht überschritten, erfolgte die Verletzung der

Staatsgrenze auf Initiative sowjetischer Grenztruppen, denn darauf waren sie vorbereitet. So wurde zum Beispiel am 25. Juni 1941 von sowjetischen Grenzbooten an der rumänischen Grenze ein Landetrupp im Gebiet der Stadt Kilija (Chilia) angelandet. Er bildete einen Brückenkopf und erhielt dabei Feuerschutz durch Aufklärungsteileinheiten des NKWD, die bereits vorher gelandet waren. (Wachposten an sowjetischen Grenzen. Moskau 1983, S. 141) Dabei ist eines interessant: Ebenso ausgesuchte und hervorragend ausgebildete Grenztruppen des NKWD standen auch im Augenblick des deutschen Angriffs an den Grenzbrücken, doch sie waren nicht darauf vorbereitet, den Angriff abzuschlagen und die Brücken zu verteidigen, und gaben sie daher beinahe kampflos auf. Als es darum ging, den Westteil einer Grenzbrücke zu erobern, demonstrierten die Grenztruppen eine hervorragende Ausbildung, Mut und Tapferkeit. Als sie jedoch die östliche Seite einer Brücke verteidigen sollten, bewiesen dieselben Leute völlige Untauglichkeit – sie hatten es einfach nicht gelernt, und niemand hatte ihnen jemals Verteidigungsaufgaben gestellt.

5.

Doch die Hauptstärke des NKWD liegt ohnehin nicht bei den Grenztruppen. Außer diesen verfügte der NKWD über eine riesige Menge an operativen Regimentern und Divisionen, Konvoi-Truppen und Wachmannschaften. Sie alle waren emsig mit der Vernichtung »feindlicher Elemente« und der »Säuberung der Territorien« befaßt. Im Winterkrieg waren dafür acht NKWD-Regimenter neben den selbständigen Bataillonen und Kompanien und den Formationen der Grenztruppen eingesetzt. Ein Bild vom Ausmaß der Aktivitäten des NKWD bei der »Säuberung des Hinterlandes« kann die 1944 im Rücken der Ersten Belorussischen Front durchgeführte Operation vermitteln. An dieser Operation waren fünf Grenztruppenregimenter des NKWD beteiligt, ferner sieben Regimenter der operativen Truppen des NKWD, vier Kavallerieregimenter, selbständige Bataillone und die Luftaufklärung. Die Gesamtstärke der beteiligten Truppen betrug 50000 Mann, die »Arbeitsfläche« – 30000 Quadratkilometer. (Wachposten ..., S. 181) Doch auch vor Hitlers Angriff arbeitete der NKWD keineswegs mit geringerem Elan, nur sind die Daten zu den 1940 in Estland, Litauen, Lettland, in der westlichen Ukraine und im westlichen Belorußland, in der Bukowina und in Bessarabien durchgeführten Operationen nirgendwo publiziert. Aber ist schließlich nicht einiges Material zu diesem Thema zwar nicht seitens der Täter, wohl aber von ihren Opfern veröffentlicht worden?

Gemessen an der Intensität der Aktionen des NKWD übertrifft das Jahr 1940 sogar 1944 und 1945 und viele folgende Jahre. Es genügt, daran zu erinnern, daß in das Jahr 1940 auch Katyn gehört. Aber polnische Offiziere wurden nicht nur in Katyn liquidiert, sondern wahrscheinlich mindestens noch an zwei weiteren Orten, wobei es dort nicht weniger Opfer gab als in Katyn. Auch litauische Offiziere wurden damals umgebracht, und ebenso lettische und estnische. Und nicht nur Offiziere, sondern auch Lehrer, Priester, Polizisten, Schriftsteller, Juristen, Journalisten, fleißige Bauern, Unternehmer und Menschen aus allen anderen Schichten der Bevölkerung, geradeso wie zu Zeiten des Roten Terrors gegen das russische Volk. Der Umfang der Operationen des NKWD war gewachsen ... doch plötzlich hatte sich irgendetwas verändert. Ab Februar 1941 begann der NKWD seine Truppen heimlich an die westlichen Grenzen zu verlegen.

6.

Die kommunistischen Historiker sind heutzutage nach Kräften bemüht, das Ausmaß der damaligen Schlagkraft der Roten Armee herunterzuspielen und die Stärke der Wehrmacht zu übertreiben. Dabei nehmen sie selbst grobe Fälschungen in Kauf. Bei Deutschland werden sämtliche Divisionen gezählt: die der Wehrmacht und die der Waffen-SS. Bei der Sowjetunion werden nur die Divisionen der Roten Armee berücksichtigt; die vorzüglich ausgebildeten, zu voller Mannschaftsstärke aufgefüllten und vollausgerüsteten Elitedivisionen des NKWD werden jedoch völlig übergangen, sie sind »vergessen«. Die Kommunisten haben erklärt, daß unmittelbar an den Grenzen 47 Einheiten Landstreitkräfte und 6 Marineeinheiten der Grenztruppen (davon jede etwa in Regimentsstärke) sowie 11 Regimenter der operativen Truppen des NKWD in einer Gesamtstärke von 100000 Mann gestanden hätten. Das ist wahr. Aber es ist nicht die ganze Wahrheit. Zum Zeitpunkt der deutschen Invasion befanden sich unmittelbar an den Grenzen nicht nur Regimenter, sondern auch selbständige Bataillone des NKWD in eindrucksvoller zahlenmäßiger Stärke und außerdem ganze NKWD-Divisionen. Beispielsweise stand die 4. NKWD-Division (unter dem Kommando von NKWD-Oberst F. M. Maschirin) an der rumänischen Grenze, und dabei wiederum das 57. NKWD-Regiment dieser Division unmittelbar an den Grenzbrücken. In Grenznähe stand die 8. Motorisierte Schützendivision des NKWD. Im Gebiet Rawa-Russkaja lag die 10. NKWD-Division, und das 16. Kavallerieregiment dieser Division war unmittelbar auf die Grenzposten verteilt. Die 21. Motorisierte Schützendivision des NKWD stand an der finnischen Grenze. Die 1. NKWD-Division (unter NKWD-Oberst S. I. Donskow) befand sich ebenfalls dort. Die 22. Motorisierte NKWD-Schützendivision taucht in den deutschen Heeresberichten am siebenten Tag nach der Invasion in Litauen auf.

Die NKWD-Truppenteile waren unglaublich nahe an die Grenze vorgeschoben. Einige von ihnen lagen buchstäblich nur wenige Meter von der Grenze entfernt. Ein Beispiel: Das 132. selbständige NKWD-Bataillon war in den Tiraspoler Befestigungsanlagen der Festung Brest untergebracht. Mit Verteidigungsauftrag? Nein. Die Festung war nicht auf eine Verteidigung eingerichtet, dort sollte im Krieg ein Schützenbataillon der gewöhnlichen Truppen zurückbleiben. Vielleicht, um die Grenze zu sichern? Durchaus nicht – dafür lag gleich nebenan in denselben Kasernen die 17. Abteilung der Grenztruppen (in Regimentsstärke), doch das 132. NKWD-Bataillon ist schließlich keine Grenztruppe, es ist eine *Konvoi*-Einheit! Es war zur Eskortierung der »Feinde« aus dem westlichen Belorußland eingesetzt worden, jetzt aber hatte man es an das *West*-Ufer des westlichen Bug verlegt. Vorerst hat das Bataillon nichts zu tun –

der Weg in die Sowjetunion ist beschwerlich: Die Tschekisten müssen auf Booten über den Bug in die alte Zitadelle übergesetzt werden, dann geht es durch eine Menge von Toren über Brücken und Gräben, der Muchawez muß überquert werden und wieder Gräben, Wälle und Bastionen. Feinde gibt es in der Festung nicht, und bis zur Stadt ist es weit. Also ruht sich das Bataillon erst einmal aus. Die Tiraspoler Befestigungsanlagen (eine Grenzinsel) sind eigentlich schon polnisches – oder zu dieser Zeit korrekter: deutsches – Territorium, und um nach Deutschland zu gelangen, braucht man nur eine kleine Brücke zu überqueren.

In eben diesen Kasernen des selbständigen 132. NKWD-Konvoi-Bataillons prangt heute eine Inschrift: »Ich sterbe, doch ich ergebe mich nicht! Heimat, leb wohl! 20. 7. 1941«. Diese »Helden« hatten guten Grund, sich nicht zu ergeben – die SS-Leute hätten wohl rasch kapiert, wen die Tschekisten von jenseits der Staatsgrenze eskortieren wollten!

Ich fand heraus, daß an der Grenze nicht nur NKWD-Konvoi-Bataillone und -Regimenter, sondern ganze Konvoi-Divisionen standen. Da ist zum Beispiel die bereits erwähnte 4. NKWD-Division: Sie hatte die Grenzbrücken am Prut besetzt. Vermutlich um sie im Falle einer Zuspitzung der Lage in die Luft zu sprengen? Weit gefehlt. Die Brücken waren vermint gewesen, doch dann hatte man die Minen entfernt und die NKWD-Division dorthin verlegt. Aus einigen Angaben könnte man schließen, daß die 4. NKWD-Division eine Art Schutzfunktion hatte (in Analogie zur Schutz-Staffel-Aufgabe der SS, versuchen Sie nur, die Bedeutung von »Schutz-« richtig zu erfassen), aber viele andere Daten (vgl. zum Beispiel »Militärhistorische Zeitschrift« 1973, Nr. 10, S. 46) sprechen dafür, daß die 4. NKWD-Division als Konvoi-Division einzuordnen ist. Und auch der Divisionskommandeur, Oberst Maschirin, ist ein alter GULag-Wolf, der sich im Konvoi-Dienst seine Sporen verdient hat.

Wen wollten eigentlich die GULag-Schutztruppen über die Grenzbrücken geleiten?

WOZU BRAUCHEN TSCHEKISTEN HAUBITZEN?

Wir werden die wilde Bestie in
ihrer eigenen Höhle zermalmen.
L. Berija, Generalkommissar der Staatssicherheit, Volkskommissar für innere Angelegenheiten, im Februar 1941 (G. Oserow, Tupolews Sonderlager. Frankfurt a. M. 1973, S. 65)

1.

Die Strafmaschinerie der Kommunisten verfügt über zwei wichtige Apparate: die Sicherheits*organe* und die Inneren *Truppen*. Gemeint sind natürlich nicht die Truppen der Roten Armee, sondern besondere Formationen von WeTscheka, OGPU, NKWD.

Zwischen der Roten Armee und den Inneren Truppen besteht ein gewaltiger Unterschied: Die Rote Armee kämpft an den äußeren Fronten, die Inneren Truppen an der Innenfront, daher auch deren Bezeichnung.

Zur Zeit der Errichtung der kommunistischen Diktatur und ihrer blutigen Kämpfe um die Behauptung der Macht spielten die Vergeltungs- bzw. Straftruppen eine wesentlich wichtigere Rolle als die Straforgane.

Die Waffen der Vergeltungstruppen waren der Panzerwagen, der Panzerzug, die Drei-Zoll-Kanone und das Maschinengewehr. Sie führten einen regelrechten Krieg gegen ihr eigenes Volk. Zur Koordinierung der Aktionen sämtlicher Straftruppen wurde 1923 eine Hauptverwaltung geschaffen. Von Zeit zu Zeit wechselte die Strafmaschinerie ihre Namen ebenso schmerzlos und einfach wie eine Schlange ihre Haut. Doch das Organ, das die Aktionen der Straftruppen koordinierte, blieb praktisch unverändert bestehen – die Hauptverwaltung.

Diese Organisation und die ihr unterstellten Truppen haben entsetzliche Verbrechen am russischen Volk und allen anderen Völkern auf dem Boden der Sowjetunion begangen. Allein während der Kollektivierung liquidierten die Straftruppen Millionen Menschen, und mehr als zehn Millionen Menschen überantworteten sie einer anderen Hauptverwaltung des NKWD – dem GULag, der Hauptverwaltung der Straflager.

Mit der Festigung der kommunistischen Diktatur nahmen die Organe einen zunehmend wichtigeren Platz im Vergleich zu den Straftruppen ein. Hauptwaffe des Terrors wurde die über das Papier kratzende Feder in der Hand des Denunzianten, die Zange in der Hand des Untersuchungsrichters und der Nagant-Revolver in der Hand des Henkers. Natürlich wurden die Straftruppen zahlenmäßig nicht reduziert, aber ihre Funktion wird mehr und mehr die eines Gehilfen: bei Razzien, Durchsuchungen, Verhaftungen, im Konvoi-Dienst, in der Bewachung von Straf- und »Besserungs«-Einrichtungen. Und außerdem bewachen die Straftruppen die Führer, die Staatsgrenzen, die Nachrichtenverbindungen. Das äußere Bild des Kämpfers im Strafeinsatz hat sich ebenfalls geändert. Das ist nicht länger der Petrograder Matrose mit der rohen Physiognomie auf seinem Panzerwagen. Jetzt ist es ein Soldat im Schafspelz unter eisigem Wind mit dem Gewehr in der Hand und dem treuen Hund an seiner Seite. Auch Panzerwagen haben die Soldaten der Straftruppen nicht. Die werden nicht mehr gebraucht.

Das Jahr 1937 ist nicht mit dem Beginn des Terrors gleichzusetzen, wie die Kommunisten uns glauben machen wollen, sondern eher mit seiner Vollendung. Nur ein Jahr noch, und der allgemeine Terror weicht einer Verfolgung, die nur noch ausgesuchte Einzelpersonen trifft. Ganz einfach weil der Terror 1937–38 nun auch die kommunistischen Führer erreicht hatte. In dieser abschließenden Etappe brauchten die Tschekisten keine Maschinengewehre mehr: Die Kommunisten, die nun selbst unter das Beil des Terrors geraten waren, leisteten keinen sonderlichen Widerstand.

Aber jetzt, im Dezember 1938, da die Große Säuberung erfolgreich abgeschlossen ist, wird der Terror im Landesinnern schlagartig beendet, der GULag entläßt Gefangene, und man trifft Vorbereitungen für die Entlassung noch vieler weiterer. Was könnte wohl in dieser Situation mit den NKWD-Truppen und der Hauptverwaltung geschehen, die deren Tätigkeit koordinierte? Die Hauptverwaltung wird wahrscheinlich liquidiert? Das nehmen Sie an? Sie haben richtig geraten. Die Sowjetunion ist in eine neue Existenzphase eingetreten, und deshalb wird umgehend nach Beendigung der Großen Säuberung und der Entfernung N. Jeschows aus der Macht (der seinerseits 1936 G. Jagoda als Volkskommissar für innere Angelegenheiten und Chef der Geheimpolizei abgelöst hatte) die Hauptverwaltung der NKWD-Grenztruppen und Inneren Truppen der UdSSR auf Anordnung des Rates der Volkskommissare vom 2. Februar 1939 aufgelöst. Am 2. Februar 1939 werden anstelle der einen Hauptverwaltung *sechs* selbständige Hauptverwaltungen des NKWD geschaffen, die für dessen Truppen und militärische Fragen zuständig sind:

- die Hauptverwaltung der Grenztruppen des NKWD
- die Hauptverwaltung der Bewachungstruppen des NKWD
- die Hauptverwaltung der Konvoi-Truppen des NKWD
- die Hauptverwaltung der Eisenbahntruppen des NKWD
- die Hauptverwaltung für militärische Versorgung des NKWD
- die Hauptverwaltung für militärisches Bauwesen des NKWD.

Nach Abschluß der Großen Säuberung vollzog sich eine deutliche qualitative Veränderung in der Strafmaschinerie der UdSSR. Auf Beschluß der Sowjetregierung übernahmen die Straftruppen erneut eine führende Position im Vergleich zu den Strafrganen. Mit dem Jahresbeginn 1939 ist der Anfang einer schwindelerregenden Steigerung der Schlagkraft bei den Straftruppen verknüpft. Ihre Ausrüstung wird erneut durch Panzerzüge, Panzerwagen (den BA-10, eine völlige Neukonstruktion), Haubitzenartillerie und schließlich Panzer und Flugzeuge bereichert.

Ein stürmisches Wachstum setzt bei den Straftruppen aller Gattungen und sämtlicher Aufgabenbereiche ein. Innerhalb des NKWD haben die Truppen einen solchen Zuwachs erfahren, daß für deren Führung ein besonderes Amt geschaffen werden muß – das eines eigens für die Truppen zuständigen Stellvertreters des Volkskommissars für innere Angelegenheiten (NKWD-Generalleutnant I. I. Maslennikow).

Aber seltsam: *Auf sowjetischem Territorium werden Straftruppen nicht mehr gebraucht.* Eine neue Säuberung in der UdSSR ist 1939 ganz offensichtlich nicht vorgesehen – das Land ist auf die Knie gezwungen und dem Diktator Stalin restlos unterworfen. Und selbst wenn eine weitere Säuberung angesetzt werden sollte, so würden doch Revolver, Zangen, Feilen, Knuten und Peitschen völlig genügen. Wozu dann diese Haubitzen?

2.

Der Ausbau der NKWD-Truppen erfolgt in mehreren Richtungen. 1939 wurde der Sperrdienst des NKWD eingerichtet. In Friedenszeiten wird ein Sperrdienst nicht gebraucht. Man hatte sich seiner im Bürgerkrieg bedient. Die Aufgabe der Sperrabteilungen besteht in der Stärkung der Standhaftigkeit der Soldaten im Gefecht, besonders während eines Angriffs. Sobald sich die Sperrabteilung im Rücken der Truppen entfaltet hat, ermuntert sie die eigenen angreifenden Truppen durch Maschinengewehrgarben in den Rücken, und sie stoppt die Soldaten im Falle eines Rückzuges, indem sie die Gehorsamen in den Kampf zurückführt und die Ungehorsamen auf der Stelle liquidiert. In sowjetischen Publikationen begegnen uns nicht wenige suspekte Gestalten unter der Rubrik »Helden des Bürgerkrieges«, die sich in den Sperreinheiten ausgezeichnet haben. Ein typisches Beispiel: »Wypow, I. P., Führer eines Maschinengewehrkommandos in der Sperrabteilung der 38. Schützendivision«. (»Militärhistorische Zeitschrift« 1976, Nr. 12, S. 76) Der Dienst bei den Sperrtruppen ist das reinste Honigschlecken. Da wird man von keiner feindlichen Artillerie belästigt, braucht gegen keinen starken Gegner zu kämpfen, sondern nur gegen die eigenen Leute, die Demoralisierten. Die Orden purzeln aus dem Füllhorn des Überflusses. Unser Held zum Beispiel besitzt den zweifachen Rotbannerorden.

Bekanntlich hatte die Sowjetunion bereits *vor* der Unterzeichnung des Molotow-Ribbentrop-Paktes begonnen, heimlich ihre Armeen in den Westgebieten des Landes zu formieren. Organischer Bestandteil jeder Armee war ein selbständiges motorisiertes Schützenregiment des NKWD, das nicht aus Bataillonen, sondern aus Sperrabteilungen bestand.

Außer den in die Armeen eingegliederten Regimentern existierten selbständige Schützenregimenter des NKWD, die den Fronten zugeordnet waren. So standen beispielsweise im Juni 1941 allein im Rücken der Südfront neun Regimenter, eine selbständige Abteilung und ein selbständiges Bataillon des NKWD. (»Militärhistorische Zeitschrift« 1983, Nr. 9, S. 31)

Neben den motorisierten Schützenregimentern des NKWD gab es selbständige NKWD-Sperrabteilungen, die unverzüglich in neu formierte Korps und Armeen integriert werden konnten, wie zum Beispiel die 241. selbständige Sperrabteilung der 19. Armee.

Generalmajor P. W. Sewastjanow berichtet, daß der Sperrdienst des NKWD äußerst präzise und zuverlässig gearbeitet habe. In jeder beliebigen Situation fanden sich die NKWD-Truppen im Rücken der kämpfenden Soldaten ein – in Erfüllung ihrer Sperrfunktion. »Eine Kompanie Grenzsoldaten entfaltete sich unverzüglich in unserem Rücken.« (Memel–Wolga–Donau. Moskau 1961, S. 82) General Sewastjanow erzählt, seine Infanterie habe ohne Panzerunterstützung gegen die deutschen Truppen gekämpft, die Tschekisten aber hätten mit ihren Panzern hinter ihnen gestanden.

In sowjetischen Quellen begegnen uns wiederholt Hinweise darauf, daß der Sperrdienst des NKWD von den ersten Stunden des Krieges an äußerst aktiv war, was besagt, daß er bereits vor der deutschen Invasion einsatzbereit gewesen sein muß. Nachstehend die Standardformulierungen zum Juni 1941. *Generaloberst L. M. Sandalow:* »Hier lasse ich die Sperrabteilung der Armee zurück ...«, »... Sie wurden von den Sperrabteilungen der Armee aufgehalten und zu den nächsten Einheiten des 28. Schützenkorps weitergeschickt.« (Erlebtes. Moskau 1966, S. 108, 143)

Die erneute Einrichtung des NKWD-Sperrdienstes noch vor dem deutschen Angriff und sogar vor dem Molotow-Ribbentrop-

Pakt ist ein unmittelbarer Beweis dafür, daß die Entscheidung für den Krieg im Kreml lange vor seinem faktischen Ausbruch getroffen worden war.

3.

Seit Anfang 1939 wächst die Anzahl der Grenztruppen rapide. Davor, in den Zeiten der Großen Säuberung und noch früher, angefangen bei Lenin, hatte es in der Sowjetunion sechs Grenzbezirke gegeben. Jetzt wurden es achtzehn, wobei zahlenmäßig jeder neugeschaffene Bezirk den alten übertraf. In jedem Land sind Grenztruppen ein Bestandteil der Verteidigungsvorkehrungen, doch die Sowjetunion ist kein gewöhnlicher Staat, und wir hatten bereits Gelegenheit, die aggressiven Neigungen der sowjetischen Grenztruppen ein wenig zu verfolgen. Die Grenztruppen dienten stets als Basis für die Aufstellung von Osnas-Formationen, das heißt Sonderabteilungen, deren Bezeichnung auf eine Abkürzung aus russisch »ossobowo nasnatschenija« – zur besonderen Verwendung – zurückgeht.

Im August 1939, noch *vor* der Unterzeichnung des Molotow-Ribbentrop-Pakts, setzte eine stürmische Entwicklung in der Aufstellung von NKWD-Truppen »zur besonderen Verwendung« ein. Diese Osnas-Truppen bilden die aggressivsten und schlagkräftigsten Formationen der sowjetischen Strafmaschinerie. Die Osnas-Einheiten waren für ihre außerordentliche Härte (selbst für Tscheka-Begriffe) im Bürgerkrieg bekannt gewesen. Anschließend war der Osnas radikal reduziert worden. Übriggeblieben war eine einzige Osnas-Division des NKWD im Raume Moskau (unter dem Kommando von NKWD-Brigadekommandeur Pawel Artemjew).

Doch nun bereitet G. K. Schukow im August 1939 einen Überraschungsangriff auf die japanischen Truppen vor. Ihm wird ein selbständiges Osnas-Bataillon des NKWD in einer Stärke von 502 Mann unterstellt. Das ist nicht viel, doch das Bataillon war zuvor mit erstklassigen Spezialisten aufgefüllt worden, deren Hände mit dem Mordgeschäft vertraut waren. Der Hauptauftrag des Osnas-Bataillons galt der »Säuberung unmittelbar im Rücken der Front«. (Wachposten an sowjetischen Grenzen. Moskau 1983, S. 106) »Der Osnas leistete vorzügliche Arbeit, und Schukow war sehr zufrieden.« (Ebenda)

Gleich darauf beginnt die Formierung von Osnas-Bataillonen an der polnischen Grenze. In einer Meldung der Politischen Abteilung der Grenztruppen im Militärbezirk Kiew vom 17. September 1939 findet sich eine Erwähnung darüber, daß die Osnas-Bataillone bereits aufgestellt sind.

Die Osnas-Bataillone überschritten als erste die Grenzen bei der »Befreiung« Polens, Bessarabiens, der Bukowina, Estlands, Lettlands, Litauens, Finnlands. Ihre Aufgabe: in einem Überraschungsangriff die Grenzposten des Gegners außer Gefecht zu setzen und weiterhin im Vorfeld vor den angreifenden eigenen Truppen Brücken zu besetzen, Nachrichtenverbindungen zu unterbrechen, kleinere Abteilungen des Gegners zu vernichten, die Bevölkerung zu terrorisieren. Später, wenn die Einheiten der Roten Armee die Osnas-Bataillone überholt haben, gehen die letzteren zur Säuberung des Territoriums über, zur *Entfernung* unerwünschter Elemente und zu deren Liquidierung. Erwähnungen der Osnas-Bataillone des NKWD können wir in der offiziellen Darstellung der Geschichte der Grenztruppen finden. (Die Grenztruppen der UdSSR 1939–1941. Moskau 1970, Dokumente Nr. 185 und 193) Und hier die Ergebnisse dieser Arbeit: »Über die Grenze wurden etwa 600 Gefangene eskortiert, darunter Offiziere, Gutsbesitzer, Popen, Gendarmen, Polizisten . . .« (Dokument Nr. 196) In der heute vorliegenden Publikation bricht der Satz in der Mitte ab, und wir wissen daher nicht, was es dort noch für andere »Gefangene« gab. Das Dokument trägt das Datum vom 19. September 1939 und beschreibt die Lage nur an einem einzigen kleinen Grenzposten des NKWD. Es ist der dritte Tag des sowjetischen »Befreiungsfeldzuges« in Polen. Heute wird diese Befreiung mit dem Bedürfnis, die eigenen Grenzen gegen Hitler zu sichern, erklärt. Wozu muß man dann die »Gutsbesitzer und Popen« über die Grenze in die Sowjetunion treiben und sie zu Gefangenen erklären? 600 Gefangene, das bedeutet nur einen Tropfen in einem riesigen Strom, der sich nicht nur über einen einzigen Grenzposten ergoß, sondern sämtliche Grenzstellen erfaßte; eingesetzt hatte er am ersten Tag der »Befreiung«, und gestoppt wurde er erst durch Hitler am 22. Juni 1941. Mit der zweiten Befreiung allerdings lebte der Strom wieder auf...

Nach dem Aufbruch in Richtung deutsche Grenze zeichnen sich neue Eroberungen ab. Stalin löst die vorhandenen Osnas-Bataillone des NKWD nicht auf, sondern er läßt neue Bataillone bilden, und außer den Bataillonen auch noch Regimenter, Divisionen und sogar ein Osnas-Korps des NKWD (unter dem Kommando von NKWD-Divisionskommandeur Schmyrjow, mit dem Kommissar Tschumakow und dem NKWD-Obersten Winogradow als Chef des Stabes). Mitunter stößt man auf Erwähnungen dieses ansonsten vollkommen geheimgehaltenen Korps in offiziellen sowjetischen Dokumenten (zum Beispiel in: Die Grenztruppen der UdSSR – Dokument Nr. 39).

4.

Wir wissen bereits, daß ab Februar 1941 NKWD-Truppen sämtlicher Gattungen und Schattierungen in Richtung Westgrenze zogen.

Die kommunistischen Historiker haben die Gründe dafür niemals zu erklären versucht. Nach dem Erscheinen des vorliegenden Buches werden sie natürlich eine »Erklärung« finden: Stalin habe beschlossen, sich gegen eine deutsche Invasion zu verteidigen. Wäre dem so gewesen, dann hätte er vermutlich die Aufstellung neuer Strafbataillone, -regimenter, -divisionen beenden und dazu übergehen müssen, Pionierregimenter, -divisionen und -korps aufzustellen, um das gesamte westliche Territorium der Sowjetunion zu verminen, um es mit Panzer- und Schützengräben zu durchziehen.

Doch mitnichten ist Genosse Stalin mit derartigen Aufgaben befaßt! Stalin braucht keine Pioniere, sondern Straftruppen! Das ist der Grund, weshalb Anfang 1941 innerhalb des NKWD eine weitere militärische Hauptverwaltung eingerichtet wird. Diesmal rein militärischer Natur: die Hauptverwaltung der operativen NKWD-Truppen. An die Spitze stellt Stalin einen Osnas-

Veteranen, den ehemaligen Kommandeur der 1. Osnas-Division des NKWD, Pawel Artemjew, der sich bereits zum Rang eines Generalleutnants im NKWD hochgedient hat.

Die neue Hauptverwaltung beginnt unverzüglich mit der Aufstellung von Truppen in einem grandiosen Maßstab. Hauptkampfeinheit wird die motorisierte NKWD-Schützendivision, bestehend aus einem Panzerregiment (oder Bataillon), zwei bis drei motorisierten Schützenregimentern, einem Haubitzenartillerieregiment und anderen Einheiten. Die allgemeine Mannschaftsstärke jeder Division beträgt über 10000 Tschekisten.

Die motorisierten Schützendivisionen des NKWD werden unverzüglich an die Westgrenze geworfen.

Auf sowjetischem Boden werden NKWD-Strafdivisionen mit Panzern, Haubitzen und anderem schweren Waffengerät nicht gebraucht. In den neuen, vor kurzem eroberten Territorien sind sie ebenfalls nicht vonnöten: Hier war die Terrormaschinerie des NKWD ohne Panzer ausgekommen, im äußersten Notfall hatte man sich an die Rote Armee um Hilfe gewandt.

NKWD-Divisionen sind nicht für den Krieg an der vordersten Front bestimmt, sondern für das Hinterland. Die schweren Geschütze in der Ausrüstung dieser Divisionen zeigen an, daß ihr Einsatz gegen einen starken Gegner beabsichtigt ist. Doch im Hinterland der Roten Armee auf sowjetischem Territorium steht kein starker Gegner und kann es auch gar keinen geben!

Ein starker Gegner kann nur dann im Rücken der Roten Armee stehen, wenn die Rote Armee die Grenze überschritten hat und auf dem Vormarsch ist. Hitler ließ es nicht dazu kommen. Er führte den ersten Schlag und machte die gesamten motorisierten Schützendivisionen des NKWD sinnlos. Die Hauptverwaltung der operativen NKWD-Truppen war in einem Verteidigungskrieg völlig unnötig. Sie welkte dahin wie eine Blume, die in einen ungeeigneten Boden verpflanzt worden ist. Schon am vierten Kriegstag holte Stalin, der dies wohl bedacht haben mag, den NKWD-General P. Artemjew aus der Hauptverwaltung der operativen NKWD-Truppen weg und ließ diese Hauptverwaltung ohne Führung. Nach 1941 wurden motorisierte Schützendivisionen des NKWD nicht mehr aufgestellt und die vorhandenen in gewöhnliche Schützendivisionen der Roten Armee umgegliedert. So wurde die 21. Motorisierte Schützendivision des NKWD (unter NKWD-Oberst M. D. Pantschenko) zur 109. Schützendivision der Roten Armee umgewandelt, die 13. Motorisierte Schützendivision des NKWD wird zur 95. Schützendivision der Roten Arbeiter- und Bauernarmee (später die 75. Gardeschützendivision), die 8. Motorisierte Schützendivision des NKWD wird zur 63. Schützendivision der Roten Arbeiter- und Bauernarmee (später die 52. Gardeschützendivision). Alles in allem wurden aus den NKWD-Truppen 29 Divisionen in die Rote Armee übergeführt. (*Generalmajor W. Nekrassow,* »Militärhistorische Zeitschrift« 1985, Nr. 9, S. 34)

In einem Verteidigungskrieg brauchte Stalin gewöhnliche Infanterie und keine Straftruppen.

1944 kamen die Rote Armee und in ihrem Gefolge der NKWD nach Mitteleuropa und errichteten dort die Arbeiter- und Bauernmacht, führten soziale Gerechtigkeit und alle übrigen »Segnungen« ein. Aber die Mechanismen für den Aufbau eines glücklichen Lebens waren von Stalin bereits 1939 geschaffen worden. Hitler hatte bloß verhindert, daß dieser Mechanismus vor 1944 in Gang gesetzt werden konnte. Der sowjetische Terrorapparat war gewaltig und nicht nur für Osteuropa, sondern für das gesamte Europa vorgesehen. Nach Hitlers Invasion mußte er mangels Bedarfs radikal reduziert werden.

Der Aufbau des Apparates zur Sowjetisierung Europas hatte vor dem Molotow-Ribbentrop-Pakt begonnen. Der Pakt war unterzeichnet worden, als bereits die endgültige Entscheidung für die Schaffung eines glücklichen Lebens in Europa gefallen war. Der Pakt war nichts weiter als ein taktischer Schachzug, der es ermöglichen sollte, Europa auf das Niveau von 1918 hinunterzudrücken und damit Tür und Tor für die Sonderabteilungen des Osnas und die Motorisierten Schützendivisionen des NKWD zu öffnen.

WESHALB WURDE DER SICHERUNGSSTREIFEN AM VORABEND DES KRIEGES BESEITIGT?

Minen sind eine Sache von beeindruckender Wirkung, aber sie sind ein Instrument für die Schwachen, für diejenigen, die sich verteidigen . . . Wir haben nicht so sehr Minen nötig als vielmehr Instrumente zum Entminen.
Marschall der Sowjetunion G. Kulik
Anfang Juni 1941 (Starinow, Die Minen warten auf ihre Stunde, S. 179)

1.

Ein Land, das sich auf seine Verteidigung vorbereitet, stellt seine Armeen nicht unmittelbar an der Grenze auf, sondern im Hinterland seines Territoriums. So kann der Gegner in einem Überraschungsschlag nicht die Hauptstreitkräfte des Verteidigers vernichten. Die auf Verteidigung bedachte Seite wird in den Grenzregionen rechtzeitig einen Sicherungsstreifen anlegen, das heißt einen Geländestreifen, der gespickt ist mit Fallen, Sperranlagen, Hindernissen und Minenfeldern. Innerhalb dieses Streifens wird die verteidigungswillige Seite mit Vorbedacht keinerlei Baumaßnahmen auf dem industriellen Sektor und im Bereich des Verkehrswesens vornehmen, sie wird hier keine stärkeren militärischen Formationen unterhalten, keine größeren Vorräte lagern. Sie wird vielmehr im Gegenteil in diesem Streifen rechtzeitig alle vorhandenen Brücken, Tunnelanlagen und Verkehrswege zur Sprengung vorbereiten.

Sicherungsstreifen sind ein Schutzschild sui generis, den die verteidigungswillige Seite gegen einen Aggressor einsetzt. Sobald er auf diesen Streifen trifft, wird der Vorstoß des Angreifers an Tempo verlieren, seine Truppen werden, noch ehe sie auf die

Hauptstreitkräfte der gegnerischen Seite treffen, Verluste erleiden. In diesem Sicherungsstreifen operieren lediglich kleinere, dafür jedoch äußerst mobile Abteilungen des Verteidigers. Sie operieren aus dem Hinterhalt, führen Überraschungsattacken durch und ziehen sich anschließend auf neue, schon zuvor eingerichtete Linien zurück. Diese leichten Abteilungen versuchen den Eindruck zu erwecken, daß es sich um die Hauptstreitmacht handle. Der Aggressor ist gezwungen, seinen Vormarsch zu stoppen, seine Streitkräfte zu entfalten, seine Granaten auf leere Räume zu vergeuden, während die leichten Abteilungen sich bereits gedeckt und rasch zurückgezogen haben, um Hinterhalte an neuen Linien vorzubereiten.

Sobald der Aggressor in den Sicherungsstreifen eingedrungen ist, büßt er seinen entscheidenden Vorteil ein – das Überraschungsmoment. Während der Angreifer einen zermürbenden Kampf gegen die leichten Abteilungen der gegnerischen Deckung führt, haben die Hauptstreitkräfte des Verteidigers Gelegenheit, die Gefechtsbereitschaft herzustellen und den Aggressor an einer für die Verteidigung geeigneten Linie zu erwarten.

Je tiefer dieser Sicherungsstreifen angelegt ist, um so besser. Lieber zu viel als zu wenig. Während der Aggressor den breiten Streifen zu überwinden sucht, verrät er ungewollt seine Hauptstoßrichtung. Hat er jedoch erst den Vorteil des Überraschungsmomentes eingebüßt, wird er selbst zu dessen Opfer: Er kennt nicht die Tiefe des Sicherungsstreifens, weshalb das Zusammentreffen mit der Hauptstreitmacht des Verteidigers zu einem Zeitpunkt erfolgt, den der Aggressor im voraus nicht kennt, wohl aber die sich verteidigende Seite.

Im Laufe der Jahrhunderte, ja seit uralten Zeiten haben die slawischen Stämme immer wieder mächtige Sicherungsstreifen von gewaltiger Ausdehnung und riesiger Tiefe angelegt. Sie nutzten dabei die verschiedensten Möglichkeiten zur Errichtung von Hindernissen. Eine der wichtigsten war die Anlage von Baumsperren. Solche Sperren bestehen aus einem Waldstreifen, dessen Bäume in Übermannshöhe so angesägt werden, daß die Verbindung zwischen Stamm und Reststumpf nicht völlig durchgetrennt wird. Die Baumkronen werden über Kreuz angeordnet und in Richtung auf den Gegner mit Pflöcken am Boden befestigt. Die schwachen Zweige werden abgeschlagen, die kräftigen angespitzt. Die Tiefe dieser Baumverhaue betrug an den Stellen, wo ein Auftauchen des Gegners so gut wie ausgeschlossen war, einige Dutzend Meter. An den voraussichtlichen Marschrouten des Gegners erreichte die Tiefe dieser Verhaue riesige Ausmaße: vierzig bis sechzig Kilometer unpassierbarer Baumsperren, verstärkt durch Palisadenhindernisse, Aufschüttungen, Wolfsgruben, schreckliche Fallen, die ein Pferdebein zermalmen konnten, Fallen ausgeklügeltster Konstruktion. Die Baumsperren in Rußland erstreckten sich über Hunderte von Kilometern, und die Große Sperrzone, die im 16. Jahrhundert errichtet wurde, erreichte eine Länge von über 1500 Kilometern. Hinter diesen Verhauen wurden Festungen und befestigte Städte angelegt. Die Sperren wurden streng von leichten beweglichen Abteilungen überwacht, die plötzlich aus der Deckung heraus den Gegner überfielen, der es wagen sollte, die Sperrverhaue zu überwinden, und die sich ebenso schnell durch geheime Durchlässe in den Sperranlagen wieder zurückzogen. Jeder Verfolgungsversuch endete übel für den Angreifer: In den Sperrverhauen hatte man vorgetäuschte Durchlässe angelegt, die den Gegner in die mit Fallen versehenen Zonen und in Hinterhalte lockten. Im Bereich der Sperrverhaue war das Fällen von Bäumen und das Anlegen von Wegen verboten. Interessanterweise wurden bei der Vorverlegung der Grenzen des Russischen Staates in Richtung Süden die alten Sperrstreifen nicht beseitigt, sie blieben vielmehr vollkommen erhalten und wurden noch verstärkt, an den neuen Grenzen aber wurde eine neue Befestigungslinie mit Festungen und befestigten Städten angelegt, vor denen ein neuer Streifen mit Baumsperren errichtet wurde. Gegen Ende des 17. Jahrhunderts mußte ein Gegner, der versuchen sollte, Moskau von Süden her anzugreifen, acht Sperrzonen mit einer Tiefe von insgesamt 800 km überwinden. Keine einzige Armee war dazu in der Lage. Aber selbst wenn sich ein Angreifer angeschickt hätte, sämtliche Hindernisse zu überwinden, so wäre ein Überraschungsschlag nicht mehr möglich gewesen: Der Aggressor wäre durch die kolossalen Anstrengungen und ständigen Überfälle der leichten flinken Abteilungen zermürbt worden. Und wäre es ihm dennoch gelungen, dies alles zu überwinden, so hätte ihn am Ende seines Marsches eine kampfbereite russische Armee erwartet.

Die Sicherungsstreifen haben ihre Bedeutung auch im zwanzigsten Jahrhundert nicht eingebüßt.

Die Rote Armee wußte sehr wohl, was ein Sicherungsstreifen bedeutet, und besaß große Erfahrung im Umgang damit. Nur ein Beispiel: 1920 während des »Befreiungsfeldzuges« nach Warschau und Berlin war die Rote Armee auf den von polnischen Truppen errichteten Sicherungsstreifen gestoßen. Hier die Beschreibung des *Hauptmarschalls der Artillerie N. N. Woronow:* »Die polnischen Truppen hatten entlang ihres Rückzugsweges alles zerstört: Bahnhöfe, Eisenbahnstrecken, Brücken, sie hatten ihre Dörfer angezündet, die Saaten und Heuschober abgebrannt. Der Vormarsch kostete uns ungeheuere Anstrengungen. Jeder kleine Fluß mußte durch Furten oder mit Hilfsmitteln, die sich gerade anboten, gewaltsam überwunden werden. Mit der Munition wurde es immer schwieriger.« (Im Kriegseinsatz. Moskau 1963, S. 34)

Aufgrund dieser Erfahrungen errichtete die Rote Armee selbst gewaltige Sicherungsstreifen an den eigenen Grenzen, besonders im Westen. Speziell eingesetzte Regierungskommissionen überprüften die Westgebiete des Landes und bestimmten die für einen gegnerischen Durchbruch mehr oder minder geeigneten Zonen. Anschließend wurden *sämtliche* Brücken in den westlichen Regionen des Staates zur Sprengung vorbereitet. Die Brückensicherungskommandos wurden in den Sprengungsarbeiten unterwiesen und waren bereit, die Brücken in die Luft zu jagen. So konnte zum Beispiel die sechzig Meter lange Eisenbahnbrücke bei Olewsk bei Anwendung des Zweifachsprengsystems in zweieinhalb Minuten gesprengt werden. (*Starinow*, Die Minen warten auf ihre Stunde, S. 24) Außer den Brücken wurden Fabrikschlote, Depots, Pumpwerke, Wassertürme, hohe Erdwälle und tiefe Aushebungen zur Sprengung vorbereitet. (*Starinow*, Die Minen . . ., S. 18) Bereits Ende 1929 waren allein im Militärbezirk Kiew 60 Sprengkommandos in einer Gesamtstärke von 1400 Mann einsatzbereit. Für sie lagen »1640 vollkommen fertige komplizierte Sprengsätze und etliche tausend Zündröhrchen, die man buchstäblich im Nu zur Zündung bringen konnte«, bereit. (*Starinow,* Die Minen . . ., S. 22) Ähnliche Vorbereitungen waren auch in den anderen Militärbezirken getroffen worden.

Abgesehen von den Sprengkommandos in den Westregionen des Landes waren Eisenbahnsperrbataillone aufgestellt worden, denen die Zerstörung der großen Eisenbahnknotenpunkte im Falle eines Rückzuges oblag sowie die Durchführung von Sperrarbeiten an den Hauptstrecken: Zerstörung der Geleise, Anbringung starker Sprengladungen mit Zeitzünder für den Fall, daß der Gegner versuchen sollte, die Schienenwege wiederherzustellen. In der Ukraine gab es schon 1932 vier Bataillone dieser Art. (*Starinow,* Die Minen . . ., S. 175)

Daneben wurden Eisenbahnweichen, Anlagen des Nachrichtenwesens, Telegraphenleitungen und in einigen Fällen sogar die Schienen für eine Evakuierung vorbereitet. (*Marschall der Sowjetunion M. Tuchatschewski,* Ausgewählte Werke. Moskau 1964, Bd. 1, S. 65–67)

Der sowjetische Sicherungsstreifen wurde ständig vervollkommnet. Die Zahl der zur Sprengung bzw. Evakuierung vorbereiteten Objekte wuchs. Neue, schwer passierbare Hindernisse und Sperren wurden errichtet, Baumsperren und künstliche Wasserreservoire vor den Verteidigungsstellungen angelegt, einzelne Geländeteile wurden zur Überflutung und Versumpfung vorbereitet.

Der Herbst 1939 bescherte der Sowjetunion ein gewaltiges Glück: Im Molotow-Ribbentrop-Pakt erhielt sie neue Gebiete mit einer Gesamttiefe von 200 bis 300 km. Der zuvor geschaffene Sicherungsstreifen erfuhr eine beachtliche Ausweitung in der Tiefe, wobei die Natur selbst die neuen Territorien für einen derartigen Zweck ausgestattet hatte: Wälder, Anhöhen, Sümpfe, hochwasserführende Flüsse mit morastigen Ufern, und in der Westukraine reißende Bergflüsse mit steilen Uferhängen. »Das Gelände begünstigte eine Verteidigung und die Errichtung von Sperranlagen.« (*Marschall der Sowjetunion A. I. Jerjomenko,*

Am Anfang des Krieges. Moskau 1964, S. 71) Obendrein war das Verkehrsnetz nur schwach entwickelt. Von den 6696 km Schienenwegen waren nur 2008 km zweispurig angelegt, und selbst diese hatten nur eine geringe Durchlaßkapazität. Im Bedarfsfalle würde es sehr leicht sein, sie völlig unpassierbar zu machen.

Zu eben der Zeit erhielt die Rote Armee eine glänzende Bestätigung dafür, daß die Anlage eines Sicherungsstreifens die Situation der zur Verteidigung gezwungenen Seite sehr zu erleichtern vermag. Im Herbst hatte die Sowjetunion Finnland angegriffen, doch ein Überraschungsschlag war dabei nicht herausgekommen: Die finnische Hauptstreitmacht befand sich weit jenseits der Grenze hinter einem Sicherungsstreifen. In diesen Sicherungsstreifen geriet die Rote Armee. Dabei ist unbedingt festzuhalten, daß die Mißerfolge der Roten Armee nicht nur ein Resultat von Fehlkalkulationen der sowjetischen Führung sind, viel entscheidender waren Verteidigungs- und Opferbereitschaft der finnischen Streitkräfte. Eines der Elemente dieser Bereitschaft war der Sicherungsstreifen *vor* der Hauptverteidigungslinie. Dieser Streifen besaß eine Tiefe von 40 bis 60 km. (Sowjetische Militärenzyklopädie, Bd. 6, S. 504) Der Streifen war gespickt mit Minenfeldern und Sperranlagen. Scharfschützen, Pioniere und mobile Abteilungen operierten äußerst aktiv. Das Ergebnis: Die Rote Armee benötigte zur Bewältigung dieses Streifens 25 Tage, und als sie auf die Hauptverteidigungslinie stieß, hatte sie bereits große Verluste erlitten, die moralische Verfassung der Soldaten war gedrückt, es fehlte an Munition, Treibstoff, Verpflegung. Die Manövrierfähigkeit war stark eingeschränkt: Ein Schritt zur Seite konnte zum letzten Schritt werden. Der Troß blieb zurück und war der permanenten Bedrohung durch wiederholte Überfälle der leichten finnischen Abteilungen ausgesetzt, die das Gelände ausgezeichnet kannten und geheime Durchlässe in den Minenfeldern benutzten. Alle sowjetischen Kommandeure, die dort gekämpft hatten, haben ihre Bewunderung für den finnischen Sicherungsstreifen zum Ausdruck gebracht, allen voran *K. Merezkow,* der die 7. Armee kommandierte. (Im Dienst für das Volk. Moskau 1968, S. 184)

Nachdem Merezkow einen solchen Sicherungsstreifen bezwungen und entsprechend zu würdigen gelernt hatte, war er zum Chef des Generalstabs ernannt worden. Und wie nutzte er die gewonnene Erfahrung für die Verstärkung des sowjetischen Sicherungsstreifens, den man entlang der Westgrenze angelegt hatte?

Merezkow erließ folgenden Befehl:

1. Beseitigung des früher angelegten Sicherungsstreifens an der Westgrenze, Auflösung der Sprengkommandos, Entfernung der Sprengladungen, Entschärfung der Minen, Einebnung der Sperranlagen;
2. kein Anlegen von Sicherungsstreifen in den neu hinzugewonnenen Ländereien;
3. Verlegung der Hauptkräfte des Heeres unmittelbar an die Grenze, ohne diese Streitkräfte durch einen wie auch immer gearteten Sicherungsstreifen zu decken;
4. Heranführung und Konzentration der strategischen Reserven der Roten Armee aus dem Landesinnern unmittelbar an der Grenze;
5. Beginn mit der zügigen Durchführung umfassender Arbeiten zum Ausbau von Flugplätzen und des Verkehrsnetzes im westlichen Belorußland und in der Westukraine. Ausbau der eingleisigen Schienenstrecken zu zweigleisigen. Allgemeine Erhöhung der Durchlaßkapazität und Anlage neuer Verkehrswege, die unmittelbar zur deutschen Grenze führen.

2.

Und hier die Resultate dieser Politik:

1939 hatte man Polen geteilt. Dadurch waren einige Wasserläufe zu Grenzflüssen geworden. Die Brücken an diesen Flüssen blieben erhalten – Brücken, die niemand benutzte. Allein im Bereich der 4. sowjetischen Armee lagen sechs solcher Brücken. Aus begreiflichen Gründen war die Frage ihrer Zerstörung von deutscher Seite nicht aufgeworfen worden, obwohl sie in Friedenszeiten niemand brauchte. Aber auch auf sowjetischer Seite wurde die Frage nach ihrer Zerstörung nicht gestellt. Bei

Kriegsausbruch wurden alle diese Brücken von den deutschen Truppen im Handstreich genommen, eine riesige Truppenmenge ergoß sich darüber, welche die 4. sowjetische Armee völlig überraschte. Die Armee erlitt eine vernichtende Niederlage. Die Zerschlagung der 4. Armee machte den deutschen Truppen den Weg in den Rücken der extrem starken 10. Armee frei. Auch diese Armee erfuhr eine Niederlage von nie dagewesenem Ausmaß. Ohne auf weitere Hindernisse zu treffen, stieß Guderian in Richtung Minsk vor. Der damalige Stabschef der 4. Armee, *L. Sandalow,* stellt die Frage: »Aus welchem Grunde eigentlich waren im Bereich der 4. Armee so viele Brücken über den Bug erhalten geblieben?« (Erlebtes. Moskau 1966, S. 99) Ja wirklich, aus welchem Grund? Die deutsche militärische Führung hoffte, die Brücken im Falle eines Angriffskrieges zu nutzen, deshalb hatte sie die Frage nach ihrer Zerstörung nicht gestellt. Was aber hatte die sowjetische Führung sich gedacht?

Die Historiker haben sich eine schöne Erkärung für alle Fälle ausgedacht: Die sowjetischen Kommandeure waren Idioten. Aber diese Erklärung paßt so gar nicht zu Sandalow, der für diese Brücken verantwortlich zeichnete. Interessanterweise hat ihm niemand diese Brücken als Fehler angelastet, und er selbst wurde dafür auch nicht an die Wand gestellt. Im Gegenteil, vom Oberst im Juni 1941 brachte er es sehr schnell zum Generaloberst und zeichnete sich in vielen Operationen aus. Sein auffallendster Charakterzug ist eine außergewöhnliche Umsicht und Beachtung selbst von Kleinigkeiten. Mein persönlicher Eindruck aber – ich lernte ihn bei einem Vortrag kennen – war der eines ausnehmend listigen Fuchses. Was also war mit ihm in diesem Juni 1941 geschehen?

3.

Die deutschen Truppen rückten weiter vor, ohne auf neue Hindernisse zu treffen, und besetzten die Brücken über die Düna, die Beresina, die Memel, den Pripjet und sogar über den Dnjepr. Wenn die Brücken nicht zur Sprengung vorbereitet waren, könnte man das als Fahrlässigkeit einstufen. Aber in diesem

Fall sieht die Sache ernster aus: Sie waren zur Sprengung vorbereitet *gewesen*; nachdem jedoch die gemeinsame sowjetisch-deutsche Grenze hergestellt worden war, hatte man die Sprengladungen entfernt. Das war überall geschehen, woraus folgt, daß es sich hierbei nicht um Launen einzelner Idioten handeln konnte, sondern um eine bestimmte Politik des Staates. »Unser Land war im Westen bereits in enge Berührung mit der starken Militärmaschinerie des faschistischen Deutschlands geraten ... England drohte eine Invasion ... Als ich mich über die Vorbereitungen zum Bau von Sperranlagen im Grenzstreifen unterrichtete, war ich wie vor den Kopf geschlagen. Selbst das, was in den Jahren 1926–1933 angelegt worden war, erwies sich jetzt praktisch als liquidiert. Es gab keine Depots mehr mit einsatzbereiten Sprengladungen in der Nähe der wichtigen Brücken und anderer Objekte. Es fehlte nicht nur an Brigaden ... auch die Spezialbataillone existierten nicht mehr ... Die Uljanowsker Lehranstalt für Spezialtechniken – die einzige Einrichtung zur Ausbildung hochqualifizierter Offiziere für Spezialeinheiten bzw. Teileinheiten, die mit ferngesteuerten Minen ausgerüstet waren, war nun zu einer Fernmeldeschule umgewandelt.« (*Starinow,* Die Minen warten auf ihre Stunde, S. 175)

Die Wirkung des Überraschungsmomentes bei einem gegnerischen Angriff konnte beachtlich reduziert werden, wenn die eigenen Hauptstreitkräfte nicht unmittelbar an der Grenze standen. Ein leeres Gelände, selbst wenn es in keiner Weise besonders vorbereitet wäre, würde auch dann noch als Sicherungsstreifen dienen, nämlich in der Funktion einer Absicherung gegen einen Überraschungsangriff. Sobald die Hauptstreitkräfte von den vorgeschobenen Abteilungen ein entsprechendes Signal erhalten, bleibt ihnen immerhin noch Zeit, um die Gefechtsbereitschaft herzustellen. Statt dessen »... hatten sich die Armeen unmittelbar entlang der Staatsgrenze zu entfalten, ... unmittelbar an der Grenze, ohne Rücksicht auf deren für eine Verteidigung denkbar ungünstigen Verlauf. Selbst der in unseren Vorkriegsinstruktionen vorgesehene Sicherungsstreifen war in vielen Frontabschnitten nicht ausgebaut.« (Geschichte des Großen Vaterländischen Krieges, Bd. 2, Moskau 1961, S. 49)

Demnach handelte Generalstabschef K. A. Merezkow den Vorschriften zuwider. Hat Stalin ihn nicht abgesetzt? Er tat es. Aber nicht, weil Merezkow den Sicherungsstreifen zerstören ließ und keinen neuen eingerichtet hat, sondern weil Merezkow zu wenig Aktivität beim Ausbau der Verkehrswege, bei der Errichtung von Brücken und Flugplätzen in den neuen Gebieten an den Tag legte. Anstelle von Merezkow wurde am 1. Februar 1941 Armeegeneral G. K. Schukow zum Chef des Generalstabs ernannt. Von da an gingen die Arbeiten mit echt Schukowschem Elan los. Bis dahin hatte es in der Roten Armee fünf Eisenbahnbrigaden gegeben. Schukow hob ihre Zahl unverzüglich auf dreizehn an. (Jede Brigade bestand aus einem Regiment, zwei selbständigen Bataillonen und Versorgungseinheiten.) Nahezu sämtliche Eisenbahntruppen wurden in den westlichen Grenzregionen zusammengezogen und arbeiteten mit intensivem Einsatz an der Modernisierung der alten und dem Verlegen neuer Eisenbahnlinien bis unmittelbar an die Grenze. (»Roter Stern«, 15. 9. 1984) Hier einige dieser neuen Linien: Proskurow–Ternopol–Lemberg (Lwow), Lemberg–Jaworow–Staatsgrenze, Lemberg–Przemyśl (Peremyschl), Timkowitschi–Baranowitschi, Białowieża (Belowesch)–Orantschiza. Schon die Namen der Endpunkte dieser Eisenbahnlinien zeugen davon, daß die sowjetische Führung den Grenzstreifen nicht als Kampfzone, sondern als ihr Hinterland betrachtete, in das – im Falle eines raschen Vormarsches nach Westen – Millionen neuer Reservisten, Millionen Tonnen Munition, Treibstoff und andere Versorgungsgüter transportiert werden mußten.

Der Ausbau der Eisenbahnlinien war von einem intensiven Ausbau der Straßen in den Westgebieten des Landes begleitet. Einige seien angeführt: Orscha–Lepel, Lemberg–Przemyśl, Belaja Zerkow–Kasatin, Minsk–Brest. Bei der Vorbereitung auf einen Verteidigungskrieg werden Rochaden angelegt, das heißt Verbindungswege, die parallel zur Front verlaufen, um Reserven aus den passiven Verteidigungsabschnitten an die bedrohten Stellen werfen zu können. Dabei werden diese Verbindungswege parallel zur Front nicht an der Grenze, sondern weit hinten in der Tiefe angelegt, während die Grenzregionen möglichst gänzlich ohne Straßen und Brücken belassen werden. Doch die Rote Armee baute Eisenbahnlinien und Autostraßen von Ost nach West, wie es bei der Vorbereitung eines Angriffs zum schnelleren Heranziehen der Reserven aus dem Landesinneren an die Staatsgrenze und zur anschließenden Versorgung der Truppen nötig ist, sobald diese die Grenze überschritten haben. Die neuen Verbindungswege führten direkt zu den Grenzstädten Przemyśl, Brest, Jaworow.

Marschall der Sowjetunion G. K. Schukow erinnert sich: »Das Straßennetz im westlichen Belorußland und in der Westukraine befand sich in einem schlechten Zustand. Viele Brücken trugen nicht einmal das Gewicht mittlerer Panzer und der Artillerie.« (Erinnerungen und Gedanken, S. 207) Welch großartiger Anlaß zur Freude für Schukow! Bei diesen schwachen Brücken brauchte man – bei defensiver Grundeinstellung – eigentlich nur noch die Stützpfeiler anzusägen! Und dann noch Panzerminen in die Ufer zu packen, Scharfschützen in die Büsche zu setzen und ein paar Pakgeschütze dazu! Aber weit gefehlt! Schukow läßt eifrig Verkehrswege bauen, die alten Brücken durch neue ersetzen, damit Panzer jeder Art und die Artillerie passieren können!

Bei diesen enormen Anstrengungen leisteten der NKWD und Lawrenti Pawlowitsch Berija höchstselbst der Roten Armee eine immense Hilfe. In sowjetischen Quellen stoßen wir immer wieder auf die Bezeichnung »Bauorganisation des NKWD« (z. B. bei dem *Hauptmarschall der Luftstreitkräfte A. A. Nowikow,* Am Himmel von Leningrad. Moskau 1970, S. 65). Wissen wir nicht, wessen Arbeitskraft der NKWD einsetzte? Wozu sonst werden so viele Gefangene im Grenzstreifen gehalten, und noch dazu am Vorabend eines Krieges?

Der Krieg aber rückte deutlich näher. In der offiziellen *Geschichte des Militärbezirks Kiew* (Moskau 1974, S. 147) heißt es: »Anfang 1941 begannen die Hitlerleute Brücken zu bauen, Eisenbahnabzweigungen und Feldflugplätze anzulegen.« Das waren zweifellos deutliche Anzeichen für die Vorbereitung einer Invasion. Was aber taten die sowjetischen Eisenbahntruppen zu dieser nämlichen Zeit? Wir zitieren aus demselben Buch

(S. 143): »Die Eisenbahntruppen waren in der Westukraine mit dem weiteren Ausbau und der Verstärkung des Eisenbahnnetzes beschäftigt.«

Die von Schukow aufgestellten Eisenbahnbrigaden erledigten auf sowjetischem Territorium ein gewaltiges Arbeitspensum, doch ihre eigentliche Bestimmung war es, auf dem Territorium des Gegners unmittelbar hinter den eigenen Angriffstruppen zu operieren, rasch den Sicherungsstreifen des Gegners zu bewältigen, Verkehrsverbindungen und Brücken wieder instandzusetzen, auf den Hauptstrecken die schmalere westeuropäische Spurweite auf die breitere sowjetische Standardnorm umzustellen. Nach Kriegsausbruch wurden diese Brigaden zum Bau von Sperranlagen eingesetzt, aber das war nicht die Aufgabe, für die sie zum Zeitpunkt ihrer Aufstellung vorgesehen waren. Die Sperranlagen waren eine Improvisation, »eine schwere und unbekannte Aufgabe«. (Die sowjetischen Eisenbahntruppen. Moskau 1984, S. 98) Diese Brigaden hatten keine Sperrbataillone, statt dessen gehörten Instandsetzungstruppen dazu. (Die sowjetischen Streitkräfte. Moskau 1978, S. 242)

Am Vorabend des Krieges bereiteten die sowjetischen Eisenbahntruppen keineswegs die Schienenanlagen zur Evakuierung bzw. Sprengung vor, und sie waren auch keineswegs mit dem Abtransport der Vorräte aus den Grenzregionen befaßt. Im Gegenteil: Unmittelbar an den Grenzen wurden gewaltige Vorräte an Schienen, zerlegbaren Brücken, Baumaterialien, Kohle gestapelt; dort fielen diese Vorräte auch der deutschen Wehrmacht in die Hände. Nicht nur in deutschen Dokumenten wird dies bezeugt, sondern auch in sowjetischen Quellen. Der Chef der Abteilung für Sperranlagen und Verminung in der Führung der Pioniereinheiten der Roten Arbeiter- und Bauernarmee *Starinow* gibt folgende Schilderung der Grenzstation Brest am 21. Juni 1941: »Die Sonne schien auf die Kohlenberge neben den Geleisen, die Stapel schöner neuer Schienen. Die Schienen gleißten in der Sonne. Alles atmete Ruhe und Frieden.« (Die Minen warten auf ihre Stunde, S. 190)

Jedermann weiß, daß Schienen sich sehr schnell mit einem Anflug von feinem Rost überziehen. Demnach muß es sich um unmittelbar am Vorabend des Krieges an die Grenze gelieferte Schienen handeln. Wofür hat man sie angeliefert?

Man will uns beständig die Idee einhämmern: »Ach, hätte Stalin bloß nicht den Sadisten Tuchatschewski umgebracht, dann wäre alles anders gekommen!« Weit gefehlt! Gewiß hatte sich Tuchatschewski durch ungeheuerliche Härte bei der Liquidierung der Bauern im Gouvernement Tambow und der gefangenen Soldaten von Kronstadt hervorgetan, aber in einem richtigen Krieg war er von der polnischen Armee geschlagen worden. Ansonsten unterschied er sich in nichts von den übrigen sowjetischen Marschällen: »In die Vorbereitungen einer Operation sind unbedingt Maßnahmen zur Bereitstellung von Holzbrückenbauteilen und zur Konzentrierung von Eisenbahninstandsetzungstruppenteilen an den entsprechenden Eisenbahnlinien mit einzubeziehen ... Bei der Umstellung von der schmalen Spur auf die Breitspur ...« usw. usf. (*Marschall der Sowjetunion Tuchatschewski,* Ausgewählte Werke, Bd. 1, S. 62–63)

Zusätzlich zu den Eisenbahntruppen waren an den Westgrenzen praktisch alle sowjetischen Pioniertruppen zusammengezogen. Im Bereich des Grenzstreifens waren vor dem Krieg nicht nur diejenigen Pioniereinheiten bzw. -teileinheiten und Truppenteile eingesetzt, die zu den einzelnen unmittelbar an der Grenze konzentrierten Divisionen, Korps und Armeen gehörten, sondern auch solche aus Truppenformationen, mit deren Verlegung an die deutschen Grenzen man eben erst begonnen hatte. Und das ist es, womit sich die sowjetischen Pioniere beschäftigten: »Vorbereitung von Ausgangsstellungen für einen Angriff, Anlage von Kolonnenmarschwegen, Errichtung von Sperranlagen sowie Maßnahmen zur Räumung von Sperren, operative und taktische Tarnung, Organisation des Zusammenwirkens von Infanterie und Panzern in den Sturmgruppen, Vorkehrungen für gewaltsame Flußüberquerungen ...« (Die sowjetischen Streitkräfte. Moskau 1978, S. 255) Der Leser möge sich nicht durch den Wortlaut »Errichtung von Sperranlagen« irritieren lassen. Vor dem entscheidenden Sturm auf die »Mannerheim-Linie« in Finnland hatten die sowjetischen Pioniere ebenfalls einige Abschnitte mit Sperranlagen, die den finnischen ähnelten, angelegt. Vor Gefechtsbeginn mußten die dort zusammengezogenen sowjetischen Truppen diese Trainingshindernisse überwinden, anschließend gingen sie zum echten Sturmangriff über.

4.

Bei aller Hochachtung vor der deutschen Wehrmacht kommt man dennoch nicht um die Feststellung herum, daß sie, verblendet durch die Blitzkriegsidee, für einen ernsthaften Krieg in katastrophaler Weise unvorbereitet war. Man gewinnt den Eindruck, der sorglose deutsche Generalstab habe einfach nicht gewußt, daß sich die osteuropäischen Verkehrswege ein wenig von den deutschen unterscheiden und daß in Rußland mitunter auch Winter herrscht. Das deutsche Waffenöl wird starr bei extremer Kälte, und die Waffen funktionieren nicht mehr. Es heißt, der Frost sei schuld gewesen. Nein, es war einfach schlechtes Waffenöl. Oder besser noch, ein schlechter Generalstab, der nicht das richtige Waffenöl für die real existierenden Bedingungen angefordert hatte. Es heißt, ein Blitzkrieg habe sich wegen der schlechten Straßen nicht entwickeln können. Das ist gelogen. Hitler wußte, daß der Krieg mit Rußland nicht zu umgehen war. Weshalb hat er nicht Waffen und Kampfmittel in Auftrag gegeben, die auch in Rußland eingesetzt werden konnten? Wenn die deutsche Industrie nur Waffen produzierte, die allein in Westeuropa und in Afrika zu verwenden waren, jedoch nicht in Rußland, wie kann man dann annehmen, Deutschland sei für diesen Krieg vorbereitet gewesen?

Aber Hitler hatte Glück. Unmittelbar vor Kriegsausbruch waren in den Westgebieten der UdSSR riesige Anstrengungen zur Erweiterung und Modernisierung des Verkehrsnetzes unternommen worden. Gewiß, auch das reichte nicht aus für die deutsche Wehrmacht. Was aber wäre erst geschehen, wenn Schukow, Merezkow und Berija nicht unmittelbar am Vorabend des Krieges die Verkehrswege ausgebaut hätten? Wenn sie nicht riesige Vorratslager an Schienen, Brückenkonstruktionsteilen und Baumaterialien angelegt hätten? Wenn ein mächtiges Verteidigungssystem wirksam geworden wäre: sämtliche Brücken gesprengt, alles mobile Inventar und die Schienen abtransportiert, alle Vorräte vernichtet, Straßen und Schienenwege zerstört, überflutet, in einen Morast verwandelt, vermint? Es gibt nur eine Antwort: Der deutsche Blitzkrieg hätte sich nicht erst vor den Toren Moskaus festgefahren, sondern sehr viel früher.

An dem Vordringen der deutschen Armeen in das Innere des Landes sind Merezkow, Schukow, Berija mitschuldig. Hat Stalin sie erschießen lassen? Nein, binnen kurzer Zeit wurden sie zu Marschällen befördert. Wofür hätte man sie erschießen sollen? Hitler hatte die Früchte ihrer Mühen geerntet, aber die Straßen und Schienenwege und die Vorräte hatten sie natürlich nicht für Hitler angelegt, sondern um ungehindert und schnell die Befreiungsarmeen nach Europa zu führen und sie während ihres wortbrüchigen vernichtenden Überraschungsangriffes zu versorgen.

Am Vorabend des Krieges machte sich niemand in der Roten Armee Gedanken über eigene Sperranlagen, jeder dachte nur an die Überwindung der Sperranlagen auf dem Territorium des Gegners.

Das ist der Grund, weshalb an der Westgrenze unter dem Schutz des TASS-Kommuniqués vom 13. Juni (heimlich) sowjetische Marschälle und führende Experten zur *Räumung von Sperren* auftauchten.

Hier ein Auszug aus einer Unterhaltung zwischen Marschall der Sowjetunion G. Kulik (der heimlich in Belorußland eingetroffen war) und Oberst Starinow: »Minensucher, vorwärts, Pionier, her mit dem Suchgerät!« (*Starinow*, Die Minen warten auf ihre Stunde, S. 179) Der Marschall spricht, notabene, von deutschem Gebiet: Auf sowjetischem Boden waren alle Minen bereits entschärft und die Sperranlagen beseitigt. Im übrigen weiß man, wo die eigenen Minen liegen, man kann sie auch ohne Minensucher entschärfen. Im weiteren Verlauf des Gespräches äußert der Marschall: »... Eure Truppe hat nicht den richtigen Namen. Eigentlich müßte sie, wenn es nach unserer Doktrin ginge, Sper*räum*abteilung und Minen*räum*abteilung heißen. Dann dächten die Leute auch anders. Aber so hieß es immer wieder: Verteidigung, Verteidigung ... Schluß jetzt damit!« (Hervorhebung durch Starinow). Mit demselben Problem muß sich der Befehlshaber des Sondermilitärbezirks West, Armeegeneral D. G. Pawlow, auseinandersetzen (der Bezirk ist bereits insgeheim auf die West-Front umgestellt worden). Er stellt verärgert fest, daß dem Problem der Räumung der Sperren nicht genügend Bedeutung beigemessen wird. Ist das nicht merkwürdig? In einem Verteidigungskrieg braucht man der Frage nach der Beseitigung der Sperren doch überhaupt keine Beachtung zu schenken. Man braucht die Sperren nur zu errichten und, auf sie gestützt, den Gegner zu zermürben, um sich anschließend rasch auf die nächste zuvor schon eingerichtete dahinterliegende Sperrlinie zurückzuziehen.

Die Rote Armee hatte lehrreiche Erfahrungen bei der Bezwingung des finnischen Sicherungsstreifens gesammelt, weshalb sie ihren Fehlern sehr wohl Rechnung trug und sich jetzt dafür ungemein gründlich auf die Überwindung der deutschen Sperranlagen vorbereitete. Hätten die sowjetischen Marschälle bloß gewußt, daß sie nur den Krieg nicht, wie geplant, im Juli 1941, sondern bereits am 21. Juni hätten anfangen müssen, dann hätte es überhaupt keiner Räumungsvorkehrungen bei den Sperren bedurft. Die deutsche Wehrmacht tat nämlich ihrerseits unter Umgehung ihrer eigenen Vorschriften dasselbe: Sie beseitigte die Minen, machte die Hindernisse dem Erdboden gleich, zog ihre Truppen unmittelbar an der Grenze zusammen, ohne sich auf eine Verteidigungszone stützen zu können!

Anfang Juni hatten die deutschen Truppen damit begonnen, die Stacheldrahtverhaue unmittelbar an der Grenze zu beseitigen. *Marschall der Sowjetunion K. S. Moskalenko* sieht darin einen unwiderleglichen Beweis dafür, daß ihr Angriff bald bevorstand. (An der Südwest-Front. Moskau 1969, S. 24)

Aber auch die Rote Armee tat genau das gleiche, nur mit geringer zeitlicher Verzögerung. Aus Moskau kommend, fand sich an der Westgrenze die ganze Elite des militärischen Pionierwesens ein, einschließlich des Generalleutnants der Pioniertruppen Professor D. Karbyschew. Bei der Abreise aus Moskau

Anfang Juni verkündete er seinen Freunden, daß der Krieg bereits begonnen habe, und verabredete ein Wiedersehen nach dem Kriege, doch nicht in Moskau, sondern »an der Stätte des Sieges«. An der Grenze angelangt, entfaltete er eine fieberhafte Aktivität: Er besichtigte Truppenübungen zur gewaltsamen Überwindung von Wasserhindernissen (was in Abwehrkämpfen nicht erforderlich ist) und zur Bewältigung von Panzersperren durch die neuesten Panzer vom Typ T-34 (was ebenfalls in einem Verteidigungskrieg irrelevant ist). Am 21. Juni besuchte er die 10. Armee. Aber »zuvor war Karbyschew in Begleitung des Kommandierenden Generals der 3. Armee, W. I. Kusnezow, und des Kommandanten des Befestigten Raumes Grodno, Oberst N. A. Iwanow, bei einem Grenzposten gewesen. Entlang der Grenze, neben der Straße Augustów–Sejno, hatten sich am Morgen unsere Drahtverhaue hingezogen; als wir jedoch die Strecke zum zweitenmal passierten, waren die Sperren beseitigt«. (*Je. G. Reschin*, General Karbyschew. Moskau 1971, S. 204)

Können wir uns ein solches Bild überhaupt vorstellen: Tschekisten räumen den Stacheldraht an den Grenzen fort! Die kommunistischen Historiker haben sämtliche sowjetischen Marschälle und Generale zu Idioten erklärt und damit die Ursachen für die Niederlage begründet. Unklar bleibt dann allerdings, warum nicht Hitler alle diese Idioten besiegt hat. Doch lassen wir es einmal dabei: Jawohl, sämtliche Militärs waren Idioten. Wie aber soll man dann das Verhalten der heldenmütigen Tschekisten erklären? Eben jener Tschekisten, die gerade erst die Große Säuberung abgeschlossen haben? Jener Tschekisten, die die sowjetische Grenze dichtgemacht haben? Jener Tschekisten, die das ganze Land mit Stacheldraht umzogen haben? Warum räumen gerade sie den Stacheldraht unmittelbar an der Grenze beiseite? Haben sie vor, die deutschen Spione herein- oder die eigenen Flüchtlinge hinauszulassen? Und dabei stehen direkt an der Grenze Massen sowjetischer Soldaten und Offiziere, die doch so sehr mit dem Gedanken spielen, sich abzusetzen, egal wohin immer es geht ... Und dazu noch diese Unmenge Strafgefangener!

Es fällt auch auf, daß weder der Kommandierende General der 3. Armee, der hier kämpfen soll, noch der Kommandant eines Befestigten Raumes, der theoretisch zur Verteidigung (in Wahrheit aber für eine Offensive) vorgesehen ist, noch ein hochkarätiger Experte aus Moskau, der weiß, daß der Krieg bereits begonnen hat, in irgendeiner Weise auf diese Aktionen reagieren. Im Gegenteil: Die Beseitigung der Drahtverhaue fällt zeitlich mit ihrem Besuch des Grenzpostens zusammen. Und damit erhebt sich eine neue Frage: nämlich die nach dem Anlaß ihres Erscheinens.

Können wir uns überhaupt den Führer eines sowjetischen Grenzpostens im Range eines NKWD-Oberleutnants vorstellen, der aus eigenem Ermessen beschlossen hat, den Stacheldraht fortzuräumen? Werden seine Untergebenen, falls er einen solchen Befehl erteilen sollte, dies nicht als »eindeutiges Verbrechen« ansehen? Doch der Oberleutnant gab diesen Befehl, und seine Untergebenen führten ihn schnell und bereitwillig aus. Also kann diese Aktion wohl kaum ohne Befehl des Chefs der Grenztruppen des NKWD in Belorußland, Generalleutnant I. A. Bogdanow, erfolgt sein. Vielleicht begreift Bogdanow nicht, daß der Krieg näherrückt? Oh nein, das begreift er gut. »Am 18. Juni 1941 traf der Chef der Grenztruppen des NKWD in Belorußland, Generalleutnant Bogdanow, die Entscheidung zur Evakuierung der Familien von Armeeangehörigen.« (Vorposten an den Westgrenzen. Kiew 1972, S. 101)

Konnte Bogdanow überhaupt gleichzeitig und selbständig derartige Entscheidungen treffen: Evakuierung von Familienangehörigen der Grenztruppen und Abbau des Stacheldrahtes ohne Wissen des Volkskommissars für innere Angelegenheiten, des Generalkommissars der Staatssicherheit L. P. Berija? Er konnte es nicht. Und selbst Berija hätte es kaum von sich aus gewagt. Das tat er auch nicht.

Berija handelt in völligem Einvernehmen mit Schukow, was bedeutet, daß ein anderer weiter oben die Aktionen von Armee und NKWD koordiniert (und das gar nicht schlecht). Militärs und Tschekisten machen ein und dasselbe, und zwar sowohl in der Sache wie auch nach Ort und Zeit aufeinander abgestimmt.

Man versucht, uns zu überzeugen, daß die ersten Niederlagen der Roten Armee das Resultat einer mangelnden Vorbereitung für den Kriegsfall gewesen seien. Unsinn. Wäre sie nicht auf den Krieg vorbereitet gewesen, dann wäre der Stacheldraht zumindest an der Grenze heil geblieben, und die Armeeeinheiten hätten auf diese Weise zumindest ein wenig Zeit gewonnen, um ihre Gefechtsbereitschaft herzustellen. Dann wäre es auch nicht zu diesen entsetzlichen Katastrophen gekommen.

Natürlich beseitigten die Tschekisten den Stacheldraht an der Grenze nicht, um der deutschen Wehrmacht Durchlässe vorzubereiten. Der Draht wurde für einen anderen Zweck beiseitegeräumt. Stellen wir uns vor, der deutsche Angriff hätte sich aus irgendwelchen Gründen verzögert. Was würden die Tschekisten an der Grenze in dieser Situation wohl tun: die Grenzbarrieren beseitigen, die Grenze offenhalten und mit der Errichtung neuer Sperren beginnen? Natürlich nicht. Es bleibt nur eine einzige Variante: Die Tschekisten hatten den Stacheldraht durchtrennt, um die Befreiungsarmee in das Territorium des Gegners vordringen zu lassen. Genauso hatten die Tschekisten den Stacheldraht vor der »Befreiung« Polens, Finnlands, Estlands, Lettlands, Bessarabiens und der Bukowina zerschnitten. Jetzt war die Reihe an Deutschland gekommen.

Es heißt, Stalin habe Hitler 1942 angreifen wollen. Einen solchen Plan hat es tatsächlich gegeben, doch dann wurde der Termin vorverlegt. Hätte Stalin die »Befreiung« für 1942 vorgesehen, dann hätte man den Draht an der Grenze auch erst 1942 zu zerschneiden brauchen. Im allerletzten Augenblick.

WESHALB HAT STALIN DIE »STALIN-LINIE« ABGEBAUT?

Nur naive Menschen glauben, daß
die Hauptaufgabe der Befestigten
Räume in der Verteidigung bestehe.
Nein - Befestigte Räume werden
zur solideren Vorbereitung eines
Angriffs angelegt. Sie müssen
zuverlässig die Entfaltung der
Angriffsgruppierungen decken,
jeden Versuch des Gegners, diese
Entfaltung zu stören, abweisen,
und sobald unsere Truppen zum
Angriff übergehen, diese mit
geballter Feuerkraft unterstützen.

*General P. G. Grigorenko, mitbeteiligt
am Bau der »Stalin-Linie«
(Im Keller trifft man nur Ratten. New
York 1981, S. 141)*

1.

In den dreißiger Jahren waren in den Westregionen der Sowjetunion heimlich dreizehn Befestigte Räume (UR = Ukrepljonny rajon) geschaffen worden. Jeder Befestigte Raum bildete eine militärische Formation, die an Kräften einer Brigade, an Feuerkraft jedoch einem Korps entsprach. Jeder Befestigte Raum setzte sich zusammen aus Führung und Stab, einem Artillerieregiment, einem Panzerbataillon, einem Nachrichtenbataillon, einem Pionierbataillon, drei bis vier Artillerie-/Maschinengewehrbataillonen und anderen Einheiten bzw. Teileinheiten. Jeder Befestigte Raum umfaßte eine Fläche von 100–180 km Frontlänge und 30–50 km Tiefe. Jeder Befestigte Raum bestand aus einem komplizierten System von panzerbewehrten Gefechtsanlagen und Pioniersperren aus Stahlbeton. Um die Kampfbereitschaft zu gewährleisten, verfügte jeder Befestigte

Raum über unterirdische, aus Stahlbeton errichtete Lager, Stromaggregate, Lazarette. Die Gefechts- und Versorgungsanlagen waren durch unterirdische Stollen miteinander verbunden. Jeder Befestigte Raum war in der Lage, auf sich selbst gestellt langanhaltende Kampfhandlungen unter Bedingungen völliger Isolierung durchzuhalten. Zu diesem Zweck besaßen die Gefechtsanlagen beachtliche Munitionsvorräte und Verpflegung, sie waren mit Kanalisation, Wasserleitungen, Luftfiltersystemen, Belüftung und eigener Stromversorgung ausgestattet.

Die Linie dieser Befestigten Räume erhielt die inoffizielle Bezeichnung »Stalin-Linie«. Zwischen der Stalin-Linie und dem französischen Verteidigungssystem der Maginot-Linie bestanden viele Unterschiede. Die Stalin-Linie konnte nicht seitlich umgangen werden: Ihre Flanken grenzten an die Ostsee und das Schwarze Meer. Sie war nicht nur auf das Abweisen gegnerischer Infanterieangriffe eingerichtet, sondern vor allem zur Panzerabwehr bestimmt, außerdem verfügte sie über eine starke Fliegerabwehr. Beim Bau der Stalin-Linie war nicht nur Beton verwendet worden, sondern auch eine Unmenge Panzerstahl, und obendrein Granit aus Saporoschje. Im Gegensatz zur Maginot-Linie war die Stalin-Linie nicht unmittelbar an der Grenze angelegt worden, sondern hinter dem Sicherungsstreifen: Um die Stalin-Linie zu stürmen, mußte der Gegner zuvor ein Gelände von einigen Dutzend bis zu einigen hundert Kilometern Tiefe überwinden, in dem sämtliche Brücken und Tunnel zerstört, alle Verkehrswege vermint, alle Brunnen und Wassertürme unbrauchbar gemacht sein würden und in dem aktive Partisaneneinheiten operierten.

Die Anlage der Stalin-Linie tief im Hinterland und ihre hervorragende Tarnung machten es möglich, dem Überraschungsmoment des Angriffs das Moment einer überraschenden Verteidigung gegenüberzustellen: In Unkenntnis der genauen Lage der Befestigten Räume konnte der Gegner unversehens mit Gefechtsanlagen konfrontiert sein und sich im gleichen Augenblick bereits im Bereich eines mörderischen Abwehrfeuers befinden. Ein weiterer Unterschied zur Maginot-Linie bestand darin, daß die Stalin-Linie nicht als durchgehend geschlossener

Verteidigungsgürtel angelegt war; zwischen den einzelnen Befestigten Räumen hatte man Zwischenräume von mitunter bis zu einigen Dutzend Kilometern Breite gelassen. Die Erbauer der Linie schienen einem Aggressor gleichsam die Möglichkeit zu suggerieren, unter Vermeidung einer Erstürmung der Befestigten Räume den Durchbruch in dem dazwischenliegenden Gelände zu versuchen. Ließ sich der Gegner jedoch auf einen derartigen Versuch ein, setzte er seine Flanken und anschließend auch seine rückwärtigen Truppenteile dem gezielten Angriff von zwei Seiten aus. Es war eine ebenso einfache wie geniale Idee: Treibt eine große Eisdecke einen Fluß hinunter, wird man sie nicht durch eine Mauer aufhalten können – Wasser und Eis würden jede Mauer zermalmen; stellt man jedoch einzelne Blöcke in ihren Weg, wird der Druck auf diese Blöcke wesentlich geringer als auf die geschlossene Mauer sein. Je mehr der Druck des Eises wächst, um so heftiger wird die kompakte Masse zerschellen und beim Passieren der Blöcke ihre Strömungsgeschwindigkeit, Energie und Geschlossenheit einbüßen. Später werden wir sehen, daß die Durchlässe zwischen den Befestigten Räumen auch noch eine weitere Bestimmung hatten.

2.

Dreizehn Befestigte Räume – das bedeutete gewaltige Anstrengungen und Ausgaben während der beiden ersten Fünfjahrpläne. 1938 wurde beschlossen, alle dreizehn Befestigten Räume wesentlich zu verstärken, und zwar durch den Bau von Erdwallbunkern für schwere Artillerie und die Aufstellung überschwerer Artillerie. Außerdem wurde der intensive Ausbau weiterer acht Befestigter Räume in Angriff genommen. Im Verlauf eines einzigen Jahres wurden über tausend Gefechtsanlagen einbetoniert. Und gerade in dem Augenblick wird der Molotow-Ribbentrop-Pakt unterzeichnet!

Der Pakt bedeutete eine gewisse Vorverlegung der sowjetischen Grenzen nach Westen – ein positives Moment im Hinblick auf die Verteidigung des Staates. Aber derselbe Pakt zog auch zwei sehr gefährliche Fakten für die Verteidigung der Sowjetunion nach sich: Zwischen der UdSSR und Deutschland war eine gemeinsame Grenze entstanden, und in Europa brach der Zweite Weltkrieg aus. Die Kommunisten wollen uns glauben machen, Stalin habe Hitler gefürchtet. Wäre dem so gewesen, was mußte Stalin dann wohl tun, als er plötzlich eine gemeinsame Grenze mit Deutschland bekam und in Europa der Weltkrieg ausgebrochen war, dessen Flammen nach jeder Richtung ausschlagen konnten? Stalin hätte den Betrieben, die die Waffen für die Befestigten Räume produzierten, befehlen müssen, ihre Produktion rigoros zu erhöhen. Stalin hätte den Befehl geben müssen, die Garnisonen der Befestigten Räume zu verstärken und die Bauarbeiten energisch voranzutreiben. Nach Abschluß des Ausbaues und der Ausrüstung der Stalin-Linie mit den erforderlichen Waffen hätte Stalin den Befehl zur Errichtung einer weiteren gleichartigen oder einer sogar noch stärkeren Linie vor oder hinter der bereits existierenden geben müssen, und dann noch zu einer dritten und abermals einer zusätzlichen. Und obendrein hätte er den Feldtruppen befehlen müssen, Tausende Kilometer Schützengräben von der Ostsee bis zum Schwarzen Meer auszuheben, unter Nutzung der Befestigten Räume als eines stählernen Skelettes, das die Standfestigkeit der Truppen im Verteidigungsfall entscheidend zu stärken vermag.

Doch Stalin kann Hitler nicht sonderlich gefürchtet haben, und auch die Verteidigung war keineswegs sein Hauptanliegen. Kaum hat er Hitler – unter Wahrung der eigenen »Neutralität« – in den Zweiten Weltkrieg getrieben, ändert sich Stalins Vorgehen abrupt. Im Herbst 1939 ergeht ein Befehl zur Reduzierung der Garnisonen in den Befestigten Räumen und zur Einstellung der Bauarbeiten. Die Waffen sind aus den Befestigten Räumen abzuziehen und abzuliefern, die Betriebe, in denen bis dahin die Waffen für die Befestigten Räume hergestellt wurden, sind unverzüglich auf die Produktion anderer Waffenarten umzustellen. Stalin hat Verteidigungswaffen nicht länger nötig. Gleichzeitig mit der Einstellung der Waffenproduktion für die Befestigten Räume stellt die sowjetische Rüstungsindustrie auch die Produktion vieler anderer Arten von Verteidigungswaffen ein, so hörte zum Beispiel die Herstellung von Panzerabwehrkanonen (Pak) auf, und die Panzerbüchsen verschwanden aus der Bewaffnung der sowjetischen Infanterie.

Hitler rückt immer weiter nach Westen, Norden, Süden fort, und Stalin trifft immer neue Entscheidungen im Hinblick auf die Stalin-Linie: Die Kampfeinheiten der Befestigten Räume sind nicht nur zu reduzieren, sondern aufzulösen, die Gefechtsanlagen und Sperren sind zuzuschütten bzw., wo dies nicht möglich ist, zu sprengen.

Im Sommer 1940 wird ein weiterer Beschluß gefaßt: An der im Molotow-Ribbentrop-Pakt festgelegten neuen sowjetisch-deutschen Grenze ist mit dem Bau neuer Befestigter Räume zu beginnen. Diese neue Linie, die als solche niemals fertiggestellt worden ist, wurde im sowjetischen Generalstab mit einem gewissen Quentchen an Ironie »Molotow-Linie« genannt.

3.

Beim Bau der Molotow-Linie geschahen höchst seltsame Dinge. Die neuen Befestigten Räume waren so angelegt, daß der *Gegner sie einsehen konnte*. Die Gefechtsstellungen entstanden unmittelbar an der Grenze. Gebaut wurde Tag und Nacht – bei voller Beleuchtung. Die fertigen Gefechtsanlagen wurden *nicht getarnt*. Sollte einer meiner Leser gelegentlich die sowjetische Grenze bei Brest überqueren, dann möge er seine Aufmerksamkeit auf die grauen Betonklötze unmittelbar am Ufer des Grenzflusses richten. Früher wurden Befestigte Räume weit hinter der Grenze angelegt, und der Gegner konnte nicht wissen, wo sich diese Befestigten Räume befanden, wo die Durchlässe zwischen ihnen lagen, und ob es solche überhaupt gab. Das konnte der Gegner erst herausfinden, wenn er bereits in den Kampf verwickelt war, eingedeckt vom Feuer der sowjetischen Gefechtsstellungen. Jetzt war es dem Gegner nicht nur gut möglich, die Begrenzungen der Befestigten Räume einzusehen, sondern auch jede einzelne Gefechtsanlage und selbst die Richtung der Schießscharten, nach denen er unschwer die Feuerrichtung bestimmen konnte. Die Gefechtsanlagen an der Molotow-Linie waren weder durch Minenfelder noch durch Pioniersperren geschützt. Die Soldaten des Gegners konnten sich nach Belieben einen außerhalb des Feuerbereichs liegenden Sektor aussuchen, sich an die Stellungen heranarbeiten und die Schießscharten mit Sandsäcken verstopfen (wie es dann am 22. Juni 1941 auch tatsächlich geschah).

Und schließlich wurden die Befestigten Räume der Molotow-Linie nicht in den Hauptangriffsrichtungen, sondern auf *Nebenabschnitten* errichtet. So verläuft zum Beispiel im Raum Brest die Grenze gleich über mehrere Verkehrsverbindungen, hier liegen einige Grenzbrücken von vorrangiger Bedeutung, aber der Befestigte Raum Brest wird nicht im Bereich der Brücken, sondern nördlich der Stadt angelegt, wo es weder Verkehrswege noch Brücken gibt. Nicht nur aus taktischer, sondern auch aus strategischer Sicht waren die neuen Befestigungen in Nebenabschnitten errichtet worden. 1941 wurden gigantische sowjetische Panzerstreitkräfte, Artillerie sowie Luftlandekorps in der Ukraine zusammengezogen und eine weniger kampfstarke Gruppierung in Belorußland. Warum? Schukow sagt: Wir erwarteten hier den Angriff. Träfe dies zu, dann hätte man auch Befestigte Räume in erster Linie in der Ukraine anlegen müssen und erst an zweiter Stelle in Belorußland; aber über 2000 Gefechtsanlagen der Molotow-Linie waren für das Baltikum geplant (nur 300 wurden tatsächlich gebaut). 2000 plangemäß – das war mehr als die Hälfte aller überhaupt vorgesehenen Anlagen. Doch in der Ukraine, wo man Schukows Beteuerungen zufolge »die deutsche Invasion erwartete«, war nur ein Siebentel der für das Baltikum vorgesehenen Anzahl geplant. Warum?

4.

Die kommunistischen Historiker umgehen schamhaft die Gründe für die Zerstörung der Stalin-Linie. Es gibt eine einzige Version, die man zudem nicht ernstnehmen kann: Für die neuen Befestigten Räume habe man Waffen gebraucht, weshalb sie von der Stalin-Linie abgezogen werden mußten. So kann nur jemand antworten, der bewußt den Kern der Frage verdrehen will.

Wenn für die neuen Befestigten Räume Waffenbedarf bestand, dann war die sowjetische Industrie in der Lage, diese Waffen zu produzieren, man hätte sie nur anzufordern brauchen. Dann hätten die neuen Befestigten Räume auch eine vollkommen neue Waffenbestückung bekommen, während das früher Produzierte ruhig in der Stalin-Linie bleiben mochte! Doch die sowjetische Industrie nahm die Waffenproduktion für die Befestigten Räume nicht wieder auf: Die einstigen Produktionsstätten hatten Eilaufträge zur Herstellung von U-Boot-Kanonen erhalten.

Das Jahr 1940 hatte gezeigt, wie wichtig es war, nicht nur über eine, sondern über zwei Verteidigungslinien zu verfügen. 1940 hatte die Rote Armee unter blutigen Anstrengungen die finnische Mannerheim-Linie durchbrochen, und damit war der sowjetisch-finnische Krieg beendet. Aber was wäre geschehen, wenn hinter der Mannerheim-Linie tief im Hinterland des finnischen Territoriums noch eine zweite Linie existiert hätte? 1940 hatten die deutschen Truppen die französische Maginot-Linie seitlich umgangen. Stellen wir uns vor, was geschehen wäre, wenn im Hinterland auf französischem Territorium noch eine weitere Linie vorhanden gewesen wäre, die nicht umgangen werden konnte. Doch weder in Frankreich noch in Finnland hatte es eine solche zweite Linie im Hinterland gegeben. Stalin dagegen besaß eine derartige Linie! Aber eben zu dieser Zeit war er intensiv mit ihrer Auflösung beschäftigt.

Die kommunistischen Erklärungen für dieses seltsame Vorgehen sind absolut inakzeptabel. Im Verteidigungsfall kann es gar keine überflüssigen Gefechtsanlagen geben, und ebensowenig veraltete. Dem Soldaten fällt es leichter, sich in einer Festung aus dem 19. Jahrhundert oder jedem beliebigen verflossenen Jahrhundert zu verteidigen als im freien Felde. Steht dem Soldaten keine Festung zur Verfügung, wird er sich leichter in einem gemauerten Haus verteidigen als dort, wo es keine Häuser gibt. Im Abwehrkampf nutzt der Soldat jeden Graben und jeden Granattrichter, um diese in eine uneinnehmbare Festung zu verwandeln.

Die Molotow-Linie hätte ein zusätzlicher Verteidigungsgürtel sein können, aber sie war kein Ersatz für die Stalin-Linie. Werfen wir einen Blick auf eine beliebige Burganlage: Im Zentrum steht ein Turm aus dem elften Jahrhundert, umgeben von Mauern aus dem dreizehnten und Türmen aus dem fünfzehnten Jahrhundert, und rundherum wieder Bastionen aus dem achtzehnten und schließlich Forts aus dem neunzehnten Jahrhundert. Niemand war auch nur auf die Idee verfallen, beim Bau einer neuen Verteidigungsanlage die alte zu vernichten. Ein voller Beutel tut nicht weh, und überflüssige Mauern kann es im Verteidigungsfalle gar nicht geben, je mehr, um so besser, lieber zuviel, als zuwenig.

Die Zerstörung der Stalin-Linie konnte auch nicht die Folge der Errichtung einer neuen Linie sein: Mit der Zerstörung hatte man fast ein Jahr vor Aufnahme der neuen Bauarbeiten begonnen. Wer aber zerstört das Alte, ehe das Neue fertiggestellt, geschweige denn, wenn es noch gar nicht angefangen ist?

Die Verlagerung der Waffen aus den alten Befestigten Räumen in die neuen Abschnitte ist nicht der Grund, es ist lediglich eine Ausrede: In Belorußland hatte man beispielsweise an der Molotow-Linie 193 Gefechtsanlagen errichtet und mit Waffen bestückt, bis zu diesem Zeitpunkt aber in der Stalin-Linie bereits 876 Gefechtsanlagen von größeren Abmessungen, besserer Qualität und hervorragender Tarnung von Waffen entblößt und gesprengt. In der Ukraine wurde noch weniger gebaut und noch sehr viel mehr zerstört.

Und schließlich: Wenn man schon die Geschütze, Maschinengewehre und Periskope aus der Stalin-Linie abziehen mußte, wozu dann die Sprengung von Tausenden Tonnen Stahlbeton? In einem Verteidigungskrieg hätte die Stalin-Linie auch ohne Waffenbestückung zu einem Gerüst werden können, um das sich die 170 sowjetischen Divisionen der Ersten Strategischen Staffel zu einem tatsächlich unüberwindbaren Verteidigungsgürtel hätten formieren können. Doch die sowjetischen Führer hatten ganz offensichtlich keine Verteidigung im Sinn.

5.

Um das Schicksal der Stalin-Linie zu verstehen, muß man in das Jahr 1927 zurückgehen, als der Entschluß zu ihrer Errichtung gefaßt wurde, um von da aus ihre Bestimmung zu begreifen. Verteidigungsanlagen werden keineswegs ausschließlich zu Verteidigungszwecken gebaut. In einem Angriffskrieg sind sie nicht minder nötig als im Verteidigungsfall. Für einen Überraschungsangriff auf den Gegner müssen an der Staatsgrenze – getarnt und in sehr schmalen Abschnitten – Angriffsgruppierungen von kolossaler Stoßkraft konzentriert werden. Zur Aufstellung dieser Angriffsgruppierungen, zur Kräftekonzentrierung in bestimmten Abschnitten, müssen andere Abschnitte entblößt werden. Es ist ein äußerst riskantes Unternehmen, und um das Risiko möglichst niedrig zu halten, müssen rechtzeitig Befestigungen in den *Nebenabschnitten* angelegt werden. Die relativ kleine Garnison eines Befestigten Raumes ist dann dank der gewaltigen Feuerkraft im Verein mit Pioniersperren und festen Deckungen in der Lage, riesige Flächen zu verteidigen und zu behaupten, und erlaubt somit, Feldeinheiten für den Angriff freizustellen. Der Hauptzweck der Stalin-Linie bestand darin, als sichere Aufmarschbasis für den »Befreiungs«-Feldzug nach Europa zu dienen. Für den Vormarsch der sowjetischen Truppen nach Westen hatte man die Durchlässe zwischen den Befestigten Räumen bewußt vorgesehen.

Durch den Molotow-Ribbentrop-Pakt war die sowjetische Grenze in Richtung Westen vorgeschoben worden, folglich war auch die Linie, von der aus die »Befreiung« erfolgen sollte, nach Westen vorgerückt, und die Stalin-Linie nützte niemandem mehr bei einem Angriffskrieg. Sie hätte auch in einem Verteidigungskrieg Verwendung finden können, aber eine derartige Möglichkeit schloß man nach dem Molotow-Ribbentrop-Pakt aus: Hitler hatte seinen Krieg im Westen bekommen, und nach Stalins Auffassung konnte er nicht zusätzlich einen Krieg im Osten beginnen. Hätte sich Stalin auf eine Verteidigung eingestellt oder einfach hinter seinen Befestigungen die Zeit absitzen wollen, dann hättte ihn die Stalin-Linie dabei nicht gestört, vielmehr im Gegenteil eine Sicherheitsgarantie in einem Weltkrieg bedeutet, der bereits in Europa wütete. Aber Stalin dachte gar nicht daran, sich zu verteidigen, so wie er auch nicht neutral zu bleiben gedachte. Er mußte die »Befreiung« vorbereiten. Dafür waren vor allem mehr Durchlässe für die gewaltigen Massen sowjetischer Truppen erforderlich, die im allerletzten Augenblick aus der Tiefe des sowjetischen Raumes hervorbrechen sollten. Zum zweiten aber mußte ein neuer Aufmarschplatz für den »Befreiungsfeldzug« geschaffen werden. Stalins Handlungsweise ist einfach und logisch: Zunächst wird die Stalin-Linie gesprengt, und ihre einsatzbereiten Gefechtsanlagen werden zugeschüttet. Nach der so erreichten Erweiterung der Durchlässe wird mit dem Bau der Molotow-Linie begonnen.

Die Stalin-Linie war in erster Hinsicht zur Angriffsvorbereitung bestimmt, in zweiter Hinsicht für Verteidigungszwecke. Die Molotow-Linie dient nur dem Angriff. Aus eben diesem Grund halten ihre Befestigten Räume die Brücken und Verkehrswege für die Angriffslawine der sowjetischen Truppen offen, während sie die dann entblößten Nebenabschnitte decken. Eben deshalb werden die Gefechtsanlagen unmittelbar an der Grenze errichtet – nicht um passiv tief hinten im sowjetischen Territorium zu bleiben, sondern um mit geballter Feuerkraft die angreifenden sowjetischen Truppen zu unterstützen und den Gegner daran zu hindern, seine Truppen von den Nebenabschnitten abzuziehen. Eben deshalb werden die Gefechtsstellungen nicht durch Minenfelder und Sperranlagen geschützt. Falls nötig, werden die sowjetischen Truppen das ganze Territorium als einen einzigen gigantischen Durchlaß nach Mitteleuropa nutzen: Weshalb also den eigenen Truppen den Weg durch eigene Minen und eigenen Stacheldraht versperren?

Schließlich und endlich fällt der Molotow-Linie noch eine weitere Rolle zu: Die Betonklötze, die man ohne jegliche Tarnung an den Grenzflüssen errichtet, schreien gleichsam zur anderen Seite hinüber: »Wir bereiten uns auf eine Verteidigung vor, auf nichts anderes als Verteidigung!«

1939 hatte der große Schukow am Chalchyn-gol in einem Überraschungsschlag die 6. japanische Armee auf diese nämliche Weise vernichtet: »Wir waren bemüht, beim Gegner den

Eindruck eines völligen Fehlens irgendwelcher Angriffsvorbereitungen unsererseits zu erwecken und ihm breit angelegte Maßnahmen zur Errichtung von Verteidigungsstellungen, und zwar nur Verteidigungsstellungen, vorzuführen.« (*G. K. Schukow*, Erinnerungen und Gedanken. Moskau 1969, S. 161) Die Täuschung der Japaner gelang, die der Deutschen nicht. Sie gelang deshalb nicht, weil Deutschland zur selben Zeit dieselben Vorkehrungen ergriffen hatte, nur in geringerem Umfang und deshalb mit einem gewissen zeitlichen Vorsprung. Vor jedem Überraschungsschlag errichteten die deutschen Truppen ebenfalls betonierte Verteidigungsanlagen fast unmittelbar an der Grenze an den Frontnebenabschnitten. Am 23. August 1939, als Schukow seinen glänzenden Angriff in der Mongolei durchführte und Molotow den Pakt zum Zweiten Weltkrieg unterzeichnete, wurde der deutsche General H. Guderian zum Befehlshaber einer Organisation mit der Bezeichnung »Befestigungsstab Pommern« ernannt. Diese Organisation leitete den intensiven Ausbau von Verteidigungsanlagen an der polnischen Grenze.

Vor dem »Unternehmen Barbarossa« hatte die deutsche Armee demonstrativ Verteidigungsanlagen an den unwichtigeren Nebenabschnitten der sowjetisch-deutschen Grenze errichtet. Die Bauarbeiten wurden in einer Weise durchgeführt, daß die sowjetischen Grenztruppen die Verteidigungsanstrengungen gut einsehen konnten. Und sie haben es beobachtet! An den deutschen Betonbefestigungen an der neuen deutsch-sowjetischen Grenze wurde bis unmittelbar vor dem 21. Juni 1941 gearbeitet, aber der Bau wurde nie abgeschlossen. Interessanterweise ist an der alten deutsch-polnischen Grenze entlang der Oder in den dreißiger Jahren von der deutschen Wehrmacht eine eindrucksvolle Linie von unterirdischen Festungsanlagen aus Stahlbeton errichtet worden; nach der Unterzeichnung des Molotow-Ribbentrop-Paktes wurden ihre Garnisonen reduziert und später völlig aufgelöst. Deutschland ging ebenso wie die Sowjetunion zum Bau neuer, wesentlich leichterer Befestigungsanlagen an der neuen Grenze über. Deutschland war so wie die Sowjetunion zu diesem Zeitpunkt ohne Verteidigungsgürtel: Die

Befestigungen an der alten Grenze waren aufgegeben, an denen längs der neuen Grenze wurde zwar demonstrativ gearbeitet, aber sie waren noch nicht fertiggestellt. Mit Angriffsplänen befaßt, hat Hitler ohnehin niemals seine Befestigungsanlagen an der Oder mit Truppen besetzt. Selbst im Januar 1945, als die sowjetischen Truppen zum Herzen Deutschlands vorstießen, waren diese Forts genauso wie die Stalin-Linie nicht mit Truppen belegt.

6.

Lange Zeit später, Anfang der siebziger Jahre, hatte ich als sowjetischer Offizier Gelegenheit, die Verteidigungs- (oder besser gesagt Angriffs-) Anlagen der Deutschen zu besichtigen, die sie am Ufer des San, des damaligen Grenzflusses, vor Beginn des »Unternehmens Barbarossa« errichtet hatten. Das erste, was in die Augen springt, ist die sehr geringe Tiefe der befestigten Abschnitte. Alles, was unmittelbar an der Grenze befestigt werden konnte, ist erfaßt. Das ist schlecht für eine Verteidigung, aber gut für den Angriff: Sobald die deutschen Truppen zur Offensive übergehen, werden diese Stellungen sie mit ihrem Feuer unterstützen. Und auf dem sowjetischen Ufer? Genau die gleichen Beton-Blöcke. Und ebenfalls alles unmittelbar am Ufer. Die Konstruktion der Anlagen an beiden Ufern ist nahezu identisch – würde man einem Experten Fotos vorlegen und ihn bitten, die deutschen und die sowjetischen Blöcke zu identifizieren, er könnte sie nicht unterscheiden. Mich interessierte die Panzerung der deutschen Stellungen, ich maß sie nach – 200 mm. Für einen Panzer ist das viel, für eine feste Anlage wenig. Die deutsche Wehrmacht hatte ganz offensichtlich nicht vor, sich an dieser Stelle lange zu verteidigen. Ich maß die Panzerung in den sowjetischen Stellungen – 200 mm: wie Zwillinge.

Wenn Guderian seine Betonklötze unmittelbar an das Ufer eines Grenzflusses setzen läßt, dann hat das keineswegs zu bedeuten, daß er sich auch verteidigen will. Es bedeutet das Gegenteil. Wenn aber Schukow demonstrativ ebensolche Klötze an das Ufer desselben Flusses setzen läßt, was könnte dies wohl zu bedeuten haben?

„Die Rote Arbeiter- und Bauernarmee wird die aggressivste von allen jemals dagewesenen Offensivarmeen sein.“ (Felddienstvorschrift der Roten Arbeiter- und Bauernarmee von 1939, S. 9)

Im September 1939 benutzte Stalin zum erstenmal Hitler als „Eisbrecher der Revolution“: Polen wurde von der Wehrmacht besiegt, aber die Früchte des Sieges erntete die Rote Armee, die ohne nennenswerte Verluste große Territorien besetzte. Deutschland galt als Angreifer, die Sowjetunion indesse als neutral. Wegen des Angriffs auf Polen und der Auslösung des Zweiten Weltkrieges hat in der Folge die ganze demokratische Welt Hitler den Krieg erklärt, Stalin dagegen bald darauf umfassende und unbegrenzte Hilfe angeboten.

Deutsche Infanteristen überreichen Panzersoldaten der „neutralen“ Roten Armee Blumen als Siegesgruß Der Stiefel des deutschen Infanteristen steht auf der Raupenkette eines sowjetischen BT-7. Der deutsche Soldat weiß nicht, daß diese sowjetischen Panzer für Operationen auf den Autobahnen Deutschlands konstruiert sind. Dort sollen sie die Raupenketten abwerfen und auf Rädern weiterfahren. Die Raupenketten sind nur eine Behelfskonstruktion zur Durchquerung Polens.

Dschingis-Khan hatte seine riesigen Eroberungen nicht durch überlegene Waffen, sondern dank seiner großen Manövrierfähigkeit erreicht. Er hatte dazu keiner gepanzerten Ritter bedurft, die kaum verwundbar, aber schwerfällig waren. Für seine zügig tief in das Hinterland des Gegners vorgetragenen Attacken brauchte er vielmehr Massen kaum geschützter, leicht bewaffneter, aber extrem mobiler Krieger. Auf den gleichen Überlegungen beruht die Konstruktion der sowjetischen BT-Panzer: nie dagewesene Marschgeschwindigkeit und Aktionsradien anstelle starker Panzerung und Bewaffnung. Im überraschenden, massierten Vorstoß sollen sie unter Umgehung der Widerstandsnester in das feindliche Territorium eindringen und die lebenswichtigen Zentren des Gegners erobern. In einem Verteidigungskrieg waren derartige Panzer allerdings völlig wertlos.

Die sowjetischen Panzer waren für Operationen in einem Angriffskrieg auf guten deutschen Straßen konstruiert. Auf sowjetischem Territorium waren sie beinahe wertlos.

Die sowjetischen Panzertruppen bereiteten sich nicht zur Verteidigung des eigenen Territoriums vor, sondern wie die zahllosen Horden Dschingis-Khans sollten sie in plötzlichen machtvollen Vorstößen tief in das Hinterland des Gegners eindringen.

Die Il-2, ein Flugzeug von außerordentlicher Robustheit und erstaunlicher Feuerkraft, war das erste serienmäßige Flugzeug mit gepanzertem Rumpf (Gesamtmasse der Panzerung 990 kg). Weder im Zweiten Weltkrieg noch zu irgendeiner anderen Zeit wurde je ein anderer Flugzeugtyp in gleicher Stückzahl produziert. Die Il-2 stellt die größte Leistung der sowjetischen Flugzeugtechnik während des Krieges dar, doch sie betraf nicht die Flugzeuge, die zur Verteidigung des sowjetischen Himmels bestimmt waren, sondern sie galt Maschinen, die den Gegner am Boden durch überraschende Angriffe treffen sollten, und zwar im Rahmen einer Angriffsoperation von nie dagewesenen Ausmaßen.

Bei einer Verteidigungsvorbereitung werden die Fliegerkräfte von den Grenzen weg in das Hinterland verlegt und auseinandergezogen, bei der Vorbereitung eines Angriffs dagegen werden die Fliegerkräfte – in erster Linie Bomberflieger – an der Grenze konzentriert. Im Juni 1941 hatte die sowjetische militärische Führung auf den Flugplätzen im Westen des Landes in unmittelbarer Nähe der Staatsgrenzen die kampfstärkste Angriffsgruppierung an Fliegerkräften in der ganzen Geschichte der Luftkriegsführung zusammengezogen. Die sowjetischen Bomber und Schlachtflieger überfüllten dichtgedrängt Flügel an Flügel die sowjetischen Grenzflugplätze. Bereit zum plötzlichen Schlag gegen den Feind, waren sie selber in dieser Position bei einem Überraschungsschlag des Gegners äußerst verwundbar: Am 22. Juni 1941 gingen ganze Flugplätze in einem einzigen riesigen Flammenmeer auf.

Jugendliche Fallschirmspringer bei der Ausbildung in einem der vielen Fallschirmspringer-Clubs. Ausbildung und Ausrüstung eines einzigen Fallschirmspringers bedeutete den Hungertod mindestens eines sowjetischen Kindes. Stalin ließ über eine Million Fallschirmspringer ausbilden.

Die stärkste Luftlandetruppe der Welt war völlig überflüssig in einem Verteidigungskrieg.

allschirmjäger werden in einem Angriffskrieg eingesetzt. Als der Zweite Weltkrieg 1939 ausbrach, hatte Stalin zweihundertmal mehr Fallschirmjäger zur Verfügung als alle übrigen Staaten der Welt insgesamt. Auf was für einen Krieg hatte er sich vorbereitet?

Das zweisitzige Flugzeug R-5 war für den Transport von 16 Fallschirmjägern konzipiert. Die sowjetische Konstrukteure hatten Dutzende origineller Vorschläge zur Lösung des Hauptproblems ausgearbeitet, wie eine Million sowjetischer Fallschirmjäger in die lebenswichtigen Zentren Mittel- und Südosteuropas trans portiert werden konnten. Im Verteidigungskrieg erwiesen sich alle diese originellen Lösungen als wertlos.

Der flugfähige Panzer KT in der A-40 (Antonow – 1940) in der Luft, geflogen von dem Piloten S. Anochin Hitler hatte durch seine Invasion dergleichen Experimente überflüssig gemacht. (Abb. aus: Steven J. Zaloga an James Grandsen, Soviet Tanks and Combat Vehicles of World War Two. *London: Arms and Armor Press, 198*

Der flugfähige Panzer KT (A-40). Zeichnung von John W. Wood, in: B. T. White, Tanks and Other Armored Fighting Vehicles, *Dorset: Blandford Press, 1975.*

In allen Ländern werden Grenztruppen zum Schutz der Staatsgrenzen eingesetzt, die Grenztruppen des NKWD dagegen bereiteten sich intensiv auf die gewaltsame Überquerung der Grenzflüsse und zu Aktionen auf dem Territorium des Gegners vor. Im Verteidigungskrieg kamen die erworbenen Fertigkeiten den sowjetischen Grenzsoldaten nicht zustatten.

Bei einem Verteidigungskrieg werden Pioniere zur Sprengung der Brücken gebraucht, um den Gegner aufzu-halten. Bei einer Offensive benötigt man keine Sprengpioniere, sondern Pontonbrückenbau-Truppenteile zu Überquerung der Flüsse, deren Brücken der Feind gesprengt hat, um die angreifende Rote Armee aufzuhalten. 1940/41 verfügte die Rote Armee über relativ wenige Sprengpioniere, dafür hatte sie mehr Pontonbrückenba Truppeneinheiten und -Teileinheiten als alle übrigen Armeen der ganzen Welt insgesamt. Im Verteidigungskri mußte dieses erstklassige Gerät zum Übersetzen beim Rückzug in den Grenzregionen zurückgelassen werden Laut russischer Bildunterschrift zeigt das Bild eine Flußüberquerung mit schwerer Artillerie in einem Ma-növer im Militärbezirk Leningrad im Jahre 1940.

Stalin ließ in den Jahren 1940/41 63 Panzerdivisionen aufstellen, und die Aufstellung weiterer Divisio-nen wurde intensiv vorangetrieben. Keine sowjetische Panzerdivision verfügte über Pioniere zur Brücke sprengung im Falle eines Rückzuges, aber zu jeder Division gehörte ein Ponton-Bataillon für den rasche Behelfsbrückenbau auf feindlichem Gebiet im Zuge der geplanten Angriffsoperationen.
Auf dem Bild ist das Übersetzen von Panzern bei taktischen Übungen im Jahr 1940 zu sehen.

Soldaten der 153. Schützendivision des Militärbezirks Ural üben den Flußübergang während eines Angriffsmanövers. Am 13. Juni 1941 begannen die 153. Division und 76 andere Divisionen der Zweiten Strategischen Staffel mit der getarnten Verlegung an die Westgrenze. Die russische Original-Bildunterschrift lautet: „Taktische Manöver. MG-Bedienung der 153. Schützendivision bei einer Flußüberquerung. 1940"

Eines der unvermeidlichen Anzeichen für die Vorbereitung einer Offensive: Die Generale udieren lange und pausenlos an der Staatsgrenze das Territorium des angrenzenden Staates. Die deutschen Generale nahmen dieses Studium n Februar 1941 auf. Die sowjetischen Generale uten etwas Vergleichbares, nur in sehr viel größe- m Ausmaß: Sie begannen damit bereits im Juni 940, als die deutschen Truppen von der sowjeti- chen Grenze weitgehend abgezogen waren, und hatten geplant, diese Vorbereitungen Mitte Juli 941 abzuschließen. Sämtliche Generalstabsoffiziere der Roten Armee waren hierbei direkt eteiligt. Die Anwesenheit von Marschall Timoschenko und General Schukow an der Grenze t für den Bereich der Grenzstädte Brest, Rawa-Russkaja, Przemyśl und Jassy belegt.
Rechts: Marschall S.K. Timoschenko und Ar- eegeneral G.K. Schukow leiten in der Grenz- ne Manöver mit der Aufgabe, einen gegneri- hen Verteidigungsgürtel zu durchbrechen, den luß in Gefechtslage zu überqueren und starke chanisierte Verbände an der Durchbruchstelle n den Kampf zu führen. (Vgl. alle Ausgaben n „Prawda" und „Roter Stern" für den Zeitraum August bis Oktober 1940)

In den westlichen Grenzregionen der UdSSR waren immense Vorräte an Munition und Treibstoff für Panzer, Flugzeuge und andere Kampfmittel konzentriert. Es gab keine freien Lagerräume und Vorratsbehälter mehr. Ungeachtet dessen setzte auf Beschluß der Sowjetregierung Anfang Juni 1941 die zusätzliche Anlieferung von Tausenden Tonnen an Munition und hunderttausend Tonnen Treibstoff in d westlichen Bezirke ein. Die Munition wurde einfach auf dem Boden gelagert, aber der Treibstoff war nirgendwo mehr unterzubringen: Er wurde im Hinblick darauf an die Grenzen transportiert, daß der in den nächsten Wochen geplante riesige Angriff der Roten Armee mit einem gewaltigen Verbrauch an Treibstoff verbunden sein würde und daß die unverzügliche Versorgung der Armee mit neuen gewaltigen Mengen an Treibstoff sicherzustellen war.

Ein Panzerbataillon stellt eine gewaltige Kampfkraft dar, aber auf einem Transportzug ist es vollkomm hilflos. Am 22. Juni 1941 befanden sich Dutzende sowjetischer Divisionen, Hunderte von Regimenter Tausende von Bataillonen und Batterien, Hunderttausende von Soldaten auf dem Transport.

Die Sowjetunion war der ganzen übrigen Welt hinsichtlich der Anzahl und Qualität ihrer Panzer leutlich überlegen. Es sind Fälle bezeugt, in denen sowjetische schwere KW-1-Panzer (die es neben den assenhaften leichten Panzern auch gab) trotz 30 bis 40 Treffern durch deutsche Pak-Geschütze aus sehr urzer Distanz ohne ernsthafte Beeinträchtigung den Kampf fortsetzen konnten. Hätte die Rote Armee inen Überraschungsschlag geführt, dann wäre sie nicht aufzuhalten gewesen. Aber Stalin hatte sich um vei Wochen verspätet. Während seine Truppen insgeheim zur deutschen Grenze aufschlossen, um diesen hlag zu führen, wurden sie selbst zum Opfer eines Überraschungsschlages. Auf einem Eisenbahntieflader war selbst der stärkste Panzer der Welt, der KW-1, völlig hilflos.

Bei der Vorbereitung auf einen Verteidigungskrieg graben sich die Truppen ein und verteilen das Kampfgerät auf die Schützengräben und natürlichen Deckungen. Bei der Vorbereitung einer Offensive graben sich die Truppen nicht ein, und sie konzentrieren ihre Kampfmittel in riesigen Mengen an den Verkehrswegen, in den Wäldern oder einfach auf freiem Feld. Die deutsche Wehrmacht stieß auf sowjetischem Territorium unmittelbar hinter der deutschen Grenze a riesige Angriffsgruppierungen der Roten Armee. Für eine Verteidigung war eine derartige Konzentratio sowjetischer mobiler Truppen nicht nur unnötig, sie bedeutete in diesem Fall sogar eine tödliche Gefahr Jede deutsche Bombe und jedes Geschoß traf ein sowjetisches Ziel – ein Verfehlen war unmöglich, und jeder brennende sowjetische Kraftwagen, jeder brennende Panzer und jedes brennende Flugzeug wurd zur Brandfackel für Dutzende und Hunderte weiterer Kampfmittel, die dicht gedrängt standen.

Angehöriger einer „schwarzen" Division bei der Gefangennahme. Selbst die Armeekleidung macht ihn äußerlich noch nicht zum Soldaten.
Bevor der Plan für das „Unternehmen Barbarossa" entstand, hatte Stalin mit der heimlichen Aufstellu „schwarzer" Divisionen, Korps und ganzer Armeen begonnen, die in der Mehrheit vom einfachen Soldaten bis hinauf zu den Divisions- und Korps-Kommandeuren aus Häftlingen des GULag bestande Auf welchen Territorien und wie plante Stalin wohl, die hungrige Wut und das explosive zerstörerisch Potential dieser bewaffneten Häftlinge einzusetzen?

PARTISANEN ODER DIVERSANTEN?

Hitler ... wird seine Hauptstoßkraft
nach Westen richten, und Moskau
wird voll die Vorteile dieser
Situation nutzen wollen.

L. Trotzki, 21. Juni 1939 (»Bulletin der Opposition« Nr. 79–80, S. 14)

Nach der Unterzeichnung des Molotow-Ribbentrop-Paktes hatte die Sowjetunion mit der planmäßigen Beseitigung der neutralen Staaten begonnen, um »sich zu dem Zeitpunkt in geballter Masse in Richtung auf die Grenzen Deutschlands zu bewegen, wenn das Dritte Reich in einen Kampf um die Neuordnung der Welt verwickelt ist«. (Trotzki) Die »Befreiungsfeldzüge« verlaufen erfolgreich, aber in Finnland gerät dieser Rhythmus aus dem Takt. Wir wissen bereits, daß die Rote Armee dort auf den finnischen Sicherungsstreifen stieß. Hier ein Bild von einer Standardsituation: Eine sowjetische Kolonne, bestehend aus Panzern, motorisierter Infanterie und Artillerie, rückt über eine Straße in einem Waldgelände vor. Rechts oder links von der Straße abzuweichen ist wegen der Minengefahr unmöglich. Vor der Kolonne eine Brücke. Die Pioniere haben sie überprüft – keine Minen. Die ersten Panzer rollen auf die Brücke und fliegen mit ihr in die Luft: Die Sprengladungen waren schon beim Bau in die Stützpfeiler eingelassen worden, sie zu entdecken ist nicht einfach, aber selbst wenn diese Ladungen entdeckt werden, führt jeder Versuch, sie zu entfernen, zur Detonation. Der Marsch der sowjetischen Kolonne, die sich über viele Kilometer wie eine riesige Schlange hinzieht, ist also gestoppt. Jetzt sind die finnischen Scharfschützen an der Reihe. Sie haben es nicht eilig: zwei Schüsse peitschen. Und wieder Stille im Wald. Dann fallen erneut ein paar Schüsse. Die Scharfschützen schießen aus großer Entfernung. Sie zielen nur auf die sowjetischen Kommandeure. Und auf die Kommissare. Den Wald zu durchkämmen ist unmöglich: Wir erinnern uns – rechts und links vom

Wege breiten sich unpassierbare Minenfelder aus. Jeder Versuch der sowjetischen Pioniere, sich der gesprengten Brücke zu nähern oder die Minen am Straßenrand unschädlich zu machen, endet mit dem gezielten Schuß eines finnischen Scharfschützen. Die auf drei parallelen Straßen vor drei gesprengten Brücken eingeschlossene 44. sowjetische Schützendivision verlor an einem einzigen Kampftag ihre sämtlichen Kommandeure. Nachts aber beharkt Granatwerferfeuer die sowjetischen Kolonnen aus einem fernen Waldstück. Ab und zu wird die wehrlose Kolonne in der Nacht von einer langen Maschinengewehrgarbe von irgendwoher aus den Büschen bestrichen, und wieder ist alles still.

Man sagt, die Rote Armee habe sich in Finnland nicht von ihrer besten Seite gezeigt. Es ist die reine Wahrheit. Aber stellen wir uns anstelle unserer sowjetischen Division eine Division jeder beliebigen anderen Armee vor. Was soll man tun in solcher Situation? Die Kolonne zurückziehen? Die schweren Artillerie-Zugmaschinen mit den riesigen Haubitzen im Schlepp können ihre viele Tonnen schweren Lafetten nicht zurückstoßen. Und die Scharfschützen halten auf die Fahrer der Zugmaschinen. Mühsam versucht die Kolonne mit eingelegtem Rückwärtsgang den Rückzug, da fliegt hinter ihr zu eben diesem Zeitpunkt noch eine Brücke in die Luft: Die Kolonne ist eingesperrt. Auch bei dieser zweiten Brücke sind sämtliche Zugänge vermint, und die Scharfschützen haben es dort ebensowenig eilig. Ihre Ziele: die Kommandeure, die Kommissare, die Pioniere, die Fahrer. Weit voraus die fast uneinnehmbare Linie der finnischen Befestigungen aus Stahlbeton – die Mannerheim-Linie. Ein Durchbruch ist ohne Artillerie, ohne Tausende Tonnen Munition unmöglich. Die sowjetischen Truppen haben sich in die finnischen Befestigungen verbissen, doch die schwere Artillerie ist weit zurückgeblieben, sie sitzt auf den Waldwegen fest, zwischen Minenfeldern und gesprengten Brücken, eingedeckt vom Feuer der Scharfschützen.

Sicher haben die sowjetischen militärischen Befehlshaber aus der in Finnland erteilten Lehre die entsprechenden Schlüsse gezogen? Zweifellos haben sie doch in den Westregionen des eigenen Landes noch zu Friedenszeiten leichte Partisanenabteilungen aufgestellt, um einer eventuellen Invasion des Gegners begegnen zu können? Die Westgebiete der Sowjetunion sind schon von Natur aus dazu geschaffen, um hier einen Partisanenkrieg gegen die Verbindungswege eines nach Osten vorrückenden Aggressors zu führen. Hat Stalin leichte bewegliche Abteilungen eingerichtet, die im Falle eines deutschen Angriffs in den Wäldern zurückbleiben sollen? Ja, Stalin hat solche Abteilungen geschaffen. Das geschah bereits in den zwanziger Jahren. Allein in Belorußland gab es in Friedenszeiten sechs Partisanenabteilungen zu je 300 bis 500 Mann. Die geringe Zahlenstärke sollte hier nicht irritieren. Die Abteilungen waren lediglich hinsichtlich der Kommandeure, Organisatoren und erstklassigen Spezialisten vollzählig ausgestattet. Jede Partisanenabteilung bildete in Friedenszeiten eine Art Kern, um den sich unmittelbar nach Kriegsausbruch mächtige Partisaneneinheiten in einer zahlenmäßigen Stärke von einigen tausend Mann formieren würden.

Für die Partisaneneinheiten waren zu Friedenszeiten in den undurchdringlichen Wäldern und auf kleinen Inseln inmitten der endlosen Sümpfe unterirdische Bunker, Lazarette, Vorratslager, unterirdische Werkstätten zur Herstellung von Waffen und Munition angelegt worden. Allein in Belorußland hatte man für den Fall eines Partisanenkrieges in unterirdischen Verstecken Waffen, Munition und Ausrüstungsgegenstände für 50000 Partisanen eingelagert.

Für die Ausbildung der Partisanenführer, Organisatoren und Instrukteure waren heimlich Schulen geschaffen worden. Geheime wissenschaftliche Forschungszentren entwickelten ein Spezialinstrumentarium für den Partisanenkrieg: eine besondere Ausrüstung, Bewaffnung, Kommunikationsmöglichkeiten. Die Partisanen absolvierten regelmäßige Ausbildungslehrgänge, wobei als Gegner gewöhnlich Osnas-Divisionen des NKWD fungierten.

Außer den Partisaneneinheiten wurden kleine Untergrundgruppen vorbereitet, die im Falle eines Angriffs nicht in die Wälder gehen, sondern in den Städten und Dörfern bleiben sollten, um sich dem Gegner zur Zusammenarbeit anzubieten, in seine Dienste zu treten, und wenn sie erst sein Vertrauen gewonnen hatten ...

Derartige Vorbereitungen gab es nicht nur in Belorußland, sondern auch in der Ukraine, auf der Krim, im Gebiet von Leningrad und in anderen Regionen. Neben den Aktivitäten der Geheimpolizei in diesem Sektor wurden dieselben Vorarbeiten parallel dazu, aber völlig unabhängig vom NKWD, durch die sowjetische militärische Aufklärung geleistet: Geheime Stützpunkte, Schlupfwinkel, konspirative Wohnungen und Anlaufstellen, konspirative Nachrichtenverbindungen wurden vorbereitet und noch sehr vieles mehr getan. Die sowjetische militärische Aufklärung unterhielt ihre eigenen geheimen Schulen, ihre eigenen Organisatoren und Instrukteure.

Neben dem NKWD und der militärischen Aufklärung bereitete die Kommunistische Partei viele ihrer Funktionäre in den Westgebieten des Landes auf den Übergang in die Illegalität im Falle einer gegnerischen Besetzung des Territoriums vor. Die Kommunisten verfügten über alte konspirative Traditionen und verstanden, ihre Geheimnisse zu hüten. Die Traditionen der Untergrundarbeit in den zwanziger und dreißiger Jahren waren geblieben, und viele Parteiorganisationen konnten sich, falls notwendig, erneut in streng konspirative Zentren eines heimlichen Kampfes verwandeln.

Vergessen wir nicht, daß die Partisanenabteilungen in der sogenannten Todeszone, im sowjetischen Sicherungsstreifen, aufgestellt wurden, in dem beim Abzug der sowjetischen Truppen alle Brücken gesprengt, sämtliche Tunnel verschüttet, die Eisenbahnknotenpunkte unbrauchbar gemacht werden sollten, die Weichen und sogar die Schienen und Telefonkabel zum Abtransport vorgesehen waren. Den Partisanen blieb lediglich die Aufgabe, die Instandsetzung der schon zerstörten Objekte zu verhindern. Die Partisanen waren praktisch unverwundbar, weil die Partisanenführer die Durchlässe in den riesigen Minenfeldern kannten, der Gegner jedoch nicht. Die Partisanen kostete es keine besondere Mühe, im Bedarfsfall jeder beliebigen Verfolgung durch den Rückzug in die verminten Wälder und Sümpfe zu entgehen, zu denen der Gegner keinen Zugang hatte.

Jawohl, das alles hatte es gegeben: die Stalin-Linie, den Sicherungsstreifen davor mit seinen riesigen verwüsteten Landstrichen und den endlosen Minenfeldern und die Partisanenabteilungen, die darauf vorbereitet waren, vom ersten Augenblick an in der verwüsteten Zone zu operieren. Sie alle zusammengenommen stellten ein großartiges Verteidigungssystem der Sowjetunion dar. Aber Hitler ist 1939 in eine äußerst heikle strategische Situation geraten, die ihn zwingt, im Westen Krieg zu führen. Von diesem Augenblick an hat Stalin keine Verteidigungssysteme mehr nötig. Gleichzeitig mit der Stalin-Linie und dem Sicherungsstreifen wurden auch die sowjetischen Partisanenabteilungen aufgelöst, ihre Waffen, die Munition und der Sprengstoff ausgelagert, die heimlichen Schlupfwinkel und Magazine zugeschüttet, die Partisanenstützpunkte zerstört. All das geschieht im Herbst 1939. In den letzten Herbsttagen aber beginnt die Rote Armee mit dem »Befreiungsfeldzug« nach Finnland und stößt hier auf dieselben Verteidigungselemente, die es bis vor kurzem auch in der Sowjetunion gab: eine befestigte Linie mit Anlagen aus Stahlbeton, einen Sicherungsstreifen davor und leichte partisanenartige Abteilungen, die in diesem Streifen operieren. Hat Stalin vielleicht nach dieser harten Lehre in Finnland seine Meinung geändert und erneut Partisanenformationen in den Westregionen der Sowjetunion aufgestellt? Nein, er änderte seine Meinung nicht, und er hat auch die Partisanenabteilungen nicht wieder aufgestellt.

Der 22. Juni 1941 bedeutete den Beginn zahlreicher Improvisationen, darunter auch die Schaffung einer Partisanenbewegung. Ja, man hat sie erneut geschaffen! Sie ist entwickelt worden. Aber das geschah ganz intensiv erst 1943–44. Wäre sie nicht 1939 aufgelöst worden, hätte sie von den ersten Kriegstagen an ihre ganze Schlagkraft entfalten können. Sie hätte um ein Vielfaches effizienter sein können. Im Verlauf des Krieges hatten die Partisanen einen hohen Blutzoll für jede gesprengte Brücke zu entrichten. Um eine Brücke zu sprengen, mußte sie zuvor genommen werden, doch die Brücken waren bewacht, die Bäume in der Umgebung abgeholzt und ringsum alles vermint. Und wo sollten die Partisanen den Sprengstoff hernehmen? Und selbst wenn er vorhanden war, wieviel konnte schon eine Partisanengruppe mit sich führen? Bei der Vorbereitung der Sprengung mußte die Sprengladung hastig *auf* die Brücken gelegt, konnte sie nicht *innerhalb* der Stützpfeiler angebracht werden. Nach der Sprengung konnte der Gegner eine solche Brücke rasch wieder instandsetzen, und die Partisanen mußten von vorn beginnen. Während der Gegner diese eine Brücke reparierte, blieben die übrigen Brücken intakt, und der Gegner konnte den Verkehrsfluß umdirigieren. Dabei war alles zur Sprengung *sämtlicher* Brücken vorbereitet gewesen; zu einer Sprengung, bei der nichts zu reparieren übrigblieb; zu einer Sprengung ohne Aderlaß auf seiten der Partisanen. Die Sprengung wäre durch einen einfachen Knopfdruck in einem geheimen Partisanenbunker ausgelöst worden, und anschließend hätte man aus den unpassierbaren Minenfeldern heraus nur noch mit Zielfernrohrgewehren die Offiziere, Pioniere, Fahrer abzuschießen brauchen. Das völlige Fehlen von Brücken, Hunderttausender und Millionen von Partisanenminen auf den Verkehrswegen, Hinterhalte und Scharfschützenterror von den ersten Stunden der Invasion an hätten das Tempo des Blitzkrieges spürbar reduzieren können.

Wer aber hatte die sowjetische Partisanenbewegung *nach Ausbruch des Zweiten Weltkrieges* zerschlagen, und warum?

Einer der Väter des sowjetischen militärischen Terrorismus, der Oberst in der Hauptverwaltung Aufklärung Professor *I. Starinow,* war in jenen Jahren Leiter einer Geheimschule, die der sowjetischen militärischen Aufklärung unterstellte Partisanengruppen ausbildete. In seinen großartigen Memoiren nennt der Oberst den wahren Schuldigen: »Die sicher in der Erde verborgenen Waffen und Sprengstoffe warteten auf ihre Stunde. Aber noch ehe diese Stunde kam, wurden die geheimen Partisanenstützpunkte zerstört, zweifellos mit Wissen Stalins und wahrscheinlich sogar auf seinen direkten Befehl.« (Die Minen warten auf ihre Stunde, S. 40)

Einer der Veteranen des sowjetischen politischen Terrorismus, der KGB-Oberst *S. A. Waupschas*, zu der Zeit Kommandeur einer Partisanenabteilung des NKWD in Belorußland, erklärt den Grund für die Zerschlagung der Partisanenformationen: »In jenen bedrohlichen Vorkriegsjahren hatte die Doktrin vom Krieg auf fremdem Boden die Oberhand gewonnen ... sie trug einen klar umrissenen offensiven Charakter.« (An Alarmpunkten. Moskau 1971, S. 203)

Man mag dem KGB-Obersten zustimmen oder ihm widersprechen, aber einen besseren Grund für die Zerschlagung der Partisanenformationen und deren Stützpunkte hat bisher jedenfalls noch niemand genannt.

Es wäre falsch zu glauben, Stalin habe nach der Zerstörung der Stützpunkte der Partisanen und ihrer Formationen 1939 die Partisanenführer vorzeitig in Pension geschickt. In der Sowjetunion wurde nach dem Krieg eine Unmenge Materialien über den Krieg und die ihm unmittelbar vorausgegangene Periode veröffentlicht. In meiner eigenen Kollektion habe ich die Schicksale Dutzender Menschen gesammelt, die bis 1939 dafür ausgebildet wurden, im Falle eines Krieges in Partisanenformationen in den Westregionen der UdSSR zu kämpfen. Nach 1939 erlebten sie ein Standardschicksal: Entweder werden sie in die Osnas-Einheiten des NKWD versetzt, oder sie bleiben in sehr kleinen Gruppen in der Nähe der sowjetischen Westgrenzen zu irgendeinem unverständlichen Zweck.

Stellvertretend seien hier die beiden eben erwähnten Obersten angeführt, zwei Veteranen, der eine aus der militärischen Aufklärung, der andere ein Angehöriger der Geheimpolizei. Am 21. Juni 1941 befindet sich Oberst Starinow in der Grenzstadt Brest im Bereich der Eisenbahnlinien, die zu den Grenzbrücken führen. Er ist nicht dort, um die Brücken in die Luft zu sprengen, das erwähnt er selbst. Bei der Abreise aus Moskau einige Tage zuvor hatte man ihm gesagt, daß es um Truppenübungen ginge; an der Grenze angekommen, erfährt er, daß keinerlei Übungen stattfinden werden ... In diesem Zusammenhang sei ein kleines Detail erwähnt, auf das wir noch zurückkommen werden: Vom ersten Kriegstag an hat Oberst Starinow als Fahrer einen Soldaten namens Schleger, einen Mann deutscher Nationalität.

Der Tschekist S. Waupschas erlebte den Kriegsausbruch nicht in der Grenzregion, sondern bereits auf dem Territorium des Gegners! Waupschas – ein Mann mit einem erstaunlichen Schicksal – hatte jahrelang bis einschließlich 1926 in einer sowjetischen »Partisanen«-Abteilung auf polnischem Territorium gekämpft und Menschen um der Weltrevolution willen umgebracht. Danach ist er einer der Leiter bei den großen GULag-Bauten. Später finden wir ihn in Spanien wieder, wo er das Politbüro der Spanischen Kommunistischen Partei und den spanischen Sicherheitsdienst während des Bürgerkrieges bewacht und kontrolliert. Anschließend leitet Waupschas in der Sowjetunion eine Partisanenabteilung in Belorußland. Nach der Auflösung der für einen Verteidigungskrieg vorgesehenen Partisanenabteilungen erhält Waupschas das Kommando über ein Osnas-Bataillon des NKWD und begibt sich in die »befreiten« Landstriche Finnlands. 1941 wird dieser Terrorist, Mitarbeiter der Straforgane und GULag-Aufseher auf das Territorium des »mutmaßlichen Gegners« zur Durchführung irgendeiner geheimen Mission abkommandiert.

Hat man ihn dorthin vielleicht zu Verteidigungsaufgaben geschickt? Nein, nach dem 22. Juni 1941 wird er unverzüglich nach Moskau zurückbeordert.

WOZU HATTE STALIN ZEHN LUFTLANDEKORPS NÖTIG?

In den kommenden Kämpfen
werden wir auf dem Territorium
des Gegners operieren. So lauten
unsere Dienstvorschriften. Wir sind
militärisch erzogen und richten uns
nach der Dienstvorschrift.
Oberst A. I. Rodimzew auf dem
18. Parteikongreß 1939

1.

Luftlandetruppen sind für Angriffsoperationen bestimmt. Das ist ein Axiom, das keines Beweises bedarf. Vor dem Zweiten Weltkrieg hat sich kaum jemand auf einen Angriffskrieg vorbereitet, und da dem so war, sind Luftlandetruppen in vielen Ländern nicht ausgebildet worden.

Zwei Ausnahmen hat es gegeben. Auf Angriffskriege bereitete sich Hitler vor, und 1936 schuf er die Luftlandetruppe. Die Anzahl der Fallschirmjäger in dieser Truppe betrug zu Beginn des Zweiten Weltkrieges 4000 Mann. Die zweite Ausnahme bildete Stalin. Er schuf seine Luftlandetruppe im Jahre 1930. Zu Beginn des Zweiten Weltkrieges besaß die Sowjetunion *über eine Million* ausgebildeter Fallschirmspringer.

Zählt man alle militärischen Fallschirmspringer der ganzen Welt bei Ausbruch des Zweiten Weltkrieges zusammen, dann stellt sich heraus, daß die Sowjetunion ungefähr *zweihundertmal mehr* ausgebildete Fallschirmspringer als alle Länder der Welt einschließlich Deutschlands besaß.

Die Sowjetunion war das erste Land der Welt, in dem Luftlandetruppen aufgestellt wurden. Als Hitler an die Macht kam, verfügte Stalin bereits über mehrere Luftlandebrigaden. Als Hitler an die Macht kam, grassierte in der Sowjetunion bereits die Fallschirmspringerpsychose. Die ältere Generation erinnert sich noch an die Zeit, als es keinen einzigen Stadtpark ohne Fallschirmspringerturm gab, als das Fallschirmspringerabzeichen für jeden jungen Mann zum absolut unentbehrlichen Symbol der Männlichkeit geworden war. Dieses Abzeichen zu erwerben war gar nicht so leicht. Es wurde für echte Absprünge aus dem Flugzeug verliehen, zu diesen Absprüngen aber wurde nur zugelassen, wer zuvor die erforderlichen Leistungen im Laufen, Schwimmen, Schießen, Handgranatenwerfen nach Weite und Zielgenauigkeit, bei der Überwindung von Hindernissen, im C-Waffenschutz und in vielen anderen im Krieg erforderlichen Fertigkeiten nachgewiesen hatte. Im Grunde genommen waren die Flugzeugabsprünge die Schlußetappe der individuellen Ausbildung des künftigen Kämpfers in der aus dem Luftraum einsetzbaren Infanterie.

Um die Tragweite von Stalins Absichten richtig zu würdigen, muß man sich ins Gedächtnis rufen, daß die Fallschirmspringerpsychose in der Sowjetunion zur gleichen Zeit grassierte, als im Lande eine entsetzliche Hungersnot herrschte. Die Kinder quollen auf von Hungerödemen, aber Stalin verkaufte Getreide ins Ausland, um Fallschirmtechnologie für die Sowjetunion einzuhandeln, um gewaltige Seidenkombinate und Fallschirmfabriken zu errichten, um das Land mit einem Netz von Flugplätzen und Fliegerklubs zu überziehen, um in jedem städtischen Park das Skelett eines Fallschirmspringerturms aufzurichten, um Tausende von Instrukteuren auszubilden, um Anlagen zum Trocknen und Aufbewahren der Fallschirme zu bauen, um eine Million wohlgenährter Fallschirmspringer heranzubilden und für diese die notwendigen Waffen, Ausrüstungsgegenstände und Fallschirme bereitzustellen.

Im Verteidigungskrieg werden Fallschirmspringer nicht gebraucht. Fallschirmjäger im Verteidigungsfall als einfache Infanteristen einzusetzen wäre dasselbe, als wollte man bei einem Bau goldene anstelle von stählernen Armiereisen verwenden: Gold ist weicher als Stahl. Die Fallschirmjägerabteilungen haben keine so schwere und starke Bewaffnung wie die gewöhnliche Infanterie, weshalb ihre Widerstandskraft im Verteidigungsfall deutlich niedriger als bei der einfachen Infanterie liegt. Zudem wäre es viel zu kostspielig, Gold anstelle von

Stahl zu verwenden. Doch die Ausbildung einer Million sowjetischer Fallschirmspringer hatte mehr als Gold gekostet. Für die Ausbildung der Fallschirmspringer und die Bereitstellung der Fallschirme hatte Stalin mit dem Leben einer Riesenzahl sowjetischer Kinder gezahlt. Wofür hatte man die Fallschirmspringer ausgebildet? Doch nicht, um die Kinder zu verteidigen, die verhungert waren?

Die Kommunisten versichern, Stalin habe keine Kriegsvorbereitungen getroffen, aber in unserem Dorf in der Ukraine erinnern sich die Menschen einer jungen Frau, die ihre eigene Tochter getötet und gegessen hat. Man erinnert sich an sie, weil sie ihr *eigenes* Kind tötete. An diejenigen, die fremde Kinder töteten, denkt man nicht mehr. In meinem Dorf haben die Menschen sämtliches Riemenzeug und die Stiefel gegessen, sie haben die Eicheln aus dem kümmerlichen Nachbarwäldchen gegessen. Die Ursache dafür aber war, daß Stalin seine Kriegsvorbereitungen traf. Er bereitete sich in einer Weise auf diesen Krieg vor wie noch niemand vor ihm. Im Verteidigungskrieg allerdings erwies sich diese ganze Vorbereitung als unnötig.

In einem Verteidigungskrieg braucht man keine Fallschirmjäger im gegnerischen Hinterland abzusetzen, es ist einfacher, beim Abzug in den Wäldern Partisaneneinheiten zurückzulassen.

2.

Man könnte mir entgegenhalten, diese Million Stalinscher Fallschirmspringer am Vorabend des Zweiten Weltkrieges sei nur das Ausgangsmaterial für die Aufstellung von Kampfeinheiten. Solche Gruppen müssen aufgestellt und intensiv trainiert werden. Denkt Stalin daran? Er tut es.

In den dreißiger Jahren werden die Westgebiete des Landes wiederholt Schauplatz von grandiosen Manövern. Jedes Manöver ist nur einem einzigen Ziel gewidmet – der Operation in die Tiefe, das heißt dem plötzlichen Vorstoß riesiger Panzermassen in eine gewaltige Tiefe. Das Szenarium ist stets einfach, aber von bedrohlichem Eindruck. Dem plötzlichen Vorstoß der Landstreitkräfte geht bei jedem Manöver ein nicht minder plötzlicher und nicht minder vernichtender Angriff der sowjetischen Luftstreitkräfte auf die Flugplätze des »Gegners« voran, dem das Absetzen von Fallschirmjägern zur Eroberung der Flugplätze folgt, und unmittelbar nach der Welle der Fallschirmjäger wird in einem Luftlandemanöver auf den eroberten Flugplätzen die zweite Welle der Luftlandetruppen mit dem schweren Gerät angelandet.

Im Jahre 1935 war bei den berühmten Kiewer Manövern im Verlauf einer beeindruckenden Operation einem Fallschirmjägerabsprung in Stärke von 1200 Mann unmittelbar ein Luftlandemanöver mit 2500 Mann und schweren Waffen einschließlich Artillerie, Panzerwagen und Panzern gefolgt.

Im Jahre 1939 waren in Belorußland bei der Durchführung der gleichen Angriffsoperation 1800 Fallschirmjäger abgesetzt worden, gefolgt von einem Luftlandemanöver mit 5700 Mann und schweren Waffen. Im selben Jahr war während der Angriffsmanöver des Militärbezirks Moskau die gesamte 84. Schützendivision in voller Stärke in einem kombinierten Luftlandemanöver angelandet worden.

1938 läßt Stalin im Hinblick auf die künftigen »Befreiungsfeldzüge« sechs zusätzliche Luftlandebrigaden in einer Gesamtstärke von 18 000 Fallschirmjägern aufstellen. 1939 werden auf Stalins Geheiß die Partisanenstützpunkte zerstört und ihre Formationen aufgelöst, doch dafür werden neue Luftlandeeinheiten aufgestellt: Regimenter und selbständige Bataillone. Im Militärbezirk Moskau werden zum Beispiel drei Regimenter gebildet, jeweils aus drei Bataillonen bestehend, und mehrere selbständige Bataillone zu je 500 bis 700 Fallschirmjägern.

Im Juni 1940 werden sowjetische Luftlandebrigaden erstmals in Gefechtslage aus der Luft abgesetzt: die 201. und 204. Brigade in Rumänien (Bessarabien), die 214. in Litauen an der ostpreußischen Grenze. Beide Luftlandeoperationen, besonders die in Rumänien, beunruhigten Hitler ernsthaft. Die gesamte deutsche Wehrmacht ist zu der Zeit in Frankreich zusammengezogen, die Erdöllieferungen erfolgen aus Rumänien. Wären die sowjetischen Transportmaschinen noch 200 km weiter geflogen (woran sie niemand gehindert hätte) und hätten dann ihre Ladung abgesetzt, würde Deutschland ohne Erdöl dagestanden haben, d. h. ohne den für den Krieg lebenswichtigen Rohstoff.

3.

1940 hatte Stalin sämtliche neutralen Staaten, die die trennende Barriere gebildet hatten, beseitigt und war überall, wo sich dies als möglich erwies, unmittelbar an die Grenzen Deutschlands vorgerückt. Nun hätte Stalin eigentlich die Zahl seiner Luftlandeeinheiten reduzieren müssen, denn weiter in Richtung Westen ist nur noch Deutschland und die mit ihm verbündeten Staaten übriggeblieben – mit Deutschland aber hat er einen Nichtangriffspakt unterzeichnet.

Doch Stalin löste seine Luftlandeeinheiten nicht auf. Im Gegenteil: Im April 1940 hat die Sowjetunion heimlich *fünf Luftlandekorps* aufgestellt, und zwar durchweg in den Westgebieten des Landes.

Um diese Tatsache richtig einzuordnen, sollte man sich bewußt machen, daß es am Ende des 20. Jahrhunderts auf unserem ganzen Planeten keine einzige Einheit gibt, die mit vollem Recht die Bezeichnung Luftlandekorps verdiente. Ein Korps – das ist zu viel und zu teuer, um in Friedenszeiten unterhalten zu werden.

Die Luftlandekorps verfügten neben der Luftlandeinfanterie über eine beachtlich starke Artillerie und sogar Bataillone mit leichten Schwimmpanzern.

Sämtliche Luftlandekorps waren so nahe der Grenze aufgestellt worden, daß sie ohne zusätzliche Verlegung von ihrem Standort aus auf dem gegnerischen Territorium abgesetzt werden konnten. In sämtlichen Korps wurde die bevorstehende Luftlandeoperation intensiv geübt. Sämtliche Korps waren in den Wäldern fern von unerwünschten Einblicken konzentriert. Dabei konnte das 4. und 5. Korps ohne vorherige Verlegung unmittelbar gegen Deutschland eingesetzt werden, das 3. Korps in gleicher Weise gegen Rumänien, das 1. und das 2. Korps war ohne Verlegung sowohl gegen Deutschland wie auch gegen Rumänien einsetzbar und sogar gegen die Tschechoslowakei oder Österreich, um im Gebirge die Erdöltransportadern aus Rumänien nach Deutschland zu unterbinden.

Am 12. Juni 1941 wird in der Roten Armee die Führung der Luftlandetruppen eingerichtet, und im August werden weitere fünf Luftlandekorps aufgestellt. Dabei sei darauf hingewiesen, daß die zweite Serie von Luftlandekorps keine Antwort auf die deutsche Invasion gewesen ist. Im Verteidigungskrieg ist der Einsatz derartiger Massen von Fallschirmtruppen unmöglich. Von sämtlichen Korps der zweiten Serie nahm kein einziges während des Krieges seiner eigentlichen Bestimmung entsprechend an den Kampfhandlungen teil. Aus der ersten Serie wurde ein einziges Korps ein einziges Mal seiner ursprünglichen Bestimmung gemäß während des Gegenangriffs vor Moskau eingesetzt. Hier ist zu ergänzen, daß noch eine dritte Serie von Luftlandekorps existierte, von denen eines 1943 in einem Luftlandeunternehmen eingesetzt wurde.

Bei der Aufstellung der fünf Korps der zweiten Serie war die Wirkung des Trägheitsmomentes innerhalb der Roten Armee zum Tragen gekommen: Die Entscheidung über die Aufstellung der Korps war vor der deutschen Invasion gefallen, und später hatte man einfach vergessen, den Beschluß rückgängig zu machen. In jedem Falle waren die Fallschirme, die Bewaffnung und die Fallschirmjäger selbst für die zweite Serie von Luftlandekorps *vor* der deutschen Invasion bereitgestellt.

Außer den Luftlandekorps, -brigaden und -regimentern gab es innerhalb der normalen sowjetischen Infanterie eine große Menge von Fallschirmjägerbataillonen. Marschall der Sowjetunion I. Ch. Bagramjan berichtet zum Beispiel von der intensiven Ausbildung einiger Fallschirmjägerbataillone Anfang Juni 1941, die zum 55. Schützenkorps gehörten, das zu der Zeit unmittelbar an der rumänischen Grenze lag. Aus Bagramjans Beschreibung und Schilderungen anderer Quellen geht hervor, daß das 55. Schützenkorps (die Rote Armee verfügte insgesamt über 62) keine Ausnahme darstellte, sondern eher die Regel.

Neben reinen Fallschirmjägereinheiten wurden für den Transfer auf dem Luftwege in das Hinterland des Gegners und das Anlanden aus der Luft auch mehrere gewöhnliche Schützendivisionen vorbereitet. So wurde zum Beispiel im Verlauf einer Truppenübung des Militärbezirks Sibirien am 21. Juni 1941 eine dafür speziell ausgebildete Division im Rücken des »Gegners« durch eine Luftlandeoperation abgesetzt. Bis dahin waren sämtliche Experimente mit dem Absetzen sowjetischer Truppen aus der Luft hauptsächlich in den Westgebieten des Landes durchgeführt worden. Weshalb nun auf einmal derartige Experimente in Sibirien? Nun, eben deshalb, weil alle Truppen des Militärbezirks Sibirien zu diesem Zeitpunkt bereits insgeheim zur 24. Armee zusammengefaßt sind, die an der deutschen Grenze auftauchen soll. Die Armee führt die letzten Truppenübungen vor der Verladung in die Transportzüge durch. Die Zielsetzung der Gefechtsausbildung dieser Armee bedarf keines Kommentars.

Zusammenfassend sei noch einmal betont, daß zu keiner anderen Zeit irgendein Land, ja nicht einmal alle Staaten einschließlich der Sowjetunion insgesamt, über so viele Fallschirmjäger und Luftlandeeinheiten verfügt haben, wie sie Stalin im Jahre 1941 besaß. Rechnet man sämtliche Luftlandetruppen der Welt einschließlich der Sowjetunion am Ende des 20. Jahrhunderts zusammen, so ergibt das nur 13 Divisionen (davon sind acht sowjetisch).

Die Gründe, die Stalin zur Aufstellung solcher Massen von Luftlandetruppen veranlaßten, und insbesondere der explosionsartige Prozeß der Formierung extrem starker Luftlandekorps 1941 harren noch ihrer Untersuchung und Erklärung.

4.

Beim Sammeln des Materials über die sowjetischen Luftlandetruppen, die in der ersten Hälfte des Jahres 1941 aufgestellt wurden oder deren Entfaltung in der zweiten Hälfte desselben Jahres vorgesehen war, stieß ich auf ein interessantes Detail. Jeder sowjetische Kommandeur im Range eines Obersten oder Generalmajors, der zu dieser Zeit bei den Luftlandetruppen stand oder sich auf die dortige Verwendung vorbereitete, hatte in seiner nächsten Umgebung Soldaten oder Unteroffiziere deutscher Abstammung. Bei dem einen Kommandeur diente ein Deutscher als persönlicher Fahrer, bei einem anderen als Ordonnanz, bei einem dritten als Melder. Jeder Kommandeur berichtet es als kleines, nettes Detail: Sieh einmal an, heißt es da, die Deutschen haben den Krieg angefangen, und ich habe einen Deutschen als Fahrer, aber der ist ein braver Bursche, diszipliniert und anhänglich. So hat z. B. Oberst K. Stein, Kommandeur der 2. Brigade des 2. Luftlandekorps, einen Deutschen als Ordonnanz. Der Kommandeur der 5. Brigade des 3. Luftlandekorps, Oberst A. Rodimzew, hat einen deutschen Fahrer. Es ist übrigens derselbe Rodimzew, der auf dem Parteikongreß getönt hatte, die Rote Armee würde nur auf dem Territorium des Gegners kämpfen. Ich hatte Gelegenheit, eine Rede von Rodimzew zu hören, als er bereits Generaloberst war. Ein sehr gescheiter General. Es waren seine Gardesoldaten gewesen, die 1942 die letzten Häuser Stalingrads unmittelbar an der Wolga hielten. Seine Brigade mußte so wie alle anderen im Laufe des Verteidigungskrieges in gewöhnliche Schützendivisionen übergeführt werden, sie mußte ihre Fallschirme abliefern, statt dessen verteidigungstauglichere Waffen in Empfang nehmen, und diese haben sich bei der Verteidigung nicht schlecht bewährt. Aber 1941 denken weder Rodimzew noch seine Untergebenen an Verteidigung. Sie haben keine Verteidigungswaffen, sind in der Verteidigung nicht ausgebildet, wohl aber in offensiver Taktik, und sie haben Fallschirme.

Anfang 1941 braucht Stalin Luftlandetruppen, Luftlandetruppen und nochmals Luftlandetruppen. Viele höhere sowjetische Offiziere und Generale wechselten kurzfristig ihre Berufssparte. Besonders viele Kommandeure von der Kavallerie kamen zu den Luftlandetruppen, auch der eben erwähnte Rodimzew. Viele Kavalleriekommandeure stellten sich darauf ein, die überlebte Kavallerie zu verlassen und zu den Luftlandestreitkräften zu gehen, aber dafür brauchte man natürlich Deutschkenntnisse. So erzählt zum Beispiel die Witwe des Kavalleriegenerals Lew Dowator in der Armeezeitung »Roter Stern« vom Jahresanfang 1941: »In unserem Regiment hatten wir einen Deutschen. Von nun an brachte Lew Michailowitsch ihn fast jeden Tag nach Hause. Das heißt, daß wir uns alle in Konversation übten. Und zu Kriegsbeginn sprach er bereits fließend Deutsch.«

Die Verbindungen von der Roten Armee zu den deutschen Kommunisten sind alt und eng. Ernst Thälmann selbst hatte bei seiner Ankunft in der Sowjetunion keine Hemmungen gehabt, in sowjetischer Militäruniform aufzutreten. Walter Ulbricht wurde als Kämpfer in der sowjetischen 4. Schützendivision »Deutsches Proletariat« geführt. Aber das ist gewissermaßen die Vorzeigeseite. Es gab auch eine andere, die ein Außenstehender nicht so ohne weiteres überschaut. Bereits 1918 war in der Sowjetunion unter der Leitung des deutschen Kommunisten Oskar Obert die »Sonderlehranstalt der deutschen roten Kommandeure« gegründet worden. Diese Lehranstalt wechselte ihre Bezeichnungen, war bald eine geheime Institution, dann wieder trat sie ganz öffentlich in Erscheinung, ein andermal war sie wieder geheim. Die Schule hat nicht wenige Truppenkommandeure deutscher Nationalität ausgebildet. Einige Absolventen brachten es bis zu Generalsrängen innerhalb der Roten Armee. Anfang 1941 zog es viele Absolventen dieser und anderer ähnlicher Schulen unter die Kriegsfahnen der sowjetischen Luftlandekorps.

Eine aufmerksame Beschäftigung mit den Publikationen über die 1941 aufgestellten Luftlandekorps legt die Vermutung nahe, daß die Anzahl der Soldaten, Unteroffiziere und Offiziere mit klar erkennbaren deutschen Familiennamen in diesen Formationen, gelinde ausgedrückt, oberhalb der üblichen Norm lag.

DER FLUGFÄHIGE PANZER

Die Fliegerkräfte sind auf den Flugplätzen niederzuhalten und zu vernichten . . . Der Erfolg einer Bekämpfung auf den Flugplätzen hängt vom Grad des Überraschungscharakters der Aktion ab. Wichtig ist, daß die Fliegerkräfte auf den Flugplätzen angetroffen werden.

Marschall der Sowjetunion I. S. Konew (»Militärhistorische Zeitschrift« 1976, Nr. 7, S. 75)

1.

Die Ausbildung von Hunderttausenden von Fallschirmspringern und die Bereitstellung der Fallschirme für sie ist nur ein Teil der Aufgabe: Gebraucht werden auch Militär-Transportmaschinen und Lastensegler. Die sowjetischen Führer hatten dies ausgezeichnet begriffen, weshalb auch die Fallschirmspringerpsychose in den dreißiger Jahren von einer Segelfliegerpsychose begleitet war. Die sowjetischen Segelflieger und ihre Flugzeuge hatten dabei durchaus Weltniveau oder übertrafen dieses sogar. Es genügt, daran zu erinnern, daß zu Beginn des Zweiten Weltkriegs von 18 Weltrekorden in der Segelfliegerei 13 von der Sowjetunion gehalten wurden.

Die besten Konstrukteure der sowjetischen Kampfflugzeuge waren zeitweise von ihrer Hauptbeschäftigung abgezogen worden, um Segelflugzeuge zu konstruieren. Selbst der künftige Schöpfer des ersten Sputnik, Sergej Koroljew, wurde auf die Entwicklung von Segelflugzeugen angesetzt. Er war im übrigen auf diesem Gebiet ausgesprochen erfolgreich. Wenn die Konstrukteure von Kampfflugzeugen und Raketen zur Entwicklung von Segelflugzeugen herangezogen wurden, dann geschah dies ganz offensichtlich nicht einfach um irgendwelcher Weltrekorde willen. Wäre es Stalin nur um Rekorde gegangen, warum hätte er dann nicht die besten Köpfe zur Entwicklung von Sportfahrrädern abstellen können?

Die militärische Zielsetzung in der sowjetischen Segelfliegerei steht außer Diskussion. Noch ehe Hitler an die Macht gelangte, war in der Sowjetunion der erste Lastensegler der Welt, der G-63, von dem Konstrukteur B. Urlapow entwickelt worden. Später wurden in der Sowjetunion schwere Gleitflugzeuge konstruiert, die in der Lage waren, je einen Lastkraftwagen zu befördern. P. Gorochowski entwickelte ein aufblasbares Segelflugzeug aus Gummi. Nach dem Absetzen ihrer Ladung im Rücken des Gegners konnten mehrere dieser Segelflugzeuge in ein einziges Transportflugzeug verladen und auf eigenes Gebiet für einen erneuten Einsatz zurückbefördert werden.

Die sowjetischen Generale träumten nicht nur davon, Hunderttausende Infanteristen aus der Luft in Westeuropa abzusetzen, sondern auch Hunderte oder möglichst Tausende von Panzern. Sowjetische Konstrukteure suchten angestrengt nach einem Weg, diesen Traum auf die einfachste und billigste Weise zu verwirklichen. Oleg Antonow, derselbe Konstrukteur, der später die größten Militärtransportflugzeuge der Welt entwickeln sollte, schlug vor, einen gewöhnlichen serienmäßigen Panzer mit Flügeln und Leitwerk auszustatten und dabei die Panzerwanne als Skelett für diese ganz erstaunlich einfache Konstruktion zu nutzen. Das System erhielt die Bezeichnung KT (zu russisch: Krylja Tanka = Flügel des Panzers). Die Seilzüge von Höhen- und Seitenruder wurden an der Panzerkanone befestigt. Die Panzerbesatzung steuerte den Flug von innen durch Drehung des Turms und Änderung des Anstellwinkels seines Kanonenrohrs. Die ganze Konstruktion zeichnete sich durch verblüffende Einfachheit aus. Natürlich war das Risiko bei einem Flug in diesem Panzer ungewöhnlich hoch, aber ein Menschenleben war in der Sowjetunion noch billiger als die Flügel dieses Panzers.

Die exzellenten westlichen Panzerexperten Steven J. Zaloga und James Grandsen bringen in ihrem Buch »Soviet Tanks and Combat Vehicles of World War Two« (London 1984) eine Abbildung des Panzers mit Flügeln und Flugzeugheck.

Vor der Landung des Panzers wurde das Triebwerk angelassen, und die Raupenketten begannen sich in Höchstgeschwindigkeit zu drehen. Der KT landete auf seinen eigenen Ketten und bremste nach und nach ab. Anschließend wurden Flügel und Leitwerk abgeworfen, und der Flugpanzer verwandelte sich wieder in einen gewöhnlichen Panzer.

Oleg Antonow hatte sich bei der Entwicklung des Flugpanzers im Hinblick auf den Zeitpunkt des Kriegsausbruchs verspätet, und dieser Krieg hatte auch nicht in der von Stalin vorgesehenen Weise begonnen, weshalb sich der Flugpanzer als ebenso unnötig erwies wie Stalins immense Luftlandetruppe.

2.

Den sowjetischen Segelflugzeugkonstrukteuren unterliefen Fehler, sie erlebten Mißerfolge, es gab Rückschläge und Niederlagen. Aber ihre Erfolge sind nicht zu bestreiten. Als die Sowjetunion in den Zweiten Weltkrieg eintrat, besaß sie weit mehr Segelflugzeuge und -flieger als die gesamte übrige Welt. Allein 1939 wurden gleichzeitig 30000 Mann als Segelflugpiloten ausgebildet. Die Technik des Segelfliegens erreichte dabei häufig ein sehr hohes Niveau. So wurde zum Beispiel 1940 in der UdSSR ein Gruppenflug von elf Segelflugzeugen im Schlepp eines einzigen Motorflugzeuges vorgeführt.

Stalin tat alles, um seine Segelflieger mit einer ausreichenden Anzahl von Segelflugzeugen zu versorgen. Natürlich ist hier nicht die Rede von einsitzigen Sportmaschinen, sondern solchen Seglern, die ganze Luftlandetrupps aufnehmen konnten.

Ende der dreißiger Jahre standen gleichzeitig über zehn Konstruktionsbüros in hartem Konkurrenzkampf um die Konstruktion des besten Lastenseglers für Luftlandeunternehmen. Oleg Antonow entwickelte außer seinem Flugpanzer den mehrsitzigen Luftlandesegler A-7. W. Gribowski konstruierte den großartigen Luftlandesegler G-11. D. Kolesnikow baute den Lastensegler KZ-20, der zwanzig Soldaten befördern konnte, und G. Korbula arbeitete an der Entwicklung eines Riesenlastenseglers.

Im Januar 1940 wurde auf Beschluß des Zentralkomitees (d. h. Stalins) innerhalb des Volkskommissariats für die Flugzeugindustrie eine Verwaltung für die Produktion von Lastenseglern eingerichtet. 1940 war ein Jahr intensiver Vorbereitungsarbeiten, und im Frühjahr 1941 begannen die Betriebe, die dieser Verwaltung unterstellt waren, mit dem Massenausstoß von Lastenseglern.

Damit sind wir bei einem recht interessanten Aspekt angelangt: Die im Frühjahr 1941 ausgelieferten Lastensegler hätte man im Sommer 1941 einsetzen können, oder spätestens im Frühherbst desselben Jahres. Die Lagerung dieser Lastensegler bis 1942 war bereits unmöglich. Sämtliche Hangare – von denen es in der Sowjetunion nicht allzu viele gab – waren längst mit den bereits früher produzierten Lastenseglern überfüllt. Die Lagerung eines riesigen Lastenseglers unter freiem Himmel war jedoch angesichts der herbstlichen Regenfälle und Stürme, bei Frost oder unter der Last tonnenschwerer Schneemassen schlechthin unmöglich.

Die Massenproduktion von Lastenseglern im Jahr 1941 macht die Absicht ihres Einsatzes 1941 deutlich. Hätte Stalin seine etlichen Hunderttausende von Luftlandesoldaten in Westeuropa 1942 absetzen wollen, würde der Massenausstoß von Lastenseglern für das Frühjahr 1942 geplant worden sein.

3.

Ein Lastensegler dient zur Beförderung von Lasten und Gruppen von Luftlandesoldaten ohne Fallschirm. Mit Fallschirmen ausgerüstete Luftlandetruppen werden mit Militärtransportmaschinen in das Hinterland des Gegners gebracht. Das beste Militärtransportflugzeug der Welt zu Beginn des Zweiten Weltkriegs war die legendäre amerikanische C-47. Logischerweise sollte man annehmen, daß der Sowjetunion bei Kriegseintritt – wenn schon die beste Transportmaschine in den USA entwickelt worden ist und die Sowjetunion daher nicht den ersten Platz einnehmen konnte – zumindest der zweite Platz gebührte.

Eine derartige Annahme wäre falsch, weil eben dieses großartige Flugzeug, wenn auch unter anderem Namen, die Basis der sowjetischen Transportfliegerkräfte darstellte. Die Regierung der USA hatte aus irgendeinem Grund noch vor Kriegsausbruch Stalin die Herstellungslizenz dafür verkauft und die erforderliche Menge an komplizierter Ausrüstung dazu. Stalin schöpfte die gebotenen Möglichkeiten voll aus: Die C-47 wurde in der UdSSR in so großen Serien produziert, daß einige amerikanische Experten davon ausgehen, die UdSSR habe zu Kriegsbeginn mehr Flugzeuge dieses Typs besessen als die USA.

Außer der C-47 verfügte die Sowjetunion noch über einige hundert veralteter strategischer Bomber vom Typ TB-3, die zu Militärtransportmaschinen umfunktioniert worden waren. Alle großen Luftlandeübungen in den dreißiger Jahren waren mit TB-3-Maschinen durchgeführt worden. Sie waren in ausreichender Menge vorhanden, um gleichzeitig einige tausend Fallschirmjäger und schwere Waffen einschließlich leichter Panzer, Panzerspähwagen und Artillerie befördern zu können.

4.

Wie viele Transportmaschinen Stalin aber auch immer bauen ließ, sie hätten in jedem Falle permanent Tag und Nacht mehrere Wochen hindurch und sogar monatelang im Einsatz sein müssen, um in vielen Flügen zunächst die große Masse der sowjetischen Luftlandetruppen im Rücken des Gegners abzusetzen und diese anschließend dort zu versorgen. Damit entstand das Problem, wie die Militärtransportmaschinen während des ersten Einsatzes für einen zweiten Einsatz zu sichern seien und während des zweiten Einsatzes für die nächstfolgenden Flüge. Die Verluste an Flugzeugen, Lastenseglern und Luftlandetruppen konnten bereits während des ersten Einsatzes ungeheuerlich groß sein, die Verluste während des zweiten Einsatzes möglicherweise noch größer, da nun das Überraschungsmoment fehlte.

Die sowjetischen Generale hatten dies alles sehr wohl begriffen. Es lag auf der Hand, daß massiertes Absetzen von Fallschirmjägern nur unter der Voraussetzung einer absoluten sowjetischen Luftherrschaft realisierbar war. Die Zeitung »Roter Stern« vom 27. September 1940 sprach offen und direkt davon, daß das Absetzen solcher Massen von Luftlandetruppen ohne vorherige Erlangung der Luftherrschaft nicht möglich ist.

Das grundlegende, streng geheime Dokument, das die Operationen der Roten Armee im Kriegsfall regelte, war die Felddienstvorschrift PU (von russisch: Polewoi ustaw). Zu der Zeit war die Felddienstvorschrift von 1939 in Kraft: PU-39. Diese Vorschrift besagt eindeutig und klar, daß die Durchführung einer »Operation in die Tiefe« im allgemeinen, und das massierte Absetzen von Luftlandetruppen im besonderen, nur unter der Voraussetzung einer vorherigen Erringung der Luftherrschaft durch die sowjetischen Luftstreitkräfte durchgeführt werden kann. Die Felddienstvorschrift wie auch die Gefechtsfliegervorschriften und die »Instruktion für selbständige Einsätze der Fliegerkräfte« sahen für die Anfangsphase des Krieges die Durchführung einer großangelegten strategischen Operation zum Niederhalten der Fliegerkräfte des Gegners vor. An einer derartigen Operation sollten nach den Vorstellungen der sowjetischen Führung die Fliegerkräfte mehrerer Fronten, Flotten, die Fliegerkräfte des Oberkommandos und sogar die Jagdflieger der Luftverteidigung teilnehmen. Den entscheidenden Garanten für den Erfolg der Operation sahen die sowjetischen Vorschriften in ihrem Überraschungsmoment. Die überraschende Operation zur Zerschlagung der Fliegerkräfte des Gegners sollte *»im Interesse des Krieges insgesamt«* durchgeführt werden. Mit anderen Worten: Der Überraschungsangriff auf die Flugplätze mußte so massiv ausfallen, daß sich die Luftstreitkräfte des Gegners bis zum Kriegsende nicht wieder davon erholen würden.

Im Dezember 1940 erörterten die höchsten Offiziere der Roten Armee in Anwesenheit Stalins und der Mitglieder des Politbüros in geheimer Beratung bis ins Detail gerade derartige Operationen. Im sowjetischen Jargon waren das »Sonderoperationen in der Anfangsphase des Krieges«. Der Befehlshaber der sowjetischen Luftstreitkräfte, P. Rytschagow, unterstrich besonders die Notwendigkeit einer sorgfältigen Tarnung der vorbereitenden

Maßnahmen zur Durchführung des Überraschungsangriffs durch die sowjetischen Luftstreitkräfte, um »die gesamten Fliegerkräfte des Gegners auf den Flugplätzen anzutreffen«.

Es ist völlig klar, daß dieses »Antreffen der Fliegerkräfte des Gegners auf den Flugplätzen« im Krieg nicht möglich ist. Das gelingt nur in Friedenszeiten, wenn der Gegner mit keiner Bedrohung rechnet. Man kann nicht zuerst einen Krieg beginnen und hernach einen Überraschungsschlag gegen die Mehrzahl der Flugplätze in der Hoffnung führen, die gesamte Luftflotte auf ihren Liegeplätzen zu treffen, aber man kann einen solchen Schlag in Friedenszeiten führen, und dieser Schlag erst wird den Krieg auslösen.

Stalin hatte so viele Luftlandetruppen aufgestellt, daß ihr Einsatz nur in einer einzigen Situation erfolgen konnte: *Die Rote Armee mußte den Krieg überraschend und unter Bruch des geschlossenen Vertrages durch einen Angriff ihrer Luftstreitkräfte auf die Flugplätze des Gegners beginnen.* In jeder anderen Situation war der Einsatz Hunderttausender Luftlandesoldaten und Tausender von Transportflugzeugen und Lastenseglern einfach unsinnig.

BIS NACH BERLIN!

Die Rote Arbeiter- und Bauernarmee wird die aggressivste von allen jemals dagewesenen Offensivarmeen sein.

Felddienstvorschrift der Roten Arbeiter- und Bauernarmee von 1939, S. 9

1.

Als Hitler seine Divisionen nach Frankreich warf, hatte er Stalin den Rücken zugekehrt. Zu der Zeit ist Stalin intensiv mit der Beseitigung seiner Verteidigungsvorkehrungen und der Verstärkung des Angriffspotentials der Roten Armee beschäftigt.

Zu den zahlreichen Verteidigungssystemen der Sowjetunion hatte auch die Dnjepr-Kriegsflottille gehört. Der große Dnjepr-Strom versperrt einem von Westen eindringenden Angreifer den Weg in das sowjetische Hinterland. Sämtliche Dnjepr-Brücken waren bis 1939 vermint gewesen und hätten so gesprengt werden können, daß nichts mehr übrigblieb, was eine Wiederinstandsetzung lohnte. In sämtlichen vorangegangenen Feldzügen hatten die deutschen Truppen kein einziges Mal das Übersetzen über ein Wasserhindernis von so gewaltigen Ausmaßen wie die des Dnjepr unter Kampfbedingungen bewältigen müssen. In einem Verteidigungskrieg konnten die deutschen Angriffskeile zumindest im Mittel- und Unterlauf des Dnjepr durch den Druck auf wenige Knöpfe vollkommen zum Stillstand gebracht werden. Um ein gewaltsames Überqueren des Dnjepr und den Bau von behelfsmäßigen Übergängen zu verhindern, war in den dreißiger Jahren die Dnjepr-Kriegsflottille geschaffen worden, die zu Beginn des Zweiten Weltkrieges 120 Kriegsschiffe und Kutter zählte, einschließlich 7 starker Monitor-Schiffe, jedes mit einer Wasserverdrängung bis zu 2000 BRT, durch eine 100 mm-Panzerung geschützt und mit 152 mm-Geschützen bestückt. Außerdem verfügte die Dnjepr-Flottille über eigene Fliegerkräfte sowie Küsten- und Flak-Batterien. Das linke Dnjepr-Ufer eignet sich besonders für Operationen von Flußkriegsschiffen: Es gibt eine Menge Inseln, Kanäle, Buchten, Flußarme, die Kriegsschiffen – auch den stärksten – gute Tarnungsmöglichkeiten bieten und Überraschungsangriffe erlauben, um jeden Versuch des Gegners zur gewaltsamen Überquerung des Stromes zu unterbinden.

Das mächtige Wasserhindernis des Dnjepr, die zur Sprengung vorbereiteten Brücken und die Flußflottille konnten im Zusammenwirken mit den Feldtruppen, der Artillerie und den Fliegerkräften zuverlässig den Weg zu den Industriegebieten in der Südukraine und den Marinebasen der UdSSR an der Schwarzmeerküste versperren.

An der Dnjepr-Linie hätte ein deutscher Blitzkrieg zum Stehen gebracht oder doch zumindest für einige Monate aufgehalten werden können. In dem Falle hätte der gesamte Krieg einen anderen Verlauf genommen. Aber: In dem Augenblick, als Hitler Stalin den Rücken zukehrte, befahl Stalin, die Sprengladungen in den Dnjepr-Brücken zu entschärfen und die Kriegsflottille aufzulösen.

Die Dnjepr-Flottille war nur auf dem Territorium der Sowjetunion verwendbar, und nur in einem Verteidigungskrieg. So ist es verständlich, daß Stalin ihrer nicht länger bedurfte.

2.

Anstelle der einen zur Verteidigung bestimmten Flottille bildete Stalin zwei neue Flottillen: auf der Donau und auf der Pina. Waren sie zur Verteidigung bestimmt? Wir wollen sehen.

Die sowjetische Donau-Flottille war aufgestellt worden, noch *bevor* die Sowjetunion einen Zugang zur Donau bekam. Im Verlauf von Schukows »Befreiungsfeldzug« in die Grenzgebiete Rumäniens trennte Stalin die Bukowina und Bessarabien von Rumänien ab. Unmittelbar an der Donaumündung fiel dabei ein Landstrich von einigen Dutzend Kilometern Länge an die Sowjetunion. Unverzüglich wurde die bereits für diesen Fall gebildete Donau-Flottille dahin verlegt. Der Transport der Schiffe vom Dnjepr war nicht leicht: Die kleineren Schiffe wurden per Bahn verfrachtet, die großen mußten jedoch unter besonderen Sicherheitsvorkehrungen bei ruhigem Wetter über das Schwarze Meer herangeführt werden.

Die Donau-Kriegsflottille umfaßte etwa siebzig Flußkriegsschiffe und Kutter, Jagdfliegerkräfte, Flak- und Küstenartillerie. Die Stationierungsbedingungen waren denkbar ungünstig. Das sowjetische Ufer im Donau-Delta ist kahl und ungeschützt. Die Schiffe mußten auf offenen Liegeplätzen ankern, die rumänischen Truppen lagen in unmittelbarer Nachbarschaft, mitunter nur dreihundert Meter von den sowjetischen Schiffen entfernt.

In einem Verteidigungskrieg saß die gesamte Donau-Flottille vom ersten Augenblick an in der Falle: Ein Rückzug aus dem Donaudelta war unmöglich – hinter ihr lag das Schwarze Meer. Die Flottille besaß keinen Raum, um zu manövrieren. Bei einem Angriff brauchte der Gegner nur die sowjetischen Schiffe mit Maschinengewehrfeuer zu bestreichen, um sie daran zu hindern, die Anker zu lichten und die Leinen loszumachen. In einem Verteidigungskrieg konnte die Donau-Kriegsflottille nicht nur aufgrund der Art und Weise ihrer Stationierung keinerlei Verteidigungsaufgaben übernehmen, hier konnten sich vielmehr überhaupt keine Verteidigungsaufgaben ergeben. Das Donau-Delta bedeutet Hunderte von Seen, undurchdringliche Sümpfe und Schilfwälder über Hunderte von Quadratkilometern hin. Kein Gegner wird die Sowjetunion vom Donau-Delta her angreifen!

Es gab eine einzige Variante für Aktionen der Donau-Flottille – bei einem allgemeinen Angriff der Truppen der Roten Armee flußaufwärts zu operieren. Wenn im Delta eines großen Stromes siebzig Flußschiffe zusammengezogen sind, dann können sie sich lediglich flußaufwärts bewegen. Andere Richtungen gibt es nicht. Flußaufwärts aber bedeutet im vorliegenden Fall, daß die Schiffe auf den Territorien Rumäniens, Bulgariens, Jugoslawiens, Ungarns, der Tschechoslowakei, Österreichs und Deutschlands operieren müssen.

In einem Verteidigungskrieg wird die Donau-Flottille von

niemandem gebraucht, und sie wäre zur unverzüglichen Vernichtung auf ihren ungeschützten Liegeplätzen vor einem im gegnerischen Feuerbereich liegenden Ufer verurteilt. In einem Angriffskrieg dagegen bedeutete die Donau-Flottille eine tödliche Gefahr für Deutschland: Sie brauchte sich nur 130 km flußaufwärts zu bewegen, und die strategisch wichtige Brücke bei Cernavodă läge in Reichweite ihrer Geschütze, und das wiederum hieße, daß die Erdölleitung von Ploiești zum Hafen Constanța unterbrochen wäre. Noch weitere 200 km flußaufwärts – und die ganze deutsche Kriegsmaschinerie käme zum Stillstand, weil den deutschen Panzern, Flugzeugen und U-Booten der Treibstoff ausgegangen ist . . .

Ein bemerkenswertes Detail: Zur Donau-Kriegsflottille gehörten auch mehrere mobile Küstenbatterien, die mit 130 mm- und 152 mm-Geschützen ausgerüstet waren. Wenn die sowjetische Führung tatsächlich zu dem Schluß gekommen wäre, jemand könnte sich mit der Absicht tragen, die UdSSR vom Donau-Delta her anzugreifen, dann mußten die Küstenbatterien unverzüglich in die Erde eingegraben und bei erstbester Gelegenheit Grabenwehren aus Stahlbeton angelegt werden. Aber niemand tat dergleichen, die Geschütze waren und blieben mobil. Es gab nur eine einzige Möglichkeit, ihre Mobilität zu nutzen, und eine einzige Richtung, in der sie sich bewegen konnten: Bei Angriffsoperationen begleiten die mobilen Batterien die Flottille am Ufer und unterstützen diese durch ihre Feuerkraft.

3.

Interessant ist die Reaktion der Führung der Donau-Kriegsflottille auf den Ausbruch des sowjetisch-deutschen Krieges. Das Wort »Krieg« bedeutete für sowjetische Kommandeure nicht Verteidigung, sondern Angriff. Kaum haben die sowjetischen Kommandeure die Nachricht vom Kriegsausbruch erhalten, schließen sie die letzten Vorbereitungen einer Landeoperation ab. Die Aktionen der sowjetischen Marineoffiziere wie auch der Führung des 14. Schützenkorps, dessen Divisionen im Raum des Donau-Deltas zusammengezogen sind, und der Führung der 79. Grenzabteilung des NKWD sind schon früher geplant und sorgfältig ausgearbeitet worden. Am 25. Juni 1941 werden von Kriegsschiffen der Donau-Flottille unter dem Schutz der Küstenbatterien und der Artillerie des Schützenkorps sowie der Artillerie seiner Divisionen Aufklärungs- und Sabotageeinheiten des NKWD ans rumänische Ufer übergesetzt. Unmittelbar darauf erfolgt die Anlandung von Regimentern der 51. Schützendivision des 14. Schützenkorps. Die sowjetischen Landetrupps handeln zügig, durchgreifend und schnell. Die komplizierte Operation aus dem Zusammenwirken von Flußschiffen, Fliegerkräften, Feld-, Küsten- und Schiffsartillerie, Einheiten der Roten Armee und des NKWD ist mit der peinlichen Genauigkeit eines Uhrwerks ausgearbeitet. Alles ist vorbereitet, koordiniert, aufeinander abgestimmt, wieder und wieder überprüft. Am Morgen des 26. Juni 1941 wird über der Hauptkathedrale der rumänischen Stadt Chilia die rote Flagge gehißt. Die sowjetischen Truppen verfügen über einen mächtigen Brückenkopf auf rumänischem Boden in einer Längenausdehnung von 70 km. Die Donau-Flottille bereitet sich auf Angriffsoperationen stromaufwärts vor. Sie braucht nur 130 km vorzurücken, was bei fehlendem Widerstand (und es gibt ihn so gut wie nicht) kaum mehr als eine Nacht beanspruchen dürfte. Zur Unterstützung kann das 3. Luftlandekorps abgesetzt werden, das im Raum Odessa stationiert ist.

Die Donau-Flottille wäre durchaus in der Lage gewesen, sich einige Dutzend Kilometer flußaufwärts zu bewegen. Den Beweis dafür hat sie später angetreten. 1944 zum zweiten Male aufgestellt, hat sie sich ohne Fliegerkräfte und ohne schwere Monitore 2000 km donauaufwärts durchgekämpft und den Krieg in Wien beendet. 1941 verfügte die Donau-Flottille über wesentlich stärkere Kräfte und sah sich mit weit weniger gegnerischem Widerstand konfrontiert.

4.

Sowohl Hitler wie auch Stalin verstanden sehr wohl, was die Aussage bedeutete: »Das Erdöl ist das Blut des Krieges«. Generaloberst Jodl ist sowjetischen Vernehmungsprotokollen vom 17. Juni 1945 zufolge Zeuge, daß Hitler in einer erregten Diskussion mit Guderian erklärte: »Sie wollen ohne Erdöl angreifen – gut, wir werden sehen, was dabei herauskommt.« Stalin hatte sich 1927 sehr ernsthaft mit den Fragen eines künftigen zweiten Weltkrieges auseinandergesetzt. Eine zentrale strategische Frage stellte für ihn das Erdölproblem dar. Am 3. Dezember 1927 äußerte er: »Ohne Erdöl einen Krieg zu führen ist unmöglich, wer daher in Sachen Erdöl im Vorteil ist, der hat auch Siegeschancen im kommenden Krieg.« (Werke X, S. 277)

Mit diesen beiden Standpunkten vor Augen wollen wir uns auf die Suche nach dem Urheber des sowjetisch-deutschen Krieges begeben. *Im Juni 1940*, zu einem Zeitpunkt, als niemand die Sowjetunion bedroht, tauchen, wie bereits erwähnt, Dutzende sowjetischer Flußkriegsschiffe im Donau-Delta auf. Dieser Schritt hat keinerlei Verteidigungsbedeutung, sondern stellt eine Bedrohung der völlig ungeschützten rumänischen Erdölleitungen und folglich auch eine tödliche Bedrohung Deutschlands dar. *Im Juli 1940* hält Hitler intensive Besprechungen mit seinen Generalen ab und gelangt zu dem unerfreulichen Schluß, daß eine Verteidigung Rumäniens keineswegs einfach sein würde: Die Versorgungswege sind lang und führen durch gebirgiges Gelände. Wirft man ein großes Truppenkontingent zur Verteidigung nach Rumänien, werden Westpolen und das östliche Deutschland einschließlich Berlins entblößt und schutzlos einem sowjetischen Angriff preisgegeben. Zieht man starke Kräfte in Rumänien zusammen, damit es um jeden Preis gehalten wird, hilft auch das nicht weiter: Die Erdölfelder können durch Feuersbrünste zerstört werden, die unvermeidbar wären, wenn Rumänien zum Kriegsschauplatz würde.

Im Juli 1940 spricht Hitler den Gedanken aus, daß die Sowjetunion sehr gefährlich werden könnte, besonders wenn die deutschen Truppen vom europäischen Festland auf die Britischen Inseln und nach Afrika übersetzen. Am 12. November weist Hitler in einer Unterredung mit Molotow auf die Notwendigkeit hin, ein großes Kontingent deutscher Truppen in Rumänien zu unterhalten – eine deutliche Anspielung auf die sowjetische militärische Bedrohung des rumänischen Erdöls. Molotow überhört die Anspielung. Das ist der Grund, weshalb Hitler nach Molotows Abreise alles noch einmal überdenkt und dann im Dezember die Weisung zur Durchführung des »Unternehmens Barbarossa« gibt.

Im Juni 1940 hatte Schukow, während die deutsche Wehrmacht in Frankreich kämpfte, auf Stalins Befehl ohne irgendwelche vorherigen Konsultationen mit dem deutschen Bündnispartner ein Stück von Rumänien – Bessarabien – abgetrennt und Flußschiffe in das Donau-Delta verlegt. Wenn Hitler noch einen Schritt weiter in Richtung Westen, wenn er nach England geht, wo bleibt für ihn die Garantie, daß Schukow auf Stalins Geheiß nicht auch einen Schritt weiter in eben demselben Rumänien tut, einen Schritt von nur 100 Kilometern, der aber für Deutschland eine tödliche Gefahr bedeuten würde?

Hitler hatte den sowjetischen Regierungschef aufgefordert, die sowjetische Bedrohung von der Quelle des deutschen Erdöls abzuwenden. Stalin und Molotow haben dies nicht getan. Wer also ist schuld am Ausbruch des Krieges? Wer hat wen bedroht? Wer hat wen zu Gegenaktionen provoziert?

Der britische Militärhistoriker B. H. Liddell Hart, der sich eingehend mit dieser Frage beschäftigt hat, kam zu dem Schluß, daß der deutsche Plan im Juli 1940 sehr einfach war: Um Rumänien im Falle einer sowjetischen Offensive zu verteidigen, muß ein deutscher Schlag an einer anderen Stelle erfolgen, um dadurch die Aufmerksamkeit der Roten Armee von den Erdölfeldern abzulenken. Bei der Analyse der möglichen Varianten kam man überein, daß ein Ablenkungsangriff nur dann Erfolg haben konnte, wenn es sich dabei um eine machtvolle und zugleich überraschende Operation handelte. Das Truppenkontingent für diesen Einsatz wurde nach und nach so weit erhöht, bis schließlich – was man sich nicht eingestand – an dieser Operation praktisch sämtliche Landstreitkräfte und ein Großteil der Luftwaffe beteiligt waren.

Hitlers Rechnung ging auf: Der deutsche Angriff 1941 an einer anderen Stelle zwang die sowjetischen Truppen, sich an der gesamten Front zurückzuziehen. Die sowjetische Donau-Flottille war von ihren Truppen abgeschnitten und ohne jede Rückzugsmöglichkeit. Die Mehrzahl ihrer Schiffe mußte gesprengt oder versenkt werden, und die riesigen Vorräte, die die Bewegung der Flottille donauaufwärts gewährleisten sollten, mußten aufgegeben werden.

Hitlers Schlag war gewaltig, aber nicht tödlich gewesen. Schon Machiavelli hat festgestellt, daß ein starker, aber nicht tödlicher Schlag den Tod desjenigen bedeuten kann, der einen derartigen Schlag geführt hat. Stalin erholte sich von dem Überraschungsschlag mühsam, aber es gelang. Er stellte neue Armeen und Flottillen anstelle der in den ersten Kriegstagen verlorenen auf, und die Erdölader Deutschlands wurde dennoch durchtrennt, wenn auch einige Jahre später als vorgesehen.

5.

Weshalb Stalin das rumänische Bessarabien im Juni 1940 annektierte, verrät ein Telegramm Stalins an den Befehlshaber der Süd-Front, Armeegeneral I. W. Tjulenew, vom 7. Juli 1941. Stalin befiehlt darin, Bessarabien um jeden Preis zu halten »im Hinblick darauf, daß wir das Territorium Bessarabiens als Aufmarschbasis für die Organisierung unseres Angriffs benötigen«. Hitler hat bereits seinen Überraschungsschlag geführt, aber Stalin denkt nicht an Verteidigung, seine Hauptsorge gilt der Organisierung des Angriffes von Bessarabien aus. Ein Angriff aus Bessarabien jedoch bedeutet den Angriff auf die rumänischen Ölfelder.

In Stalins Karriere hat es nur wenige Irrtümer gegeben. Einer dieser wenigen – allerdings der entscheidendste – war die Besetzung Bessarabiens 1940. Stalin hätte entweder Bessarabien besetzen und sofort bis Ploiești vorrücken müssen, was den Zusammenbruch Deutschlands zur Folge gehabt hätte; oder er mußte Hitlers Landung in Großbritannien abwarten und danach Bessarabien und ganz Rumänien besetzen, auch dies hätte das Ende des »Tausendjährigen Reiches« bedeutet. Stalin aber tat nur einen Schritt in Richtung Erdöl, als er den Aufmarschplatz für den künftigen Angriff annektierte, doch dann verharrte er in einer Warteposition. Damit hatte er sein Interesse am rumänischen Erdöl bewiesen und Hitler aufgeschreckt, der bis dahin mit seinem Krieg im Westen, Norden und Süden beschäftigt war.

Die Annexion Bessarabiens durch die Sowjetunion und die Konzentrierung eines starken Angriffspotentials in diesem Raum einschließlich eines Luftlandekorps und der Donau-Flottille ließ Hitler die strategische Situation in einem völlig neuen Licht erscheinen und veranlaßte ihn, entsprechende Vorkehrungen zu treffen. Doch es war bereits zu spät. Selbst ein Überraschungsschlag der Wehrmacht gegen die Sowjetunion konnte Hitler und sein Imperium nicht mehr retten. Hitler hatte begriffen, von wo die entscheidende Gefährdung ausging, doch es war zu spät. Daran hätte er vor der Unterzeichnung des Molotow-Ribbentrop-Paktes denken sollen.

6.

In den Memoiren des Marschalls der Sowjetunion G. K. Schukow gibt es eine Karte mit der Verteilung der sowjetischen Marinebasen im ersten Halbjahr 1941. Darunter ist eine im Gebiet von Pinsk in Belorußland aufgeführt. Die Entfernung bis zum nächsten Meer beträgt nicht weniger als fünfhundert Kilometer. Diese Marinebasis in den belorussischen Sümpfen erinnert sehr an einen Scherz unserer Kindertage – »U-Boot in der ukrainischen Steppe«. Nur handelt es sich im vorliegenden Fall um alles andere als einen Scherz.

Nach der Auflösung der mit reinen Verteidigungsaufgaben betrauten Kriegsflottille auf dem Dnjepr war ein Teil ihrer Schiffe in das Donau-Delta verlegt worden, der andere Teil aber fuhr flußaufwärts in einen Nebenfluß des Dnjepr – den Pripjet. Die Schiffe gingen so weit flußaufwärts, bis die Breite des Flusses nur noch 50 Meter betrug. Hier wurde die Basis für die neue Flottille angelegt.

Die Pinsker Kriegsflottille stand an Kampfstärke der Donau-Flottille kaum nach, gehörten zu ihren Einheiten doch nicht weniger als vier mächtige Monitore und zwei Dutzend anderer Schiffe, eine Fliegerstaffel, eine Kompanie Marineinfanterie und andere Einheiten bzw. Teileinheiten. Ein Einsatz der Pinsker Kriegsflottille für Verteidigungsaufgaben war unmöglich: Die Monitore, die bis hierher vorgedrungen waren, hätten nicht einmal wenden können. Wenn man die Schiffe im Verteidigungsfall einsetzen will, muß man sie zum Dnjepr zurückschicken, auf dem Pripjet aber, dem stillen Waldfluß, können sie einfach nichts tun, und auch der Gegner wird schwerlich in diese undurchdringlichen Wälder und morastigen Sümpfe kriechen.

Die Aufgaben der Pinsker Kriegsflottille bleiben demnach unerfindlich, wenn wir nicht den Dnjepr-Bug-Kanal in unsere Überlegungen mit einbeziehen. Unmittelbar nach der »Befreiung« des westlichen Belorußland hatte die Rote Armee damit begonnen, von Pinsk bis Kobrin einen Kanal in einer Gesamtlänge von 127 km zu graben. An dem Kanal wurde winters und sommers gebaut. An den Bauarbeiten waren Pioniertruppenteile der 4. Armee und »Bauorganisationen des NKWD« beteiligt, das heißt Tausende von Strafgefangenen aus dem GULag. Für die rein militärische Nutzung des Kanals spricht allein schon die Tatsache, daß die Bauarbeiten vom Oberst und späteren Marschall der Pioniertruppen Alexej Proschljakow geleitet wurden. Die Bedingungen, unter denen dieser Kanal gebaut wurde, waren in der Tat entsetzlich. In dem morastigen Gelände versank das technische Gerät, und es blieb eine einzige Möglichkeit, den Kanal in der von Stalin gesetzten Frist fertigzustellen: Sämtliche Arbeiten mußten von Hand bewältigt werden. Der Kanal wurde fertig. Mit wie vielen Menschenleben dafür gezahlt wurde, wird kaum jemand erfahren. Und wer sollte diese Leben auch gezählt haben?

Der Kanal verband das Dnjepr-Becken mit dem Flußsystem des Bug. Zu welchem Zweck? Um mit Deutschland Handel zu treiben? Der Handel lief über die Ostsee und die Eisenbahn. Handelsschiffe mit einer auch nur einigermaßen kommerziell vertretbaren Ladekapazität konnten den Kanal nicht im Gegenverkehr passieren. Zudem wäre es ein recht langer Weg geworden: vom Dnjepr zum Pripjet, durch den Kanal zum Muchawez, von da in den Bug – auf dem es übrigens damals keine Handelsschiffahrt gab – und von da weiter bis zur Weichsel. Nein, dem Handel zuliebe war dies offensichtlich nicht geschehen. Es war ein rein militärischer Kanal. Zur Verteidigung am Bug? Durch die Sowjetunion verlief doch nur ein ganz kleines Teilstück des Bug im Raume Brest, und von da wendet sich der Bug in einer scharfen Schleife in Richtung Warschau. Eine Verteidigung war in diesen Gebieten nicht vorgesehen, selbst in der Festung Brest hätte im Kriegsfall nur ein einziges Bataillon gelegen, und auch das nicht zur Verteidigung, sondern für den Garnisonsdienst.

Die einzige Bestimmung des Kanals konnte nur darin bestehen, Schiffe in das Flußsystem der Weichsel und weiter in Richtung Westen passieren zu lassen. Ein anderer Zweck ist für den Kanal nicht auszumachen. Im Verteidigungskrieg mußte er gesprengt werden, um keine deutschen Schiffe aus dem Weichselbecken in das Flußgebiet des Dnjepr gelangen zu lassen. Im Verteidigungskrieg hatte man sämtliche Schiffe der Pinsker Flottille sprengen und aufgeben müssen.

Ende 1943 allerdings wurde am Dnjepr erneut eine Flottille zusammengestellt, und wieder zog sie den Pripjet hinauf, und wieder setzten sowjetische Pioniere den Kanal vom Pripjet zum kleinen Fluß Muchawez instand, der weiter zum Bug führte. *Admiral W. Grigorjew,* der 1943 bei Kiew die neue Flottille übernahm, erinnert sich an die Worte von Marschall Schukow: »›. . . Vom Pripjet aus können Sie in den westlichen Bug gelangen, in den Narew und auf der Weichsel bis nach Warschau, und von dort führt der Weg zu den Flüssen Deutschlands. Wer weiß, vielleicht bis nach Berlin!‹ – Er wandte sich abrupt um, blickte mich fragend an und wiederholte, indem er jedes Wort einzeln betonte: ›Bis nach Berlin? Na, was meinen Sie?‹« (»Militärhistorische Zeitschrift« 1984, Nr. 7, S. 68)

Admiral Grigorjew ist mit seiner Flottille bis nach Berlin gekommen. In jedem Buch über die Geschichte der sowjetischen Kriegsmarine begegnet uns das symbolische Foto von der Flagge der sowjetischen Kriegsmarine vor dem Hintergrund des Reichstagsgebäudes.

Es hat sich so ergeben, daß Stalin als Antwort auf Hitlers Überfall bis nach Berlin gekommen ist. Doch das ist eine Variante, die Stalin nicht vorausgesehen hatte. Hätte er an die Möglichkeit eines deutschen Angriffes geglaubt, dann hätte er Millionen von Strafgefangenen an die Grenze werfen und sie dort entlang dieser Grenze Panzergräben ausheben lassen müssen. Stalin hatte die Absicht gehabt, nach Berlin zu kommen, aber nicht als Antwort auf einen Angriff, sondern aus eigener Initiative. Das ist der Grund, weshalb die sowjetischen Strafgefangenen und die Pioniere der Roten Armee keine Panzergräben aushoben, sondern diese zuschütteten und den Kanal von Osten nach Westen bauten.

Wir wollen diese Gefangenen nicht vergessen, die Stalin 1940 in den morastigen Sumpfböden umkommen ließ, um die Flagge der Kommunisten über der Hauptstadt des Dritten Reiches hissen zu können.

MARINEINFANTERIE IN DEN WÄLDERN BELORUSSLANDS

Man hat uns gelehrt, daß Kriege heute nicht mehr mit dem ritterlichen »Ich greife an!« beginnen.

Flottenadmiral der Sowjetunion N. G. Kusnezow (»Militärhistorische Zeitschrift« 1965, Nr. 9, S. 166)

1.

Marineinfanterie besaß die Rote Armee ursprünglich nicht. Bei Landschlachten war es einfacher und billiger, gewöhnliche Infanterie einzusetzen, und eine Landung an fernen Ufern war vorerst in Stalins Plänen nicht vorgesehen.

Doch nun war Hitler nach Westen gestürmt und hatte Stalin seinen ungeschützten Rücken zugekehrt. Dieses unvorsichtige Vorgehen Hitlers zog ungemein radikale strukturelle Veränderungen innerhalb der Roten Armee nach sich; die Reste der Verteidigungsvorkehrungen wurden beseitigt und das Offensivpotential rapide erhöht. 1940 ist das Geburtsjahr der sowjetischen Marineinfanterie. Sie wurde im Juni geschaffen, das heißt just in dem Monat, da Hitler Frankreich niederzwang. Zu der Zeit gab es innerhalb der sowjetischen Streitkräfte zwei Ozeanflotten und zwei Binnenmeerflotten sowie zwei Flußflottillen: die Amur- und die Dnjepr-Flottille. Die Ozeanflotten bekamen keine Marineinfanterie. Der Stille Ozean und das Nördliche Eismeer interessierten Stalin vorerst noch nicht. Die Kriegsflottille auf dem Amur schützte die sowjetischen Grenzen im Fernen Osten und bekam ebenfalls keine Marineinfanterie. Die Dnjepr-Kriegsflottille war, wie wir bereits wissen, in zwei Flottillen mit Angriffscharakter aufgeteilt worden, wobei die in den Wäldern Belorußlands stationierte Pinsker Flottille zwei Regimenter Marineinfanterie zugeteilt erhielt. Dies ist nun in der Tat bemerkenswert: Keine Marineinfanterie auf den Ozeanen, wohl aber in den belorussischen Sümpfen. Daraus lassen sich Schlüsse hinsichtlich der Räume ziehen, in denen Stalin an Verteidigung bzw. an Angriff dachte.

Die sowjetische Ostseeflotte, deren einzige Gegner Deutschland und seine Verbündeten sein konnten, bekam eine Brigade Marineinfanterie in einer Gesamtstärke von einigen tausend Mann zugeteilt.

Die sowjetische Marineinfanterie erhielt ihre Feuertaufe am 22. Juni 1941 in den Abwehrkämpfen um die Marinebasis Libau (Lijepaja). Diese Marinebasis lag keine hundert Kilometer von der deutschen Grenze entfernt, besaß jedoch keine Verteidigungsanlagen auf der Landseite und war auf Abwehrkämpfe auch nicht vorbereitet. Nach dem Zeugnis sowjetischer Admirale wie auch erbeuteter deutscher Dokumente war Libau mit U-Booten vollgestopft »wie ein Heringsfaß«. Die von der Akademie der Wissenschaften der UdSSR herausgegebene offizielle Geschichte der sowjetischen Kriegsmarine gibt offen zu, daß Libau als vorgeschobene sowjetische Flottenbasis für einen Angriffskrieg zur See vorgesehen war. (*A. W. Bassow*, Die Kriegsmarine im Großen Vaterländischen Krieg. Moskau 1980, S. 138) Die Marineinfanterie lag in Libau so nahe an der deutschen Grenze, daß sie bereits am ersten Kriegstage in Abwehrkämpfe verwickelt wurde, obwohl die Marineinfanterie natürlich nicht dafür aufgestellt worden war. Für Abwehrkämpfe ist die gewöhnliche Infanterie besser geeignet als die beste Marineinfanterie.

2.

Die Donau-Kriegsflottille verfügte über zwei Kompanien an Landstreitkräften; sie sind in den Dokumenten offiziell nicht als Marineinfanterie deklariert. Dennoch spricht das nicht für eine große Friedensliebe. Wir wissen bereits, daß sich noch vor dem deutschen Angriff mindestens zwei sowjetische Schützendivisionen – die im Donau-Delta statonierte 25. Tschapajew-Division und die 51. Perekop-Division – auf einen Einsatz als Marineinfanterie vorbereiteten.

Über noch stärkere Kräfte verfügte die Schwarzmeerflotte. Offiziell besaß sie keine Marineinfanterie, aber Anfang Juni 1941 war aus Transkaukasien heimlich das 9. Spezial-Schützenkorps unter Generalleutnant P. J. Batow auf die Krim verlegt worden. Das Korps stellte etwas völlig Ungewöhnliches dar in bezug auf Zusammensetzung, Bewaffnung und Zielsetzung der Gefechtsausbildung. Am 18. und 19. Juni 1941 führte die Schwarzmeerflotte eindrucksvolle Manöver mit offensiver Thematik durch, wobei eine Division des 9. Spezial-Schützenkorps auf Einheiten der Kriegsmarine eingeschifft wurde und diese anschließend eine Landung am Ufer des »Gegners« durchführte. Das Anlanden einer ganzen Division durch Kriegsschiffe war bis dahin noch nie in der Roten Armee praktiziert worden.

Den gemeinsamen Übungen der Flotte und der Truppen des 9. Spezial-Schützenkorps wurde in Moskau besondere Bedeutung beigemessen. Die Übungen verliefen im Beisein eigens aus Moskau angereister hochrangiger Offiziere. Einer von ihnen, *Vizeadmiral I. I. Asarow*, bezeugt, daß alle Teilnehmer das Gefühl hatten, diese Übungen würden nicht von ungefähr durchgeführt, und die erworbenen Fertigkeiten würden wohl bald in einem Krieg eingesetzt werden müssen, natürlich nicht auf eigenem Territorium. (Das belagerte Odessa. Moskau 1962, S. 3–8)

Sollte es zum Krieg kommen und die sowjetische Führung das 9. Spezial-Schützenkorps seinem besonderen Ausbildungsprofil entsprechend zum Einsatz bringen wollen, wo könnte das Anlanden erfolgen? Man wird schließlich nicht auf sowjetischem Territorium ein Korps von See aus anlanden! Wo aber dann? Theoretisch bleiben nur drei Möglichkeiten: Rumänien, Bulgarien und die Türkei. Wo immer aber auch dieses Korps an Land gesetzt würde, es müßte versorgt werden, und dafür müßten weitere Truppen angelandet werden, oder aber die sowjetischen Truppen müßten zügig eine Vereinigung mit dem 9. Spezial-Schützenkorps herstellen, und das bedeutet in jedem Fall über rumänisches Territorium.

In seltsamer Koinzidenz wurden an denselben Tagen ebenfalls auf der Krim vom 3. Luftlandekorps eindrucksvolle Manöver abgehalten, bei denen Führung und Stab des Korps sowie die Brigadestäbe aus der Luft abgesetzt wurden.

Sowjetische Historiker haben niemals diese Ereignisse zueinander in Beziehung gesetzt: die Übungen des 14. Schützenkorps zur Anlandung durch Schiffe der Donau-Flottille, die Luftlandemanöver des 3. Luftlandekorps mit Flugzeugen und Lastenseglern und die Landeübungen des 9. Spezial-Schützenkorps von Schiffen der Schwarzmeerflotte aus. Aber diese Vorgänge hängen zusammen. Sie sind durch Ort, Zeit und Ziel miteinander verbunden. Es ist die Vorbereitung einer Angriffsoperation von gigantischen Ausmaßen. Eine Vorbereitung im allerletzten Stadium.

WAS IST EINE SICHERUNGSARMEE?

Dem modernen Begriff der »Sicherungsarmee« liegt die grundsätzliche und dominierende operativ-strategische Vorstellung einer *aktiven überraschenden Invasion* zugrunde. Dies macht deutlich, daß der moderne Verteidigungsterminus »Sicherungsarmee« eher ein Deckmantel für einen *überraschenden* offensiven Vorstoß einer »Invasionsarmee« ist.

Probleme der strategischen Entfaltung. Herausgegeben von der Frunse-Kriegsakademie der Roten Arbeiter- und Bauernarmee. Moskau 1935 (Hervorhebungen durch die Autoren)

1.

Im europäischen Teil der Sowjetunion gab es fünf Militärbezirke, die an ausländische Staaten grenzten. Die Truppen dieser fünf Grenzbezirke und die drei Flotten bildeten zusammen die Erste Strategische Staffel. Die Grenzbezirke wie auch alle anderen Militärbezirke verfügten über Divisionen und Korps, Armeen gehörten jedoch nicht dazu.

Armeen hatte es im Bürgerkrieg gegeben, danach waren sie aufgelöst worden. Armeen sind zu große Verbände, um sie auch in Friedenszeiten unterhalten zu können. Die einzige Ausnahme bildete die Besondere Rotbannerarmee. Diese brauchen wir hier jedoch nicht zu berücksichtigen, da unter diesem Terminus alle sowjetischen Truppen im Fernen Osten und jenseits des Baikalsees einschließlich der Fliegerkräfte, Marineeinheiten, Militärsiedlungen usf. zusammengefaßt waren. Dieses riesige formlose Gebilde besaß sogar Kolchosen und seine eigenen

Konzentrationslager. Die Sonderstellung dieses Verbandes wurde noch dadurch unterstrichen, daß er in keine Zählung einbezogen war und daß an der Spitze dieser gigantischen Organisation ein Marschall der Sowjetunion stand.

1938 wurden im Fernen Osten erstmalig in Friedenszeiten zwei Armeen aufgestellt: Die 1. und die 2. Armee. Dieser Schritt der Sowjetregierung ist ganz begreiflich, denn die Beziehungen zu Japan waren ausgesprochen gespannt, und die Perioden anhaltender Feindseligkeiten waren wiederholt in reguläre Kämpfe und Schlachten unter Beteiligung großer Truppenkontingente ausgeartet.

Im europäischen Teil des Landes hatte es jedoch seit dem Bürgerkrieg keine Armeen mehr gegeben. Hitlers Machtergreifung, die wirtschaftlichen, politischen und militärischen Krisen in Europa, der unmittelbare Zusammenstoß zwischen sowjetischen Kommunisten und den Faschisten in Spanien, die Einverleibung Österreichs durch Deutschland und die Besetzung der Tschechoslowakei, das alles hatte nicht zur Aufstellung sowjetischer Armeen in Europa geführt.

Doch nun war die Große Säuberung abgeschlossen, und mit dem Jahr 1939 tritt die Sowjetunion in eine neue Epoche ein. Der Beginn dieser Epoche wird durch Stalins Rede auf dem 18. Parteikongreß markiert, eine Rede, die laut Ribbentrop in Berlin auf Verständnis stieß. Die sowjetische Außenpolitik vollzieht einen scharfen Kurswechsel: Großbritannien und Frankreich werden offen zu Kriegshetzern erklärt. Stalin reicht Hitler nicht die Hand der Freundschaft, doch die sowjetische Diplomatie gibt Hitler deutlich zu verstehen, daß man die von ihm gebotene Hand ergreifen würde. Im übrigen wurde Hitlers ausgestreckte Hand ergriffen, zwar nicht von Stalin persönlich, aber immerhin von seinem treuen Gefolgsmann Molotow. Allerdings ist dies nur die an der Oberfläche liegende, sichtbare Seite des Beginns einer neuen Epoche, und hier nun die Kehrseite: *1939 begann die Sowjetunion mit der Aufstellung von Armeen im europäischen Teil ihres Landes.* Darf man neugierig fragen: gegen wen? Gegen die »Kriegshetzer« Großbritannien und Frankreich waren Landstreitkräfte aus rein geographischen

Gründen nicht einsetzbar. Gegen wen also dann? Doch nicht gegen Hitler, mit dem man hinter den Kulissen so emsige Verhandlungen wegen einer Annäherung führt?

Die sowjetische Diplomatie sucht also »einen Weg zur Erhaltung des Friedens«, aber an den Westgrenzen tauchen heimlich Armeen auf, plötzlich und serienweise: Die 3. und 4. Armee in Belorußland, die 5. und die 6. Armee in der Ukraine, die 7., 8. und die 9. Armee an der finnischen Grenze. Die Armeen verstärken ihre Kampfkraft, und unterdessen kommen neue hinzu: die 10. und die 11. Armee in Belorußland, die 12. Armee in der Ukraine.

Die kommunistische Propaganda ist mitunter bemüht, die Sache so hinzustellen, als sei zuerst der Krieg in Europa ausgebrochen und hernach habe die Sowjetunion mit der Aufstellung ihrer Armeen begonnen. Aber so war es nicht. Es gibt genügend Beweise dafür, daß zuerst Stalin die Aufstellung der Armeen beschloß und anschließend Kriege und Konflikte ausbrachen. Der Beginn der Aufstellung dieser Armeen war sogar sowjetischen offiziellen Quellen zufolge dem Molotow-Ribbentrop-Pakt vorausgegangen. Von der 4. und 6. Armee weiß man, daß sie bereits im August 1939 existierten. Es gibt Informationen, die besagen, daß die 5. Armee im Juli existierte. Die 10. und die 12. Armee waren »vor Ausbruch des Zweiten Weltkrieges« aufgestellt, d. h. vor dem 1. September 1939. Von den übrigen Armeen ist ebenfalls bekannt, daß sie zuerst im Gebiet künftiger Konflikte geschaffen wurden und daß hernach die Konflikte ausbrachen.

Jede dieser Armeen war kurze Zeit nach der Aufstellung in Aktion: Sämtliche sieben an der polnischen Grenze entfalteten Armeen »befreiten« Polen, und die drei Armeen an der finnischen Grenze »halfen dem finnischen Volk, das Joch der Unterdrücker abzuwerfen«. Drei Armeen reichten hier allerdings nicht aus, und deshalb die neu geschaffenen Armeen: die 13., 14. und 15.

Nach dem Winterkrieg verschwanden vier sowjetische Armeen an der finnischen Grenze gleichsam in der Versenkung und lösten sich auf. Die 15. erschien bald darauf im Fernen

Osten, die 8. taucht an der Grenze zu den baltischen Staaten auf und die 9. an der Grenze Rumäniens. Dann treffen die »Bitten der Werktätigen« um Befreiung ein. Und die heldenmütigen sowjetischen Armeen »befreien« Estland, Litauen, Lettland, Bessarabien und die nördliche Bukowina. Anschließend gleitet die 9. Armee zurück in den Schatten, ist jedoch genauso wie die 13. Armee bereit, in jedem beliebigen Moment wieder aufzutauchen. Und sie wird auftauchen.

Nach Beendigung der Kämpfe und »Befreiungs«-Feldzüge wurde keine einzige Armee aufgelöst. Ungeachtet der enormen Aufwendungen für ihren Unterhalt existierten sie weiter. Das war ein nie dagewesener Präzedenzfall in der Geschichte der UdSSR. Bis dahin waren Armeen nur während eines Krieges und nur für den betreffenden Krieg aufgestellt worden. Doch die UdSSR hatte alles, was nur irgendwie zur Disposition stand, »befreit«. Mehr war in Europa nicht zu befreien übrig. Dahinter lag nur noch Deutschland. Und gerade zu diesem Zeitpunkt wird der Prozeß der Aufstellung von Armeen rapide vorangetrieben.

2.

Im Juni 1940 werden in Transbaikalien zwei Armeen aufgestellt: die 16. und die 17. Die 16. Armee wurde nach ihrer Aufstellung so disloziert, daß sie jederzeit rasch nach Westen geworfen werden konnte. Doch nicht ihr gilt unser Interesse. Die 17. Armee zieht unsere Aufmerksamkeit auf sich. Die Aufstellung einer Armee mit der Nummer 17 ist ein Moment von außerordentlicher Bedeutung. Im Bürgerkrieg war selbst während der ausgesprochen dramatischen Zeit des blutigen Kampfes um die Erhaltung der kommunistischen Diktatur mit der Ziffer 16 die höchste Nummer zur Armeebezeichnung erreicht. Eine 17. Armee hatte es in der ganzen Geschichte der Sowjetunion nicht gegeben. Das Auftauchen einer Armee mit dieser Nummernbezeichnung zeigt an, daß die Sowjetunion in der Anzahl ihrer regulären Armeen in Friedenszeiten, ohne einen Angriff von außen befürchten zu müssen, jenes Niveau überschritten hat, das sie nur ein einziges Mal für einen kurzen Zeitraum und nur im Verlauf des mit aller Erbitterung geführten russischen Bürgerkrieges (1918–1920) erreicht hatte.

Die sowjetischen Führer begriffen sehr wohl, daß sie nach der Aufstellung einer Armee mit der Nummer 17 den für einen Außenstehenden unsichtbaren Rubikon überschritten hatten. Noch zwei Jahre zuvor konnte es sich der Staat nicht leisten, auch nur einen einzigen Verband zu unterhalten, den man – an militärischem Standard gemessen – als Armee hätte bezeichnen können. Jetzt hatte man Armeen in einer Anzahl aufgestellt wie niemals zuvor, selbst nicht im Bürgerkrieg, d. h. unter den Bedingungen einer allgemeinen totalen Mobilisierung der gesamten Bevölkerung, unter voller Ausschöpfung des wirtschaftlichen Potentials des Landes, unter Einsatz der gesamten geistigen und physischen Kräfte der Gesellschaft. Die Sowjetunion hatte die kritische Grenze militärischer Macht überschritten, und von nun an verlief die Entwicklung des Landes unter völlig neuen Voraussetzungen, wie man sie früher nicht gekannt hatte.

Es ist klar, daß die Aufstellung der 17. Armee ein hochrangiges Staatsgeheimnis war und Stalin alles tat, dieses Geheimnis sowohl jenseits der Grenzen als auch im Landesinneren zu bewahren. Die Aufstellung der 16. und 17. Armee verlief in einer Weise, die für einen Außenstehenden kaum zu erkennen war. Zusätzlich wurden Vorkehrungen getroffen, um die Verbreitung von Gerüchten über das Anwachsen der sowjetischen Militärmacht zu unterbinden. Der Befehl über die Aufstellung der 17. Armee wurde von Marschall der Sowjetunion S. K. Timoschenko am 21. Juni 1940 unterzeichnet (siehe Befehl des Volkskommissars für Verteidigung Nr. 4, Punkt 3), und am folgenden Tag, dem 22. Juni 1940, verbreitete der sowjetische Rundfunk eine TASS-Meldung. Autor dieser Meldung war wie üblich Stalin selbst. Der deutsche Botschafter Graf von der Schulenburg identifizierte zweifelsfrei den Autor und sprach gegenüber Molotow offen über seine Entdeckung. Molotow hielt es nicht für nötig, von der Schulenburgs Vermutung zu widerlegen.

Stalin bedient sich in dieser TASS-Meldung seiner beliebten Methode, zunächst den Gegnern Worte in den Mund zu legen, die diese nicht geäußert haben, um sie anschließend mit Leichtigkeit als Lügner zu entlarven. »... Es gehen Gerüchte um, an der litauisch-deutschen Grenze seien bald 100, dann wieder 150 sowjetische Divisionen zusammengezogen worden ...« Das ist eine Stalinsche Erfindung. Ich habe die Zeitungen in Großbritannien, Frankreich und den USA durchgesehen, die Stalin als Verleumder entlarvt zu haben behauptet – aber nicht eine einzige hat derartig phantastische Zahlen genannt. Nachdem Stalin zuvor der westlichen Presse etwas angelastet hat, was diese gar nicht äußerte, fällt es ihm leicht, diese nicht existirende Verleumdung zu widerlegen, und er kommt auf sein eigentliches Anliegen zu sprechen:

»In den verantwortlichen sowjetischen Kreisen geht man davon aus, daß die Verbreiter dieser unsinnigen Gerüchte damit ein spezielles Ziel verfolgen: Sie wollen einen Schatten auf die deutsch-sowjetischen Beziehungen werfen. Doch diese Herrschaften geben dabei ihre heimliche Wünsche als Wirklichkeit aus. Sie sind, wie es scheint, unfähig, die offensichtliche Tatsache zu begreifen, daß die gutnachbarlichen Beziehungen, die sich zwischen der UdSSR und Deutschland infolge des Nichtangriffspakts entwickelt haben, nicht durch irgendwelche Gerüchte und kleinkarierte Propaganda zu erschüttern sind.« (»Prawda«, 23. 6. 1940)

Stalins Meldung enthält eine Teilwahrheit: Die sowjetischen Truppenverbände werden nicht unmittelbar an der Grenze aufgestellt. Das ist es, worüber Stalin spricht. Aber er verschweigt, daß tief im Innern des Landes und fern von neugierigen Blicken extrem starke Verbände aufgestellt werden, die unter dem Schutz einer weiteren (ebenfalls falschen) TASS-Meldung eines Tages an der deutschen Grenze auftauchen werden.

3.

Es ist völlig klar, daß die Armeen der »Vorkriegsperiode« hinsichtlich ihrer Einsatzbereitschaft, technischen Ausstattung, Feuerkraft, Angriffs- und Kampfstärke auf einem unvergleichlich höheren Niveau standen als die Armeen im Bürgerkrieg.

Aber ein Unterschied bestand nicht nur darin. Damals verteilten sich die Armeen auf sechs verschiedene Stoßrichtungen, jetzt waren sie nur auf zwei Richtungen zusammengezogen, und das durchaus nicht in gleicher Verteilung: Gegen Japan, dem gegenüber die Konflikte kein Ende finden, stehen 5 Armeen bereit, gegen Deutschland, mit dem ein Nichtangriffspakt unterzeichnet ist, und dessen Verbündete sind 12 Armeen aufgestellt.

Damit war der stürmische Prozeß der Aufstellung neuer Armeen noch nicht zu Ende. Im Juni 1940 wird an der deutschen Grenze eine weitere Armee aufgestellt . . . die 26.

Woher kommt diese Nummer? Wie ist das zu verstehen? Noch nie hat es in der Roten Armee derartige Ziffern gegeben, und die Reihenfolge der Numerierung war bisher strikt eingehalten worden. Die nächste Nummer mußte die Achtzehn sein. Woher also diese 26? Weshalb wird die fortlaufende Numerierung unterbrochen?

Bei den sowjetischen Marschällen und den bekannten kommunistischen Historikern werden wir keine Antwort auf diese Frage finden. Studiert man jedoch aufmerksam den ganzen Prozeß der Aufstellung dieser Armeen, dann liefert uns die Geschichte selbst die Antwort. 1940 hatte man die Numerierung der Armeen nicht durchbrochen, weil ganz einfach zu der Zeit die Nummern von 18 bis 28 bereits besetzt waren. Nach der Entfaltung von fünf gegen Japan und zwölf gegen Deutschland aufgestellten Armeen faßte die Sowjetregierung im Sommer 1940 den Beschluß zur Aufstellung weiterer *elf Armeen*. Eine gegen Japan – zehn gegen Deutschland.

Innerhalb dieser imposanten Serie war die 26. Armee unmittelbar an der Grenze aufgestellt und dieser Prozeß eher als bei den anderen Armeen abgeschlossen worden. Aber alle weiteren Armeen dieser Serie befanden sich gleichfalls im Stadium der Formierung, oder aber ihre Aufstellung war zumindest bereits beschlossen. Die Armeen aus dieser Serie schlossen den Aufstellungsprozeß etwas später ab als die 26. Armee, aber es unterliegt keinem Zweifel, daß diese Aufstellung *vor* der deutschen Invasion in Angriff genommen wurde.

Im Mai 1941 waren die 23. und 27. Armee in den westlichen

Militärbezirken aufgetaucht. In demselben Monat tritt eine uns schon bekannte Gespensterarmee aus dem Dunkel hervor: die dreizehnte Armee. Wenige Wochen später verwandelt sich eine weitere Geisterarmee – die 9. – aus einer verschwommenen Fata Morgana in eine Realität. Am 13. Juni 1941, dem Tag der Verbreitung einer anderen wichtigen TASS-Meldung, traten auch alle übrigen Gespenster ans Licht: die 18., 19., 20., 21., 22., 24., 25. (gegen Japan) und die 28. Armee, und sie bezeugten nunmehr eine geschlossene ununterbrochene Nummernfolge.

Offiziell war die Formierung all dieser Armeen in der ersten Hälfte des Jahres 1941 abgeschlossen. Dies gibt freilich nur das Ende des Prozesses an. Wo aber liegt der Anfang? Das wird uns von den kommunistischen Historikern vorenthalten, und sie haben guten Grund dazu. Die Schaffung dieser Armeen entlarvt allzu deutlich das hinterhältige Spiel Stalins: Als Hitler ein erklärter Feind war, kam man ohne Armeen aus, als man sich Polen teilte und sowjetische und deutsche Truppen einander von Angesicht zu Angesicht gegenüberstanden, begnügte sich Stalin im Westen mit 7 bis 12 Armeen. Aber nun hat Hitler Stalin den Rücken zugekehrt, jetzt hat er seine Wehrmacht nach Dänemark, Norwegen, Belgien, Holland und Frankreich geworfen mit der offenkundigen Absicht, in Großbritannien zu landen. Deutsche Truppen sind an den sowjetischen Grenzen so gut wie nicht verblieben. Und in eben diesem Augenblick beginnt Stalin mit der getarnten Aufstellung einer großen Anzahl von Armeen, zu denen auch die 26. gehörte. Je weiter sich die deutschen Divisionen in Richtung Westen, Norden, Süden entfernen, um so mehr sowjetische Armeen werden gegen Deutschland aufgestellt. Stellen wir uns vor, Hitler wäre noch weiter vorgerückt, hätte seine Truppen in Großbritannien landen lassen, hätte Gibraltar, Afrika und den Nahen Osten besetzt. Wie viele Armeen hätte Stalin dann erst an der ungeschützten deutschen Grenze aufmarschieren lassen? Und wofür?

Stalin hat seine Armeen noch vor den berühmten »Warnungen« Churchills entfaltet, und sogar noch bevor der Plan für das »Unternehmen Barbarossa« ins Leben gerufen war.

4.

Grundlage der sowjetischen Strategie war die Theorie von der »Operation in die Tiefe«. Bildlich gesprochen geht diese Theorie davon aus, durch tief vorangetragene Überraschungsangriffe den Gegner an der empfindlichsten Stelle zu treffen. Gleichzeitig mit der Theorie von der »Operation in die Tiefe« war auch die Theorie von den »Stoßarmeen« entwickelt worden, d. h. eben jenes Instrument, mit dessen Hilfe diese Vorstöße durchgeführt werden. Stoßarmeen wurden zur Lösung rein offensiver Aufgaben geschaffen. (Sowjetische Militärenzyklopädie, Bd. 1, S. 256) Sie setzten sich aus einer beachtlichen Konzentration von Artillerie und Infanterie zusammen, um die Hauptkampflinie des Gegners zu durchbrechen, und verfügten über massive Panzerkräfte, d. h. ein bis zwei mechanisierte Korps zu je 500 Panzern, um einen massiven Schlag von maximaler Stärke in die Tiefe voranzutragen.

Die deutsche »Blitz-Krieg«-Theorie und die sowjetische »Operation in die Tiefe« sind einander nicht nur dem Sinn nach, sondern auch in Details verblüffend ähnlich. Für die Realisierung des »Blitzkriegs« hatte man ebenfalls ein spezielles Instrument geschaffen – die Panzergruppen. Bei der Invasion in Frankreich waren drei derartige Gruppen eingesetzt worden, beim Angriff auf die UdSSR waren es vier. Jede bestand aus 600 bis 1000 Panzern, bisweilen auch bis zu 1250 Panzern, und einer stattlichen Zuteilung von Infanterie und Artillerie, um für die Panzer eine Bresche zu schlagen.

Der Unterschied zwischen den sowjetischen und deutschen Kriegsmethoden bestand darin, daß in Deutschland alles bei seinem Namen genannt wurde, wobei die Panzergruppen eine eigene Bezifferung aufwiesen und die Feldarmeen ebenfalls. In der Sowjetunion existierten die Stoßarmeen in der Theorie, und später wurden sie als solche auch in der Praxis geschaffen, aber formal führten sie nicht die Bezeichnung »Stoßarmee«. Diese Bezeichnung wurde offiziell erst nach der deutschen Invasion eingeführt. Bis dahin hatten alle sowjetischen Armeen eine einzige Zählung und unterschieden sich der Bezeichnung nach nicht voneinander. Das führte sowohl damals wie auch heute noch zu Irrtümern: In Deutschland sehen wir klar ausgeprägte offensive Großeinheiten – die Panzergruppen. In der Roten Armee sind sie nicht so deutlich zu erkennen. Das spricht indessen nicht für eine größere Friedensliebe, sondern nur für eine größere Geheimhaltung.

Die sowjetischen Armeen wirken auf den ersten Blick wie Soldaten in Reih und Glied – eine sieht aus wie die andere. Doch lohnt sich eine genauere Betrachtung, um die Unterschiede sehr schnell wahrzunehmen. Da wurden beispielsweise für die »Befreiung« Finnlands wenige Monate vor der »finnischen Aggression« auf sowjetischem Territorium mehrere Armeen entfaltet. Sie setzten sich im Dezember 1939 wie folgt zusammen (die Aufzählung der Armeen erfolgt von Norden nach Süden):

14. Armee: keine Korps, zwei Schützendivisionen;
9. Armee: keine Korps, drei Schützendivisionen;
8. Armee: keine Korps, vier Schützendivisionen;
7. Armee: 10. Panzerkorps (660 Panzer); drei Panzerbrigaden (zu je 330 Panzern); 10., 19., 34., 50. Schützenkorps (zu je drei Schützendivisionen); eine selbständige Brigade; elf selbständige Artillerieregimenter außer jenen Artillerieregimentern, die in die Korps und Divisionen dieser Armee integriert sind; mehrere selbständige Panzer- und Artilleriebataillone; Armeeflieger.

Wir sehen, daß die 7. Armee, die sich der Bezeichnung nach in nichts von ihren Nachbarn unterscheidet, an Panzern und Artillerie um ein Mehrfaches die drei anderen Armeen zusammengenommen übertrifft. Außerdem kommandiert K. A. Merezkow die 7. Armee, ein Günstling Stalins und Befehlshaber des Militärbezirks Leningrad. Er wird in Kürze zum Chef des Generalstabs ernannt werden, und dann erhält er den Rang eines Marschalls der Sowjetunion, in der 7. Armee übrigens nicht er allein. Die Armee weist vielversprechende Kommandeure auf, die jetzt schon hohe Posten einnehmen und in Zukunft noch höher steigen werden. So leitet zum Beispiel den Artilleriestab der 7. Armee L. A. Goworow, ein künftiger Marschall der Sowjetunion. Die anderen Armeen dagegen werden von Generalen kommandiert, die sich in der Vergangenheit durch nichts hervorgetan haben und von denen auch künftig nichts zu hören sein wird.

Bemerkenswert ist die Position der 7. (Stoß-) Armee. An der Stelle, wo die sowjetische Führung diese Armee entfaltete, begann die »finnische Militärclique« wenige Monate später ihre »bewaffnete Provokation« und erlebte dafür den »Gegenschlag«. Dort dagegen, wo sich die schwachen sowjetischen Armeen befanden (in Wirklichkeit waren es keine Armeen, sondern einfache Korps), ließ es die »finnische Militärclique« aus irgendeinem Grunde nicht zu Provokationen kommen.

Die sowjetische Organisationsform zeichnete sich durch extreme Flexibilität aus. Durch einfache zusätzliche Eingliederung von Korps konnte jede Armee zu jedem beliebigen Zeitpunkt in eine Stoßarmee umgewandelt und ebenso schnell wieder in den Normalzustand zurückgeführt werden. Ein krasses Beispiel dafür bietet eben diese 7. Armee. 1940 stärkste Armee, war sie im Jahr darauf die schwächste – ohne Korps, vier Divisionen, und auch diese nur Schützeneinheiten.

Um den Sinn der Vorgänge an der sowjetisch-deutschen Grenze zu begreifen, müssen wir genau unterscheiden, welche Armeen als Stoßarmeen ausgelegt sind und bei welchen es sich um gewöhnliche Armeen handelt. Formal sind alle Armeen gleich, keine von ihnen führt die Bezeichnung Stoßarmee. Indessen verfügen einige Armeen kaum über Panzer, während sie in anderen Armeen zu Hunderten zugeteilt sind. Zur Bestimmung der Stoßarmeen bedienen wir uns eines einfachen Vergleichs der Schlagkraft der sowjetischen Armeen mit den deutschen Panzergruppen und mit den sowjetischen Vorkriegsnormen, die festlegen, was eine Stoßarmee ist. Das Element, das eine gewöhnliche russische Armee zu einer Stoßarmee macht, ist das mechanisierte Korps in einer neuen Zusammensetzung, das etatmäßig über 1031 Panzer verfügt. Es bedarf nur der Eingliederung eines einzigen derartigen Korps in eine gewöhnliche Armee, und sie wird sich an Schlagkraft mit jeder deutschen Panzergruppe messen können oder diese sogar noch übertreffen.

Und hier gelangen wir zu einer verblüffenden Feststellung: Am 21. Juni 1941 entsprachen *sämtliche* sowjetische Armeen an der deutschen und rumänischen Grenze, aber auch die 23. Armee an der finnischen Grenze den sowjetischen Standardnormen für Stoßarmeen, obwohl sie, wie ich nochmals betone, diese Bezeichnung formal nicht führten. Es waren – von Norden nach Süden aufgezählt – die 8., 11., 3., 10., 4., 5., 6., 26., 12., 18. und die 9. Armee. Zusätzlich wurde die 16. Armee ausgeladen – eine typische Stoßarmee, die über mehr als 1000 Panzer verfügte. (Zentralarchiv des Verteidigungsministeriums der UdSSR, Fonds 208, Inventarverzeichnis 2511, Vorgang 20, S. 128) Diesem Standard entsprachen ebenfalls vollkommen drei weitere getarnt an die deutsche Grenze herangeführte Armeen: die 19., 20. und die 21. Armee.

Deutschland besaß in den Panzergruppen einen schlagkräftigen Angriffsapparat. Die Sowjetunion besaß im Prinzip dieselben Angriffsmechanismen. Der Unterschied besteht in der Bezeichnung und Anzahl: Hitler hatte vier Panzergruppen, Stalin sechzehn Stoßarmeen.

Man hält mir entgegen, nicht alle mechanisierten Korps seien vollständig mit Panzern aufgefüllt gewesen. Das ist wahr. Aber um Stalins Absichten voll zu würdigen, darf nicht nur berücksichtigt werden, was er zu Ende führen konnte, man muß vielmehr auch einbeziehen, was man ihn nicht vollenden ließ. Der deutsche Angriff traf die Sowjetunion mitten in der Aufstellung einer großen Anzahl von Stoßarmeen. Die Gerippe dieser gewaltigen Mechanismen waren im Rohbau vorhanden, und die Fertigstellung, Vervollkommnung, Abstimmung waren im vollen Gang. Nicht alle Armeen konnten auf das geplante Niveau angehoben werden, doch wurde daran gearbeitet, und Hitler unterbrach diese Aktivitäten, weil er genügend Verstand besaß, nicht den Augenblick abzuwarten, an dem sämtliche Großeinheiten fertiggestellt und einsatzbereit sein würden.

5.

Früher benutzten sowjetische Experten den Terminus »Invasionsarmee«. Wir müssen ihnen recht geben: Es klang nicht sehr diplomatisch, und besonders nicht in den Ohren der benachbarten Länder, mit denen die sowjetische Diplomatie nach Kräften »normale Beziehungen« zu unterhalten bemüht war. In den dreißiger Jahren wurde daher der allzu eindeutige Terminus »Invasionsarmee« durch die wohlklingendere Bezeichnung »Stoßarmee« abgelöst. Indessen betonen sowjetische Historiker, daß dies ein und dasselbe sei. (»Militärhistorische Zeitschrift« 1963, Nr. 10, S. 31) Aber auch die Bezeichnung »Stoßarmee« wurde, wie wir gesehen haben, aus Tarnungsgründen vor Kriegsbeginn nicht mehr verwendet, obwohl der Großteil der sowjetischen Armeen sie mit vollem Recht beanspruchen konnte. Um ihre Absichten zu tarnen, führten die sowjetischen Generale den Terminus »Sicherungsarmee« ein. Unter sich waren sich die Kommunisten sehr wohl des Hintersinns dieses Begriffes bewußt. Im kommunistischen Sprachgebrauch gibt es nicht wenige derartiger Termini. Die sowjetischen Bezeichnungen »Befreiungsfeldzug«, »Gegenschlag«, »Ergreifen der strategischen Initiative« meinen dementsprechend Angriff, Vorstoß, plötzlichen Kriegsbeginn ohne voraufgegangene Kriegserklärung. Jeder dieser Termini ist eine Art Koffer mit doppeltem Boden: Der sichtbare Inhalt dient nur zur Tarnung dessen, was darunter verborgen ist. Man kann nur bedauern, daß einige Historiker bewußt oder einfach aus Unkenntnis die sowjetischen militärischen Termini übernehmen, ohne ihren Lesern deren wahre Bedeutung zu erläutern.

Die »Sicherungsarmeen« waren in Wirklichkeit dazu bestimmt, in der Anfangsphase des Krieges die Mobilisierung, Entfaltung und das Eintreten der Hauptstreitkräfte der Roten Armee in den Kriegszustand gegen fremde Einblicke zu sichern. Diese »Sicherung« meinte indessen keineswegs Verteidigung. Ganz im Gegenteil. Bereits am 20. April 1932 hatte der Revolutionäre Militärrat der UdSSR verfügt, daß in Friedenszeiten in den Grenzregionen des Staates kampfstarke mobile Invasionsgruppen zu unterhalten seien, die im ersten Augenblick eines

Krieges blitzschnell die Grenze überschreiten sollten, um die Mobilmachung des Gegners zu verhindern und strategische Vorräte und wichtige Räume zu erobern. Derartige Operationen würden nach Auffassung der obersten sowjetischen militärischen und politischen Führung die beste Sicherung der sowjetischen Mobilisierung bedeuten. Und genau in diesem Sinne erhielten die sowjetischen Grenzarmeen ihre Bezeichnung als Sicherungsarmeen.

Im Juli 1939 war der Zeitpunkt erreicht, an dem die Theorie in die Praxis umgesetzt wurde: An den Westgrenzen der Sowjetunion beginnt die Aufstellung von »Sicherungsarmeen«, dann treibt Stalin durch den Molotow-Ribbentrop-Pakt Hitler in den Krieg gegen den Westen, sorgt für eine gemeinsame sowjetisch-deutsche Grenze und stellt immer mehr neue »Sicherungsarmeen« auf.

Um sich nicht in den Fallstricken sowjetischer Wortmanipulationen zu verfangen, muß man den Terminus »Sicherungsarmee« entweder mit Anführungszeichen versehen und erläutern, daß diese »Sicherung« auf dem Wege der Invasion vorgesehen war, oder man benutzt einfach den Terminus Invasionsarmee.

6.

Unter den normalen sowjetischen Invasionsarmeen (bestehend aus einem mechanisierten Korps, zwei Schützenkorps und mehreren selbständigen Divisionen) begegnen uns auch solche, die nicht ganz der Norm entsprechen. Es sind deren drei: die 6., 9. und 10. Armee. Diese Armeen haben nicht drei, sondern sechs Korps: zwei mechanisierte Korps, ein Kavalleriekorps, drei Schützenkorps. Jede dieser Armeen ist in maximaler Grenznähe disloziert, wobei im Falle großer Frontbogen in Richtung des Gegners diese ungewöhnlichen Armeen gerade in solchen Ausbuchtungen angetreten sind. Jede dieser Armeen ist mit modernster Bewaffnung ausgerüstet. So verfügt zum Beispiel das 6. Mechanisierte Korps der 10. Armee unter anderem über 452 allerneueste Panzer der Typen T-34 und KW. Das 4. Mechanisierte Korps der 6. Armee hat unter anderem 460 allerneueste

Panzer der Typen T-34 und KW. Die Fliegerdivisionen dieser Armeen verfügten über Hunderte der neuesten Flugzeuge vom Typ Jak-1, Mig-3, Il-2, Pe-2.

Nach abgeschlossener Aufstellung mußte jede dieser Armeen 2350 Panzer, 698 gepanzerte Fahrzeuge, mehr als 4000 Geschütze und Granatwerfer sowie über 250000 Mann aufweisen. Außer diesen Hauptkräften sollten diese Armeen zusätzlich 10 bis 12 schwere Artillerieregimenter, NKWD-Truppenteile und vieles andere mehr erhalten.

Ich weiß nicht, wie man diese ungewöhnlichen Armeen bezeichnen soll. Wenn wir uns jedoch formal ihrer wirklichen Bezeichnung bedienen, nämlich 6., 9., 10. Armee, dann geraten wir unwillkürlich in eine Falle, die der sowjetische Generalstab bereits 1939 aufgestellt hat. Wir büßen unsere Wachsamkeit ein und behandeln diese Armeen in unserer Vorstellung wie gewöhnliche Stoßarmeen oder gewöhnliche Invasionsarmeen. Dabei sind es völlig ungewöhnliche Armeen! Weder in Deutschland noch in irgendeinem anderen Lande der Welt hat es je etwas Vergleichbares gegeben: Armeen, von denen jede einzelne über mehr als 2000 Panzer verfügt! Jede dieser völlig ungewöhnlichen Armeen entsprach, gemessen an der Anzahl ihrer Panzer, der halben deutschen Wehrmacht oder überstieg diese sogar! In qualitativer Hinsicht aber war die Überlegenheit dieser Panzer einfach überraschend.

Doch auch das ist noch nicht alles. Die sowjetische Führung hatte eine hinreichende Anzahl von Korps zur Verfügung, die keiner Armee angeschlossen, aber in genügender Grenznähe disloziert waren. Die einfache Eingliederung dieser Korps in jede beliebige gewöhnliche Armee konnte diese in eine Stoßarmee verwandeln und aus jeder beliebigen Stoßarmee eine Superarmee machen, ohne daß die Numerierung und Bezeichnung der Armeen geändert werden mußten.

Wenn wir die deutschen Panzergruppen mit ihren jeweils 600 bis 1000 Panzern als aggressive Einheiten bezeichnen, wie sollen wir dann erst die 6., 9. und 10. sowjetische Armee definieren?

7.

Innerhalb der drei extrem starken Stoßarmeen lenkt natürlich die stärkste von ihnen, die 9. Armee, unsere besondere Aufmerksamkeit auf sich. Noch vor kurzem, während des Winterkrieges, war sie nicht mehr als ein Schützenkorps (bestehend aus drei Schützendivisionen) mit einer hochtrabenden Bezeichnung gewesen. Nach dem Winterfeldzug löste sich die 9. Armee im Nebel auf, tauchte an anderer Stelle auf, verschwand erneut und tritt nun unter dem Schutz des TASS-Kommuniqués vom 13. Juni 1941 wieder aus der Versenkung hervor. Sie ist noch nicht komplett. Vorerst gleicht sie dem Rohbau eines Wolkenkratzers, der zwar noch nicht fertiggestellt ist, aber doch schon mit seiner riesigen Masse die Sonne verdunkelt. Im Juni 1941 ist die 9. Armee das unfertige Stahlgerippe der mächtigsten Armee der Welt. Sie umfaßt sechs Korps, darunter zwei mechanisierte und ein Kavalleriekorps. Insgesamt verfügt die 9. Armee am 21. Juni 1941 über siebzehn Divisionen, und zwar zwei Flieger-, vier Panzer-, zwei motorisierte, zwei Kavallerie- und sieben Schützendivisionen. Das erinnert sehr an die anderen extrem starken Stoßarmeen, doch die 9. Armee soll auch noch ein weiteres mechanisiertes Korps erhalten, das 27., unter Generalmajor I. Je. Petrow. Dieses im Militärbezirk Turkestan aufgestellte Korps, dessen Formierung noch nicht abgeschlossen ist, wird heimlich nach Westen geworfen. Nach seiner Einbindung in die 9. Armee wird diese 20 Divisionen umfassen, darunter sechs Panzerdivisionen. Wenn alle diese Einheiten ihre volle Kampfstärke erreicht haben, werden die sieben Korps der 9. Armee insgesamt über 3341 Panzer verfügen. Quantitativ entspricht das dem, was die ganze Wehrmacht besitzt, und qualitativ ist es noch besser. Generaloberst P. Below (zu der Zeit Generalmajor und Kommandeur des 2. Kavalleriekorps der 9. Armee) bezeugt, daß sogar die Kavallerie dieser Armee Panzer vom Typ T-34 erhalten sollte. (»Militärhistorische Zeitschrift« 1959, Nr. 11, S. 66)

Noch kurz davor hatte die 9. Armee Kommandeure, die sich weder zuvor noch später in irgendeiner Weise hervortaten. Nun hat sich alles geändert. An der Spitze der 9. Armee steht ein

Generaloberst. Für damalige Zeiten bedeutet das einen ausnehmend hohen Rang. In den gesamten Streitkräften der UdSSR gab es insgesamt nur acht Generaloberste, davon keinen einzigen in den starken sowjetischen Panzertruppen, ebensowenig bei den Luftstreitkräften und auch nicht beim NKWD. An der Spitze der dreißig sowjetischen Armeen standen Generalmajore und Generalleutnante. Die 9. Armee bildet die einzige Ausnahme. Obendrein sind in dieser außergewöhnlichen Armee durchaus vielversprechende Offiziere und Generale vertreten, unter ihnen drei künftige Marschälle der Sowjetunion: R. Ja. Malinowski, M. W. Sacharow und N. I. Krylow, außerdem der künftige Marschall der Luftstreitkräfte und Dreifache Held der Sowjetunion A. Pokryschkin, die künftigen Armeegenerale I. Je. Petrow, P. N. Laschenko und I. G. Pawlowski sowie viele andere begabte und aggressive Kommandeure, die sich bereits in Gefechten ausgezeichnet hatten – wie der 28jährige Generalmajor der Luftstreitkräfte A. Ossipenko – oder zu großen Hoffnungen berechtigten (die sich in der Mehrzahl glänzend bewahrheiteten). Es drängt sich der Eindruck auf, daß irgend jemandes sorgsame Hand für diese ungewöhnliche Armee peinlich genau alles ausgewählt hat, was es an Bestem und Vielversprechendstem gab. Wo aber stand diese Armee?

Bei der Beantwortung dieser Frage machen wir eine kleine, aber bedeutsame Entdeckung: In der ersten Junihälfte des Jahres 1941 wird in der Sowjetunion die mächtigste Armee der Welt aufgestellt, aber *nicht an der deutschen Grenze*.

Diese verblüffende Tatsache ist (zumindest für mich persönlich) ein hinreichender Beweis dafür, daß das gigantische Anwachsen der sowjetischen militärischen Präsenz an der Westgrenze insgesamt und insbesondere die Steigerung der Kampfkraft in der Ersten Strategischen Staffel *nicht durch eine deutsche Bedrohung* ausgelöst worden war, sondern auf anderen Überlegungen basierte. Die Dislozierung der 9. Armee gibt einen deutlichen Hinweis auf diese Überlegungen: Sie war *an der rumänischen Grenze* aufmarschiert. Nach ihrem ersten Verschwinden war die 9. Armee im Juni 1940 plötzlich an der rumänischen Grenze aufgetaucht, und zwar nicht mehr als irgendeine zweitrangige Armee, sondern jetzt war sie in der neuen Qualität einer echten Stoßarmee auferstanden. Der »Befreiungsfeldzug« nach Bessarabien stand bevor, und sowjetische Quellen sprechen davon, daß »die 9. Armee speziell für die Durchführung dieser wichtigen Aufgabe geschaffen worden war«. (»Militärhistorische Zeitschrift« 1972, Nr. 10, S. 83) Die entsprechende Vorbereitung der Armee lag in den Händen der aggressivsten sowjetischen Kommandeure. Am Vorabend des »Befreiungsfeldzuges« inspizierte der aus dem Gefängnis entlassene K. K. Rokossowski die Armee. Die 9. Armee gehörte zur Südfront; als führende Armee in einer Schlüsselfunktion war sie mit derselben Aufgabe betraut, wie sie der 7. Armee in Finnland zugefallen war. Die Front wurde von G. K. Schukow persönlich befehligt. Nach dem kurzen »Befreiungsfeldzug« taucht die 9. Armee erneut unter. Jetzt aber erscheint sie abermals – gedeckt durch das TASS-Kommuniqué vom 13. Juni 1941 –, und zwar genau da, wo sie ein Jahr zuvor die »Befreiung« Bessarabiens beendet hatte. Doch nun ist sie nicht länger eine einfache Stoßarmee im Rahmen einer Invasionsoperation, jetzt ist sie eine superstarke Angriffsarmee und auf dem besten Wege, die stärkste Armee der Welt zu werden. Wofür? Zur Verteidigung? Ich bitte Sie, auf rumänischer Seite stehen nur geringe Streitkräfte, und selbst wenn dort ein großes Truppenkontingent läge, würde doch kein einziger Aggressor den entscheidenden Vorstoß über Rumänien vorantragen, schon weil dies ganz einfach die elementarsten geographischen Überlegungen verbieten. Aber nun könnte ein neuer »Befreiungsfeldzug« der 9. Armee nach Rumänien die gesamte strategische Lage in Europa und der ganzen Welt verändern. Rumänien ist der Haupterdöllieferant Deutschlands. Ein Vorstoß nach Rumänien würde für Deutschland den Zusammenbruch bedeuten, würde den Stillstand aller Panzer und Flugzeuge, sämtlicher Maschinen, Schiffe, der ganzen Industrie und des Transportwesens zur Folge haben. Das Erdöl ist der Lebenssaft des Krieges, und das Herz Deutschlands schlug, wie seltsam das auch klingen mag, in Rumänien. Ein Angriff auf Rumänien war ein unmittelbarer Angriff auf den Herzschlag Deutschlands.

Das ist der Grund, weshalb sich die tüchtigsten Kommandeure an eben dieser Stelle eingefunden hatten. Die 9. Armee war urplötzlich Mitte Juni 1941 aufgetaucht. Doch dieses Überraschungsmoment galt nur für Außenstehende. Die 9. Armee war schon immer da gewesen, mindestens aber seit Mitte 1940. Man hatte sie offiziell einfach eine Zeitlang nicht bei ihrem Namen genannt, und die Befehle waren vom Stab des Militärbezirks unmittelbar an die Korps übermittelt worden. Der Stab der 9. Armee und der Stab des Militärbezirks Odessa (der übrigens im Oktober 1939 eingerichtet worden war) waren einfach zu einer Einheit verschmolzen, und sie trennten sich später ebenso unkompliziert. Diese Trennung wurde am 13. Juni 1941 vollzogen.

Die Erfahrung hat gezeigt, daß spätestens einen Monat nach dem Auftauchen einer Stoßarmee an der Grenze eines kleinen Staates der Befehl zur »Befreiung« des benachbarten Territoriums erging. Unabhängig davon, wie sich die Ereignisse nach einer Invasion sowjetischer Truppen in Deutschland entwickeln mochten (das sich, nebenbei gesagt, ebensowenig auf eine Verteidigung vorbereitete), konnte die Entscheidung über den Ausgang des Krieges fern von den eigentlichen Schlachtfeldern fallen. Stalin ging ganz offensichtlich von einer solchen Annahme aus. Das ist der Grund, weshalb die 9. Armee die stärkste von allen Armeen war. Das ist der Grund, weshalb bereits im März 1941, zu einem Zeitpunkt, als die 9. Armee offiziell noch gar nicht existierte, an dieser Stelle der noch recht junge, ungewöhnlich verwegene Generalmajor R. Ja. Malinowski in Erscheinung tritt. Derselbe Malinowski, der vier Jahre später die ganze Welt mit seinem tollkühnen Vorstoß durch die Wüsten und über das Gebirge in die gigantische Tiefe der Mandschurei in Erstaunen versetzte.

1941 standen Malinowski und seine Kampfgefährten in der 9. Armee vor einer ganz einfachen Aufgabe. Sie hatten nicht 810 Kilometer zu überwinden wie in der Mandschurei, sondern bloß 180 km; ihr Weg führte nicht durch Wüsten und Gebirge, sondern über eine Ebene mit recht passablen Straßenverhältnissen. Die geplante Offensive richtete sich nicht gegen die japanische Armee, sondern die weit schwächeren rumänischen Truppen. Außerdem sollte der 9. Armee die dreifache Menge an Panzern zur Verfügung stehen im Vergleich zu der Anzahl, die die 6. Gardepanzerarmee 1945 zugeteilt erhielt.

Hitler hat es nicht so weit kommen lassen. In der Erklärung der Deutschen Reichsregierung, die der sowjetischen Regierung bei Kriegsausbruch überreicht wurde, sind die Gründe für die deutschen Aktionen gegen die Sowjetunion genannt, darunter wird auch die unbegründete Konzentration sowjetischer Truppen an der rumänischen Grenze aufgeführt, die eine tödliche Bedrohung für Deutschland darstellte. Das alles sind keine Hirngespinste »Goebbelsscher Propaganda«. Die 9. extrem starke Armee war ausschließlich als Offensivarmee aufgestellt worden. *Generaloberst P. Below* ist Zeuge dafür, daß in der 9. Armee sogar nach Beginn der deutschen Operationen auf sowjetischem Territorium »jede Verteidigungsaufgabe alles in allem als eine kurzfristige Operation angesehen wurde«. (»Militärhistorische Zeitschrift« 1959, Nr. 11, S. 65) An diesem Syndrom litt im übrigen nicht nur die 9. Armee, sondern alle übrigen sowjetischen Armeen nicht minder.

Eine weitaus interessantere Mitteilung über die Stimmung in der 9. Armee macht der *Dreifache Held der Sowjetunion und Marschall der Luftstreitkräfte A. I. Pokryschkin* (damals Oberleutnant und Stellvertreter des Kommandeurs einer Jagdfliegerstaffel der 9. Armee). Hier seine Unterhaltung mit einem »Bourgeois«, dem die Befreier seinen Laden weggenommen haben. Der Vorfall spielt sich auf dem Territorium des »befreiten« Bessarabien im Frühjahr 1941 ab:

»›Oh, Bukarest! Wenn Sie es nur sehen könnten, was für eine Stadt!‹

›Irgendwann werde ich es sehen‹, antwortete ich, fest überzeugt. Der Hausherr riß die Augen auf in Erwartung dessen, was ich weiter sagen würde. Es war angebracht, das Thema der Unterhaltung zu wechseln.« (*A. I. Pokryschkin,* Der Himmel im Kriege. Nowosibirsk 1968, S. 10)

Wir wollen Hitler nicht abnehmen, daß er mit seinem »Unternehmen Barbarossa« Deutschland vor einem verräterischen

Vorstoß der sowjetischen Truppen nach Bukarest und Ploiești habe schützen wollen.

Dann lassen Sie uns doch der Gegenseite Glauben schenken! Diese Gegenseite aber sagt genau dasselbe: Selbst die Leutnants wußten bereits, daß sie bald in Rumänien sein würden. Ein sowjetischer Offizier hat nicht das Recht, als Tourist durchs Ausland zu bummeln. Die Sowjetunion ist nicht das alte Russische Reich mit seinen Freiheiten. In welcher anderen Eigenschaft konnte Pokryschkin nach Rumänien geraten, wenn nicht in der eines »Befreiers«? In den Worten des jungen Offiziers lag nicht die Spur von Aufschneiderei: Nach dem Krieg ist der »Große Bruder« in Gestalt des Genossen Pokryschkin in dem »befreiten« Bukarest gewesen. Hitler hatte alles getan, um dies abzuwenden. Doch es gelang nicht. Es war lediglich gelungen, die unvermeidliche »Befreiung« ein wenig hinauszuzögern.

GEBIRGSJÄGERDIVISIONEN IN DEN STEPPEN DER UKRAINE

Von großer Effizienz werden Luftlandeunternehmungen auf den Kriegsschauplätzen im Gebirge sein. Angesichts der unter diesen Bedingungen besonderen Abhängigkeit der Truppen, Stäbe und rückwärtigen Dienste von den vorhandenen Verkehrswegen ist die Durchführung von Luftlandeoperationen im Rücken der kämpfenden Truppen des Gegners zur Besetzung von wichtigen Höhen, Engstellen, Pässen, Verkehrsknotenpunkten usw. an seinen Verkehrs- und Nachrichtenverbindungen sinnvoll und kann im Endeffekt eminent wichtige Resultate zeitigen . . . Außerhalb einer Angriffsoperation dürfte das Absetzen von Luftlandeeinheiten insgesamt kaum zweckmäßig sein.

(»Militärischer Bote« 1940, Nr. 4, S. 76–77)

1.

Die eingehende Beschäftigung mit den sowjetischen Armeen der Ersten Strategischen Staffel läßt vor unseren Augen das erstaunliche Bild einer gründlichen und unermüdlichen Vorbereitung der Sowjetunion auf den Krieg entstehen. Verwundert stellen wir fest, daß jede Armee ihre eigene einmalige Struktur besitzt, ihre spezifischen Besonderheiten, ihren eigenen unverwechselbaren Charakter. Jede »Sicherungsarmee« war zur

Lösung genau definierter und nur ihr zukommender Aufgaben im bevorstehenden »Befreiungskrieg« geschaffen worden.

Die Unmenge veröffentlichter Materialien würde ausreichen, um über jede einzelne der dreißig sowjetischen Armeen eine gesonderte Abhandlung zu schreiben. Läßt man sich auf ein gründliches Studium von Struktur, Dislozierung, Kommandeursbestand und Zielsetzung der Gefechtsausbildung auch nur einer einzigen sowjetischen Armee (gleich welcher auch immer) ein, wird die offensive Zielsetzung der sowjetischen Vorbereitungen völlig deutlich.

Da es hier an Raum fehlt, um sämtliche Armeen zu beschreiben, will ich mich nur kurz bei einer einzigen aufhalten. Offiziell führt sie die Bezeichnung 12. Armee. Sie umfaßt ein mechanisiertes und zwei Schützenkorps sowie weitere Truppenteile; insgesamt sind es neun Divisionen, darunter zwei Panzerdivisionen und eine motorisierte. Auf den ersten Blick ist es eine gewöhnliche Invasionsarmee. Weder anhand der Bezifferung noch ihrer Benennung noch ihrer Zusammensetzung läßt sie sich von anderen ebensolchen Invasionsarmeen unterscheiden. Ihre Entstehungsgeschichte bewegt sich völlig im Rahmen der Norm: Ins Leben gerufen wird sie zur Zeit der Unterzeichnung des Molotow-Ribbentrop-Paktes. Einige Wochen später ist sie bereits im Einsatz: Sie »befreit« Polen. Zu der Zeit besteht sie aus einem Panzerkorps, zwei selbständigen Panzerbrigaden, zwei Kavalleriekorps und drei Schützendivisionen. Die geringe Anzahl von Infanterie und Artillerie kommt nicht von ungefähr: Eine starke Abwehr braucht hier nicht durchbrochen zu werden. Dafür weist sie viele mobile Truppen auf. »Die 12. Armee ... war ihrem Wesen nach eine bewegliche Frontgruppe.« (Sowjetische Militärenzyklopädie, Bd. 8, S. 181)

Der Norm entspricht auch das weitere Schicksal dieser Armee: Zwar war der »Befreiungsfeldzug« in Polen abgeschlossen, doch die Armee wird aus irgendwelchen Gründen nicht aufgelöst, sondern an der deutschen Grenze belassen. Weshalb? Man sagt, der naive Stalin vertraute Hitler. Weshalb entläßt er dann nicht seine Armeen, die man eigentlich nur für den Fall eines Krieges aufzustellen pflegt?

Im weiteren Verlauf erfährt die 12. Armee dieselbe Transformation wie alle benachbarten Invasionsarmeen. Ihr Hauptangriffsinstrument wird nun nicht mehr als Panzerkorps, sondern als mechanisiertes Korps bezeichnet. Das geschieht, um die politischen und militärischen Führer des angrenzenden befreundeten Staates nicht zu beunruhigen. Allerdings hat die Umstellung der Bezeichnung keine Reduzierung der Panzerzahl in dieser Armee zur Folge, sondern deren Vermehrung. Die Kavallerie wird aus der Armee entfernt. Die Möglichkeiten, die Verteidigung des Gegners aufzureißen, werden verstärkt: Die Anzahl der Schützendivisionen wird verdoppelt und ebenso die Menge an Artillerie in jeder Division, zusätzlich bekommt die Armee eine Artilleriebrigade und vier selbständige Artillerieregimenter hinzu. Dank der Integration eines selbständigen Pionierregiments in die Armee sind auch die Möglichkeiten, gegnerische Pioniersperren zu überwinden, gewachsen.

Was also ist an dieser Armee so Ungewöhnliches? Alle Invasionsarmeen machten ungefähr eine gleiche Entwicklung durch. Ungewöhnlich ist die nationale Zusammensetzung dieser Armee. 1939, als sich die 12. Armee auf den Einmarsch in Polen vorbereitete, hatte sie Stalin mit Ukrainern auffüllen lassen, ganz offensichtlich im Hinblick auf die uralte polnisch-ukrainische Zwietracht. An die Spitze der Armee war S. K. Timoschenko getreten, und an seiner Seite finden wir zahlreiche Kommandeure ukrainischer Herkunft. Die Armee war in der Ukraine aufgestellt worden. Deshalb wurden auch die Reservisten von dort eingezogen, und sie stellten in der 12. Armee eine konstante Mehrheit dar.

Nach der »Befreiung« Polens vollzieht sich ein langsamer und kaum merklicher Wandel in der Zusammensetzung der 12. Armee. Bereits 1940 erkennen wir recht tiefgreifende Veränderungen. Damit die nationale Eigenart dieser Armee nicht sofort ins Auge springt, stehen Russen an ihrer Spitze und in einigen Schlüsselfunktionen. Aber in ihrer überwiegenden Mehrheit ist die Armee bereits kein ukrainischer Truppenverband mehr, und auch kein russischer. Es ist eine kaukasische Armee geworden. Auch in anderen Armeen begegnen uns Georgier, Armenier, Aserbaidschaner. Doch in der 12. Armee wird dieses Element besonders deutlich spürbar. Bei den Offizieren stoßen wir auf Familiennamen wie Parzwanija, Grigorjan, Kabalawa, Hussein-Sade, Sarkoschjan zu Dutzenden und zu Hunderten. Und nicht nur auf der Ebene der Kompaniechefs und Bataillonskommandeure: Der Befehlshaber des Militärbezirks, Armeegeneral G. K. Schukow, hat unter den Dozenten der Militärakademie einen alten Freund, den Armenier Oberst I. Ch. Bagramjan, ausgesucht und ihn als Chef der Operativen Abteilung (Kriegsplanung) in den Stab nicht irgendeiner, sondern gerade dieser 12. Armee kommandiert. Dort aber gibt es inzwischen nicht nur kaukasische Oberste, sondern auch nicht wenige kaukasische Generale. Selbst der Stabschef der Armee, General Bagrat Aruschunjan, stammt aus dem Kaukasus.

Der Befehlshaber des Militärbezirks, G. K. Schukow, ist häufiger Gast bei dieser Armee und hat nicht ohne Grund aus dem Kaukasus gebürtige Männer dort zusammengezogen – heimlich, aber unbeirrt wird die Armee in eine Gebirgsjägertruppe umgewandelt. Schukow persönlich verlangt vom Armeekommando eine gründliche Kenntnis der Karpatenpässe, und zwar nicht nur aufgrund von Beschreibungen, sondern aus der Praxis. Er gibt Befehl, »im Herbst über die Pässe auf allen mehr oder minder passierbaren Strecken speziell aus verschiedenen Gefechtsfahrzeugen und Transportmitteln zusammengesetzte Gruppen in Marsch zu setzen, um sich in der Praxis von der Möglichkeit des Übergangs mit Panzern, Kraftwagen, Zugmaschinen, Pferdegespannen und Lasttieren zu überzeugen«. (*Marschall der Sowjetunion I. Ch. Bagramjan*, »Militärhistorische Zeitschrift« 1967, Nr. 1, S. 54) Hier ist die Rede von der ersten Hälfte des Jahres 1940. Hitler kämpft zu der Zeit in Frankreich, er steht mit dem Rücken zur Sowjetunion, derweilen Schukow seine Experimente zur Überwindung von Gebirgspässen durchführt. Schukow wußte natürlich nicht, daß erst kürzlich deutsche Generale insgeheim ebensolche Experimente durchgeführt haben, um sich zu vergewissern, daß ihre Truppen, Panzer, Artilleriezugmaschinen und Transportfahrzeuge die Ardennen passieren können.

Aber vielleicht bereitet Schukow die 12. Armee auch auf eine Verteidigung vor? Nein. Der für die Kriegspläne verantwortliche Bagramjan ist Zeuge: »Beim Studium der operativen Pläne machte mich folgende Feststellung betroffen: Unsere Grenzarmee besitzt keinen Plan zur Entfaltung für Grenzsicherungsaufgaben.« »Beim Studium der Pläne« – das besagt, daß das Safe der Operativen Abteilung der 12. Armee nicht leer gewesen ist. Dort lagen Pläne. Eine rasche Durchsicht reichte zum Kennenlernen nicht aus. Es waren komplizierte Unterlagen, solche, die man studieren mußte. Aber siehe da, unter den Kriegsplänen fand sich kein Plan für den Fall einer Verteidigung.

Interessant ist die Beschreibung der Truppenübungen der 12. Armee, zu denen Schukow persönlich angereist kam. Es werden reine Offensivaufgaben ausgearbeitet, wobei sich auf den Karten der Krieg auf deutschem Gebiet abspielt. Das erste, womit die Niederlage auf den Karten beginnt, ist der Sturmangriff der sowjetischen Truppen über den Grenzfluß San. Das Kriegsspiel richtet sich nicht gegen irgendeinen erfundenen Gegner, sondern gegen einen sehr realen, unter Verwendung streng geheimer nachrichtendienstlicher Informationen. Zwischen Schukow und dem Kommandierenden General der Armee kommt es zu Meinungsverschiedenheiten. Nein, nein, nicht über die Frage, ob Angriff oder Verteidigung. Der Kommandierende Parussinow vertritt seinen Standpunkt: »Wir müssen versuchen, dem Gegner maximale Verluste bereits durch den ersten Angriffsschlag zuzufügen.« Der weise Schukow versteht, daß dies treffliche Absichten sind, gewiß muß ein solcher Schlag erfolgen, doch nicht auf breiter Front, sondern auf einem sehr schmalen Abschnitt. Das ist es, worum der Streit geht.

Nachdem Schukow den Kommandierenden der Armee erst einmal theoretisch am Boden zerstört hat, läßt er es dabei nicht bewenden. Parussinow wird bald von seinem Posten abgelöst und an seine Stelle ein alter Freund Schukows, General P. G. Ponedelin, berufen.

Danach werden die Experimente zur Überquerung der Gebirgspässe fortgesetzt. Bagramjan leitet sie persönlich. Im Verlauf dieser Experimente taucht er an der Staatsgrenze auf, wo er die »offene Demonstration der Verteidigungsarbeiten« beobachtet – den Bau von Stahlbetonbefestigungen unmittelbar am Grenzfluß, so daß der Gegner dies alles gut einsehen kann.

Ein erstaunlicher Tatbestand: Schukow interessiert sich für Gebirgspässe und deren Passierbarkeit. Aber keineswegs aus dem Blickwinkel einer möglichen Verteidigung. Hätte Schukow die Absicht, sämtliche Pässe für den Gegner unpassierbar zu machen, dann müßte er Truppen in die Berge werfen und sämtliche Pfade und Straßen im Gebirge umgraben lassen, dann müßten die Stahlbetonsperren nicht im Tal unmittelbar am Fluß, sondern gerade dort oben im Bereich der Pässe errichtet werden! Das wäre ökonomischer, und der Gegner würde weder die Bauarbeiten einsehen noch die Pässe überqueren können. Aber wer würde auch die Sowjetunion über die Gebirgskämme angreifen, wenn sich ohnehin bereits eine Menge offener Räume in der Ebene anbieten? Doch für die sowjetische Führung besitzen diese Berge einen unschätzbaren Wert: Deutschland und seine Haupterdölquellen sind durch eine doppelte Gebirgsbarriere in der Tschechoslowakei und in Rumänien voneinander getrennt. Ein Vorstoß sowjetischer Truppen über das Gebirge wäre für Deutschland eine tödliche Gefahr.

Über die eigenen Gebirgspässe vorzurücken und die Pässe in der Tschechoslowakei oder in Rumänien zu besetzen wäre gleichbedeutend mit dem Durchtrennen der Erdöl-Aorta.

Marschall der Sowjetunion G. K. Schukow: »Die Schwachstelle Deutschlands war seine Erdölgewinnung, die es jedoch bis zu einem gewissen Grade durch den Import des rumänischen Erdöls kompensieren konnte.« (Erinnerungen und Gedanken, S. 224) Alles Geniale ist einfach. Schukow hat in seinem ganzen Leben keine einzige militärische Niederlage erlitten, weil er stets einem einfachen Prinzip folgte: Man muß die Schwachstelle des Gegners herausfinden und dann überraschend zuschlagen.

Schukow kennt die Schwachstelle Deutschlands, und deshalb werden die Experimente in den Bergen fortgesetzt. Die Möglichkeiten jeder Truppengattung, jeder Art von Kampf- und Transportfahrzeugen werden unter den Bedingungen der Karpatenpässe nach wissenschaftlichen Kriterien studiert. Peinlich genau werden Normen festgelegt und überprüft, Empfehlungen für die Truppen ausgearbeitet. Die Zeit, welche die verschiedenen Fahrzeugtypen für die Überquerung der Karpatenpässe benötigen, wird sorgfältig analysiert und fixiert. Das alles ist natürlich außerordentlich wichtig für die Planung von Angriffsoperationen, und noch dazu blitzartiger Aktionen. Genau wie bei der Planung eines Banküberfalls muß auch hier selbst das geringste Detail berücksichtigt und alles mit größtmöglicher Genauigkeit berechnet werden. Und eben damit ist Bagramjan an den Paßübergängen beschäftigt: Er stellt die Zeiten fest, damit sich die Planung auf ganz konkrete Erfahrungen stützen kann. Nebenbei gesagt: Für eine Verteidigung ist das alles völlig unnötig. Wenn man die Karpatenpässe gegen einen Gegner verteidigen will, bedarf es keiner Zeitmessungen. Da braucht man nur den Soldaten zu sagen: Haltet die Stellung und laßt den Feind nicht durch! Haltet euch dort ein Jahr lang, oder auch zwei, bleibt bis zum Sieg oder Tod!

2.

Die Entwicklung der Ereignisse nimmt einen stürmischen Verlauf. Schukow wird befördert, und nach ihm auch Bagramjan. Aber weder der eine noch der andere vergißt die so ungewöhnliche 12. Armee.

In der 12. Armee werden ebensowenig wie in allen anderen sowjetischen Armeen die Dinge bei ihrem Namen genannt. Anfang Juni 1941 werden vier Schützendivisionen (die 44., 58., 60. und 96.) in Gebirgsjägerdivisionen umgewandelt. Zusätzlich wird zur gleichen Zeit die heimlich aus Turkestan herangeführte, gerade erst aufgestellte 192. Gebirgsjägerdivision der 12. Armee unterstellt. Wie soll man ein Korps bezeichnen, das aus zwei Divisionen besteht, und beide sind Gebirgsjägerverbände? Wie soll man ein anderes Korps nennen, in dem von vier Divisionen drei aus Gebirgsjägern bestehen? Wie soll man eine Armee bezeichnen, in der von drei Korps zwei in Wirklichkeit Gebirgsjägertruppen sind; in der die Gebirgsjägerdivisionen die eindeutige Mehrheit darstellen? Ich würde solche Korps Gebirgsjägerkorps nennen und die Armee eine Gebirgsjägerarmee. Aber die sowjetische Führung hat ihre Gründe, dies nicht zu tun. Die Korps heißen wie früher auch 13. und 17. Schützenkorps, und die Armee bleibt einfach die Zwölfte.

Wir sehen hier nur das Ergebnis der Umstellungen, der Prozeß selbst bleibt uns verborgen. Wir wissen nur, daß die Gebirgsjägerdivisionen ihre offizielle Bezeichnung am 1. Juni 1941 erhielten, aber der Befehl hierzu war am 26. April ergangen, während die Umstellung der Schützendivisionen auf Gebirgsjägerdivisionen schon Anfang Herbst 1940 begonnen hatte, noch bevor Bagramjan seine Experimente in Angriff nahm. Nicht nur die 12. Armee verwandelt sich in eine Gebirgsjägerarmee, ihr Einfluß erstreckt sich auch auf die Nachbararmeen. Die innerhalb der 12. Armee ausgebildete 72. Gebirgsjägerdivision (unter Generalmajor P. I. Abramidse) wird an die benachbarte 26. Armee abgegeben.

Hinter der 12. und 26. Armee wird heimlich die aus dem Nordkaukasus herangeführte 19. Armee unter Generalleutnant I. S. Konew entfaltet. Auch bei ihr stoßen wir auf Gebirgsjägerdivisionen (unter ihrem Kommandeur Oberst K. I. Nowik). Und eben jetzt vollzieht sich unter dem Schutz des TASS-Kommuniqués vom 13. Juni 1941 in den Ost-Karpaten zwischen der 12. (Gebirgsjäger-)Armee und der 9. (extrem starken Angriffs-)-Armee die Entfaltung einer weiteren Armee – der Achtzehnten. Hitler hat diesen Prozeß nicht zum Abschluß kommen lassen, und wir können deshalb nicht mit letzter Sicherheit die Zusammensetzung dieser Armee in der Form bestimmen, wie sie von der sowjetischen Führung vorgesehen war. Hitler warf alle sowjetischen Pläne durcheinander, und etwas, womit keiner gerechnet hatte, setzte ein. Dennoch gibt es genügend Dokumente, die den Schluß erlauben, daß die 18. Armee in der ursprünglichen Planung eine genaue Kopie der 12. (Gebirgsjäger-)Armee war, obwohl auch sie diese Bezeichnung nicht führte. Eine eingehende Beschäftigung mit den Archiven der 12. und 18. Armee wird jeden wissenschaftlich Interessierten durch die absolute strukturelle Übereinstimmung der beiden Truppenverbände verblüffen. Es ist ein ganz ungewöhnliches Beispiel von Zwillings-Armeen. Die Übereinstimmung geht so weit, daß in der 18. wie in der 12. – aber sonst in keiner anderen Armee – der Stab von einem kaukasischen General geleitet wird. Es ist der Generalmajor (und spätere Armeegeneral) W. Ja. Kolpaktschi.

Den Umstellungsprozeß auf ein Gebirgsjägerprofil hatte man auf eine solide Basis gestellt. Die Gebirgsjägerdivisionen wurden durch speziell ausgewählte und ausgebildete Soldaten aufgefüllt. Diese Divisionen wurden in einem besonderen Etatplan geführt, der sich markant von dem gewöhnlicher Schützendivisionen unterschied; sie erhielten auch eine spezielle Bewaffnung und Ausrüstung.

Im Kaukasus wurde am Vorabend des Krieges eine Gebirgsjägerschule eingerichtet, die die Ausbildung der besten sowjetischen Alpinisten zu Instrukteuren übernahm. Die ausgebildeten Instrukteure wurden eilends an die Westgrenze geschickt, weil eben dort und nicht im Kaukasus und auch nicht in Turkestan im Juni 1941 eine große Masse von Gebirgsjägertruppen konzentriert worden war. Über diese Schule erschien ein kurzer Artikel im »Roten Stern« (1. 11. 1986), der auch eine entsprechende Überschrift trägt: »Die Vorbereitung auf den Krieg im Gebirge«.

Nun ist es allerdings höchste Zeit für die Frage: *in welchem Gebirge?*

An der sowjetischen Westgrenze erhebt sich nur das relativ kleine Massiv der Ost-Karpaten, die zum größten Teil eher sanften Hügeln gleichen als einem Gebirge. Eine starke Verteidigung in den Karpaten 1941 aufzubauen, war aus folgenden Gründen unnötig:

1. Die Karpaten eignen sich an dieser Stelle nicht für einen Angriff in west-östlicher Richtung. Der Gegner würde aus den Bergen in die Niederungen vorrücken, die Truppen müßten jedoch über die Karpaten, die Tatra, das Erzgebirge, die Sudeten und die Alpen versorgt werden. Das ist ausgesprochen beschwerlich und zudem gefährlich für den Aggressor.

2. Die Ost-Karpaten ragen als stumpfer Keil in das Territorium des Gegners hinein. Bei einer Konzentration sowjetischer

Truppen an dieser Stelle zu Verteidigungszwecken würden sie schon in Friedenszeiten von drei Seiten durch den Gegner umzingelt sein. Unter Ausnutzung der Ebenen südlich und besonders nördlich der Ost-Karpaten könnte der Gegner jederzeit einen Vorstoß im Rücken der in den Bergen verschanzten Truppen wagen und damit deren Versorgungswege abschneiden.

3. 1941 standen in den Karpaten keine gegnerischen Truppen in einer für Angriffsoperationen ausreichenden Zahl, und die sowjetische Führung wußte das sehr genau. (Siehe z. B. *Generalleutnant B. Aruschunjan*, »Militärhistorische Zeitschrift« 1973, Nr. 6, S. 61)

Die Konzentrierung zweier sowjetischer Armeen in den Ost-Karpaten führte zu katastrophalen Folgen. Natürlich hat niemand diese Armeen frontal attackiert. Doch der Vorstoß der 1. deutschen Panzergruppe nach Rowno stellte das sowjetische Oberkommando vor ein Dilemma: Sollte man die beiden Armeen in den Karpaten belassen, auf die Gefahr hin, daß sie dort ohne Nachschub an Munition und Verpflegung untergingen, oder war es nicht besser, sie schnellstens aus dieser Mausefalle abzuziehen? Man entschloß sich für die zweite Lösung. Die beiden für den Kampf in der Ebene nicht ausgerüsteten Armeen mit ihrer leichteren Bewaffnung und einer Menge im Tiefland nicht benötigter Ausrüstung flohen aus den Bergen und gerieten in den Flankenangriff des deutschen Panzerkeils. Nach dem leichten Sieg über diese aus den Bergen flüchtenden Armeen drängte die 1. deutsche Panzergruppe stürmisch voran und gelangte in den Rücken der 9. (extrem starken Angriffs-) Armee, die ein klägliches Schicksal erlitt. Danach war für die deutschen Truppen der Weg frei zu den unverteidigten sowjetischen Flottenbasen, in das Donezbecken, nach Charkow, in das Gebiet von Saporoschje und Dnjepropetrowsk, das heißt in Industrieregionen von immenser Bedeutung. Nach deren Verlust konnte die Sowjetunion in den Kriegsjahren nur noch 100000 Panzer produzieren. Natürlich ist auch das noch weit mehr, als Deutschland aufzubringen vermochte, aber ohne den Verlust dieser Gebiete hätte die sowjetische Panzerproduktion (und natürlich die Artillerie-, Flugzeug- und Kriegsmarineproduktion usf.) um ein

Mehrfaches die auch so noch rekordartigen Ergebnisse übertreffen können.

Der Vorstoß der deutschen Truppen in den Süden der Ukraine brachte die sowjetischen Truppen im Raume Kiew in äußerste Bedrängnis und eröffnete Deutschland außerdem den Weg zum Kaukasus – dem Erdölherzen der Sowjetunion – und nach Stalingrad – der Erdöl-Aorta.

Noch einmal mag Bagramjan zu Worte kommen: »Die genaue Kenntnis der Ost-Karpaten war hilfreich für ein klares Verständnis der außerordentlichen Notwendigkeit einer möglichst schnellen Umstellung der schweren, nur wenig beweglichen und für Aktionen im Gebirge ungeeigneten Schützendivisionen auf leichtere Gebirgsjägerverbände. Wenn ich heute daran zurückdenke, ertappe ich mich bei dem Gedanken an meinen ungewollten Irrtum. Denn diese Divisionen mußten zu Kriegsbeginn in ebenem Gelände kämpfen, weshalb die Umstellung auf alpine Verhältnisse sie nur geschwächt hatte.« (»Militärhistorische Zeitschrift« 1967, Nr. 1, S. 55)

Ich wiederhole: Zwei Armeen waren in den Karpaten 1941 völlig unnötig. Aber selbst wenn sich jemand in den Kopf gesetzt hätte, diese Truppen zur Verteidigung heranzuziehen, so wäre auch dann nicht die Umstellung der schweren Schützendivisionen in leichte Gebirgsjägerverbände erforderlich gewesen. Die Erfahrungen im Ersten Weltkrieg – darunter auch die der Russen – hatten gezeigt, daß sich eine schwere Infanteriedivision in niedrigem, sanftem Hügelgelände für eine Verteidigung besser eignet als leichte Gebirgsjäger. Hatte die gewöhnliche Infanterie erst einmal Pässe, Gebirgskämme, Gipfel und Höhen erobert, dann hielt sie, in den Boden eingegraben, diese Stellungen bis zum Ende des Krieges, und es hatte keinerlei militärische Gründe gegeben, diese Verteidigung nicht auch noch viele Jahre hindurch fortzusetzen. Trotz dieses Wissens bildet die sowjetische Führung die Schützendivisionen zu Gebirgsjägerdivisionen um, die im Grunde genommen nur in Angriffsoperationen einsetzbar sind. In den sowjetischen Divisionen tauchten Gruppen besonders ausgebildeter alpiner Bergsteiger auf. In den sowjetischen Ost-Karpaten haben sie indessen ganz offensichtlich nichts zu tun. Um sie einsetzen zu können, müßte man die sowjetischen Truppen nach Westen vorrücken lassen, und zwar mehrere hundert Kilometer.

Sämtliche Faktoren, die die Ost-Karpaten für eine Offensive in west-östlicher Richtung ungeeignet erscheinen lassen, erweisen sich günstig für einen von Osten nach Westen gerichteten Angriff.

1. Die Truppen rücken zwar in die Berge vor, doch die Versorgungslinien bleiben auf sowjetischem Territorium und im wesentlichen auf ausgesprochen ebenem Gelände.

2. Die Ost-Karpaten erstrecken sich in einem stumpfen Keil nach Westen und zerschneiden damit die Gruppierung des Gegners in zwei Teile. Es ist ein natürlicher Aufmarschplatz, der eine starke Konzentration von Streitkräften schon zu Friedenszeiten gewissermaßen im Rücken des Gegners erlaubt, so daß es nur noch der Fortsetzung der Truppenbewegung nach vorn bedarf – unter gleichzeitiger Bedrohung der rückwärtigen Front des Gegners –, um diesen zum Rückzug an der ganzen Front zu zwingen.

3. In den Karpaten standen nur geringe gegnerische Kräfte. Der sowjetischen Führung war dies bekannt, gerade deshalb hatte sie an dieser Stelle zwei Armeen zusammengezogen.

Auf der Stelle treten konnten diese beiden Armeen nicht, für beide reichte nicht der vorhandene Raum, zur Verteidigung wurden sie nicht gebraucht, und obendrein waren sie für einen solchen Zweck ungeeignet. Der einzig verbleibende Weg für einen Einsatz dieser beiden Armeen im Krieg war der Vormarsch. Geht man davon aus, daß eine Gebirgsjägerarmee für Operationen im Gebirge aufgestellt wird, dann läßt sich die Richtung der geplanten Bewegung sehr leicht bestimmen. Von den Ost-Karpaten nehmen zwei Höhenzüge ihren Ausgang: Der eine verläuft nach Westen in die Tschechoslowakei, der andere in Richtung Süden – nach Rumänien. Andere Fronten gab es für Aktionen der Gebirgsjägerarmeen nicht. Zwei Stoßrichtungen – zwei Armeen, alles ist vollkommen logisch. Jede Richtung ist gleich wichtig, führt sie doch zu den Haupttransportadern für das Erdöl. Sicherheitshalber empfahl es sich, diese Arterien gleich an zwei Stellen zu durchtrennen. Schon die erfolgreiche Operation nur einer Armee würde für Deutschland äußerst kritisch sein. Und selbst dann, wenn beiden Armeen ein Erfolg versagt bliebe, müßten immerhin ihre Aktionen auf den beiden Höhenzügen den Nachschub deutscher Reserven nach Rumänien schwächen. Vergessen wir nicht, daß außer diesen beiden Vorstößen über die Gebirge auf die Erdöl-Aorta noch die 9. (extrem starke Angriffs-) Armee bereitsteht, die nur darauf wartet, den Todesstoß zu führen. Ihre Operationen werden durch die beiden Höhenzüge gedeckt. Um Rumänien vor der 9. Armee zu schützen, müssen die deutschen Truppen diese Höhenzüge nacheinander überwinden, wobei sie auf jeweils eine ganze sowjetische Armee treffen.

Das entscheidende Element in den Operationen der sowjetischen Gebirgsjägerarmeen sollen das Überraschungsmoment und das rasche Tempo sein. Gelingt es ihnen, die Gebirgspässe zügig zu besetzen, wird es gewöhnlichen Feldtruppen nicht leichtfallen, sie dort wieder hinauszuwerfen. Um die Befestigungen der Pässe zu verstärken, waren nicht sämtliche sowjetischen Divisionen der Gebirgsarmeen auf Gebirgsjägertruppen umgestellt worden, zusätzlich verfügen diese Armeen über Panzer- und motorisierte Divisionen sowie schwere Panzerabwehrbrigaden. Ein schneller überraschender Vorstoß – und Deutschland ist ohne Erdöl ... Das ist der Grund, weshalb Bagramjan mit der Stoppuhr in der Hand seine Panzersoldaten auf den Bergpässen trainiert. Und Schukow verfolgt höchst aufmerksam diese Experimente.

Über den geplanten Einsatz der Gebirgsjägerdivisionen innerhalb der 12. und 18. Armee läßt sich vielleicht noch streiten; aber immerhin lagen diese Armeen in den Karpaten. Über den Verwendungszweck einer Gebirgsjäger-Division in der 9. Armee kann es indessen keinen Zweifel geben. Die 9. Armee stand bei Odessa, und dennoch war auch für sie auf Befehl von G. K. Schukow, der persönlich für die Süd-Front und die Südwest-Front verantwortlich war, eine Gebirgsjägerdivision aufgestellt worden. Was für Gebirge gibt es bei Odessa? Die 30. Irkutsker mit dem Lenin-Orden und dreifachen Rotbannerorden ausgezeichnete Gebirgsjägerdivision mit dem ehrenvollen Namen »Oberster Sowjet der Russischen Sozialistischen Föderativen Sowjetrepublik«, die zur 9. Armee gehörte, konnte ihrer eigentlichen Bestimmung entsprechend nur in Rumänien eingesetzt werden. Es ist durchaus kein Zufall, daß diese Division (unter ihrem Kommandeur Generalmajor S. G. Galaktionow) zum 48. Schützenkorps von General R. Ja. Malinowski gehört. Zum einen ist er der aggressivste Korps-Kommandeur nicht nur in der 9. Armee, sondern an der ganzen Süd-Front. Zum anderen steht das 48. Korps an der äußersten rechten Flanke der 9. Armee. Auf sowjetischem Territorium ist das ohne Belang. Sobald jedoch die übermächtige 9. Stoßarmee in Rumänien einrückt, wird sie zur Gänze in der Ebene operieren, nur ihre rechte Flanke wird ans Gebirge angelehnt. Demnach ist es ein Gebot der Vernunft, für diese Situation über eine Gebirgsjägerdivision zu verfügen, und zwar gerade an der rechten Flanke.

Zusätzlich wird in Eisenbahntransporten aus Turkestan insgeheim die 21. Gebirgskavalleriedivision unter Oberst Ja. K. Kulijew herangeführt. Hitler hat bald darauf mit seinem Angriff die gesamte Planung durcheinandergebracht, und alles, was für den Süden bestimmt war, mußte nach Belorußland geworfen werden, sogar die 19. Armee mit ihren Gebirgsjägerdivisionen. Dort finden wir auch die 21. Gebirgskavalleriedivision wieder, die an dieser Stelle niemand brauchen kann, weil sie für den Kampf in den Sümpfen untauglich ist und deshalb auch einen unrühmlichen Untergang erlebt. Allerdings war sie auch nicht für Belorußland vorgesehen gewesen.

3.

Die kommunistische Propaganda erklärt, die Rote Armee sei auf den Krieg nicht vorbereitet gewesen, von daher sei all das Unglück gekommen. Doch das stimmt nicht. Lassen Sie uns nur am Beispiel der 12. Armee und ihrer Kopie, der 18. Armee, verfolgen, was hätte geschehen können, wenn die Sowjetunion tatsächlich nicht auf einen Krieg vorbereitet gewesen wäre.

1. In dem Falle hätte man gewaltige Mittel sparen können,

die für die Aufstellung von zwei Gebirgsjägerarmeen und viele einzelne Gebirgsjägerdivisionen innerhalb der gewöhnlichen Invasionsarmeen schlichtweg vergeudet wurden.

Hätte man nur einen Teil dieser Mittel für die Schaffung von Panzerabwehrdivisionen verwandt – der Krieg wäre anders verlaufen.

2. Hätte sich die Sowjetunion nicht auf den Krieg vorbereitet, würden in den Karpaten nicht zwei Armeen gestanden haben, die man in Panik aus dieser Mausefalle abziehen mußte und die dann auch nicht dem Zugriff des deutschen Angriffskeils beim Rückzug aus den Bergen zum Opfer gefallen wären.

3. Hätte man sich nicht auf den Krieg vorbereitet, wären im Norden der Karpaten die deutschen Panzermassen nicht auf die leichten aus dem Gebirge fliehenden Divisionen gestoßen, sie wären vielmehr mit den schweren, zur Kriegsführung in der Ebene tauglichen Divisionen mit ihrer zahlreichen schweren Artillerie, und darunter auch Panzerabwehrartillerie, zusammengetroffen.

4. Selbst wenn der deutsche Panzerkeil die Abwehr dieser dann keineswegs auf der Flucht befindlichen Divisionen durchbrochen hätte, so wären dennoch die Folgen nicht gleich katastrophal gewesen: An der rumänischen Grenze hätten die deutschen Panzer keine massierten Truppenansammlungen vorgefunden, der Vorstoß wäre nicht in deren Rücken erfolgt, sondern ins Leere gegangen.

Hätte sich die Rote Armee nicht auf einen Krieg vorbereitet, wäre alles anders verlaufen. Doch sie hatte sich vorbereitet, und noch dazu höchst intensiv.

WOZU WAR DIE ERSTE STRATEGISCHE STAFFEL BESTIMMT?

Man muß die Möglichkeit der gleichzeitigen Durchführung von zwei oder sogar drei Angriffsoperationen verschiedener Fronten auf dem Kriegsschauplatz im Auge behalten, und zwar mit dem Ziel, so breitflächig wie möglich, auf strategischer Ebene die Verteidigungsfähigkeit des Gegners zu erschüttern.

Der Volkskommissar für Verteidigung der UdSSR, Held und Marschall der Sowjetunion S. K. Timoschenko in seiner »Schlußrede anläßlich der militärischen Beratung am 31. Dezember 1940« (Moskau 1941, S. 30)

Wir haben kurz einige Armeen der Ersten Strategischen Staffel gestreift. Wir haben die stärkste dieser Armeen an der rumänischen Grenze vorgefunden, wir haben die Gebirgsjägerarmeen gesehen, die dazu bestimmt waren, Rumänien (und sein Erdöl) von Deutschland abzuschneiden. Wir haben fünf Luftlandekorps festgestellt und ein Spezialkorps für Landeoperationen der Marine. Insgesamt umfaßte die Erste Strategische Staffel der Roten Armee sechzehn Armeen und einige Dutzend selbständiger Korps. Die Gesamtzahl der Divisionen innerhalb der Ersten Strategischen Staffel betrug 170.

Wozu war diese ganze Erste Strategische Staffel bestimmt? Das Wort haben die sowjetischen Marschälle. Es ist aufschlußreich, was sie zur Rolle der Ersten Strategischen Staffel – insbesondere *vor* dem Krieg – geäußert haben.

Marschall der Sowjetunion A. I. Jegorow war der Auffassung, daß sich der bevorstehende Krieg unter Beteiligung von Millionen und Abermillionen Soldaten abspielen würde. Dennoch schlug er vor, den Angriff einzuleiten, ohne die Durchführung der allgemeinen Mobilmachung abzuwarten. Seiner Meinung nach mußte man in den Grenzbezirken in Friedenszeiten »Invasionsgruppen« unterhalten, die die Grenze am ersten Kriegstag überschreiten konnten, um die Mobilmachung des Gegners zu stören und gleichzeitig die eigene Mobilmachung zu sichern. (Vortrag des Stabschefs der Roten Arbeiter- und Bauernarmee vor dem Revolutionskriegsrat der UdSSR am 20. April 1932)

Marschall der Sowjetunion M. N. Tuchatschewski war damit nicht einverstanden. Seiner Meinung nach mußte man nicht »Invasionsgruppen«, sondern »Invasionsarmeen« unterhalten. Tuchatschewski bestand darauf, daß sich »Zusammensetzung und Dislozierung einer Vorausarmee in erster Linie nach den Möglichkeiten des Überschreitens der Grenze unmittelbar nach der Bekanntgabe der allgemeinen Mobilmachung richten müssen, . . . mechanisierte Korps müssen 50 bis 70 km hinter der Grenze stehen, um am ersten Tag der Mobilmachung die Grenze überschreiten zu können«. (Ausgewählte Werke. Moskau 1964, Bd. 2, S. 219)

Tuchatschewski und Jegorow irrten natürlich beide. Sie mußten erschossen werden, und an die Spitze des Militärs gelangte der herrische, harte, unbeugsame, unbesiegbare G. K. Schukow. Er war abstrakten Überlegungen überhaupt nicht zugetan. Schukow war ein Mann der Praxis, der in seinem ganzen Leben keine einzige militärische Niederlage erlitten hat. Im August 1939 hatte Schukow, wie erwähnt, die durch ihre Plötzlichkeit, das Tempo und die Kühnheit verblüffende Operation zur Zerschlagung der 6. japanischen Armee geleitet. (Später sollte er dieselbe Methode gegen die 6. deutsche Armee bei Stalingrad anwenden.) Der Blitzsieg über die 6. japanische Armee war der Prolog zum Zweiten Weltkrieg. Als Stalin am 19. August 1939 Schukows Telegramm mit der Nachricht erhielt, daß das Wichtigste erreicht sei: die Japaner würden nichts von den Angriffsvorbereitungen ahnen, – da gab er seine Zustimmung zur Errichtung gemeinsamer Grenzen mit Deutschland. Der Handel zwischen Molotow und Ribbentrop wurde unter der furchteinflößenden Begleitmusik Schukows geschlossen, der in der Mongolei das vollbracht hatte, was niemandem gelungen war: die Zerschlagung einer ganzen japanischen Armee. Genau danach setzte an den Westgrenzen die Rücknahme sämtlicher Vorkehrungen für den Verteidigungsfall ein, und die Schaffung grandioser Angriffsverbände wurde aufgenommen. Schukow bekam das Kommando über den wichtigsten und stärksten sowjetischen Militärbezirk: Kiew. Danach wurde Schukow noch höher befördert – auf den Posten des Generalstabschefs. Und nun traf der Generalstab eine Feststellung von außerordentlicher Bedeutung: *»Die Durchführung der Aufgaben, die den Invasionsarmeen gestellt sind, muß der gesamten Ersten Strategischen Staffel übertragen werden.«* (»Militärhistorische Zeitschrift« 1963, Nr. 10, S. 31) Folglich waren sämtliche sechzehn Armeen der Ersten Strategischen Staffel mit ihren insgesamt 170 Divisionen für eine Invasion bestimmt.

Wir werden im weiteren Verlauf dieser Ausführungen sehen, daß die Erste Strategische Staffel nicht nur die Aufgabe zugewiesen erhielt, eine Invasion durchzuführen, sondern daß sie mit der Durchführung bereits begonnen hatte! Unter dem Schutz des TASS-Kommuniqués vom 13. Juni 1941 *hatte sich die ganze Erste Strategische Staffel in Richtung deutsche und rumänische Grenze in Bewegung gesetzt.*

Es stimmt, daß die Erste Strategische Staffel insgesamt nur etwa drei Millionen Mann umfaßte, aber auch eine Schneelawine im Gebirge nimmt ihren Ausgang von einer kleinen Schneeflocke. Die Kampfstärke der Ersten Strategischen Staffel wuchs rapide. *Marschall der Sowjetunion S. K. Kurkotkin:* »Die Truppenteile, die vor dem Krieg zur Staatsgrenze abgerückt waren, ... hatten die gesamte eiserne Reserve an Bekleidung und Schuhwerk mitgenommen.« (Die rückwärtigen Dienste der sowjetischen Streitkräfte im Großen Vaterländischen Krieg. Moskau 1977, S. 216) Hier äußert sich ein Marschall darüber, daß in den Vorratslagern im Zentrum des Landes praktisch keinerlei Reserven an Uniformausrüstung zurückgeblieben waren, was bedeutet, daß die Divisionen, Korps und Armeen Bekleidung und Schuhwerk für Millionen von Reservisten mitgeschleppt hatten. Warum wohl, wenn nicht im Hinblick auf eine unmittelbar bevorstehende Einberufung dieser Millionen?

Wenn von der Kampfkraft der Ersten Strategischen Staffel die Rede ist, darf man sich nicht darauf beschränken, wie viele Millionen Soldaten sie zählte, sondern muß auch jene Millionen mit berücksichtigen, zu deren Einberufung und Einkleidung in Grenznähe Hitler es nicht mehr kommen ließ.

Die beklemmende, gigantische Bewegung der Ersten Strategischen Staffel sollte nicht in der Nähe der deutschen Grenze zum Stillstand kommen. Das ist der Grund, weshalb am 20. Juni 1941 sowjetische NKWD-Einheiten den Stacheldraht an der Grenze zu zerschneiden begannen. Die deutsche Wehrmacht hatte diese Aufgabe bei sich selbst eine Woche eher begonnen.

STALIN IM MAI 1941

Stalin hat sich »ein außenpolitisches Ziel von überragender Wichtigkeit für die Sowjetunion gesteckt, das er mit Einsatz seiner Person zu erreichen hofft«.

Bericht des Deutschen Botschafters in der Sowjetunion Graf von der Schulenburg an das Auswärtige Amt in Berlin vom 12. Mai 1941

1.

Um die Ereignisse des Juni 1941 zu verstehen, kommen wir nicht umhin, zum Mai zurückzukehren. Der Mai 1941 ist der rätselhafteste Monat in der ganzen kommunistischen Geschichte überhaupt. Jeder Tag und jede Stunde dieses Monats sind angefüllt mit Vorkommnissen, deren Sinn erst noch ergründet werden muß. Selbst für Ereignisse, die sich vor den Augen der ganzen Welt abspielten, hat noch niemand eine Erklärung gefunden. Hier ein Beispiel:

Am 6. Mai 1941 stellte sich Stalin an die Spitze der Sowjetregierung. Dieser Schritt hat viele erstaunt. Aus erbeuteten Dokumenten wissen wir, daß die deutsche Führung einfach keine befriedigende Erklärung für diesen Vorgang finden konnte. Zum erstenmal in der gesamten sowjetischen Geschichte war *offiziell* die höchste Partei- und Staatsmacht in einer Hand vereint. Dies bedeutet indessen keinerlei Stärkung von Stalins persönlicher Diktatur. War nicht auch bisher schon faktisch alle Macht in Stalins Händen konzentriert? Wenn Macht an der Anzahl klangvoller Titel gemessen würde, dann hätte Stalin schon zehn Jahre früher eine üppige Kollektion aller erdenklichen Titel einheimsen können. Doch er hatte dies ganz bewußt nicht getan. Seit 1922, als Stalin den Posten des Generalsekretärs übernahm, hatte er auf sämtliche Staats- und Regierungsämter verzichtet. Stalin hatte seinen Kommandoposten *oberhalb* von

Regierung und Staat errichtet. Alles unterstand seiner Kontrolle, doch offiziell war er für nichts verantwortlich. Wie hatte doch bereits 1931 Trotzki den Mechanismus der Vorbereitung des kommunistischen Umsturzes in Deutschland beschrieben? »Im Falle eines Erfolges der neuen Politik hätten alle Manuilskis und Remmeles verkündet, daß die Initiative hierfür bei Stalin gelegen habe. Für den Fall eines Mißerfolges jedoch hat sich Stalin die Möglichkeit offengehalten, einen Schuldigen zu finden. Darin besteht schließlich die Quintessenz seiner Strategie. Auf diesem Gebiet liegt seine Stärke.« (»Bulletin der Opposition« Nr. 24, S. 12)

Der Umsturz fand nicht statt, und Stalin hat in der Tat Schuldige gefunden und sie exemplarisch bestraft. Nicht anders regiert er auch im eigenen Land: Alle Erfolge gehen auf Stalin zurück, alle Mißerfolge auf Feinde, Hochstapler, Karrieristen, die sich angebiedert und die Generallinie der Partei entstellt haben. Der »Sieg der Kolchoswirtschaft« ist ein geniales Werk Stalins, die Millionen dabei umgekommener Menschen aber gehen zu Lasten eines Teils der für die Durchführung verantwortlichen Genossen auf Bezirksebene, denen die schwindelerregenden Erfolge zu Kopf gestiegen waren. Mit den großen Säuberungsaktionen hat Stalin überhaupt nichts zu tun – sie sind das Werk der Jeschow-Leute! Und den Pakt mit Hitler hat nicht Stalin unterzeichnet. Der ist in die Geschichte in Verbindung mit den Namen Molotow und Ribbentrop eingegangen. In Deutschland trug die offizielle Verantwortung für diesen Pakt nicht so sehr Ribbentrop wie Adolf Hitler – der Reichskanzler, auch wenn er bei der Unterzeichnung selbst nicht zugegen war. Iossif Stalin hingegen, der bei der Unterzeichnung anwesend war, bekleidete zu der Zeit weder Staats- noch Regierungsämter. Er war einfach als der Staatsbürger Iossif Stalin dabei, mit keinerlei Staats-, Regierungs-, militärischen oder diplomatischen Vollmachten ausgestattet, und demnach auch nicht verantwortlich für das, was da geschieht.

Genauso war am 13. April 1941 der Vertrag mit Japan unterzeichnet worden. Stalin ist dabei, aber die Verantwortung für den Vorgang trägt nicht er. Das Ergebnis: Stalin versetzt in einem für Japan kritischen Moment dem durch den Krieg erschöpften Land einen Stoß in den Rücken. Stalins Gewissen ist rein: Er hat den Vertrag nicht unterzeichnet.

Aber jetzt ist etwas geschehen (oder es bahnt sich etwas an), und Stalin übernimmt offiziell die Last der staatlichen Verantwortung. Für Stalin bedeutet der neue Titel keine Stärkung seiner Macht, sondern deren Einschränkung, genauer gesagt – eine Selbstbeschränkung. Von dem Augenblick an trifft er nicht nur alle wichtigen Entscheidungen, sondern er trägt auch die offizielle Verantwortung dafür. Bis zu diesem Augenblick waren Stalins Macht nur durch die äußeren Grenzen der Sowjetunion Schranken gesetzt, und auch das nicht immer. Was konnte ihn veranlaßt haben, *freiwillig* die schwere Last der Verantwortung für die eigenen Beschlüsse auf seine Schultern zu laden, wo er doch die Möglichkeit besaß, auf dem Gipfel der Unfehlbarkeit zu verharren, indem er den anderen die Möglichkeit des Irrens überließ? Die ganze Situation erinnert irgendwie an die berühmte Elchjagd Chruschtschows. Solange das Wild noch weit entfernt war, schrie Nikita auf die Jäger ein, machte sich über seinen nicht sehr erfolgreichen Gast Fidel Castro lustig, während er selbst keinen Schuß abgab, ja nicht einmal die Waffe in die Hand nahm. Als hernach jedoch das Wild auf die Jäger zugetrieben wurde, so daß man es unmöglich verfehlen konnte, da griff auch Nikita zur Waffe ... 17 Jahre lang hatte Stalin die Instrumente der Staatsgewalt nicht offiziell in die eigenen Hände genommen, und nun auf einmal ... Warum?

Der *Flottenadmiral der Sowjetunion N. G. Kusnezow* (zu der Zeit Admiral und Volkskommissar der Kriegsmarine der UdSSR) bezeugt: »Als Stalin die Pflichten eines Vorsitzenden des Rates der Volkskommissare übernahm, gab es praktisch keine Veränderungen im Führungssystem.« (»Militärhistorische Zeitschrift« 1965, Nr. 9, S. 66) Wenn sich denn praktisch nichts geändert hat, wozu braucht Stalin diesen Titel? »Aber sämtliche Handlungen, Aktionen, Verbrechen Stalins sind zweckbestimmt, logisch und von streng prinzipieller Art.« (*A. Awtorchanow,* Das Rätsel um Stalins Tod. Frankfurt a. M. 1984) Wo bleibt hier die Stalinsche Logik?

»Ich sehe kein Problem, das durch innere Verhältnisse in der Sowjetunion aufgeworfen werden könnte und dem eine derartige Bedeutung zukäme, daß es einen solchen Schritt Stalins notwendig machen würde. Mit großer Gewißheit kann man vielmehr behaupten, daß, wenn Stalin sich entschlossen hat, das höchste Regierungsamt zu übernehmen, dies aus Gründen der Außenpolitik geschehen ist.« Das berichtet der deutsche Botschafter in Moskau Graf von der Schulenburg am 12. Mai 1941 seiner Regierung. (Die Beziehungen zwischen Deutschland und der Sowjetunion 1939–1941. 251 Dokumente aus den Archiven des Auswärtigen Amtes und der Deutschen Botschaft in Moskau. Hrsg. A. Seidl. Tübingen 1949, S. 387) Die sowjetischen Marschälle drücken es mit anderen Worten aus, aber es ist dasselbe: Die Ernennung Stalins ist mit äußeren Problemen verknüpft. (Siehe z. B. *Marschall der Sowjetunion I. Ch. Bagramjan,* So begann der Krieg. Moskau 1971, S. 62) Aber wir verstehen auch so, daß es für Stalin viel bequemer ist, die inneren Probleme in einer Weise zu lösen, bei der er sich nicht mit Verantwortlichkeiten übernehmen muß. Welche äußeren Probleme können ihn zu einem derartigen Schritt veranlaßt haben? Im Mai 1941 sind viele Staaten in Europa von Deutschland besiegt. Probleme aus den Beziehungen zu Frankreich zum Beispiel konnte es gar nicht mehr geben. Großbritannien, das seine Unabhängigkeit bewahrt hat, bot Stalin die Hand der Freundschaft (siehe den Brief Churchills, der Stalin am 1. Juli 1940 überreicht worden war). Roosevelt gab sich Stalin gegenüber mehr als freundschaftlich: Er warnte vor Gefahren, und amerikanische Technologie ergoß sich in breitem Strom in die UdSSR. Zwar hatte US-Präsident Roosevelt, als die Rote Armee im Winterkrieg Finnland zu »befreien« versuchte, ein »moralisches Embargo« über die Sowjetunion verhängt, doch zog dies keinerlei Auswirkungen in Form einer Kürzung der von den USA an die UdSSR gelieferten militärischen Technologie nach sich. Molotow machte sich auf der Sitzung des Obersten Sowjets der UdSSR am 29. März 1940 über dieses »moralische Embargo« offen lustig, indem er erklärte, daß sich »die Beziehungen zu den USA in letzter Zeit weder verbessert noch etwa verschlechtert hätten«, das heißt, alles sei, ungeachtet des »Embargos«, beim alten geblieben. Der sowjetische Botschafter in den USA, K. Umanski, berichtete diese Äußerung Molotows dem amerikanischen Außenminister Hull. Dieser hätte sich gekränkt zeigen müssen, aber er »brachte das Gespräch auf die Möglichkeiten einer Verbesserung der gegenseitigen Beziehungen«! (Geschichte des Zweiten Weltkrieges 1939–1945, Bd. 3, S. 352) In Washington wurden unverzüglich sowjetisch-amerikanische Verhandlungen über die Ausweitung der amerikanischen Lieferungen an die UdSSR aufgenommen, in deren Verlauf die sowjetische Seite für ihre Ingenieure Zutritt zu den amerikanischen Flugzeugwerken verlangte. Die »Freundschaft« ging, wie wir sehen, recht weit. So blieben nur zwei mutmaßliche Gegner. Aber Japan, dem im August 1939 eine Vorstellung von der sowjetischen militärischen Schlagkraft vermittelt worden war, hatte gerade erst seinen Vertrag mit der Sowjetunion unterzeichnet und richtete seine Blicke in eine den sowjetischen Grenzen entgegengesetzte Richtung. Also konnte nur Deutschland der auslösende Anlaß für diesen auf den ersten Blick unverständlichen Schritt Stalins sein. Was aber konnte Stalin im Hinblick auf Deutschland unter Einsatz seines neuen offiziellen Titels als Staatsoberhaupt tun?

Es gibt drei Möglichkeiten:

1. Stalin konnte einen festen und unverbrüchlichen Friedenspakt schließen;
2. Stalin konnte offiziell an die Spitze der Sowjetunion in einer bewaffneten Auseinandersetzung zur Abwehr einer deutschen Aggression treten;
3. Stalin konnte offiziell einen bewaffneten Kampf der Sowjetunion in einem Angriffskrieg gegen Deutschland leiten.

Die erste Version scheidet sofort aus. Ein Nichtangriffspakt (23. 8. 1939) sowie ein Grenz- und Freundschaftsvertrag (28. 9. 1939) mit Deutschland sind bereits von Molotows Hand unterzeichnet. Nachdem Stalin Molotows Amt in seiner Eigenschaft als Staatsoberhaupt übernommen hat, unternimmt er absolut nicht den geringsten Schritt zu einem Treffen mit Hitler. Stalin bedient sich wie ehedem Molotows für weitere Verhandlungen. Es ist bekannt, daß sich Molotow sogar am 21. Juni um ein Treffen mit verantwortlichen deutschen Politikern bemühte, aber Stalin unternahm derartige Versuche jedenfalls nicht. Folglich übernahm er das offizielle Amt auch nicht, um einen Friedenspakt zu schließen.

Die kommunistische Propaganda beharrt auf der zweiten Version: Weil Stalin den deutschen Überfall voraussah, beschloß er, persönlich und offiziell die Verteidigung seines Landes zu leiten. Aber damit kommen die Genossen Kommunisten nicht durch: Der deutsche Angriff erfolgte für Stalin überraschend und zweifellos unerwartet. Was bedeuten würde, daß Stalin die Verantwortung in der Voraussicht von Ereignissen übernahm, die er nicht vorausgesehen hatte.

Werfen wir noch einmal einen Blick auf Stalins Verhalten in den ersten Kriegstagen. Am 22. Juni war der Regierungschef verpflichtet, sich an sein Volk zu wenden und ihm die schreckliche Nachricht mitzuteilen. Aber Stalin drückte sich vor seinen direkten Pflichten, die für ihn sein Stellvertreter Molotow übernahm. Weshalb mußte er sich dann im Mai in Molotows Sessel setzen, nur um sich im Juni hinter dessen Rücken zu verkriechen?

Am Abend des 22. Juni erließ die sowjetische Führung eine Direktive an die Truppen. Das Wort hat Marschall G. K. Schukow: »General N. F. Watutin sagte, I. W. Stalin habe das Projekt der Direktive Nr. 3 gebilligt und befohlen, daß ich unterzeichnen solle . . . ›Gut‹, sagte ich, ›setzen Sie meinen Namen darunter‹.« (*G. K. Schukow,* Erinnerungen und Gedanken, S. 251)

Aus der offiziellen Geschichtsschreibung wissen wir, daß diese Direktive mit den Unterschriften »des Volkskommissars für Verteidigung, Marschall S. K. Timoschenko, des Mitglieds des Sowjets und Sekretärs des ZK der Kommunistischen Partei der Sowjetunion (Bolschewiki) G. M. Malenkow und des Chefs des Generalstabs, General G. K. Schukow«, erlassen wurde. (Geschichte des Zweiten Weltkrieges, Bd. 4, S. 38)

Demnach läßt Stalin andere den Befehl unterzeichnen, während er selbst die persönliche Verantwortung vermeidet. Warum hat er sie dann im Mai übernommen? An die Streitkräfte ergeht der Befehl, den eingedrungenen Gegner zu schlagen. Ein Dokument von größter Wichtigkeit. Was hat hier ein »Mitglied des Sowjets und ZK-Sekretär« zu suchen?

Am folgenden Tag wird die Zusammensetzung der Obersten Heeresleitung bekanntgegeben. Stalin hatte sich kategorisch geweigert, an die Spitze zu treten, und nur zugestimmt, diesem höchsten Organ der militärischen Führung als eines seiner Mitglieder anzugehören. »Unter den gegebenen Umständen konnte der Volkskommissar S. K. Timoschenko ohnehin selbständig ohne Stalin keine prinzipiellen Entscheidungen treffen. So kam es, daß es zwei Oberkommandierende gab: den Volkskommissar S. K. Timoschenko juristisch, wie es der entsprechende Erlaß vorsah, und I. W. Stalin – faktisch.« (*Schukow,* Erinnerungen und Gedanken, S. 251) Im Verteidigungskrieg greift Stalin auf seine erprobte Führungsmethode zurück: Die prinzipiellen Entscheidungen werden von ihm getroffen, die offizielle Verantwortung aber übernehmen die Molotows, Malenkows, Timoschenkos, Schukows. Erst einen Monat später brachten die Mitglieder des Politbüros Stalin dazu, das offizielle Amt des Volkskommissars für Verteidigung und am 8. August das des Oberkommandierenden zu übernehmen. Lohnte es sich für Stalin, »in Voraussicht eines Verteidigungskrieges« die Verantwortung zu übernehmen, nur um sich vom ersten Augenblick eines solchen Krieges an energisch der Verantwortung zu entziehen? Wäre bei dem heutigen Wissen um die Art und Weise, in der Stalin die Geschicke im ersten Monat des Verteidigungskrieges lenkte, nicht die Annahme logisch, daß er am Vorabend dieses Krieges alles daransetzen wird, keinerlei Titel und Ämter auf sich zu vereinigen, sondern vielmehr zweitrangige, von ihm völlig kontrollierte Beamtenkreaturen auf die dekorativen Attrappenposten vorzuschieben? Also können wir uns auch mit der zweiten Erklärung nicht zufriedengeben und müssen uns an die dritte Version halten, die bis jetzt noch niemand widerlegen konnte: Durch Hitlers Armeen hatte Stalin Europa niedergezwungen, und jetzt bereitete er einen Überraschungsschlag in den Rücken Deutschlands vor. Den »Befreiungsfeldzug« will Stalin persönlich leiten, in seiner Funktion als Chef der Sowjetregierung.

Die Kommunistische Partei hatte das sowjetische Volk und seine Rote Armee darauf vorbereitet, daß der Befehl zum Beginn des Befreiungskrieges in Europa von Stalin persönlich erteilt wird. Jetzt haben kommunistische Geschichtsfälscher die Version in Umlauf gesetzt, daß die Rote Armee mit der Vorbereitung von »Gegenschlägen« befaßt gewesen sei. Aber damals war keine Rede von irgendwelchen Gegenschlägen. Das sowjetische Volk wußte, daß die Entscheidung über den Kriegsbeginn im Kreml fallen würde. Der Krieg würde nicht mit dem Überfall irgendwelcher Feinde beginnen, sondern auf Stalins Befehl: »Und wenn der Marschall der Revolution Genosse Stalin das Signal geben wird, werden sich Hunderttausende von Flugzeugführern, Navigatoren, Fallschirmspringern mit der geballten Wucht ihrer Waffe auf das Haupt des Feindes stürzen, mit der Waffe der sozialistischen Gerechtigkeit. Die sowjetischen Luftflotten werden der Menschheit das Glück bringen!« Das wird zu einem Zeitpunkt geäußert, als sich die Rote Armee bereits gegen die Grenzen Deutschlands stemmt (»Prawda«, 18. August 1940), und das Glück kann man der Menschheit nur über das deutsche Territorium bringen, und die geballte Wucht der Waffe der sozialistischen Gerechtigkeit konnte man im August 1940 vor allem über die deutschen Köpfe hereinbrechen lassen.

Als Stalin den Posten des Generalsekretärs innehatte, konnte er jeden beliebigen Befehl erteilen, und dieser Befehl wurde unverzüglich und zuverlässig ausgeführt. Aber jeder Befehl Stalins war ein inoffizieller, und gerade darauf beruhte Stalins Unverwundbarkeit und Unfehlbarkeit. Jetzt allerdings genügt Stalin diese Situation nicht mehr. Er muß einen Befehl geben (den entscheidenden Befehl seines Lebens), und diesmal so, daß dies auch offiziell Stalins Befehl ist.

Wie *Marschall der Sowjetunion K. K. Rokossowski* bezeugt (Soldatenpflicht. Moskau 1968, S. 11), hatte jeder sowjetische Kommandeur in seinem Safe einen »besonderen geheimen operativen Auftrag«, den sogenannten »Roten Umschlag M«. Dieser Umschlag durfte nur auf Befehl des Vorsitzenden des Rates der Volkskommissare (bis zum 5. Mai 1941 Wjatscheslaw Molotow) oder des Volkskommissars für Verteidigung der UdSSR

(Marschall der Sowjetunion S. K. Timoschenko) geöffnet werden. Wie indessen Marschall der Sowjetunion G. K. Schukow bezeugt (siehe oben), konnte Timoschenko »ohne Stalin ohnehin keine prinzipiellen Entscheidungen treffen«. Also hatte Stalin Molotows Amt übernommen, damit der entscheidende Befehl nicht von Molotow, sondern von Stalin ausgesprochen wurde.

Die besagten Umschläge lagen im Safe jedes Kommandeurs, doch am 22. Juni 1941 gab Stalin nicht den Befehl, die Roten Umschläge zu öffnen. Nach dem Zeugnis von Rokossowski haben einige Kommandeure auf eigenes Risiko (auf dem eigenmächtigen Öffnen des Roten Umschlages stand Erschießung nach Artikel 58) die Roten Umschläge geöffnet. Aber sie fanden darin nichts für den Verteidigungsfall Brauchbares. »Natürlich besaßen wir ausführliche Pläne und Anweisungen für das, was am Tage ›M‹ zu geschehen hatte ... alles war bis auf die Minute und im Detail vorgezeichnet ... All diese Pläne hat es gegeben. Aber leider war nichts darüber gesagt, was zu geschehen hatte, falls der Gegner plötzlich zum Angriff übergehen sollte.« (*Generalmajor M. Grezow,* »Militärhistorische Zeitschrift« 1965, Nr. 9, S. 84)

Die sowjetischen Kommandeure waren demnach im Besitz von *Plänen für den Kriegsfall* gewesen, aber es hatte keine *Pläne für einen Verteidigungskrieg* gegeben. Die oberste sowjetische Führung weiß das. Deshalb ist die oberste sowjetische Führung in den ersten Minuten und Stunden des Krieges mit Improvisationen beschäftigt, sie verfaßt neue Direktiven für die Truppen, statt den kurzen Befehl zum Öffnen der Umschläge zu geben. Sämtliche Pläne, sämtliche Umschläge, alles, »was im Detail und bis auf die Minute vorgezeichnet« ist, wird unter den Bedingungen eines Verteidigungskrieges nicht mehr gebraucht.

Übrigens weisen auch die ersten Direktiven der obersten sowjetischen Führung die Truppen nicht an, sich einzugraben. Es sind immer noch keine Direktiven zur Verteidigung, ja nicht einmal zum Gegenangriff, sondern reine Angriffsdirektiven. Selbst nach dem Beginn eines aufgezwungenen Verteidigungskrieges denken und planen die sowjetischen Befehlshaber nur in Angriffskategorien. Die Roten Umschläge sind von sehr entschlossenem Tenor, doch unter den unklaren Umständen muß der Angriffselan der Truppen bis zur vollständigen Klärung der Situation ein wenig gebremst werden. Das ist der Grund, weshalb die ersten Direktiven zwar Angriffscharakter tragen, doch ist ihr Ton zurückhaltender: Angriff – ja, aber nicht so, wie das in den Roten Umschlägen festgehalten ist!

Bei der unklaren Lage will Stalin nichts riskieren, weshalb unter den wichtigsten Direktiven des »Großen Vaterländischen Krieges«, unter den Direktiven, den Kampf aufzunehmen, Stalins Unterschrift fehlt. Er hatte sich darauf eingestellt, eine weit ehrenvollere Pflicht zu übernehmen – andere Direktiven zu unterzeichnen, unter anderen Voraussetzungen, Direktiven nicht für einen aufgezwungenen Verteidigungskrieg, er hatte den Befehl für die Befreiungsmission gegenüber den Völkern Europas unterzeichnen wollen.

Hitler las die Telegramme seines klugen Botschafters von der Schulenburg und hatte wahrscheinlich auch selbst begriffen, daß Stalin »ein außenpolitisches Ziel von überragender Wichtigkeit ... mit Einsatz seiner Person zu erreichen hoffte«. Hitler hatte begriffen, wie gefährlich das war, und Stalin dieser Möglichkeit beraubt. Das ist der Grund, weshalb die ersten Direktiven in dem für Stalin unerwarteten und ihm aufgezwungenen Verteidigungskrieg die Unterschrift eines »Mitglieds des Sowjets und Sekretärs« tragen.

2.

Bei Amtsantritt gibt jeder Regierungschef eine Erklärung über das von ihm vorgesehene Arbeitsprogramm ab. Und Stalin? Auch er tut es. Gewiß, Stalins Rede, die man als programmatisch ansehen kann, wurde zwar gehalten, jedoch niemals publiziert.

Am 5. Mai 1941, als die Entscheidung über Stalins Ernennung bereits gefallen (und möglicherweise auch schon realisiert) war, hält er im Kreml eine Rede anläßlich eines Empfangs zu Ehren der Absolventen der Militärakademien.

Stalin spricht vierzig Minuten lang. Denkt man dabei an die

eindrucksvolle Fähigkeit Stalins zu schweigen, dann sind vierzig Minuten sehr viel. Es ist ungewöhnlich viel. Es ist sogar verblüffend viel.

Stalin spricht über etwas außergewöhnlich Wichtiges. Die Rede wurde *nie* veröffentlicht, und das ist eine entscheidende Garantie für ihre Wichtigkeit. Stalin sprach über internationale Beziehungen, sprach über den Krieg. In sowjetischen offiziellen Publikationen gibt es einige Hinweise auf diese Rede. Zum Beispiel in der »Militärhistorischen Zeitschrift« 1978, Nr. 4, S. 85: »Der Generalsekretär des ZK KPdSU(B) I. W. Stalin gab in seiner Rede am 5. Mai 1941 anläßlich eines Empfangs von Absolventen der Militärakademien deutlich zu verstehen, daß die deutsche Armee der wahrscheinlichste Gegner sein würde.« Die »Geschichte des Zweiten Weltkrieges« (Bd. 3, S. 439) sagt dasselbe.

Eine Quelle von weit größerer Autorität, *Marschall der Sowjetunion G. K. Schukow,* teilt viel interessantere Dinge mit. Stalin hatte, Schukows Worten zufolge, wie üblich Fragen gestellt und sie gleich darauf selbst beantwortet. Er fragte, ob die deutsche Armee unschlagbar sei, und seine Antwort lautete: ». . . die Deutschen hoffen vergeblich, daß ihre Armee eine ideale, eine unschlagbare Armee sei . . . Deutschland wird unter den Losungen seiner räuberischen Eroberungskriege, unter den Losungen der Unterdrückung anderer Länder, der Unterjochung anderer Völker und Staaten kein Erfolg beschieden sein.« (Erinnerungen und Gedanken, S. 236)

Die Rede handelt also vom Krieg gegen Deutschland. Warum hielt man sie eigentlich geheim? Es ist begreiflich, daß sie vor dem Krieg nicht publik gemacht werden konnte, aber unmittelbar nach Kriegsausbruch hätte sie doch veröffentlicht werden müssen! Oder wenn schon nicht alles zur Veröffentlichung geeignet war, so hätte Stalin immerhin zu Beginn des Krieges, zum Beispiel in seiner Rede vom 6. November 1941, sagen können: Ich hatte euch alle gewarnt! Ich habe schließlich vom Krieg gegen Deutschland schon am 5. Mai gesprochen! Seht her, ein kleines Zitat aus meiner Geheimrede! Aber Stalin hat nichts dergleichen gesagt. Und dafür gibt es nur einen Grund: Er hatte von einem unvermeidlichen Krieg gesprochen, hatte Deutschland als den Hauptfeind bezeichnet, allerdings über die Möglichkeit eines deutschen Angriffs kein Wort verloren. Hätte er es getan, würde er später daran erinnert haben, als Bestätigung seiner Genialität und seines Scharfblicks. Oder Stalins Handlanger hätten es getan. Aber nichts dergleichen geschah. Zu Lebzeiten Stalins wie auch nach seinem Tode ist diese Rede ein Staatsgeheimnis der Sowjetunion geblieben. Warum wohl? In den Gesammelten Werken Stalins sind nicht nur seine Reden veröffentlicht, sondern sogar seine Randnotizen in fremden Büchern: Das alles wird als kostbare Quelle seiner Weisheit gehütet. Aber seine Rede über eine Frage von so entscheidender Bedeutung ist nicht publiziert. Ja nicht nur das, man hat sogar sehr viel dafür getan, daß diese Rede für immer in Vergessenheit gerät. Gleich nach dem Krieg war in Millionenauflagen und in vielen Sprachen Stalins Buch »Über den Großen Vaterländischen Krieg« erschienen. Das Buch beginnt mit Stalins Rundfunkansprache vom 3. Juli 1941. Der Zweck des Buches ist klar: Uns soll die Vorstellung eingehämmert werden, Stalin habe erst nach dem deutschen Einfall vom sowjetisch-deutschen Krieg zu reden begonnen und nur von Verteidigung gesprochen. Aber Stalin hatte nicht erst nach der deutschen Invasion über diesen Krieg geredet, sondern schon davor, und er hatte auch nicht über Verteidigung geredet, sondern über etwas anderes. Worüber wohl? Wäre es um die Verteidigung gegangen, weshalb dann überhaupt diese Geheimhaltung, und erst recht nach der deutschen Invasion?

3.

Wir wissen bereits, daß nach der Unterzeichnung des Molotow-Ribbentrop-Paktes die hervorragenden sowjetischen Heerführer Schukow und Merezkow sowie der tüchtigste Polizeichef aller Zeiten Lawrentij Berija außerordentliche Anstrengungen zur Beseitigung aller Vorkehrungen für eine Verteidigung des sowjetischen Territoriums unternahmen. Jetzt aber hat Stalin die Rede auf den Krieg mit Deutschland gebracht. Zwar ist dies bei einer nicht öffentlichen Gelegenheit geschehen, aber doch immerhin so, daß ihn sämtliche Absolventen der Militärakademien, alle Generale und alle Marschälle hörten. Was werden in einer solchen Situation Schukow, Merezkow und Berija jetzt unternehmen? Wahrscheinlich werden sie doch an den Grenzen Minen zu verlegen beginnen, Stacheldraht ziehen, Brücken zur Sprengung vorbereiten? Nein, das ganze Gegenteil tritt ein, wie wir wissen. »Anfang Mai 1941, nach Stalins Rede anläßlich des Empfangs für die Absolventen der Militärakademien, wurde alles, was bisher in Sachen Sperranlagenbau und Verminung unternommen worden war, nur noch mehr gebremst.« (*Starinow,* Die Minen warten auf ihre Stunde, S. 186)

Wenn wir nicht dem Oberst in der Hauptverwaltung Aufklärung Starinow und seinem wirklich vortrefflichen Buch Glauben schenken wollen, können wir uns auch an die deutschen Archive halten und werden dort genau dasselbe finden: Die deutsche Abwehr hat allem Anschein nach nie den vollständigen Text der Stalin-Rede in die Hände bekommen, doch aus vielen mittelbaren und direkten Anzeichen konnte sie schließen, daß Stalins Rede vom 5. Mai 1941 eine Rede über den Krieg gegen Deutschland war. Dieselbe deutsche Abwehr beobachtete die Räumung der sowjetischen Minenfelder und anderer Sperranlagen im Mai und Juni 1941.

Die Beseitigung der Sperranlagen an den Grenzen ist ein integrierender Bestandteil der letzten Vorbereitungen für den Krieg. Natürlich nicht für einen Verteidigungskrieg.

4.

Im Mai 1941 erfolgt eine scharfe Kehrtwendung in der gesamten sowjetischen Propaganda. Bis dahin hatten die kommunistischen Zeitungen den Krieg gepriesen und ihre Freude darüber, daß Deutschland immer mehr Staaten, Regierungen, Armeen, politische Parteien vernichtete, nicht verhehlt. Die sowjetische Regierung war schlichtweg begeistert: »Der gegenwärtige Krieg in seiner ganzen schrecklichen Schönheit!« (»Prawda«, 19. August 1940)

Oder hier eine andere Beschreibung Europas im Kriege: »Leichenhalden, ein pornographisches Schauspiel, bei dem die Schakale einander zerfleischen«. (»Prawda«, 25. Dezember 1939) Auf derselben Seite der Text einer freundschaftlichen telegraphischen Grußbotschaft Stalins an Hitler. Die Kommunisten wollen uns überzeugen, daß Stalin Hitler vertraut und dessen Freundschaft gesucht habe, und zum Beweis dafür hält man uns Stalins Telegramm vom 25. Dezember vor Augen: »An das deutsche Staatsoberhaupt, Herrn Adolf Hitler«. Und direkt unter Stalins freundschaftlichem Telegramm: »die Schakale zerfleischen einander«. Das betrifft schließlich Hitler! Welche anderen Schakale sollten einander auf den Leichenhalden Europas zerfleischen?

Und mit einemmal hat sich alles verändert.

Auch der Ton der »Prawda« am Tage nach der Geheimrede Stalins: »Jenseits der Grenzen unserer Heimat lodert die Fackel des Zweiten imperialistischen Krieges. Die ganze Last seiner unzähligen Leiden legt sich schwer auf die Schultern der Werktätigen. Die Völker wollen keinen Krieg. Ihre Blicke sind auf das Land des Sozialismus gerichtet, das die Früchte seiner friedlichen Arbeit erntet. Sie erblicken zu Recht in den Streitkräften unserer Heimat – in der Roten Armee und in unserer Kriegsmarine – ein zuverlässiges Bollwerk des Friedens . . . In der gegenwärtigen schwierigen internationalen Situation muß man auf Überraschungen jeglicher Art gefaßt sein . . .« (»Prawda«, 6. Mai 1941, Leitartikel)

So ist das also! Zuerst hat Stalin durch den Molotow-Ribbentrop-Pakt die Schleusen für den Zweiten Weltkrieg geöffnet und sich an dem Anblick erfreut, wie »die Schakale einander zerfleischen«. Jetzt aber erinnert er sich der Völker, die sich nach Frieden sehnen und ihre hoffnungsvollen Blicke auf die Rote Armee richten!

Im März 1939 hatte Stalin Großbritannien und Frankreich vorgeworfen, sie wollten Europa in einen Krieg stürzen, während sie selbst abseits zu bleiben gedächten, nur um hernach »mit frischen Kräften die Bühne zu betreten – natürlich ›im Interesse des Friedens‹ – und den erschöpften Kriegsteilnehmern ihre Bedingungen zu diktieren.« (*I. W. Stalin,* Rechenschaftsbericht auf dem 18. Parteikongreß am 10. März 1939)

Was die »Imperialisten« dort ausgeheckt haben, weiß ich nicht. Doch bei der Unterzeichnung des sowjetisch-deutschen Paktes, der den Schlüssel zum Krieg bedeutete, war jedenfalls nur ein Führer anwesend. Bei der Unterzeichnung dieses Paktes war der deutsche Reichskanzler nicht dabei. Aber Stalin ist dagewesen. Und dieser nämliche Stalin hatte bisher abseits gestanden in diesem Krieg. Und gerade er brachte jetzt die Rote Armee ins Gespräch, die dem Blutvergießen ein Ende bereiten könnte!

Erst vor kurzem, am 17. September 1939, hatte die Rote Armee einen überraschenden Angriff gegen Polen geführt. Am nächsten Tag hatte die sowjetische Regierung über Rundfunk den Grund erklärt: »Polen war zum geeigneten Aufmarschplatz für Zufälle und unerwartete Wendungen aller Art geworden, die für die UdSSR eine Bedrohung darstellen konnten...... Die Sowjetregierung kann sich diesen Tatsachen gegenüber nicht länger neutral verhalten ... Angesichts dieser Umstände hat die Sowjetregierung das Oberkommando der Roten Armee ermächtigt, den Truppen den Befehl zum Überschreiten der Grenze zu geben und das Leben und Eigentum der Bevölkerung unter ihren Schutz zu stellen ...« (»Prawda«, 18. September 1939) Hier wäre es an der Zeit, die Frage zu stellen, wer Polen in einen »geeigneten Aufmarschplatz für Zufälle aller Art« verwandelt hatte? Doch darauf komme ich in einem weiteren Buch zurück.

Der Zynismus und die Dreistigkeit Molotows (und Stalins) kennen keine Grenzen. Hitler war nach Polen gekommen, um »den Lebensraum für die Deutschen zu erweitern«. Aber Molotow hatte ein anderes Ziel: »um das polnische Volk aus einem unseligen Krieg zu erlösen, in den es durch seine unvernünftigen Führer gestürzt worden war, und um ihm die Möglichkeit zu einem Leben in Frieden zu verschaffen«. (»Prawda«, 18. September 1939)

Auch in neuerer Zeit haben die Kommunisten ihre Meinung über den Charakter der damaligen Ereignisse nicht geändert. 1970 erschien in Moskau im Verlag der Akademie der Wissenschaften der offizielle Sammelband mit Dokumenten zur Geschichte der sowjetischen Grenztruppen (Die Grenztruppen der UdSSR 1939–1941). Dokument Nr. 192 behauptet, die sowjetischen Aktionen im September 1939 hätten zum Ziel gehabt, »dem polnischen Volk zu Hilfe zu kommen, um den Krieg zu beenden«.

Die Sowjetunion hat allen und immer selbstlos geholfen, einen Weg zum Frieden zu finden. Am 13. April 1941 unterzeichnet Molotow das Neutralitätsabkommen mit Japan, in dem sich beide Seiten verpflichten, »friedliche und freundschaftliche Beziehungen zu unterhalten und wechselseitig die territoriale Integrität und Unantastbarkeit des anderen zu achten ... Falls eine der vertragschließenden Seiten Gegenstand von Kriegshandlungen seitens eines oder mehrerer dritter Staaten werden sollte, wird die andere vertragschließende Seite während der Dauer dieses Konfliktes ihre Neutralität bewahren«.

Als sich Stalin am Rande des Abgrunds befand, hat Japan sein Wort gehalten. Dann aber steht Japan am Rande des Abgrunds, und die Rote Armee führt einen überraschenden Vernichtungsschlag. Anschließend erklärt die sowjetische Regierung: »Eine derartige Politik ist das einzige Mittel, das geeignet erscheint, einen Frieden herbeizuführen, die Völker von weiteren Opfern und Leiden zu befreien und dem japanischen Volk die Möglichkeit zu geben, sich vor Gefahren und Zerstörungen zu bewahren ...« (Erklärung der Sowjetregierung vom 8. August 1945) Hierzu sei angemerkt, daß diese Erklärung formal am 8. August abgegeben wurde, während die sowjetischen Truppen ihren Angriff am 9. August durchführten. Praktisch erfolgte der Angriff jedoch nach fernöstlicher Ortszeit, während die Erklärung erst einige Stunden später nach Moskauer Zeit abgegeben wurde.

In der Sprache des Militärs heißt dies: »Vorbereitung und Durchführung eines überraschenden Erstschlages unter gleichzeitiger Eröffnung einer neuen strategischen Front«. (*Armeegeneral S. P. Iwanow,* Die Anfangsphase des Krieges. Moskau 1974, S. 281)

In der Sprache der Politik nennt man es: »einen gerechten

und humanen Akt der UdSSR«. (*Oberst A. S. Sawin* »Militärhistorische Zeitschrift« 1985, Nr. 8, S. 56)

Marschall der Sowjetunion R. Ja. Malinowski wandte sich nach Durchführung des ersten vernichtenden Angriffs an seine Truppen: »Das sowjetische Volk kann nicht in Ruhe leben und arbeiten, solange die japanischen Imperialisten an unseren Grenzen im Fernen Osten mit ihren Waffen klirren und nur auf den geeigneten Augenblick warten, um unsere Heimat zu überfallen.« (»Der Kommunist« Nr. 12, 1985, S. 85) Die sowjetischen Marschälle leben beständig in der Furcht, jemand könne sie überfallen. Malinowski hat diese Worte am 10. August 1945 gesprochen. Hiroshima ist bereits durch eine Atombombe ausgelöscht, und Malinowski weiß davon. Als ob die »japanischen Imperialisten« nach Hiroshima nichts anderes zu tun hätten, als »auf den geeigneten Augenblick zu warten«.

Jüngere sowjetische Publikationen (zum Beispiel die »Militärhistorische Zeitschrift« 1985, Nr. 8, S. 62) vertreten weiterhin die Auffassung, daß »der Kriegseintritt der UdSSR gegen Japan auch den Interessen des japanischen Volkes entsprach« . . .; . . . »die Sowjetunion verfolgte das Ziel, die Völker Asiens, und damit auch das japanische Volk, vor weiteren Opfern und Leiden zu bewahren«.

Anfang Mai 1941 brachte die sowjetische Presse plötzlich die Rede darauf, daß die Völker Europas sich nach Frieden sehnten und hoffnungsvoll ihre Augen auf die Rote Armee gerichtet hätten. Es waren derselbe Tenor und dieselben Worte, die vor jeder kommunistischen »Befreiung« ertönen.

5.

Ende 1938 hatte die Große Säuberung ihren Abschluß gefunden. Eine neue Phase war in der Sowjetunion angebrochen. Neue Zeiten – neue Ziele – neue Losungen. Im März 1939 sprach Stalin erstmals davon, daß man sich auf »unerwartete Wendungen« vorbereiten müsse, und zwar nicht im eigenen Lande, sondern auf der internationalen Bühne. Im August 1939 hat Stalin die erste unerwartete Wendung zu bieten, die erste

»Überraschung«, die nicht nur das ganze sowjetische Volk aufstöhnen läßt, sondern die ganze Welt – den Molotow-Ribbentrop-Pakt. Gleich darauf marschieren deutsche Truppen und nach ihnen sowjetische Soldaten in Polen ein. Die offizielle sowjetische Erklärung lautet: »Polen ist zu einem Feld für mancherlei Überraschungen geworden.« Was will man eigentlich mehr? Diese Drohung ist durch einen selbstlosen Akt der sowjetischen Regierung, der Roten Armee und des NKWD abgewendet worden. Aber Stalin hat dazu aufgerufen, »auf neue Überraschungen« gefaßt zu sein, weil sich »die internationale Lage zunehmend verworrener gestaltet«.

Man sollte meinen, nichts sei einfacher als das: Der Nichtangriffspakt mit Deutschland ist unterzeichnet. Wo ist die verworrene Situation? Aber Stalin wiederholt beharrlich seine Warnung, der scheinbar klaren Situation nicht zu trauen, auf Überraschungen gefaßt zu sein, auf krasse Wendungen und Veränderungen.

Der Mai 1941 ist der Monat, in dem plötzlich die Losung »für Überraschungen bereit zu sein« mit Sturmglocken im ganzen Lande eingeläutet wird. Sie ertönte am Ersten Mai von der ersten Seite der »Prawda« und wurde tausendfach von allen anderen Zeitungen, von den Stimmen Hunderttausender Kommissare, Politoffiziere, Agitatoren wiederholt, die den Massen die von Stalin ausgegebene Losung erläuterten. Der Aufruf »für Überraschungen bereit zu sein« erklang im Befehl Nr. 191 des Volkskommissars für Verteidigung, der »in allen Kompanien, Batterien, Schwadronen, Fliegerstaffeln und auf den Schiffen« verlesen wurde.

Will Stalin vielleicht das Land und die Armee vor der Möglichkeit eines plötzlichen deutschen Überfalls warnen? Nein, natürlich nicht. Für Stalin kam der deutsche Angriff völlig unerwartet. Wie hätte er da vor Gefahren warnen können, die er selbst gar nicht vorausgesehen hat?

Am 22. Juni 1941 fand alles Gerede über die unerwarteten Wendungen ein Ende, und diese Losung wurde von da ab nie mehr wiederholt. In den heutigen sowjetischen Publikationen fehlt jede Erinnerung an die Losung »Seid bereit für Überraschungen«, und doch ist sie eines der klangvollsten Motive aus der sowjetischen Propaganda der »Vorkriegsperiode«.

Auf den ersten Blick mag es verwundern, daß Stalin selbst später nie wieder an seine eigene Losung erinnert hat, wäre es doch leicht gewesen zu sagen: Hitler hat uns plötzlich überfallen, aber ich hatte euch doch schließlich gewarnt, auf Überraschungen gefaßt zu sein! Doch das hat Stalin niemals gesagt. Marschall Timoschenko hätte wenigstens einmal nach dem Kriege daran erinnern können: Denkt ihr noch an den Befehl Nr. 191? Ich hatte euch sogar in einem Befehl gewarnt! Die heutigen sowjetischen Historiker und Parteibürokraten hätten (ohne die Namen Stalin und Timoschenko zu erwähnen) erklären können: Seht ihr nun, wie weise unsere Partei ist? Auf den Seiten ihres zentralen Organs hat sie fast täglich dazu aufgerufen, auf unerwartete Wendungen vorbereitet zu sein! Doch weder Stalin noch Timoschenko noch irgendein anderer hat auch nur ein einziges Mal an die mit Sturmglocken verkündete Losung vom Mai und Juni 1941 erinnert. Warum eigentlich nicht? Nun, weil man unter der »Überraschung« nicht die deutsche Invasion, sondern etwas völlig Entgegengesetztes verstanden hatte. Unter der Losung »für Überraschungen vorbereitet zu sein« hatten die Tschekisten nicht Minenfelder an den Grenzen angelegt, sondern diese beseitigt, und sie wußten, daß genau dies die Vorbereitung auf *die* Überraschung des 20. Jahrhunderts war.

Die sowjetische Presse hatte, als sie Armee und Volk dazu aufrief, auf unerwartete Wendungen auf internationaler Ebene vorbereitet zu sein, diesen Aufruf niemals mit der Möglichkeit einer fremden Invasion und einem Verteidigungskrieg auf eigenem Territorium assoziiert.

Um eine Vorstellung von der wahren Bedeutung dieser Losung zu gewinnen, müssen wir natürlich die erste Seite der »Prawda« vom 1. Mai 1941 aufschlagen. Diese Seite war es gewesen, die den vielstimmigen Chor intoniert hatte, der dann einfach die Solopartie der »Prawda« wiederholte.

Nehmen wir also die »Prawda« Nr. 120 (8528) vom 1. Mai 1941 zur Hand. Auf der ersten Seite dieser Zeitung finden wir unter den vielen hohlen Phrasen nur zwei Zitate. Beide stammen von Stalin.

Das erste steht unmittelbar am Anfang des Leitartikels: »Was in der UdSSR verwirklicht worden ist, kann auch in anderen Ländern verwirklicht werden.« (Stalin) Das zweite Zitat ist in dem Befehl des Volkskommissars für Verteidigung enthalten, nämlich auf alle möglichen unerwarteten Wendungen und »Tricks« seitens unserer äußeren Feinde vorbereitet zu sein (Stalin).

Alles übrige auf der ersten Seite Gesagte gilt dem grausamen Krieg, der ganz Europa erfaßt hat, den Leiden der Werktätigen, ihrer Sehnsucht nach Frieden und ihren Hoffnungen auf die Rote Armee. In diesem Zusammenhang ist das zweite Zitat eine Ergänzung des ersten.

Die erste Seite spricht viel über die sowjetischen Bemühungen, den Frieden zu erhalten, aber als Beispiel für einen Nachbarn, zu dem endlich normale Beziehungen hergestellt worden sind, wird Japan angeführt (dessen Stunde vorerst noch nicht geschlagen hat), während Deutschland unter den guten Freunden bereits nicht mehr genannt wird.

Natürlich ist der Feind, laut »Prawda«, schlau und heimtückisch, und wir werden auf seine Intrigen antworten, aber nicht durch Verteidigung unseres eigenen Territoriums, sondern im Sinne einer Befreiung der Völker Europas aus den Nöten des blutigen Krieges.

Weil Stalin diese überraschenden Wendungen voraussah, übernahm er fünf Tage nach Einsetzen dieser lautstarken Kampagne in allen sowjetischen Zeitungen das Amt des Regierungschefs und hielt seine Geheimrede, in der er Deutschland als den Hauptfeind bezeichnete.

Im Mai 1941 übernahm Stalin die Verantwortung im Staate, weil er »Überraschungen« voraussah. Im Juni griff Hitler an, aber das war eine solche »Überraschung«, daß sie Stalin veranlaßte, sich energisch von jeglicher staatlichen Verantwortung zu distanzieren.

Offensichtlich hatte Stalin sich nicht auf eine deutsche Invasion vorbereitet, sondern auf »Überraschungen« ganz entgegengesetzter Art.

WORT UND TAT

Worte entsprechen nicht immer
den Taten.

Molotow in seiner Unterredung mit Hitler am 13. November 1940 (Das nationalsozialistische Deutschland und die Sowjetunion 1939–1941. Akten aus dem Archiv des Deutschen Auswärtigen Amts. Department of State, 1948. Russische Ausgabe 1983, S. 115)

1.

In seiner geheimen Ansprache vom 5. Mai 1941 hatte Stalin angekündigt, daß »der Krieg gegen Deutschland nicht vor 1942 beginnen wird«. Dieser Satz ist das bekannteste Fragment aus Stalins Geheimrede. Vom Standpunkt unseres heutigen Wissens um die nachfolgenden Ereignisse ist Stalins Irrtum offensichtlich. Doch wir wollen uns nicht vorschnell über Stalins Irrtümer lustig machen.

Wir sollten auch etwas anderes beachten: Stalin hält eine geheime Rede, die niemals publiziert worden ist. Wenn dies wirklich eine Geheimrede ist, dürfte Stalin vermutlich daran interessiert sein, seine Geheimnisse vor dem Gegner zu verbergen. Aber im Kreml hören Stalin *alle* Absolventen *aller* Militärakademien und *alle* Dozenten *aller* Militärakademien, die höchste politische Führung des Landes und die höchste militärische Führung der Roten Armee. Obendrein wird der Inhalt von Stalins Geheimrede sämtlichen sowjetischen Generalen und sämtlichen Offizieren im Range eines Obersten mitgeteilt. *Generalmajor B. Tramm:* »Mitte Mai 1941 versammelte der Vorsitzende des Zentralrats der Gesellschaft zur Förderung der Verteidigung, des Flugwesens und der Chemie (Osoawiachim), Generalmajor der Luftstreitkräfte P. P. Kobelew, den Führungsstab des Zentralrats und machte uns mit den Hauptthesen der Rede von I. W. Stalin, die er auf dem Regierungsempfang für die Absolventen der Militärakademien im Kreml gehalten hatte, bekannt.« (»Militärhistorische Zeitschrift« 1980, Nr. 6, S. 52)

So ist demnach Stalins Rede zwar einerseits geheimer Natur – aber andererseits kennen Tausende ihren Inhalt. Gibt es eine Erklärung für dieses Paradoxon? Die gibt es.

Aus den Erinnerungen von *Flottenadmiral der Sowjetunion N. G. Kusnezow* wissen wir, daß nach der Ernennung von G. K. Schukow zum Generalstabschef »eine äußerst wichtige Direktive ausgearbeitet wurde, die die Befehlshaber der Militärbezirke und Flotten auf Deutschland als den wahrscheinlichsten Gegner in einem künftigen Krieg orientierte«. (Am Vorabend, S. 313)

Zwei Monate hatte diese Direktive im Generalstab gelegen, am 5. Mai aber wurde sie den Stäben der Grenzmilitärbezirke zur Durchführung zugeleitet. Viele Anzeichen sprechen dafür, daß sie noch am selben Tage in den Stäben eintraf. Das erwähnt zum Beispiel Marschall der Sowjetunion I. Ch. Bagramjan. Die sowjetischen Marschälle sprechen von dieser streng geheimen Direktive recht oft, doch sie zitieren sie nicht. Im Verlauf eines halben Jahrhunderts ist aus der ganzen streng geheimen Verschlußsache lediglich eine einzige Phrase in die Presse geraten: »sich bereitzuhalten, auf Weisung des Oberkommandos energische Angriffe zur Zerschlagung des Gegners durchzuführen, die Kampfhandlungen auf dessen Territorium zu verlagern und wichtige Frontabschnitte einzunehmen«. (*W. A. Anfilow,* Die unsterbliche Tat. Moskau 1971, S. 171)

Hätte diese Direktive ein einziges Wort zur Verteidigung enthalten – die Marschälle und kommunistischen Historiker würden nicht versäumt haben, dies zu zitieren. Aber der gesamte übrige Text der Direktive vom 5. Mai ist für Zitate gänzlich ungeeignet. So bleibt diese Direktive selbst ein halbes Jahrhundert nach Beendigung des Krieges geheim.

Nur einen einzigen Passus hat die sowjetische Zensur passieren lassen, aber auch dieser allein legt den Geist des ganzen so sorgsam gehüteten Dokuments bloß. Und zwar deshalb, weil ein Soldat in einen Verteidigungskrieg ohne ausdrücklichen Befehl eintritt. Jahrhunderte hindurch haben sich russische Krieger auf Kämpfe mit Aggressoren eingelassen, ohne ein Kommando von oben abzuwarten. Überquert ein Gegner den Grenzfluß, beginnt für den Soldaten der Krieg. Riesige Armeen gefürchteter Eroberer sind durch Rußland gezogen, und jedesmal hat der russische Krieger seit uralten Zeiten wie die Krieger jeder beliebigen anderen Nation und jedes anderen Landes gewußt, daß die Überquerung der Grenze durch den Feind Krieg bedeutet, und er hat, ohne Befehle abzuwarten, gehandelt. Gerade darin besteht ja der Sinn des Wachdienstes, daß *jeder* Soldat immer wieder in eine Situation versetzt wird, in der von ihm die selbständige Entscheidung über den Gebrauch der Waffe verlangt wird. Es ist das Recht und die Pflicht des Soldaten, jeden zu töten, der den Versuch unternimmt, in ein bewachtes Areal einzudringen. Das sowjetische Gesetz schützt insbesondere das Recht eines jeden Soldaten zum selbständigen Waffengebrauch, und dasselbe Gesetz sieht schwere Strafen für jeden Soldaten vor, der in einem Fall, da dies erforderlich war, von seiner Waffe keinen Gebrauch gemacht hat.

Ein Soldat an der Staatsgrenze ist ein Soldat auf Gefechtsposten. In einem Verteidigungskrieg braucht er keine Befehle und Direktiven abzuwarten.

Der normale Ausbruch eines Verteidigungskrieges entsteht etwa aus folgender Situation: Von der Nachtwache durchfroren, will sich der Soldat bereits in seinen Mantel wickeln und einschlafen – nicht ohne zuvor mit dem Fuß seine Ablösung angestoßen zu haben –, da reibt er sich plötzlich die Augen, weil er den Gegner erblickt, der im Begriff ist, den Fluß zu überqueren. Der Soldat eröffnet ein Reihenfeuer, tötet die ersten gegnerischen Soldaten und warnt seine eigenen Kameraden. Der Gruppenführer wacht auf, flucht im Halbschlaf und jagt, sobald er begreift, was da vor sich geht, die übrigen Soldaten in den Laufgraben. Unterdessen sind an der ganzen Front über Hunderte von Kilometern hin Schußwechsel entbrannt. Der Zugführer taucht auf. Er koordiniert das Feuer seiner Gruppen. Andere, höherrangige Offiziere, stellen sich ein. Der Kampf nimmt organisierte Formen an. Eine Meldung geht eilends in den Regimentsstab, von dort in den Divisionsstab usw.

So müßte ein Verteidigungskrieg beginnen. Und nun dagegen diese völlig geheime Direktive vom 5. Mai 1941, die den Kriegseintritt von Millionen Soldaten der Roten Armee auf einen einheitlichen Befehl vorsieht, der vom sowjetischen Oberkommando ausgehen wird. Der schlaftrunkene Soldat an der Grenze kann den Angriff des Gegners sehen, aber wie können die Genossen im Kreml etwas vom Kriegsbeginn wissen? Höchstens, wenn sie selbst den Beginn festgesetzt haben.

Ein Verteidigungskrieg beginnt zunächst beim einfachen Soldaten, dann erfaßt er den Unteroffizier und nach ihm den Zugführer. In einem Angriffskrieg erfolgt alles in umgekehrter Richtung. Er beginnt beim Oberkommandierenden, dem Generalstabschef, dann erreicht er die Befehlshaber der einzelnen Fronten und Flotten, die Kommandierenden Generale der Armeen. Der gemeine Soldat erfährt als allerletzter vom Beginn eines Angriffskrieges. In einen Verteidigungskrieg treten Millionen jeweils auf sich selbst gestellter Soldaten ein, einen Angriffskrieg beginnen alle gemeinsam wie ein Mann.

Hitlers Soldaten betraten das Territorium des Gegners geschlossen wie ein Mann, zur selben Stunde, in derselben Minute. Auch Stalins Soldaten haben dies stets getan: in Finnland ebenso wie in der Mongolei und auch in Bessarabien. Und geradeso sollten sie in den Krieg mit Deutschland eintreten.

Die Direktive vom 5. Mai war ausgegeben, doch der Zeitpunkt für den Beginn des Krieges ist vorerst noch streng geheim. Wartet auf das Signal, und haltet euch jederzeit bereit, sagte diese Direktive den sowjetischen Generalen. Nachdem die Direktive am 5. Mai ausgegeben war, übernahm Stalin umgehend das Amt des sowjetischen Regierungschefs, um persönlich das Signal zur Ausführung der Direktive geben zu können.

Hitler gab seinen Truppen den Befehl zur Ausführung seiner Direktive ein wenig eher.

2.

Wir kennen nicht den Inhalt der streng geheimen Direktive vom 5. Mai 1941 und werden diesen Inhalt offensichtlich niemals erfahren, aber es ist klar, daß es sich dabei um eine Direktive zum Krieg gegen Deutschland handelte; nur sollte dieser Krieg nicht mit einer deutschen Invasion beginnen, sondern auf andere Weise. Wäre unter den verschiedenen Varianten eine für den Fall vorgesehen gewesen, daß dieser Krieg von Deutschland begonnen wird, dann hätten die sowjetischen Führer im Kreml am 22. Juni 1941 einfach per Telefon im Klartext oder auf jede beliebige andere selbst primitive Weise den Befehlshabern der Grenzmilitärbezirke mitteilen können: Öffnet eure Safes, nehmt die Direktive vom 5. Mai und veranlaßt, was dort geschrieben steht. Hätte die Direktive vom 5. Mai mehrere Varianten vorgesehen und darunter auch nur eine einzige für den Verteidigungsfall, hätte man einfach dem Befehlshaber eines Grenzbezirkes sagen können: Streich die ersten neun Varianten, und die letzte, die zehnte, wird ausgeführt. Aber die Direktive *enthielt keine Varianten für den Verteidigungsfall.* Das ist der Grund, weshalb die Direktive vom 5. Mai niemals in Kraft getreten ist. Mit dem Beginn der deutschen Invasion hatte die sowjetische Direktive restlos ihren Sinn verloren, sie war im selben Augenblick so »überholt« wie die sowjetischen Autobahnpanzer, einschließlich derjenigen, die am 21. Juni 1941 ausgeliefert wurden.

Statt eine Direktive in Kraft zu setzen, die im Safe jedes Befehlshabers lag, waren die sowjetischen Führer im Kreml vom ersten Augenblick des Krieges an gezwungen zu improvisieren. Sie mußten darauf verzichten, eine bereits fertige Direktive in Kraft zu setzen, die jeder Befehlshaber eines Grenzmilitärbezirks in seinen Händen hält. Statt die fertige Direktive in Kraft zu setzen, mußten Timoschenko und Malenkow Zeit auf die Abfassung einer völlig neuen Direktive verschwenden. Anschließend wird man weitere Zeit für Verschlüsselung, Übermittlung, Empfang und Entschlüsselung vergeuden. Im übrigen war auch die am 22. Juni erlassene Direktive durchaus offensiver Art, aber sie bremst ein wenig den Angriffselan der sowjetischen Truppen: Solange die Lage nicht geklärt ist, soll die Staatsgrenze nicht überschritten werden.

3.

Es wäre falsch zu glauben, daß die streng geheime Direktive vom 5. Mai 1941 in die Safes gelegt worden sei, um dort ihre Stunde abzuwarten. Dem war durchaus nicht so. Die Direktive war zur Ausführung übermittelt worden. Die Befehlshaber der Militärbezirke unternahmen sogar sehr viel. In Übereinstimmung mit dieser Direktive wurden immense Umgruppierungen der sowjetischen Truppen in Richtung Grenze vorgenommen, wurden die Stacheldrahtverhaue über Hunderte von Kilometern geräumt und Tausende von Minen in den Grenzregionen beseitigt, wurden Hunderttausende Tonnen Munition unmittelbar an die Grenze gebracht und dort im Boden eingelagert, wurden in die Grenzregionen kolossale Reserven an unverzichtbaren Vorräten verschiedenster Art für den baldigen und unvermeidlichen Krieg transportiert.

Am 15. Juni 1941 waren die Generale, die die Armeen, Korps und Divisionen kommandierten, an der Reihe, ein wenig mehr über die Absichten der obersten sowjetischen Führung zu erfahren. An diesem Tag erteilten die Stäbe der fünf Grenzmilitärbezirke die aufgrund der streng geheimen Direktive vom 5. Mai ausgearbeiteten Gefechtsbefehle.

Der Kreis der Eingeweihten erweiterte sich damit auf mehrere hundert Personen. Auch die Befehle, die im mittleren Kommandobereich der Roten Armee am 15. Juni erteilt werden, bleiben weiterhin streng geheime Verschlußsache, doch es waren deren mehrere, und deshalb werden sie häufiger und vollständiger erwähnt. Ich zitiere einen den Historikern bekanntgewordenen Satz aus einem Befehl, der am 15. Juni vom Stab des Sondermilitärbezirks Baltikum an die kommandierenden Generale der Armeen und Korps, die dem betreffenden Militärbezirk zugeordnet waren, erging: »Wir müssen jederzeit zur Erfüllung des Kampfauftrags bereit sein.«

Und nun kehren wir zur Geheimrede Stalins vom 5. Mai

1941 zurück. Vor dem vollen Saal spricht Stalin in einer *geheimen* Rede über einen Angriffskrieg gegen Deutschland, der ... 1942 beginnen wird. Am selben Tag ergeht in der *streng geheimen* Direktive an die Befehlshaber der Grenzmilitärbezirke die Weisung, sich für einen jederzeit möglichen Angriff bereitzuhalten.

Und noch eine Koinzidenz: Am 13. Juni 1941 wird TASS ein Kommuniqué verbreiten, daß sich die Sowjetunion nicht mit der Absicht trage, Deutschland anzugreifen, und daß die Truppen nur zu militärischen Übungen an die deutsche Grenze geworfen würden, aber am 15. Juni erhalten die sowjetischen Generale in den Grenzmilitärbezirken einen nur für ihre Ohren bestimmten Befehl: sich jederzeit für die Eroberung von Frontabschnitten auf fremdem Territorium bereitzuhalten.

4.

Im Mai 1941 war es bereits nicht mehr möglich, die sowjetischen Vorbereitungen für den »Befreiungskrieg« zu verbergen. Der weise Stalin weiß das. Deshalb verfaßt er das TASS-Kommuniqué vom 13. Juni und erklärt »naiv« der ganzen Welt, daß es keinen Krieg geben wird. Hitler schenkt natürlich dieser lauten Erklärung keinen Glauben, doch zur gleichen Zeit gelangt die deutsche Abwehr in den Besitz der »geheimen« Rede Stalins vom 5. Mai: Es wird zum Kriege kommen ... 1942.

Stalin weiß, daß es nicht mehr gelingen wird, seine Absichten zu verbergen, aber er hofft, den Zeitpunkt des sowjetischen Angriffs geheimhalten zu können. Dazu ist die ganze Komödie mit der »Geheimrede« erdacht, einer Rede, die Tausende kennen: Wenn du, mein lieber Hitler, meinen offenen Erklärungen nicht glauben willst, dann glaub eben meinen »geheimen« Erklärungen. Hitler besaß genügend Verstand, weder das eine noch das andere zu glauben.

ZÄHNEFLETSCHENDE FRIEDENSLIEBE

Man muß bestrebt sein, den Feind zu überrumpeln, den Augenblick abzupassen, in dem er seine Truppen verzettelt hat.

Lenin-Zitat durch Stalin in den Vorlesungen an der Swerdlow-Universität im April 1924 »Über die Grundlagen des Leninismus« (Werke VI, S. 158)

1.

Am 8. Mai 1941, nur wenige Tage nach der »geheimen« Stalinrede, schickte TASS, die Nachrichtenagentur der UdSSR, ein Dementi in den Äther. Einen Monat später, am 13. Juni 1941, wird TASS ein sehr seltsames Kommuniqué veröffentlichen. Um dieses TASS-Kommuniqué vom 13. Juni zu verstehen, müssen wir aufmerksam das Dementi vom 8. Mai studieren und zu verstehen versuchen.

Der Text lautet:

»Japanische Zeitungen verbreiten eine Meldung der Agentur Domei Tsushin, in der berichtet wird ... die Sowjetunion würde starke Streitkräfte an den Westgrenzen konzentrieren ... die Truppenkonzentration erfolge in ungewöhnlich großem Ausmaß. Infolgedessen sei der Personenverkehr auf der Sibirischen Eisenbahn eingestellt worden, da Truppen von Fernost vor allem an die Westgrenzen geworfen würden. Aus Mittelasien würden ebenfalls starke Truppenverbände dahin verlegt ... Eine Militärmission unter der Leitung von N. G. Kusnezow sei aus Moskau nach Teheran abgereist. Die Agentur hebt hervor, daß diese Mission im Zusammenhang stehe mit der Frage der Überlassung von Flughäfen im Zentrum und in den westlichen Regionen des Iran an die Sowjetunion.

TASS ist zu der Erklärung ermächtigt, daß diese verdächtig reißerisch aufgemachte, von einem unbekannten Korrespondenten der United Press entlehnte Meldung von Domei Tsushin die Frucht einer krankhaften Phantasie ihrer Autoren ist ... es gibt keinerlei ›Konzentration starker Streitkräfte‹ an den Westgrenzen der UdSSR, und eine solche ist auch nicht vorgesehen. Das in der Meldung von Domei Tsushin enthaltene und noch dazu in grob entstellter Form wiedergegebene Körnchen Wahrheit besteht darin, daß aus dem Raum Irkutsk angesichts der besseren Unterkunftsverhältnisse im Raum Nowosibirsk eine einzige Schützendivision in den Raum Nowosibirsk verlegt wird. Alles andere an der Meldung von Domei Tsushin ist reine Phantasterei.«

Und nun lassen Sie uns sehen, wer im Recht ist: Domei Tsushin und United Press oder TASS.

Domei Tsushin erwähnt die sowjetische Iran-Mission, aber TASS dementiert das. Drei Monate später marschierten sowjetische Truppen im Iran ein und bauten dort tatsächlich Flugplätze aus (und nicht nur Flugplätze, sondern noch vieles andere mehr). Ich weiß nicht, wer diese »Befreiung« vorbereitet hat, Kusnezow oder irgendein anderer, nicht das ist wichtig. Sie hat stattgefunden, und das zählt. Die japanischen Zeitungen hatten mit Hilfe ihrer amerikanischen Quellen diese Ereignisse korrekt vorausgesagt. Das TASS-Dementi erweist sich bereits in dieser Hinsicht als falsch.

Domei Tsushin spricht von einer »Truppenkonzentration in ungewöhnlich großem Ausmaß«. Das ist korrekt. Stalin hatte unter anderem an den deutschen Grenzen bekanntlich zwanzig mechanisierte und fünf Luftlandekorps zusammengezogen. Wer hätte jemals zuvor eine solche Masse rein offensiver Truppenverbände gegen einen einzigen Gegner konzentriert?

TASS spricht von einer einzigen Schützendivision und deren Verlegung »von Irkutsk nach Nowosibirsk«. Hören wir andere Zeugen: *Generalleutnant G. Schelachow* (zu der Zeit Generalmajor und Stabschef der 1. Rotbanner-Armee an der Fernost-Front): »Laut Direktive des Volkskommissars für Verteidigung vom 16. April 1941 wurden von der Fernost-Front nach Westen verlegt: Die Führung des 18. und des 31. Schützenkorps, die 21. und die 66. Schützendivision, die 211. und die 212. Luftlandebrigade und einige weitere Truppenteile für Spezialaufgaben.«

(»Militärhistorische Zeitschrift« 1969, Nr. 3, S. 56) Die Verlegung von Luftlandetruppen ist ein zuverlässiges Anzeichen für Angriffsvorbereitungen. Die Verlegung der Luftlandebrigaden zusätzlich zu den in den Westregionen des Landes bereits aufgestellten fünf Luftlandekorps legt Zeugnis ab für die Vorbereitungen einer gewaltigen Angriffsoperation. Das falsche »Dementi« von TASS, das die Truppenverlegung – einschließlich der Luftlandeverbände – bemänteln sollte, zeugt davon, daß diese grandiose Angriffsoperation unter absoluter Geheimhaltung als ein für den Gegner vollkommen überraschender Schlag vorbereitet wird. Schukow verstand sich meisterhaft auf dergleichen Einfälle. Im übrigen ist die 212. Luftlandebrigade Schukows bevorzugte Brigade. Im August 1939 gehörte sie zusammen mit einem Osnas-Bataillon des NKWD zu Schukows persönlicher Reserve und wurde genau in dem Augenblick eingesetzt, als der überraschende Vernichtungsschlag gegen die japanischen Truppen geführt wurde. Die Brigade wurde beim abschließenden Vorstoß in die rückwärtigen Linien der 6. japanischen Armee eingesetzt.

Jetzt ist Schukow dabei, diese beste Brigade der Roten Armee aus dem Fernen Osten zum 3. Luftlandekorps an der *rumänischen* Grenze zu verlegen. Hitler ließ es nicht zum Einsatz dieser Brigade und des ganzen 3. Luftlandekorps (wie im übrigen auch aller anderen derartigen Verbände) in der ihrer eigentlichen Bestimmung entsprechenden Weise kommen. Nachdem das »Unternehmen Barbarossa« angelaufen war, wurde das 3. Luftlandekorps mangels Verwendbarkeit in einem Verteidigungskrieg zur 87. Schützendivision (später 13. Gardeschützendivision) umgegliedert, die sich anschließend tatsächlich in Abwehrkämpfen auszeichnete. Wenn Stalin sich wirklich auf eine Verteidigung vorbereitet hat, warum wurden dann nicht von vornherein gewöhnliche Schützendivisionen anstelle von Luftlandebrigaden und Luftlandekorps aufgestellt?

Die heimliche Verlegung der Truppen aus Fernost können wir anhand vieler Quellen verfolgen. Die Marschälle der Sowjetunion G. K. Schukow und I. Ch. Bagramjan bestätigen beide das Eintreffen des 31. Schützenkorps aus Fernost im Sondermilitärbezirk Kiew am 25. Mai 1941. Das bedeutet, daß zu dem Zeitpunkt, als das TASS-Dementi gesendet wird, das 31. Schützenkorps sich irgendwo auf der Transsibirischen Eisenbahn befunden haben muß. Generaloberst I. I. Ljudnikow berichtet, daß er nach Abschluß der Entfaltung und völligen Mobilisierung der 200. Schützendivision und nachdem er deren Führung übernommen hatte, den Befehl erhielt, sich dem 31. Schützenkorps anzuschließen. Hernach brach dieses Korps (genauso wie die zahlreichen anderen) heimlich unmittelbar zur deutschen Grenze auf. Hitler verhinderte, daß das 31. Korps das Ziel des eingeschlagenen Weges erreichte.

Die Wege der anderen Armeekorps, Divisionen und Brigaden, die heimlich von Fernost verlegt wurden, kann jeder, der dies will, anhand der zahlreichen Erinnerungen sowjetischer Generale und Marschälle verfolgen, er kann sie den Aussagen der sowjetischen Kriegsgefangenen von den Fernost-Einheiten entnehmen, die am 22. Juni an den deutschen und rumänischen Grenzen standen, den Berichten der deutschen Abwehr und vielen anderen Quellen mehr.

2.

TASS spricht von einer Schützendivision, die von Irkutsk nach Nowosibirsk wegen der »besseren Unterkunftsverhältnisse« verlegt werde. Seit vielen Jahren gehe ich den Spuren dieser geheimnisvollen Division nach. Alle, die die TASS-Erklärungen für dumm und naiv halten, alle, die dieser rührend naiven Geschichte Glauben schenken, bitte ich um ihre Mithilfe bei der Suche nach wenigstens irgendwelchen Erwähnungen dieser Division, die angeblich im Frühjahr 1941 in Nowosibirsk ausgeladen wurde.

Statt dieser Nachrichten finde ich eine Fülle anderer: Divisionen wurden in Irkutsk und Nowosibirsk, in Tschita und Ulan-Ude, in Blagoweschtschensk und Spassk, in Iman und Barabasch, in Chabarowsk und Woroschilow nur verladen, aber ausgeladen wurden sie nicht hundert Kilometer weiter in einer Nachbarstadt, sondern an den westlichen Grenzen. Da erwähnt zum Beispiel ein ausgerechnet in Irkutsk erschienenes Buch (Der Militärbezirk Transbaikalien, Irkutsk 1972) das Verladen vieler Divisionen, und alle gingen in Richtung Westen. Da wird heimlich im April die 57. Panzerdivision von Oberst W. A. Mischulin verladen. Den Bestimmungsort kennt der Oberst nicht.

Die 57. Panzerdivision kommt in den Sondermilitärbezirk Kiew und erhält den Befehl, mit dem Ausladen im Raum Schepetowka zu beginnen.

Unterdessen wächst der Truppenstrom auf der Transsibirischen Eisenbahn (und allen anderen Hauptstrecken) an. Wir wissen, daß am 25. Mai das Ausladen von Korps aus dem Fernen Osten in der Ukraine begann (zum Beispiel das 31. Schützenkorps im Kreis Schitomir), am nächsten Tag erhält der Befehlshaber des Militärbezirks Ural den Befehl, zwei Schützendivisionen in das Baltikum zu verlegen. (*Generalmajor A. Grylew* und *Professor W. Chwostow* in der Zeitschrift »Der Kommunist« 1968, Nr. 12, S. 67) Am selben Tag erhalten der Militärbezirk Transbaikalien und die Fernost-Front den Befehl, weitere neun Divisionen für die Verlegung nach Westen bereitzustellen, einschließlich dreier Panzerdivisionen. (*Grylew* und *Chwostow* in derselben Veröffentlichung) Auf der Transsibirischen Eisenbahn wird bereits die 16. Armee verladen. Zur Transsibirischen Eisenbahn haben sich die 22. und 24. Armee in Bewegung gesetzt.

3.

Die größte Lüge im TASS-Dementi stellen nicht einmal die »Unterkunftsverhältnisse« dar. »Es gibt keinerlei Konzentration, und eine solche *ist auch nicht vorgesehen*« – das ist das Entscheidende. Erstens gibt es sie, und die deutsche Invasion hat bestätigt, daß die sowjetischen Truppenkonzentrationen die kühnsten Voraussagen überstiegen. Zweitens war zum Zeitpunkt der Verlegung aller dieser Brigaden, Divisionen und Armeekorps eine noch gewaltigere und in der Tat in der Weltgeschichte noch nie dagewesene Eisenbahnoperation *vorgesehen* – die Verlegung der Zweiten Strategischen Staffel der Roten

Armee. Die Direktive über den Beginn der Verlegung der Zweiten Strategischen Staffel war den Befehlshabern der Truppen am 13. Mai zugeleitet worden. Und eben im Hinblick darauf erfolgte das TASS-»Dementi«. Genau einen Monat später wird die Verlegung der Zweiten Strategischen Staffel aufgenommen, und TASS meldet sich erneut mit einem »Kommuniqué« zu Wort, des Inhalts, daß in der Sowjetunion nichts Ernsthaftes im Gange sei außer üblicher Transporte von Reservisten zu Truppenübungen.

TASS mag ruhig über seine üblichen Reservisten plaudern, wir wollen hören, was andere Zeugen zu sagen haben.

Generalmajor A. A. Lobatschow, zu der Zeit Mitglied des Militärrats der 16. Armee, berichtet vom 26. Mai 1941:

»... Der Stabschef trug vor, daß aus Moskau eine verschlüsselte Nachricht eingetroffen sei, die die 16. Armee beträfe ... Der Befehl sah die Verlegung der 16. Armee an einen neuen Ort vor. M. F. Lukin sollte sich umgehend im Generalstab zur Entgegennahme entsprechender Anordnungen melden, Oberst M. A. Schalin und ich aber hatten die Abfertigung der Militärtransporte zu organisieren.

›Wohin?‹, fragte ich Kurotschkin.

›Nach Westen.‹

Wir berieten die Sache und kamen zu dem Schluß, als erste die Panzertruppen in Marsch zu setzen, anschließend die 152. Division und die übrigen Verbände und am Ende den Armeestab mit den ihm zugeteilten Truppenteilen.

›Die Abfertigung der Transportzüge erfolgt nachts. Niemand darf erfahren, daß die Armee abrückt‹, warnte der Kommandierende ...

... Zur Abfahrt der Panzertruppe fanden sich Kurotschkin und Simin ein, und der ganze Führungsstab des 5. Korps kam zusammen. Man gab General Alexejenko und allen Kommandeuren den Wunsch mit auf den Weg, nicht die Traditionen der Transbaikaler zu vergessen ...

... Die Menschen hörten die warmen Geleitworte, und jeder dachte bei sich, daß vielleicht in Bälde nicht mehr von Gefechtsvorbereitungen, sondern von Kampfhandlungen die Rede sein könnte.« (Auf schwierigen Pfaden. Moskau 1960, S. 123)

Im weiteren Verlauf hat General Lobatschow erstaunliche Dinge zu berichten. Der Kommandierende der Armee, General Lukin, Lobatschow selbst und der Stabschef der 16. Armee, Oberst M. A. Schalin (der künftige Chef der Hauptverwaltung Aufklärung – V. S.), wissen, daß die 16. Armee nach Westen verlegt wird, aber sie wissen nicht genau, wohin es geht. Allen übrigen Generalen der 16. Armee wird »vertraulich« mitgeteilt, daß der Bestimmungsort die iranische Grenze sei; den niederen Offiziersrängen werden als Grund der Verlegung Truppenübungen genannt; den Ehefrauen der Stabsoffiziere wird gesagt, die Armee rücke ins Ausbildungslager ab.

In einem Verteidigungskrieg braucht man zumindest die Generale nicht über die Richtung zu täuschen, in der die Armee wird operieren müssen. Doch in der 16. Armee wissen nur die drei höchsten Offiziere um die Westgrenze, die übrigen Generale haben absichtlich die Fehlinformation über den Iran erhalten. In der deutschen Armee vollzog sich zur selben Zeit ähnliches: Man verbreitete eine Lüge über das der Wahrheit recht nahekommende »Unternehmen Seelöwe«. Der Propaganda nach sollte es England betreffen, war aber real für Kreta geplant. Die gezielte Fehlinformation der Truppe über die Richtung der bevorstehenden Operationen ist ein zuverlässiges Anzeichen für die Vorbereitung eines Überraschungsangriffs. Um ihn vor dem Gegner zu verbergen, muß man ihn auch vor den eigenen Truppen geheimhalten. So haben es alle Aggressoren gehalten. Das machte Hitler. Das befolgte Stalin.

Interessanterweise begreifen im April 1941 die Betroffenen, daß die 16. Armee im Grunde genommen in den Krieg zieht.

Lobatschows Ehefrau fragt ihn offen heraus:

»›Ihr werdet kämpfen?‹

›Wie kommst du darauf?‹

›Laß gut sein, ich lese schließlich Zeitungen!‹«

Das ist ein hochinteressantes psychologisches Moment, auf das ich noch zurückkommen muß. Ich habe viele Menschen aus jener Generation befragt, und sie alle hatten den Krieg vorausgefühlt. Ich wunderte mich, woher diese Vorahnungen kamen. Und alle antworteten: Aber ja doch, aus den Zeitungen!

Wir Menschen von heute können nur schwer auf den vergilbten Seiten aus jenen Jahren direkte Hinweise auf einen baldigen und unvermeidlichen Krieg entdecken. Aber die Menschen dieser Generation lasen zwischen den Zeilen und wußten, daß der Krieg unausweichlich näherrückte. Wie aber konnte man in Sibirien etwas von Hitlers Kriegsvorbereitungen wissen? Wäre es möglich, daß man *aufgrund der sowjetischen* Vorbereitungen spürte, daß der Krieg unvermeidbar war?

Doch wir sind abgeschweift. Kehren wir zur Schilderung von General Lobatschow zurück. Er erwähnt den unwahrscheinlichen Grad an Geheimhaltung, unter dem die Verlegung der Armee erfolgt: Die Transporte werden nur nachts abgefertigt; auf den großen und mittleren Bahnhöfen halten die Züge nicht an; die Verlegung des Stabes der 16. Armee erfolgt in Güterwaggons mit verschlossenen Türen und Fenstern; auf den kleinen Stationen, an denen die Militärtransporte halten, darf niemand die Waggons verlassen. Damals brauchte ein Personenzug für die Gesamtstrecke der Transsibirischen Eisenbahn elf Tage, die Güterzüge aber fuhren noch langsamer. Man kann in völlig geschlossenen Waggons Soldaten und Offiziere verfrachten. Aber das hier ist ein Armeestab. Dieses Maß an Geheimhaltung ist selbst für sowjetische Verhältnisse ungewöhnlich. 1945 ergoß sich der Truppenstrom in umgekehrter Richtung über die Transsibirische Eisenbahn für den Überraschungsschlag gegen die japanischen Truppen in der Mandschurei und in China. Aus Tarnungsgründen reisten alle Generale in gewöhnlichen Offiziersuniformen mit sehr viel weniger Sternen auf den Schulterstücken, als ihnen zustanden, aber immerhin reisten sie in Waggons zur Personenbeförderung. Doch 1941 wurden sie in Güterwaggons transportiert. Warum?

NOCH EINMAL ZURÜCK ZUM TASS-KOMMUNIQUÉ

. . . Stalin gehörte nicht zu den Leuten, die ihre Absichten offen erklären.

Robert Conquest (Am Anfang starb Genosse Kirow. Düsseldorf 1970, S. 84)

1.

Am 13. Juni 1941 verbreitet der Moskauer Rundfunk ein nicht ganz alltägliches TASS-Kommuniqué, in dem bekräftigt wird, daß »Deutschland sich ebenso strikt an die Bedingungen des sowjetisch-deutschen Nichtangriffspakts hält wie die Sowjetunion . . .« und daß »diese Gerüchte (d. h. die Gerüchte von den Vorbereitungen für einen Angriff Deutschlands auf die UdSSR – V. S.) eine plump zusammengeschusterte Propaganda seitens jener Kräfte sind, die der UdSSR und Deutschland feindselig gesonnen und an einer zunehmenden Ausweitung und Ausuferung des Krieges interessiert sind . . .« Am nächsten Tag veröffentlichen die großen sowjetischen Zeitungen dieses Kommuniqué, und eine Woche später erfolgt der deutsche Angriff auf die UdSSR.

Wer der Autor des TASS-Kommuniqués war, wissen alle. Stalins charakteristischen Stil erkannten die Generale in den sowjetischen Stäben ebenso wie die Häftlinge in den Lagern und die Experten im Westen.

Es ist nicht uninteressant, daß Stalin die TASS-Agentur zwar nach dem Kriege einer Säuberung unterzog, doch wurde gegen keinen der Leiter dieser Organisation Anklage wegen der Verbreitung dieses Kommuniqués erhoben, das man als »eindeutig schädigend« hätte ansehen können. Die Schuld für die Ausstrahlung des TASS-Kommuniqués hätte Stalin jedem Mitglied des Politbüros (zu einer beliebigen, Stalin genehmen Zeit) anlasten können. Aber er hat von dieser Möglichkeit nicht Gebrauch gemacht und dadurch die gesamte Verantwortung vor der Geschichte persönlich übernommen.

Sowohl in der sowjetischen als auch in der ausländischen Presse ist über dieses TASS-Kommuniqué sehr viel geschrieben worden. Alle, die sich mit diesem Thema befaßten, haben sich über Stalin lustig gemacht. Mitunter geht man so weit, im TASS-Kommuniqué fast einen Beweis seiner Kurzsichtigkeit zu sehen. Indessen steckt in dem TASS-Kommuniqué vom 13. Juni 1941 weit mehr Geheimnisvolles und Unbegreifliches als Lächerliches. Klar beantwortet ist nur eine einzige Frage: die nach dem Autor des Kommuniqués. Alles Übrige bleibt rätselhaft.

Das TASS-Kommuniqué läßt sich in keiner Weise mit Stalins Charakter vereinbaren.

Der Mann, der von Stalin mehr als andere wußte, sein persönlicher Sekretär Boris Baschanow, beschreibt Stalins Wesen als »verschlossen und ungemein schlau; ... Er besaß in hohem Maße die Gabe des Schweigens und war in dieser Hinsicht etwas Einmaliges in einem Land, in dem alle zu viel redeten«.

Und hier andere Urteile: »Er war ein unversöhnlicher Feind jeder Inflation an Worten – der Geschwätzigkeit. Sag nicht, was du denkst, denk nicht, was du sagst – das ist eine weitere Devise seines Lebens.« (A. Awtorchanow) »In kritischen Momenten eilte bei Stalin die Tat dem Wort voraus.« (A. Antonow-Owsejenko) Der hervorragende Kenner der Stalin-Epoche Robert Conquest bezeichnet die Schweigsamkeit und Verschlossenheit Stalins als einen der markantesten Charakterzüge seiner Person: »Sehr beherrscht und verschlossen«; »wir müssen uns noch immer bemühen, in das Dunkel der außerordentlichen Verschlossenheit Stalins einzudringen«; »Stalin erzählte niemals, was ihm durch den Kopf ging, nicht einmal das, was sich auf seine politischen Ziele bezog.«

Die Fähigkeit zu schweigen begegnet einem, wie D. Carnegie treffend bemerkt, bei den Menschen weit seltener als jedes andere Talent. Unter diesem Aspekt war Stalin ein Genie – er verstand zu schweigen. Und das ist nicht nur ein hervorstechender Charakterzug, sondern auch eine überaus starke Waffe im Kampf. Durch sein Schweigen schläferte er die Wachsamkeit seiner Gegner ein, weshalb Stalins Schläge stets überraschend kamen und nicht mehr abzuwenden waren. Weshalb also hatte

Stalin in diesem Fall gesprochen, und noch dazu so, daß ihn alle hörten? Wo bleibt seine Verschlossenheit? Wo die Schlauheit? Wo sind die Taten, die dem Wort voraneilen? Wenn Stalin bestimmte Vorstellungen von der weiteren Entwicklung der Ereignisse hat, warum bespricht er das nicht im engen Kreis seiner Mitstreiter? Wäre es letztlich nicht besser gewesen, noch ein Weilchen zu schweigen? An wen wendet sich Stalin? An die Rote Armee? Wer übermittelt seiner Armee wichtige Mitteilungen (und hier geht es um Krieg oder Frieden, um Tod und Leben) per Rundfunk aus der Hauptstadt oder durch die großen Zeitungen? Die Armee, die Flotte, die Geheimpolizei, die Konzentrationslager, die Industrie, das Transportwesen, die Landwirtschaft, alle Menschen, gleich ob hoch oder niedrig, sind ein Teil des Staatswesens und unterstehen nicht Zeitungsmeldungen, sondern ihren Vorgesetzten, die über besondere (oft genug geheime) Kanäle ihre Befehle von den höherstehenden Vorgesetzten erhalten. Stalins Imperium war zentralisiert wie kein anderes, und der Mechanismus der Staatsverwaltung war so abgestimmt, daß jeder Befehl unverzüglich von der höchsten Ebene bis zum letzten Vollzugsgehilfen gelangte und pünktlich ausgeführt wurde. Riesenoperationen, wie etwa die Verhaftung und Liquidierung der Jeschow-Anhänger und praktisch die Auswechslung des gesamten Führungsapparates der Geheimpolizei wurden schnell und effizient durchgeführt, und zwar so, daß das Zeichen zum Beginn der Operation nicht nur von keinem Außenstehenden entziffert wurde, sondern man wußte nicht einmal, wann und wie Stalin das Signal zur Durchführung dieser gewaltigen Aktion gegeben hatte.

Wenn Stalin im Juni 1941 irgendwelche Vorstellungen hatte, die unverzüglich den Millionen, die sie umzusetzen hatten, mitzuteilen waren, hätte man sich des eingespielten Verwaltungsapparats bedienen können, der jeden Befehl umgehend und ohne Entstellung weiterleitete. Wenn es dabei um eine wichtige Mitteilung ging, hätte man sie über sämtliche geheimen Kanäle doppelt absichern können. *Marschall der Sowjetunion A. M. Wassilewski* ist Zeuge dafür, daß nach diesem Kommuniqué in der Presse »keinerlei neue Weisungen prinzipieller Natur folgten, die die Streitkräfte und eine Revidierung der früher gefaßten Beschlüsse betrafen«. (Ein Lebenswerk. Moskau 1973, S. 120) Weiter führt der Marschall aus, daß sich in den Arbeiten des Generalstabs und des Volkskommissars für Verteidigung nichts änderte und auch »nicht zu ändern brauchte«. Über die militärischen Geheimkanäle blieb nicht nur eine Bestätigung des TASS-Kommuniqués aus, wir besitzen im Gegenteil Unterlagen darüber, daß gleichzeitig mit dem TASS-Kommuniqué in den Militärbezirken, zum Beispiel im Sondermilitärbezirk Baltikum, an die Truppen ein Befehl erging, der dem Sinn und Geist des TASS-Kommuniqués direkt widersprach. (Archiv des Verteidigungsministeriums der UdSSR, Fonds 344, Inventarverzeichnis 2459, Vorgang 11, Blatt 31)

Die Artikel in den Militärzeitungen (besonders in den für Außenstehende nicht zugänglichen) waren ebenfalls vom Inhalt her dem TASS-Kommuniqué völlig entgegengesetzt. (Siehe z. B. *Vizeadmiral I. I. Asarow,* Das besetzte Odessa. Moskau 1962)

Das TASS-Kommuniqué ist nicht nur unvereinbar mit Stalins Wesen, sondern auch mit einer zentralen Idee der gesamten kommunistischen Mythologie. Jeder kommunistische Tyrann (und das gilt für Stalin in ganz besonderem Maße) wiederholt sein Leben lang die einfache und verständliche Formel: Der Feind schläft nicht. Mit dieser magischen Formel kann man sowohl das nicht vorhandene Fleisch in den Läden wie auch die »Befreiungsfeldzüge« und die Zensur und die Folterungen und die massenhaften Säuberungen und die geschlossenen Grenzen und überhaupt alles, was immer beliebt, erklären. Die Formeln »der Feind schläft nicht«, »wir sind von Feinden umringt« sind nicht nur Bestandteil der Ideologie, sie stellen auch die schärfste Waffe der Partei dar. Mit dieser Waffe ist bisher absolut jegliche Opposition beseitigt worden, mit Hilfe dieser Waffe wurden alle kommunistischen Diktaturen errichtet und ausgebaut ... Und hier nun auf einmal, nur ein einziges Mal in der Geschichte sämtlicher kommunistischer Regime verkündet das Oberhaupt des mächtigsten aller dieser Regime, daß eine Bedrohung durch eine mögliche Aggression nicht existiere.

Wir sollten das TASS-Kommuniqué nicht als dumm, lächerlich oder naiv abtun. Sehen wir es einmal als eine seltsame, unbegreifliche, unerklärliche Meldung an. Versuchen wir, hinter den Sinn dieses Kommuniqués zu kommen.

2.

Der 13. Juni 1941 ist eines der wichtigsten Daten der sowjetischen Geschichte. An Bedeutung übertrifft dieses Datum – im Grunde genommen – bei weitem den 22. Juni 1941. Die sowjetischen Generale, Admirale und Marschälle gehen auf diesen Tag in ihren Memoiren viel ausführlicher ein als auf den 22. Juni. Sehen wir uns eine Beschreibung dieses Tages an, die sich völlig im Rahmen der Norm bewegt:

Generalleutnant N. I. Birjukow (zu der Zeit Generalmajor, Kommandeur der 186. Schützendivision im 62. Schützenkorps des Militärbezirks Ural): »Am 13. Juni 1941 erhielten wir vom Stab des Militärbezirks eine Direktive von besonderer Wichtigkeit, derzufolge die Division in ein ›neues Lager‹ abrücken sollte. Die Adresse des neuen Quartiers wurde nicht einmal mir, dem Divisionskommandeur, mitgeteilt. Erst als wir Moskau passierten, erfuhr ich, daß unsere Division in den Wäldern westlich von Idriza konzentriert werden sollte.« (»Militärhistorische Zeitschrift« 1962, Nr. 4, S. 80)

Meine Leser seien daran erinnert, daß eine Division in Friedenszeiten »geheime« und mitunter »streng geheime« Dokumente hat. Ein Dokument von »besonderer Wichtigkeit« kann in einer Division nur in Kriegszeiten auftauchen, und auch nur im Ausnahmefall, wenn es sich um die Vorbereitung einer Operation von außerordentlicher Wichtigkeit handelt. Viele sowjetische Divisionen haben während der vier Kriegsjahre kein einziges Dokument dieser höchsten Geheimhaltungsstufe besessen. Beachten wir auch die Anführungszeichen, in die General Birjukow das »neue Lager« gesetzt hat.

Innerhalb des Militärbezirks Ural war die 186. Division nicht die einzige, die einen derartigen Befehl erhielt. *Alle* Divisionen dieses Militärbezirks haben denselben Befehl erhalten. Die offizielle Geschichte des Militärbezirks (Der Rotbanner-Militärbezirk Ural. Moskau 1983, S. 104) hat dieses Datum peinlich genau fixiert: »Zuerst wurde mit der Verladung der 112. Schützendivision begonnen. Am Morgen des 13. Juni verließ der Transportzug die kleine Eisenbahnstation ... Ihm folgten weitere Militärtransporte. Dann begann die Abfertigung der Truppenteile der 98., 153., 186. Schützendivision.« Die 170. und 174. Schützendivision, Artillerie-, Pionier-, Flak- und andere Truppenteile bereiteten sich auf den Abtransport vor. Für die Führung der Uraldivisionen wurden zwei Korpsführungen gebildet und diese ihrerseits dem Stab der neuen 22. Armee (unter dem Kommandierenden Generalleutnant F. A. Jerschakow) unterstellt. Diese ganze Masse von Stäben und Truppen bewegte sich heimlich unter dem Schutz des beschwichtigenden TASS-Kommuniqués in Richtung belorussische Wälder.

Die 22. Armee war nicht die einzige.

Armeegeneral S. M. Stemenko: »Unmittelbar vor Kriegsausbruch wurde damit begonnen, unter strengster Geheimhaltung in den Grenzmilitärbezirken zusätzliche Streitkräfte zusammenzuziehen. Aus dem tiefen Hinterland wurden fünf Armeen nach Westen geworfen.« (Der Generalstab in den Kriegsjahren. Moskau 1968, S. 26)

Armeegeneral S. P. Iwanow ergänzt: »... gleichzeitig bereiten sich drei weitere Armeen auf ihre Verlegung vor.« (Die Anfangsphase des Krieges, S. 211)

Muß man sich da nicht fragen, warum nicht alle acht Armeen diese Truppenbewegung gleichzeitig begannen? Die Antwort ist einfach: In den Monaten März, April, Mai hatte man die riesige getarnte Verlegung sowjetischer Truppenmassen nach Westen vorgenommen. Das gesamte Eisenbahntransportwesen des Landes war von dieser gewaltigen Geheimoperation in Anspruch genommen. Zwar wurde sie rechtzeitig abgeschlossen, doch mußten viele Tausende von Waggons über Tausende von Kilometern zurücktransportiert werden. Deshalb reichte am 13. Juni, als eine neue, alle bisherigen Größenvorstellungen übertreffende geheime Truppenverlegung anlief, die Waggonkapazität für alle Armeen einfach nicht aus.

Den Umfang der vorangegangenen Truppenverlegung kann

man sich nur schwer vorstellen. Genaue Zahlenangaben besitzen wir nicht. Ein paar bruchstückhafte Zeugnisse seien immerhin angeführt:

Der ehemalige *Stellvertreter des Volkskommissars für Staatskontrolle I. W. Kowaljow*: »Von Mai bis Anfang Juni hatte das Transportwesen der UdSSR die Beförderung von etwa 800000 Reservisten zu bewältigen ... Diese Transporte mußten unter Geheimhaltung durchgeführt werden ...« (Das Transportwesen im Großen Vaterländischen Krieg. Moskau 1981, S. 41)

Generaloberst I. I. Ljudnikow: »Im Mai ... wurde im Raum Schitomir und in den Wäldern südwestlich davon ein Luftlandekorps zusammengezogen.« (»Militärhistorische Zeitschrift« 1966, Nr. 9, S. 66)

Marschall der Sowjetunion I. Ch. Bagramjan gibt eine Schilderung des Monats Mai im Sondermilitärbezirk Kiew: »Am 25. Mai soll zu den Truppen die Führung des 31. Schützenkorps aus Fernost hinzukommen ... In der zweiten Maihälfte erhielten wir eine Direktive aus dem Generalstab, die vorsah, daß wir aus dem Militärbezirk Nordkaukasus die Führung des 34. Schützenkorps, vier zwölftausend Mann starke Divisionen und eine Gebirgsjägerdivision aufzunehmen hatten ... Binnen kurzer Frist sollten wir fast eine ganze Armee unterbringen ... Ende Mai traf in unserem Bezirk ein Militärtransport nach dem anderen ein. Die Operative Abteilung wurde zu einer Art Dispatcher-Zentrale, in der sämtliche Informationen über die eintreffenden Truppen zusammenliefen.« (»Militärhistorische Zeitschrift« 1967, Nr. 1, S. 62)

Das war die Lage im Mai. In genau dieser Situation lief am 13. Juni eine neue getarnte Truppenverlegung von nie dagewesenen Ausmaßen an. Diese Verbände sollten die Zweite Strategische Staffel der Roten Armee bilden. Zur Zeit liegen mir Informationen über 77 Divisionen und eine sehr große Anzahl von Regimentern und Bataillonen vor, die unter dem Schutz des TASS-Kommuniqués mit der heimlichen Bewegung in Richtung Westen begonnen hatten.

Eine aus den Dutzenden von Aussagen zu diesem Fall

stammt von *Generalleutnant der Artillerie G. D. Plaskow* (damals Oberst): »Die 53. Division, deren Artilleriechef ich war, war an der Wolga stationiert. Die Stabsoffiziere wurden in den Stab unseres 63. Korps beordert. An der Besprechung nahm der Befehlshaber des Militärbezirks, W. F. Gerassimenko, teil. Die Ankunft des hohen Vorgesetzten ließ uns aufhorchen: Etwas Wichtiges mußte bevorstehen. Der für gewöhnlich ruhige, unerschütterliche Korpskommandeur L. G. Petrowski war sichtlich erregt.

›Genossen‹, sagte er, ›wir haben den Befehl erhalten, das Korps in Mobilmachungszustand zu versetzen. Die Truppenteile müssen auf etatmäßige Kriegsstärke gebracht und dazu die eisernen Reserven herangezogen werden. Der übrige geplante Bestand ist umgehend einzuberufen. Die Reihenfolge der Verladung, Bereitstellung der Militärtransporte und deren Abfertigung erfahren Sie vom Stabschef des Korps, Generalmajor W. S. Benski.‹

Die Besprechung dauerte nicht lange. Alles war klar. Und obwohl General Gerassimenko angedeutet hatte, daß wir zu Truppenübungen aufbrechen würden, begriffen wir dennoch alle, daß es um etwas viel Ernsteres ging. Noch nie war man zu Truppenübungen mit vollem Gefechtssatz an Munition aufgebrochen. Noch nie waren die Leute aus der Reserve eingezogen worden . . .« (Unter dem Dröhnen der Kanonade. Moskau 1969, S. 125)

Wir wollen nun sehen, was in der Ersten Strategischen Staffel zu einer Zeit geschah, als der sowjetische Rundfunk derartig scheinbar naive Erklärungen verbreitete.

»Am 14. Juni erhielt der Militärrat des Militärbezirks Odessa die Weisung, eine Armeeführung in Tiraspol einzurichten.« (»Militärhistorische Zeitschrift« 1978, Nr. 4, S. 86) Die Rede ist von der 9. Armee. »Am 14. Juni bestätigte der Militärrat des Sondermilitärbezirks Baltikum den Plan für die Verlegung einer Reihe von Divisionen und selbständiger Regimenter in den Grenzstreifen.« (Sowjetische Militärenzyklopädie, Bd. 6, S. 517)

»Gleichzeitig mit dem Aufschließen der Truppen aus dem

Landesinnern setzte eine heimliche Umgruppierung der Verbände innerhalb der Grenzmilitärbezirke ein. Unter dem Vorwand von Veränderungen in den Dislozierungen der Sommerausbildungslager wurden die Verbände näher an die Grenze herangezogen ... Die Mehrzahl der Verbände wurde nachts verlegt ...« (*Armeegeneral S. P. Iwanow,* Die Anfangsphase des Krieges, S. 211)

Nachstehend ein paar Standardformulierungen aus jenen Tagen:

Generalmajor S. Iowlew (zu der Zeit Kommandeur des 44. Schützenkorps der 13. Armee): »Am 15. Juni 1941 befahl der Befehlshaber des Sondermilitärbezirks West, Armeegeneral D. G. Pawlow, den Divisionen unseres Korps, sich vollzählig zur Verlegung bereitzuhalten ... Der Bestimmungsbahnhof wurde uns nicht mitgeteilt ...« (»Militärhistorische Zeitschrift« 1960, Nr. 9, S. 56)

Generaloberst L. M. Sandalow (zu der Zeit Oberst und Stabschef der 4. Armee im Sondermilitärbezirk West): »Am südlichen Flügel der 4. Armee tauchte eine neue Division auf – die 75. Schützendivision. Sie kam aus Mosyr und errichtete in den Wäldern sorgfältig getarnte Zeltunterkunftsbereiche.« (Erlebtes. Moskau 1966, S. 71)

Die offizielle *Geschichte des Militärbezirks Kiew*: »Die 87. Schützendivision unter Generalmajor F. F. Aljabuschew schloß am 14. Juni unter dem Deckmantel von Truppenübungen zur Staatsgrenze auf.« (Der Rotbannermilitärbezirk Kiew. Moskau 1974, S. 162) Das Vorrücken von Truppen an die Grenze unter dem Deckmantel von Truppenübungen hat nichts mit lokaler Eigeninitiative zu tun.

Marschall der Sowjetunion G. K. Schukow (zu der Zeit Armeegeneral und Generalstabschef): »Der Volkskommissar für Verteidigung S. K. Timoschenko empfahl den Befehlshabern der Militärbezirke, taktische Manöver der Verbände in Richtung Staatsgrenze durchzuführen, mit dem Ziel, die Truppen dichter an die Aufmarschräume entsprechend den Sicherungsplänen heranzuführen. Die Empfehlung des Volkskommissars für Verteidigung wurde realisiert, allerdings mit einem wesentlichen

Vorbehalt: An dieser Truppenbewegung war ein beachtlicher Teil der Artillerie nicht beteiligt.« (Erinnerungen und Gedanken, S. 242)

Marschall der Sowjetunion K. K. Rokossowski (zu der Zeit Kommandeur des 9. Mechanisierten Korps) stellt die einfache Ursache dafür klar, weshalb die Truppen ohne Artillerie zur Staatsgrenze aufschlossen: Die Artillerie war bereits kurz zuvor an die Grenze beordert worden. (Soldatenpflicht, S. 8)

Marschall der Sowjetunion K. A. Merezkow (zu der Zeit Armeegeneral und Stellvertreter des Volkskommissars für Verteidigung): »Auf meine Anweisung hin wurde eine Truppenübung des mechanisierten Korps durchgeführt. Das Korps wurde zu Übungszwecken in den Grenzraum vorgezogen und dort belassen. Dann sagte ich Sacharow, daß im Militärbezirk auch das Korps von Generalmajor R. Ja. Malinowski stünde, das ebenfalls im Rahmen der Truppenübungen in die Grenzregion vorrücken müsse.« (Im Dienst für das Volk, S. 204)

Marschall der Sowjetunion R. Ja. Malinowski (zu der Zeit Generalmajor, Kommandeur des 48. Schützenkorps im Militärbezirk Odessa) bestätigt, daß dieser Befehl ausgeführt wurde: »Das Korps rückte noch am 7. Juni aus dem Raum Kirowograd in Richtung Belzy ab und war am 14. Juni zur Stelle. Diese Verlegung wurde unter dem Deckmantel großer Truppenübungen durchgeführt.« (»Militärhistorische Zeitschrift« 1961, Nr. 6, S. 6)

Marschall der Sowjetunion M. W. Sacharow (zu der Zeit Generalmajor, Stabschef im Militärbezirk Odessa): »Am 15. Juni wurden die Führung des 48. Schützenkorps sowie die 74. und 30. Schützendivision unter dem Deckmantel von Truppenübungen in den Wäldern einige Kilometer östlich von Belzy zusammengezogen.« (»Fragen der Geschichte« 1970, Nr. 5, S. 45) Der Marschall unterstreicht, daß für die Korpsführung, die Einheiten des Korps und die 74. Schützendivision Gefechtsalarm ausgelöst worden war und daß an den »Truppenübungen« zu diesem Zeitpunkt auch die 16. Panzerdivision beteiligt war.

Marschall der Sowjetunion I. Ch. Bagramjan (zu der Zeit Oberst und Chef der Operativen Zelle des Sondermilitärbezirks

Kiew): »Wir hatten die gesamte operative Dokumentation für das Abrücken der fünf Schützenkorps und der vier mechanisierten Korps aus den Gebieten ihrer ständigen Dislozierung in die Grenzzone vorzubereiten.« (So begann der Krieg, S. 64); »Am 15. Juni bekamen wir den Befehl, ... mit dem Vorrücken aller fünf Schützenkorps an die Grenze zu beginnen ... Sie nahmen alles für die Kampfhandlungen Erforderliche mit. Aus Gründen der Geheimhaltung erfolgten die Truppenbewegungen nur nachts.« (So begann der Krieg, S. 77)

Generaloberst I. I. Ljudnikow (zu der Zeit Oberst, Kommandeur der 200. Schützendivision des 31. Schützenkorps) war einer von denjenigen, die diesen Befehl auszuführen hatten: »Die Direktive des Militärbezirks, die im Divisionsstab am 16. Juni 1941 eintraf, sah vor, daß das Abrücken ... in voller Gefechtsstärke erfolgte ... mit Konzentrierung in den Wäldern 10 bis 15 Kilometer nordöstlich der Grenzstadt Kowel. Die Truppenbewegungen sollten heimlich erfolgen, nur nachts, in Waldgelände.« (Durch Gewitter hindurch. Donezk 1973, S. 24)

Marschall der Sowjetunion A. I. Jerjomenko (zu der Zeit Generalleutnant und Kommandierender General der 1. Armee): »Am 20. Juni bekam der Stab der 13. Armee von der Führung des Militärbezirks West die Anordnung zur Verlegung von Mogiljow nach Nowogrudok«. (Am Anfang des Krieges, S. 109)

An die Staatsgrenze wurden nicht nur Armeen, Korps und Divisionen geworfen. Wir begegnen Hunderten von Zeugnissen über die Verlegung viel kleinerer Einheiten. Zum Beispiel:

Generalleutnant W. F. Sotow (zu der Zeit Generalmajor und Chef der Pioniertruppen der Nordwest-Front): »Die Pioniertruppen waren auf etatmäßige Kriegsstärke gebracht worden ... die zehn aus Fernost herangeführten Bataillone waren vollständig ausgerüstet.« (Sammelband: An der Nordwest-Front. Moskau 1969, S. 172)

Meine Sammlungen enthalten nicht nur Erinnerungen von Generalen und Marschällen: Offiziere niedrigerer Dienstgrade sagen dasselbe aus.

Oberst S. F. Chwalej (zu der Zeit Stellvertreter des Kommandeurs der 202. Motorisierten Division des 12. Mechanisierten

Korps der 8. Armee): »In der Nacht zum 18. Juni 1941 rückte unsere Division zu Feldübungen aus.« (Sammelband »An der Nordwest-Front«, S. 310) An derselben Stelle spricht der Oberst davon, daß es sich »auf diese Weise ergab«, daß die Einheiten der Division zu Kriegsbeginn direkt hinter den Grenzposten lagen, das heißt in unmittelbarer Nähe der Staatsgrenze.

Bekannt geworden ist ein kleines Bruchstück aus einem Gefechtsbefehl, den an selbigem 18. Juni 1941 der *Oberst I. D. Tschernjachowski* (später Armeegeneral) und Kommandeur einer Panzerdivision desselben 12. Mechanisierten Korps erhielt: »... an den Kommandeur der 28. Panzerdivision Oberst Tschernjachowski: Nach Erhalt vorliegenden Befehls sind sämtliche Truppenteile gemäß Alarmplänen in Gefechtsbereitschaft zu versetzen, der Alarm ist jedoch nicht auszulösen. Die ganze Aktion hat zügig, aber ohne Lärm, ohne Panikmache und unnötiges Geschwätz unter Beachtung der festgelegten Normen für die mitzuführenden tragbaren und gezogenen lebens- und gefechtsnotwendigen Reserven zu erfolgen ...« (»Militärhistorische Zeitschrift« 1986, Nr. 6, S. 75) Es ist ungemein schade, daß nicht der ganze Befehl publiziert worden ist. Er wird auch weiterhin wie schon ein halbes Jahrhundert zuvor geheim bleiben. Erbeuteten deutschen Dokumenten zufolge fand die erste Begegnung der deutschen Truppen mit der 28. Panzerdivision bei Schaulen auf litauischem Gebiet statt. Die Division hatte jedoch Auftrag gehabt, unmittelbar an die Grenze vorzurücken.

Marschall der Panzertruppen P. P. Polubojarow (zu der Zeit Oberst und Chef der Kraftfahrzeug- und Panzerführungsebene der Nordwest-Front): »Die Division [die 28. Panzerdivision] sollte aus Riga abrücken und an der sowjetisch-deutschen Grenze Stellung beziehen.« (Sammelband »An der Nordwest-Front«, S. 114) Die deutsche Invasion überraschte diese Division wie viele andere auch beim Aufmarsch, weshalb sie einfach nicht mehr die Grenzlinie erreichen konnte.

Und hier nun die Erinnerungen von *Major I. A. Chisenko* (Wiederaufgelebte Seiten. Moskau 1963): Das erste Kapitel trägt den Titel: »Wir rücken zur Grenze vor.« Er spricht von der 80. Schützendivision des 37. Schützenkorps. »... Am Abend des

16. Juni versammelte General Prochorow die Mitarbeiter des Stabes zu einer Beratung. Er gab den Befehl des Befehlshabers des Sondermilitärbezirks Kiew zum Abrücken der Division in den neuen Konzentrierungsraum bekannt ... Man spricht darüber, daß der bevorstehende Marsch kein gewöhnlicher sein würde ...«

Diese Liste ließe sich endlos fortsetzen. In meiner eigenen Bibliothek besitze ich so viele Unterlagen über Truppenbewegungen in Richtung Grenze, daß man einige dicke Bücher zu diesem Thema füllen könnte. Aber ich habe nicht die Absicht, den Leser mit den Namen von Generalen und Marschällen, mit den Nummern von Armeen, Korps und Divisionen zu ermüden. Wir wollen lieber versuchen, uns eine Vorstellung von dem Gesamtbild zu verschaffen. Alles in allem bestand die Erste Strategische Staffel aus 170 Panzer-, Kavallerie-, Schützen- und motorisierten Divisionen. Davon standen 56 dicht an der Staatsgrenze. Sie konnten vorerst nirgendwohin weiter vorrücken. Aber selbst hier war alles, was unmittelbar zur Grenze aufschließen konnte, in Bewegung und verbarg sich in den Grenzwäldern.

Armeegeneral I. I. Fedjuninski (zu der Zeit Oberst und Kommandeur des 15. Schützenkorps der 5. Armee) berichtet, daß er vier Regimenter aus der 45. und 62. Schützendivision »in die Wälder dichter an der Grenze« aufschließen ließ. (In Alarmbereitschaft. Moskau 1964, S. 12)

Die übrigen 114 Divisionen der Ersten Strategischen Staffel standen im Hinterland der westlichen Grenzbezirke bereit und konnten an die Grenze herangeführt werden. Uns beschäftigt die Frage, wie viele von den 114 Divisionen mit dem Abmarsch zur Grenze unter dem Schutz des beschwichtigenden TASS-Kommuniqués begannen. Die Antwort lautet: *Alle!* »In der Zeit vom 12. bis 15. Juni erhielten die westlichen Militärbezirke den Befehl, sämtliche im Hinterland stehenden Divisionen näher zur Grenze aufschließen zu lassen.« (*W. Chwostow* und *Generalmajor A. Grylew* in der Zeitschrift »Der Kommunist« 1968, Nr. 12, S. 68) Diesen 114 Divisionen der Ersten Strategischen Staffel fügen wir noch die 77 Divisionen der Zweiten Strategischen Staffel hinzu, die, wie wir bereits wissen, sich ebenfalls in Richtung Grenze in Bewegung gesetzt hatten oder auf die Verlegung dahin vorbereiteten.

So ist denn der 13. Juni 1941 der Beginn der größten Truppenbewegung in der Geschichte der Zivilisation. Und nun ist es an der Zeit, das TASS-Kommuniqué vom 13. Juni wieder zur Hand zu nehmen und es nochmals aufmerksam zu lesen. Das TASS-Kommuniqué spricht nicht nur von den Absichten Deutschlands (aus irgendeinem Grund konzentrieren die Historiker ihre ganze Aufmerksamkeit auf diesen einleitenden Teil des Kommuniqués), sondern auch von den Aktionen der Sowjetunion (diesen Teil des Kommuniqués halten die Historiker für uninteressant): »Die Gerüchte darüber, daß sich die UdSSR auf einen Krieg gegen Deutschland vorbereite, sind verlogen und provokativ ... die gegenwärtig für die Reservisten der Roten Armee durchgeführten Sommerwehrübungen und die bevorstehenden Manöver haben keinen anderen Zweck als die Ausbildung der Reservisten und die Überprüfung der Funktionsfähigkeit des Eisenbahnapparates, wie sie bekanntlich alljährlich durchgeführt werden. In Anbetracht dessen ist es höchst unsinnig, diese Maßnahmen als gegen Deutschland gerichtete feindselige Aktionen hinzustellen.«

Vergleichen wir diese Erklärung mit dem, was sich tatsächlich abspielte, so werden wir ein gewisses Auseinanderklaffen von Worten und Taten entdecken.

Im TASS-Kommuniqué ist die Rede von einer »Überprüfung des Eisenbahnapparates«. Hier scheint es erlaubt, Zweifel anzumelden. Die Verlegung der sowjetischen Truppen begann im Februar, sie wurde im März intensiviert, erreichte im April–Mai enorme Ausmaße und hatte im Juni in Wirklichkeit den Charakter einer alles erfassenden Maßnahme angenommen; an dieser Bewegung nahmen nur diejenigen Divisionen nicht teil, die bereits dicht an die Grenze aufgerückt waren, sowie jene, die sich auf den Einmarsch im Iran vorbereiteten, und schließlich diejenigen Verbände, die im Fernen Osten geblieben waren. Der vollzählige Aufmarsch der sowjetischen Truppen an der deutschen Grenze war für den 10. Juli geplant. (*Armeegeneral S. P. Iwanow,*

Die Anfangsphase des Krieges, S. 211) Nahezu ein halbes Jahr lang war das Eisenbahntransportwesen (Haupttransportmittel des Staates) durch die geheimen Truppenverlegungen gelähmt. Im ersten Halbjahr 1941 war der ökonomische Staatsplan in sämtlichen Richtwerten mit Ausnahme der militärischen Vorgaben gescheitert. Die Hauptursache dafür war das Transportwesen, an zweiter Stelle stand die heimliche Mobilisierung der männlichen Bevölkerung in den neu aufzustellenden Armeen. Das Scheitern des Staatsplanes mit dem Terminus »Überprüfung« zu belegen, ist nicht ganz korrekt. Natürlich ist es keine Überprüfung. Das TASS-Kommuniqué spricht von gewöhnlichen Truppenübungen, aber die sowjetischen Marschälle, Generale und Admirale widerlegen das:

Generalmajor S. Iowlew: »Die Ungewöhnlichkeit der Wehrübungen, wie sie nicht in den Plänen für die Gefechtsausbildung vorgesehen war, ließ die Leute auf der Hut sein.« (»Militärhistorische Zeitschrift« 1960, Nr. 9, S. 56)

Vizeadmiral I. I. Asarow: »In der Regel wurden die Wehrübungen mehr gegen Herbst hin durchgeführt, hier aber begannen sie mitten im Sommer.« (»Militärhistorische Zeitschrift« 1962, Nr. 6, S. 77)

Generaloberst I. Ljudnikow: »Gewöhnlich werden die Reservisten nach Einbringung der Ernte einberufen ... 1941 wurde diese Regel durchbrochen.« (»Militärhistorische Zeitschrift« 1966, Nr. 9, S. 66)

Armeegeneral M. I. Kasakow war zu der Zeit im Generalstab und hat persönlich Generalleutnant M. F. Lukin und andere Kommandierende Generale von Armeen getroffen, die insgeheim an die Westgrenze in Marsch gesetzt worden waren. General Kasakow formuliert kategorisch: »Es ist klar, daß sie nicht ins Manöver aufgebrochen waren.« (Über der Karte einstiger Schlachten, Moskau 1971, S. 64)

Wir sollten darauf achten, daß sämtliche Marschälle und Generale den Ausdruck »unter dem Deckmantel von Wehrübungen« verwenden. Die Wehrübungen sind nur ein Vorwand, um das wirkliche Ziel der Umgruppierung und Konzentrierung der sowjetischen Truppen zu verbergen. Über den wahren Grund spricht jedoch keiner. Mehr als vier Jahrzehnte nach Beendigung des Krieges ist der Zweck dieser Verlegung noch immer ein Staatsgeheimnis der Sowjetunion.

Hier könnte der Leser die Frage stellen: Also spürte Stalin vielleicht, daß etwas Ungutes in der Luft lag, und hat er deshalb seine Truppen zur Verteidigung zusammengezogen? Doch alles, wovon hier die Rede war, sind keine Verteidigungsmaßnahmen. Truppen, die sich auf eine Verteidigung vorbereiten, graben sich ein. Das ist eine unumstößliche Regel, die sich jeder Unteroffizier seit dem russisch-japanischen Krieg und in allen darauffolgenden kriegerischen Auseinandersetzungen zu eigen gemacht hat. Truppen, die sich auf eine Verteidigung einrichten, versperren zunächst die weiten Räume, über die der Gegner seinen Angriff vortragen wird, sie riegeln die Verkehrswege ab, errichten Stacheldrahtverhaue, heben Panzergräben aus, errichten Verteidigungsanlagen und Deckungen *hinter* den Wasserhindernissen. Doch die Rote Armee tat nichts dergleichen. Die sowjetischen Divisionen, Armeen und Korps beseitigten bekanntlich die früher errichteten Verteidigungsanlagen. Die früher angelegten Stacheldrahtverhaue und Minensperren wurden nicht weiter ausgebaut, sondern *fortgeräumt.* Die Truppen konzentrierten sich nicht *hinter* den Wasserhindernissen (was günstig für eine Verteidigung ist), sondern *vor* ihnen (was günstig für eine Angriffsposition ist). Die sowjetischen Truppen besetzten nicht die breiten Geländestreifen, die sich für das Vorrücken des Gegners anbieten, sondern sie verbargen sich in den Wäldern, genauso wie die deutschen Truppen, die sich auf einen Angriff vorbereiteten.

Waren all diese Maßnahmen vielleicht nur eine Demonstration militärischer Stärke? Natürlich nicht. Eine solche Demonstration müßte der Gegner einsehen können. Die Rote Armee jedoch demonstrierte lediglich vordergründig Verteidigungsbauten, während sie im Gegenteil bemüht war, ihre massiven Angriffsvorbereitungen zu verbergen.

Es ist frappierend, daß die deutsche Armee in diesen Tagen genau dasselbe tat: Sie rückte in Richtung Grenze vor, verbarg sich in den Wäldern, aber es war sehr schwer, diese Bewegung zu verheimlichen. Sowjetische Aufklärer verflogen sich »irrtümlich« über deutsches Territorium. Niemand versuchte sie abzuschießen. Über deutsches Territorium flogen nicht nur gewöhnliche Piloten, sondern auch Kommandeure von sehr viel höherem Rang. So betrachtete zum Beispiel der Kommandeur der 43. Jagdfliegerdivision des Sondermilitärbezirks West, Generalmajor der Luftstreitkräfte *G. N. Sacharow,* die deutschen Truppen von oben: »Es machte den Eindruck, als sei in der Tiefe des riesigen Territoriums eine Bewegung entstanden, die sich hier unmittelbar an der Grenze staute, gegen die sie wie gegen ein unsichtbares Hindernis anbrandete, bereit, jeden Augenblick überzuschwappen.« (Die Geschichte von den Jagdfliegern. Moskau 1977, S. 43)

Eigenartigerweise überflogen die deutschen Flieger ebenfalls sowjetisches Territorium, und auch das geschah ebenso »irrtümlich«, und auch sie versuchte niemand herunterzuholen, und auch ihnen bot sich genau das gleiche Bild! In alten erbeuteten Archiven fand ich eine Schilderung der Eindrücke eines deutschen Fliegers, der den Anblick, den die sowjetischen Truppen boten, mit ähnlichen Worten beschreibt.

Deutsche Militärhistoriker haben mehr als andere dazu beigetragen, den Sinn der Vorgänge im Juni 1941 zu begreifen. Ich zitiere bewußt keine deutschen Dokumente, um nicht zu wiederholen, was in Deutschland bereits gesagt worden ist, und möchte nur betonen, daß die Worte der sowjetischen Offiziere, Generale und Marschälle vollauf durch das bestätigt werden, was die deutsche Aufklärung noch vor dem 22. Juni 1941 sagte: Die Rote Armee ergoß sich in gewaltigen Strömen in Richtung Grenze.

Es gibt viele andere, voneinander unabhängige Quellen, und sie alle sagen ein und dasselbe aus. Einer der Stellvertreter des Flugzeugkonstrukteurs A. N. Tupolew, *G. Oserow,* saß zu der Zeit mit Tupolew und dessen gesamtem Konstruktionsbüro im Gefängnis. Oserow hat sein Buch in der Sowjetunion geschrieben, aber verbreitet wurde es durch den Samisdat, das heißt unter Umgehung der Zensur. Von da gelangte es in den Westen und wurde in Westdeutschland veröffentlicht. Sogar in den sowjetischen Gefängnissen spürte man den beängstigenden Rhythmus der gewaltigen Bewegung der Roten Armee zur Westgrenze. »Die Leute, die in den Datschen an der belorussischen und Windawa-Strecke wohnen, beklagen sich, man könne nachts nicht schlafen – unentwegt rollen die Transporte mit Panzern und Geschützen vorüber!« (Tupolews Sonderlager. Frankfurt a. M. 1973, S. 90)

Als ich meine ersten Artikel zu der vorliegenden Frage veröffentlicht hatte, erhielt ich viele Briefe. Irgendwann einmal werde ich sie als Buch veröffentlichen. Selbst ohne jegliche Kommentare vermitteln sie ein Bild von dem ungeheuerlichen Ausmaß der sowjetischen Truppenbewegung in Richtung Westen. Mir schreiben Menschen unterschiedlichster nationaler Herkunft, Menschen mit ganz verschiedenen Schicksalen. Es gibt Esten unter ihnen, Juden, Polen, Moldauer, Russen, Letten, Deutsche, Ungarn, Litauer, Ukrainer, Rumänen. Sie alle hielten sich zu diesem Zeitpunkt aus verschiedenen Gründen in den »befreiten« Territorien auf. Später hat der Krieg diese Menschen über die ganze Welt verstreut. Mich erreichen Briefe aus Australien, den Vereinigten Staaten, Frankreich, Deutschland, Argentinien, aus Westdeutschland und sogar ... aus der Sowjetunion. Ich bekam einen Brief aus Kanada von einem ehemaligen Soldaten der Wlassowschen Russischen Befreiungsarmee. 1941 diente er in der Roten Armee, rückte zur Grenze vor, sein Regiment verbarg sich in den Grenzwäldern, wo sie der Krieg erreichte. Dann folgten Gefangenschaft, die Russische Befreiungsbewegung, erneute Gefangenschaft, Flucht und lange Zeit ein Leben unter fremdem Namen in fremden Ländern. Dieser ehemalige Soldat wies mich auf mehrere Bücher einstiger Kämpfer und Kommandeure der Russischen Befreiungsarmee hin, die wie durch ein Wunder nach dem Krieg überlebt hatten. Es fällt auf, daß sie alle ihre Bücher mit dem Augenblick des Einsetzens der heimlichen Bewegung riesiger Massen sowjetischer Truppen in Richtung Grenze beginnen lassen.

Abgesehen von den an mich persönlich gerichteten Briefen, haben Zeitzeugen oder auch Menschen, die solche persönlich gekannt hatten, an wissenschaftliche Zeitschriften geschrieben, und einige dieser Zuschriften wurden veröffentlicht. Hier ein Brief aus Großbritannien: Der britische Staatsbürger James Rushbrook macht auf das Buch von Stefan Szende »The Promise Hitler kept« aufmerksam. Das Buch wurde 1944 geschrieben und 1945 in Schweden veröffentlicht. Der Autor, ein polnischer Jude, befand sich 1941 in Lemberg. Sein Eindruck von jenen Tagen, die dem 22. Juni vorausgingen: »Militärtransporte, vollgestopft mit Truppen und Kriegsmaterial, passierten immer häufiger Lemberg in Richtung Westen. Motorisierte Truppenteile rasten durch die Hauptstraßen der Stadt, auf dem Bahnhof herrschte unentwegt militärischer Verkehr.« (RUSI. Journal of the Royal United Service for Defence Studies, Juni 1986, S. 88) Es gibt viele Personen, die mir schreiben oder sich an Zeitschriften wenden und dabei immer neue kleinste Teilstriche dem Gemälde von der Bewegung nach Westen, die die gesamte Rote Armee erfaßt hatte, hinzufügen.

In sowjetischen Archiven liegen Tausende von Dokumenten, die das bestätigen, wovon ich spreche. Gewiß, nur sehr wenige Benutzer haben Zutritt zu diesem Material. Auch trifft es zu, daß die interessantesten Dokumente längst vernichtet sind. Und dennoch sollten diejenigen, die in den Archiven arbeiten, auf die Vielzahl von Bestätigungen für die gewaltige Bewegung sowjetischer Truppen nach Westen achten. Ich erbitte keine öffentliche Bestätigung. Man sollte einfach aus reinem Interesse darauf achten.

Abgesehen von den Geheimarchiven gibt es eine hinreichende Menge zugänglicher offizieller Publikationen, darunter die Darstellungen der Geschichte der sowjetischen Militärbezirke, Armeen, Korps, Divisionen. Jeder, den die vorliegende Frage beschäftigt, kann in ganz kurzer Zeit Hunderte und sogar Tausende von Formulierungen etwa folgender Art finden: »Unmittelbar vor Kriegsausbruch begannen auf Weisung des Generalstabs der Roten Armee mehrere Verbände des Sondermilitärbezirks West zur Staatsgrenze aufzuschließen.« (Der Rotbanner-Militärbezirk Belorußland. Moskau 1983, S. 88)

Wenn jedoch jemand alle diese Quellen nicht für glaubwürdig hält, dann gibt es für ihn eine Bestätigung, die sich nicht widerlegen läßt: die Geschichte des Krieges selbst. Nach der Zerschlagung der Ersten Strategischen Staffel und dem Durchbruch durch deren Abwehr waren die deutschen Spitzenverbände plötzlich auf neue Divisionen, Korps und Armeen gestoßen (zum Beispiel auf die 16. Armee bei Schepetowka Ende Juni), von deren Existenz die deutschen militärischen Befehlshaber nicht einmal etwas geahnt hatten. Der gesamte Plan eines Blitzkrieges basierte auf der Absicht, durch einen blitzartigen Vorstoß die unmittelbar an der Grenze stehenden sowjetischen Truppen zu zerschlagen; als dieser Plan jedoch in die Tat umgesetzt war, sah sich die deutsche Wehrmacht plötzlich mit einer neuen Mauer aus Armeen konfrontiert, die von jenseits der Wolga, aus dem Nordkaukasus und dem Ural, aus Sibirien und Transbaikalien, aus dem Fernen Osten kamen. Nur für eine einzige Armee werden Tausende von Waggons benötigt. Sie müssen auf den Verladebahnhöfen bereitstehen, die Armee, ihre schweren Waffen, Transportfahrzeuge, Reserven müssen verladen und das alles über Tausende von Kilometern transportiert werden. Wenn also die deutschen Truppen Ende Juni auf Armeen aus Sibirien, vom Ural, aus den Gebieten jenseits des Baikalsees stießen, kann dies nur bedeuten, daß ihre Verlegung nach Westen nicht erst am 22. Juni, sondern *eher* begonnen haben mußte.

3.

Gleichzeitig mit den Massentransporten sowjetischer Truppen setzte die Verlegung einer sowjetischen Flotte ein. »Die sowjetische Ostseeflotte verließ den Ostteil des Finnischen Meerbusens am Vorabend des Krieges.« (Das estnische Volk im Großen Vaterländischen Krieg. Tallinn 1973, Bd. 1, S. 143) Sehen wir uns die Karte an. Wenn die Flotte den Ostteil des Finnischen Meerbusens verließ, gab es nur eine einzige Marschrichtung – nach Westen. Natürlich lief die Flotte nicht zu einem Manöver aus: »Die Flotte hatte den Auftrag, auf den Schiffahrtswegen des Gegners aktiv zu werden.« Wie erstaunlich: Noch ist kein Krieg, noch weiß Stalin nicht, daß Hitler ihn angreifen wird, aber die sowjetische Flotte hat bereits ihren Stützpunkt mit dem Gefechtsauftrag zu aktiven Angriffsoperationen verlassen!

Hand in Hand mit den gewaltigen Truppenverlegungen ging eine intensive Verlegung der Stützpunkte der Luftstreitkräfte vor sich. Die Fliegerdivisionen und -geschwader wurden in kleinen Gruppen in der Dunkelheit unter dem Deckmantel von Truppenübungen auf neue Flugplätze verlegt, von denen einige weniger als 10 km von der Grenze entfernt waren. Doch darauf kommen wir noch zurück. Jetzt sei nur daran erinnert, daß, abgesehen von den Kampfeinheiten der Luftstreitkräfte, auch eine verstärkte Verlegung von neuesten Flugzeugen, die noch keinen Regimentern oder Divisionen zugeteilt waren, erfolgte.

Generaloberst L. M. Sandalow: »Vom 15. Juni an beginnt die Auslieferung der neuen Kampfmittel. Die Jagdgeschwader in Kobrin und Pruschany erhalten Jagdflugzeuge vom Typ Jak-1, die mit Bordkanonen bestückt sind, die Jagdbombergeschwader bekommen die Il-2, die Bombergeschwader die Pe-2.« (An der Front vor Moskau. Moskau 1970, S. 63)

Der Leser sei daran erinnert, daß Jagdgeschwader zu jener Zeit jeweils über 62 Flugzeuge verfügten, Jagdbombergeschwader über 63 und Bombergeschwader über jeweils 60 Maschinen. Folglich wurde in einer einzigen Division (der 10. gemischten Fliegerdivision) zu diesem Zeitpunkt das Eintreffen von 247 Flugzeugen neuester Bauart erwartet. An der gleichen Stelle berichtet der General, daß tatsächlich die neuen Maschinen bei der Division einzutreffen begannen, doch die alten Maschinen blieben in der Division. So verwandelte sich die Division in einen riesigen Gefechtsorganismus, der über mehrere hundert Flugzeuge verfügte. In den Archiven erhaltene Dokumente belegen, daß der gleiche Prozeß überall stattfand. So verfügte zum Beispiel die benachbarte und ebenfalls unmittelbar an die Grenze vorverlegte 9. gemischte Fliegerdivision über 409 Flugzeuge, darunter 176 Maschinen der allerneuesten Mig-3, und ebenso einige Dutzend Pe-2 und Il-2. Und die neuen Maschinen trafen pausenlos ein.

Am Morgen des 22. Juni erhält dieselbe West-Front den Befehl zur Übernahme von 99 Maschinen des Typs Mig-3 auf dem Flugplatz Orscha. (Führung und Stab der Luftstreitkräfte im Großen Vaterländischen Krieg. Moskau 1977, S. 41) Wenn der Befehl lautete, sie am Morgen des 22. Juni zu übernehmen, waren sie offenbar am Abend des 21. Juni zum Abtransport bereit.

Hauptmarschall der Luftstreitkräfte A. A. Nowikow berichtet, daß die Nord-Front (an der er damals als Befehlshaber der Flieger im Range eines Generalmajors der Luftstreitkräfte fungierte) am 21. Juni einen Transport mit Mig-3-Jägern erhielt. (»Militärhistorische Zeitschrift« 1969, Nr. 1, S. 61)

Außer den Jagdmaschinen aber ergossen sich in dichtem Strom Panzer, Artillerie, Munition, Treibstoff in dieselbe Richtung. »Im Morgengrauen des 22. Juni traf auf dem Bahnhof Schjauljai [Schaulen] mit einem Militärtransport ein schweres Artillerieregiment zur Entladung ein.« (Die Schlacht um Leningrad. Moskau 1964, S. 22) Nicht nur ein einziger Transportzug natürlich, und nicht nur mit Artillerie. Hier ein paar Angaben zu den Kraftwagen. »Ende Juni 1941 standen auf den Schienen 1320 Züge mit Kraftwagen.« (»Militärhistorische Zeitschrift« 1975, Nr. 1, S. 81) Die deutschen Truppen griffen am 22. Juni an, aber bereits gegen Ende Juni stand eine derartige Menge Züge mit Kraftwagen im Frontbereich. Das Standardgewicht eines Militärtransportzuges betrug zu jener Zeit 900 Tonnen (bestehend aus 45 Zwanzig-Tonnen-Waggons). Wenn auf jedem Waggon ein einziger Kraftwagen stand, bedeutet dies, daß man von einer Ladung mit 59400 Kraftwagen ausging. Oft genug jedoch wurden unter der Voraussetzung, daß ein gegnerischer Angriff auszuschließen war (und mit diesem hatte man nicht gerechnet), die Kraftwagen »in Schlange« verladen. Dabei wurden die Vorderräder auf die Karosserie des davor geladenen Wagens gesetzt und dessen Vorderräder ihrerseits wieder auf die Karosserie des Wagens davor usw. Auf diese Weise konnte aus Gründen der Wirtschaftlichkeit pro Transport eine größere Anzahl von Kraftwagen verladen werden. Irgend jemand mußte vor Ausbruch des Krieges eine ungeheure Menge an Waggons und Kraftwagen zusammengestellt, die Verladung und den Transport über eine riesige Strecke an die Westgrenze veranlaßt haben. Es leuchtet ein, daß dieser Prozeß noch vor Kriegsbeginn eingesetzt haben muß. Nur zum Entladen dieser Fahrzeuge war man nicht mehr gekommen ... Und gleich nebenan zieht sich der nicht endenwollende Strom von Munitionstransporten hin. In der Militärzeitung »Roter Stern« heißt es am 28. April 1985: »Am Abend des 21. Juni 1941 erhielt der Kommandant des Streckenabschnittes Libau [Lijepaja] die Nachricht: ›Spezialtransport gemeldet. Munitionsladung. Vorrangige Abfertigung an Bestimmungsort‹.« Libau lag zu der Zeit ganz dicht an der Grenze, aber der Transport soll durchgehen, d. h. direkt an die Grenze.

An allen Frontabschnitten lagen riesige Munitionsvorräte in Eisenbahnwaggons, was in der Regel bei der Vorbereitung auf einen Angriff in die Tiefe geschieht. In einem Verteidigungskrieg ist es einfacher, sicherer und billiger, die Munition an den rechtzeitig vorbereiteten Verteidigungslinien zu lagern. Ist die Munition an einer Linie verschossen, können sich die Truppen unbelastet rasch auf eine zweite Linie zurückziehen, die zuvor schon mit Munition versehen worden ist, danach auf eine dritte Linie und so fort ... Vor einem Angriff jedoch wird die Munition auf mobile Transportmittel verteilt, was sehr teuer und auch gefährlich ist ... »Die Südwest-Front hatte allein auf der kleinen Station Kalinowka 1500 Munitionswaggons stehen.« (Die sowjetischen Eisenbahner im Großen Vaterländischen Krieg. Moskau 1963, S. 36)

Ich besitze eine große Menge an Material über die Rettung der Munitionstransportzüge im Jahr 1941. Aber natürlich konnte nicht alles gerettet werden. *Generaloberst der Artillerie I. Wolkotrubenko* berichtet, daß 1941 allein die West-Front 4216 Munitionswaggons verlor. (»Militärhistorische Zeitschrift« 1980, Nr. 5, S. 71) Es gab aber nicht nur eine Front, sondern deren fünf. Nicht nur die West-Front büßte Munitionswaggons ein. Versuchen wir uns in Gedanken eine Vorstellung von der Munitionsmenge an allen Fronten zu machen, sowohl der, die dem Gegner in die Hände fiel, wie auch der, die gerettet werden konnte. Mitte Juni war dies alles, gedeckt durch das TASS-Kommuniqué, an die deutsche Grenze gerollt.

Marschall der Sowjetunion S. K. Kurkotkin berichtet, daß Anfang Juni »die sowjetische Regierung auf Vorschlag des Generalstabes den Plan zur Verlagerung von 100000 Tonnen Treibstoff aus den inneren Landesteilen bestätigte«. (Die rückwärtigen Dienste der sowjetischen Streitkräfte im Großen Vaterländischen Krieg. Moskau 1977, S. 59) Allem Anschein nach gab es außer diesem Beschluß auch noch ähnlich lautende andere Entscheidungen: »An den Eisenbahnknotenpunkten und sogar auf den Streckenabschnitten hatten sich an die 8500 Kesselwagen mit Treibstoff gestaut.« (Ebenda, S. 173) Selbst wenn man nur die kleinsten 20-Tonnen-Kesselwagen eingesetzt hätte, ginge es dabei nicht um hunderttausend Tonnen, sondern um eine weit größere Menge. Doch der Standard-Kesselwagen war im Jahr 1940 nicht der Zwanzigtonner, sondern ein 62-Tonnen-Wagen. Folglich ist hier von ungeheuren Treibstoffmengen die Rede. Aber diese 8500 Kesselwagen sind nur das, was auf den Bahnstationen steht und auf die Entladung in den ersten Kriegstagen wartet. Man darf nicht übersehen, was von der gegnerischen Luftwaffe in den ersten Minuten und Stunden des Krieges auf den Bahnhöfen bereits vernichtet wurde.

Generaloberst I. W. Boldin (zu der Zeit Generalleutnant und Stellvertreter des Kommandierenden Generals der West-Front) berichtet, die 10. Armee (die stärkste Armee der West-Front) habe genügend Vorräte an Treibstoff in den Vorratstanks und in Kesselwagen der Eisenbahn gehabt und dies alles in den ersten Minuten und Stunden des Krieges verloren. (Tagebuchseiten eines Lebens. Moskau 1961, S. 92)

Am Vorabend des Krieges war diese ganze Masse von Kesselwagen in Richtung Grenze gerollt, zusammen mit den Truppen, den Kampfmitteln, den Waffen und der Munition.

4.

Wenn wir über die Ursachen für die Niederlage der Roten Armee in der Anfangsphase des Krieges reden, vergessen wir in der Regel aus irgendeinem Grund einen entscheidenden Umstand: Die Rote Armee war in Eisenbahnwaggons unterwegs.

Wer immer ernsthaft den Gründen nachgehen will, kann Tausende von Informationen wie die nachfolgenden finden:

»Zu Beginn des Krieges befand sich die Hälfte der Gefechtseinheiten der 64. Schützendivision in Transportzügen auf der Strecke.« (»Militärhistorische Zeitschrift« 1960, Nr. 9, S. 56)

»Der Krieg überraschte einen Großteil der Einheiten der 21. Armee in den Transportzügen, die sich über die riesige Strecke zwischen Wolga und Dnjepr verteilten.« (Auf Befehl der Heimat: Der Kampfweg der 6. Gardearmee im Großen Vaterländischen Krieg. Moskau 1971, S. 5)

»Der Krieg erreichte das 63. Schützenkorps unterwegs. Nur die ersten Transportzüge waren rechtzeitig am 21. Juni an ihren Bestimmungsbahnhöfen Dobrusch und Nowo-Beliza zum Ausladen eingetroffen. Die nachfolgenden Transporte kamen außerordentlich auseinandergezogen bis in die ersten Julitage hinein auf verschiedenen Stationen in der Nähe von Gomel an. Einige Truppenteile des Korps, wie zum Beispiel alle Regimenter der 53. Schützendivision, wurden, mit Ausnahme des 110. Schützenregimentes und des 36. Artillerieregimentes, noch ehe sie Gomel erreichten, nach Norden geworfen.« (»Militärhistorische Zeitschrift« 1966, Nr. 6, S. 17)

Armeegeneral S. P. Iwanow (zu der Zeit Oberst und Chef der Operativen Abteilung des Stabes der 13. Armee) berichtet von der 132. Schützendivision unter Generalmajor S. S. Birjusow: »Der Gegner attackierte plötzlich den Militärtransport, in dem ein Teil der Division und ihr Stab auf dem Weg zur Front war. Der Kampf mußte direkt aus den Waggons und von den Tiefladern aus aufgenommen werden.« (»Roter Stern«, 21. August 1984)

Marschall der Sowjetunion S. S. Birjusow (zu der Zeit Generalmajor und Kommandeur der 132. Schützendivision): »Im letzten Augenblick waren wir dem 20. mechanisierten Korps angegliedert worden. Weder den Kommandeur noch den Stabschef des Korps bekam ich zu sehen, und, nebenbei gesagt, ich wußte nicht einmal, wo sich ihr Gefechtsstand befand. Links von uns operierte die 137. Schützendivision unter der Führung von Oberst I. T. Grischin. Sie war aus Gorki gekommen . . . Unser rechter Nachbar war so wie wir in den Kampf geworfen worden – direkt aus den Waggons, während noch nicht einmal alle Transporte den vorgesehenen Entladeort erreicht hatten.« (Als die Geschütze dröhnten. Moskau 1962, S. 21)

Armeegeneral S. M. Stemenko (zu der Zeit Oberst in der Operativen Führung des Generalstabes): »Die Militärtransporte mit den Truppen rollen in dichter Folge nach Westen und Südwesten. Bald wird der eine von uns, dann wieder ein anderer zu den Stationen, an denen sie ausgeladen werden, kommandiert. Die Kompliziertheit und Unbeständigkeit der Lage erzwang nicht selten den Abbruch des Ausladens und das Umdirigieren der Transporte zu irgendeiner anderen Station. Es kam vor, daß Führung und Stab einer Division an einer Stelle ausgeladen wurden, die Regimenter jedoch an einem anderen Ort oder sogar an mehreren weit auseinandergezogenen Stellen.« (Der Generalstab in den Kriegsjahren. Moskau 1968, S. 30)

»Die feindliche Luftwaffe flog systematische Angriffe auf die Eisenbahnstationen und Strecken. Die Fahrpläne waren unbrauchbar. Das Entladen fand oft genug nicht auf den Bestimmungsbahnhöfen statt, sondern an anderen Stellen. Es gab Fälle, in denen Einheiten zu Nachbararmeen gerieten und von dort aus in den Kampf geführt wurden.« (*W. A. Anfilow,* Der mißglückte »Blitzkrieg«. Moskau 1974, S. 465)

»Auf der Strecke lagen elf Divisionen der 20., 21. und 22. Armee. Die 19. Armee unter General I. S. Konew und die 16. Armee unter General M. F. Lukin hatten ihren Aufmarsch nicht zum Abschluß gebracht.« (Geschichte des Zweiten Weltkrieges. 12 Bände. Moskau 1975–1985, Bd. 4, S. 47)

»Die ungeheure Ansammlung von Waggons lähmte den Betrieb vieler Eisenbahnknotenpunkte nahezu vollständig. Auf den meisten Bahnstationen war nur noch ein einziger Schienenstrang frei geblieben, um die Züge passieren zu lassen.« (*I. W. Kowaljow,* Das Transportwesen im Großen Vaterländischen Krieg, S. 59)

Generaloberst A. S. Klemin berichtet von den ersten Julitagen: »Auf den Strecken befanden sich 47 000 Waggons mit militärischer Ladung.« (»Militärhistorische Zeitschrift« 1985, Nr. 3, S. 67)

Man könnte annehmen, daß dies alles nach dem 22. Juni verladen und an die Fronten geschickt worden war. Doch diese Annahme wäre falsch. Nach dem 22. Juni brauchten die Fronten nur leere Waggons zum Abtransport der kolossalen Vorräte an Waffen, Munition, Treibstoff und anderen militärischen Ausrüstungen, die bereits an den Grenzen konzentriert worden waren.

Um sich die Tragik der Situation auszumalen, lohnt es, an General M. F. Lukin zu erinnern. Er hatte in seiner Eigenschaft als Kommandierender General seiner Armee bereits bei Schepetowka gekämpft, während sich der Stab der Armee noch jenseits des Baikalsees befand. Die Truppentransporte seiner Armee waren über eine Strecke von Tausenden von Kilometern auseinandergezogen. Dann traf der Stab ein, aber das Nachrichtenbataillon lag noch immer auf der Strecke. Solche Situationen ergaben sich allerorten: Auf der einen Station wurden Stäbe ausgeladen, die keine Truppen hatten, an anderen Stellen die Truppen ohne ihre Stäbe. Noch schlimmer wurde es, wenn die Züge nicht auf den Stationen, sondern auf freier Strecke hielten. Ein Panzerbataillon stellt eine enorme Kampfkraft dar. Auf dem Transport dagegen ist es hilflos. Wenn der Krieg einen Militärtransport mit schwerem technischem Gerät dort überraschte, wo keine Entlademöglichkeit bestand, mußte der Militärtransport entweder vernichtet oder aufgegeben werden. Die Verluste in den Militärtransporten waren riesengroß.

Aber auch jene Divisionen, die zur Ersten Strategischen Staffel gehörten und ungehindert zur Grenze vorrückten, befanden sich in keiner besseren Situation. Divisionen in Marschkolonnen sind ein hervorragendes Ziel für die Luftwaffe. Die ganze Rote Armee stellte ein einziges hervorragendes Ziel dar.

5.

Viele waren Zeugen der Verlegung der sowjetischen Truppen gewesen, aber jeder hatte dabei nur seinen eigenen Truppenteil vor Augen gehabt. Kaum einer konnte sich ein Bild von ihrem wirklichen Ausmaß machen. Die deutsche Abwehr ging davon aus, daß sich ein gewaltiges militärisches Potential zusammenballte, doch auch sie sah nur die Erste Strategische Staffel und vermutete nichts von einer zweiten (und dritten, von der noch zu sprechen sein wird). Ich denke, daß sich viele sowjetische Generale und Marschälle – mit Ausnahme der prominentesten oder unmittelbar selbst von dieser Verlegung betroffenen – ebenfalls nicht den wirklichen Umfang und folglich auch nicht den Zweck dieser Aktion vorstellen konnten. Gerade aus diesem Grunde sprechen viele von ihnen so unbefangen darüber. Diese Unkenntnis der allgemeinen Situation und des wirklichen Ausmaßes der sowjetischen Truppenkonzentration ist durchaus kein Zufall. Stalin hatte drakonische Vorkehrungen zur Tarnung getroffen. Sein TASS-Kommuniqué ist nur eine davon. Die Tatsache der Truppenverlegung selbst zu verheimlichen, war ganz offensichtlich unmöglich, doch die Hauptsache dabei, den Umfang dieser Truppenbewegung und ihren Zweck, verbarg Stalin vor dem ganzen Land, vor der deutschen Abwehr und sogar vor den kommenden Generationen.

Generaloberst A. S. Jakowlew (zu der Zeit persönlicher Referent Stalins) ist Zeuge dafür, daß »Ende Mai oder Anfang Juni« im Kreml eine Beratung zu Fragen der Tarnung stattfand. (Das Ziel eines Lebens. Moskau 1968, S. 252)

Wir haben bereits früher einige Maßnahmen kennengelernt, die von den sowjetischen Generalen getroffen wurden: Den Soldaten wurde erklärt, daß sie zu Truppenübungen transportiert würden, obwohl die Stabsoffiziere begriffen, daß dies keine Truppenübungen waren. Mit anderen Worten: Man nahm eine gezielte Desinformation der eigenen Truppe vor. Die deutsche Führung tat zur selben Zeit genau das gleiche: Unter den Truppen gingen Gerüchte über eine Landung in Großbritannien um, viele kannten sogar den Namen dieser Operation (»Seelöwe«), unter den Soldaten tauchten englische Dolmetscher auf usw.

Hier sei daran erinnert, daß eine Desinformation der eigenen Truppen nur vor Angriffsoperationen erfolgt, um vor dem Gegner die eigenen Absichten, den Zeitpunkt und die Richtung des Hauptstoßes zu verbergen. In einem Verteidigungskrieg oder vor dem Ausbruch eines solchen braucht man die eigenen

Truppen nicht zu täuschen – Offiziere und Soldaten sind vor die eine einfache und leicht begreifliche Aufgabe gestellt: Das hier ist deine Linie, und keinen Schritt zurück! Hier kannst du draufgehen, aber der Feind darf nicht durch!

Die Tatsache, daß die sowjetischen Soldaten und Offiziere getäuscht wurden, ist ein eindeutiger Beweis für die Vorbereitung einer Angriffsoperation. Warum hätte man – sofern man sich auf eine Verteidigungsoperation einstellte – den Truppen nicht sagen können: Ja, Leute, die Lage ist gespannt, man muß mit allem rechnen, wir ziehen los, um Gräben auszuheben und dort abzuwarten. Rücken die Truppen tatsächlich aus, um Gräben auszuheben, macht es keinen großen Unterschied aus, ob ihnen das Fahrtziel nach der Ankunft oder bei der Abfahrt mitgeteilt wird. Doch eine derartige Information wurde den sowjetischen Offizieren und Soldaten weder bei der Abfahrt noch bei der Ankunft gegeben. Ein anderes Ziel war vorgesehen, das man damals wie auch heute noch verbirgt, wie wir bereits wissen.

Um sich den Grad der Geheimhaltung dieser Truppenverlegung vorstellen zu können, sei nur ein Beispiel von vielen angeführt:

Marschall der Sowjetunion M. W. Sacharow: »Anfang Juni kam der Leiter des Militärtransportdienstes im Militärbezirk Odessa, Oberst P. I. Rumjanzew, zu mir – ich war zu der Zeit Stabschef im Militärbezirk Odessa – in mein Dienstzimmer, um mir heimlich Meldung zu erstatten, daß in den letzten Tagen aus Richtung Rostow kommende ›Annuschkas‹ die Station Snamjonka ›passieren‹ und im Gebiet von Tscherkassy entladen werden. ›Annuschka‹ war die im Militärtransportdienst übliche Bezeichnung für eine Division. Zwei Tage später bekam ich aus Tscherkassy eine chiffrierte Nachricht, die der Stellvertreter des Befehlshabers im Militärbezirk Nordkaukasus, M. Reiter, unterzeichnet hatte, in der er die Genehmigung erbat, einige Baracken der Kleiderkammer unseres Bezirks für die Unterbringung des Gepäcks der in diesem Gebiet aus dem Nordkaukasus eintreffenden Truppen belegen zu dürfen. Da der Stab des Militärbezirks Odessa über die Konzentrierung fremder Truppen an dieser Stelle nicht informiert war, sprach ich über Kurzwelle mit der Operativen Führung des Generalstabs. Ich bekam den Stellvertreter des Chefs, A. F. Anissow, ans Telefon. Nachdem ich ihm von der verschlüsselten Meldung berichtet hatte, bat ich ihn um eine Erklärung, was hier vorginge. Anissow antwortete mir, daß Reiters verschlüsselte Anfrage unverzüglich zu vernichten sei, daß er die erforderlichen Anweisungen vom Generalstab erhalten werde und daß der Stab des Militärbezirks sich nicht einzumischen habe.« (»Fragen der Geschichte« 1970, Nr. 5, S. 42)

Des weiteren berichtet Sacharow, daß der Befehlshaber des Militärbezirks Odessa, Generaloberst Ja. T. Tscherewitschenko, ebenfalls nichts von diesen »Annuschkas« gewußt habe.

Man könnte einwenden, daß sowjetische Truppenbewegungen stets unter Beachtung großer Vorsichtsmaßregeln erfolgen und daß die sowjetischen Truppen ihre Pläne grundsätzlich geheimhalten. So ist es in der Tat. Aber alles hat Grenzen. Der Befehlshaber eines Militärbezirks in der Sowjetunion, und ganz besonders der Befehlshaber eines Grenzbezirks, sowie sein Stabschef sind mit außerordentlichen Vollmachten und besonderer Befehlsgewalt ausgestattete Personen. Sie sind voll verantwortlich für alles, was auf dem ihrer Kontrolle unterstehenden Territorium geschieht. Zeigen Sie mir irgendein anderes Beispiel, in dem der Befehlshaber eines Militärbezirks und dessen Stabschef nichts davon wissen, daß auf dem Gebiete ihres Militärbezirks irgendwelche fremden Truppen zusammengezogen werden! Und hier verlangt der Generalstab (den zu der Zeit G. K. Schukow leitete), selbst in einer Situation, bei der die Führung des Militärbezirks Odessa per Zufall von der Konzentrierung anderer Truppen auf dem Territorium des eigenen Militärbezirks erfährt, die eingegangene Information zu vergessen und die geheime verschlüsselte Nachricht, die nur für die Augen des Stabschefs dieses Militärbezirks bestimmt war, zu vernichten. Sogar noch im Safe des Stabschefs des Militärbezirks stellt die verschlüsselte Information eine Gefahr dar! Ich hatte weiter oben davon gesprochen, daß in den sowjetischen Archiven sehr viele interessante Dokumente aus dieser Periode lägen, und dennoch ist das Interessanteste nie in diese Archive geraten oder wurde später einfach vernichtet. Die Spuren dieser Vernichtungsaktionen sind allzu deutlich: Da beginnt ein Satz am Ende einer Seite, aber die nächste Seite fehlt, und mitunter sind auch die folgenden hundert Seiten nicht mehr da. Diese vernichtete verschlüsselte Meldung im Militärbezirk Odessa mag als Bestätigung meines Kommentars dienen.

Bemerkenswert ist das Verhalten von Generalleutnant M. A. Reiter in der geschilderten Situation. Max Reiter ist ein disziplinierter Deutscher, schon im Ersten Weltkrieg war er Oberst im Stab einer russischen Armee, ein alter Haudegen von preußischem Zuschnitt. Er weiß gewiß, wie man mit Geheimsachen umzugehen hat. Aber selbst er, der Stellvertreter des Befehlshabers des Militärbezirks Nordkaukasus, hält es in dem Augenblick, da er sich mit seinen »Annuschkas« auf dem Boden eines fremden Militärbezirks befindet, für ganz natürlich, Verbindung mit dem ihm gleichgestellten zuständigen lokalen Vertreter der militärischen Führung aufzunehmen und (natürlich in einer persönlich chiffrierten Nachricht!) die Erlaubnis zu erbitten, eine bestimmte Maßnahme ergreifen zu dürfen. Doch er wird schnell vom Generalstab zur Vernunft gebracht und hat künftig keine weiteren verschlüsselten Meldungen dieser Art mehr verfaßt.

Und hier noch ein paar andere Beispiele:

Generaloberst L. M. Sandalow besichtigt den Bau von Verteidigungsanlagen unmittelbar an der Grenze im Raum Brest und stellt verwundert fest, daß man die festen Feuerpunkte so nahe an der Grenze errichtet hat, daß sie von der deutschen Seite aus einzusehen sind. Er richtet eine entsprechende befremdete Frage an W. I. Tschuikow. Tschuikow, dieser künftige Fuchs von Stalingrad, seufzt (natürlich verstellt er sich): Es sei wirklich sehr bedauerlich, aber die Sache stünde nun einmal so, daß die Deutschen den Bau unserer Verteidigungsanlagen bemerken werden. (An der Front vor Moskau, S. 53) Guderian begann den Krieg genau von der gegenüberliegenden Seite des Flusses aus und hebt hervor, daß er dies alles sehr gut habe einsehen können: An den Feuerpunkten hatte man Tag und Nacht gearbeitet, und dabei nachts sogar bei greller Beleuchtung. Ist das nicht erstaunlich? Weder Sandalow, noch Tschuikow, noch sonst irgendwer erteilt den Befehl, die Arbeiten einzustellen und den Bau ein paar Kilometer in das Hinterland zu verlegen, damit der Gegner nicht die genaue Lage der Feuerpunkte und die Richtung der Schießscharten einsehen kann, mit deren Hilfe sich leicht das Feuersystem bestimmen läßt.

Marschall der Sowjetunion I. Ch. Bagramjan beobachtet 1940 in einem anderen Militärbezirk das gleiche Bild: Die Bauarbeiten zur Errichtung eines Befestigten Raumes (UR) erfolgen »direkt vor den Augen der Deutschen«. Die Bauabschnitte sind durch kleine Zäune geschützt. »Mich erinnerten diese Zäunchen an die Feigenblätter antiker Statuen.

›Was meinen Sie‹, fragte ich den Leiter eines dieser Bauprojekte, ›ob wohl die Deutschen dahinterkommen, was Ihre Bauarbeiter hier am Ufer des Grenzflusses hinter diesem kleinen Zaun tun?‹

›Ganz bestimmt!‹, antwortete er, ohne lange zu überlegen. ›Es wäre schwierig, nicht den Charakter unserer Bauarbeiten zu erkennen.‹

Ich überlegte: Eine derartige taktische Unwissenheit der Leute, die die Positionen für die zu errichtenden Feuerpunkte festgelegt hatten, konnte ihnen leicht als Sabotageakt ausgelegt werden. Wie es ja auch offensichtlich in früheren Zeiten wiederholt geschehen war.« (»Militärhistorische Zeitschrift« 1976, Nr. 1, S. 54)

Im Jahr 1938 hätte man für solche Entscheidungen den Schuldigen an die Wand gestellt. Aber 1940 bis 1941 wurden aus irgendeinem Grunde in sämtlichen westlichen Militärbezirken die Befestigungsanlagen genau auf diese nämliche Weise errichtet, und niemand zeigte irgendwelche Befürchtungen; der NKWD mischte sich nicht ein, niemand wurde aus solchen Gründen verhaftet und keiner dafür exekutiert. Warum? »Eine deutliche Demonstration von Verteidigungsarbeiten« – so definiert Bagramjan diese Bauarbeiten und fügt auf der Stelle hinzu, daß der »Bauplan von der höchsten Führung bestätigt« worden war. Für die Befestigten Räume ist der Befehlshaber eines Militärbezirks persönlich verantwortlich. Wer also ist dieser

Idiot, der diesen Plan bestätigt hat? Zu dem Zeitpunkt – G. K. Schukow. Derselbe Schukow, der einer der glänzendsten Heerführer des Zweiten Weltkrieges war. Derselbe Schukow, der bekanntlich keine einzige militärische Niederlage in seinem ganzen Leben hinnehmen mußte. Derselbe Schukow, der eben erst aus der Mongolei zurückgekehrt ist, wo er ebenfalls zuerst demonstrative Verteidigungsanlagen hatte errichten lassen und dann den Überraschungsschlag gegen die 6. japanische Armee führte. Derselbe Schukow, der in wenigen Monaten Chef des Generalstabs werden und drakonische Maßnahmen zur Geheimhaltung von Truppenverlegungen einführen wird, doch die »deutliche Demonstration von Verteidigungsarbeiten« wird an der Grenze fortgesetzt werden und sogar noch eine merkliche Intensivierung erfahren.

Interessant ist das Verhalten von Bagramjan in dieser Situation. Bagramjan ist der schlaueste Fuchs, den man sich denken kann, und dabei zugleich ein begabter Kommandeur im besten Sinne dieses Wortes. Während des Krieges machte er die glänzendste Karriere in der gesamten Roten Armee: Er begann den Krieg als Oberst und beendete ihn als Armeegeneral in einer Funktion, die ihn berechtigte, zum Marschall der Sowjetunion aufzusteigen, was auch geschah. In der genannten Situation führt ihn ein persönlicher Auftrag Schukows, als dessen Untergebener und persönlicher Freund er tätig wird, an die Grenze. Sollte man nicht erwarten, daß Bagramjan losbrüllt und diese demonstrativen Bauarbeiten einstellen läßt? Aber nein, er brüllt nicht. Sollte man nicht erwarten, daß er, sobald er Schukow sieht, berichtet: Georgi Konstantinowitsch, stell dir die Bescherung vor! Diese Idioten bauen die Befestigungsanlagen direkt an der Grenze, die Anlagen verschlingen Millionen, aber die Artillerie bringt sie in der ersten Stunde des Krieges zum Schweigen, denn der Gegner kennt die Lage von jedem einzelnen Feuerpunkt! Dich wird man dafür an die Wand stellen, und mich auch! – Doch Bagramjan hat nicht getobt und mit den Füßen gestampft. Und am 22. Juni kam es genauso – die Stellungen wurden vom feindlichen Feuer eingedeckt; und dennoch hat Stalin Bagramjan nicht erschießen lassen und Schukow nicht angerührt, sondern im Gegenteil befördert. Woraus gefolgert werden muß, daß die Bauarbeiten unter den Augen des Gegners weder eine Idiotie noch Unwissenheit waren, sondern daß dahinter etwas anderes stecken mußte.

Freunde der Sowjetunion haben erklärt, die sowjetischen Truppen hätten keine Gräben ausgehoben, weil Stalin alles daransetzte, auf keinen Fall versehentlich einen Krieg zu provozieren. Doch ein einfacher Graben läßt sich mit Befestigungsanlagen aus Stahlbeton überhaupt nicht vergleichen. Stalin läßt demonstrativ einen ganzen Verteidigungsgürtel anlegen und hat keine Angst, damit den Vorwand für einen deutschen Angriff zu liefern. Weshalb sollte er dann nicht den Truppen den Befehl zum Eingraben geben? Gemessen an der neuen Linie mit ihren Befestigungen aus Stahlbeton konnten Gräben die politische Lage nicht trüben. Aber nein, die eingetroffenen Truppen erhalten nicht den Befehl, sich einzugraben. Sie werden in den Wäldern versteckt. Alles, was die Verteidigung betrifft, zeigen wir geflissentlich dem Gegner, doch die anrückenden Truppen soll niemand sehen – folglich sind die Truppen auch nicht zur Verteidigung bestimmt, sondern für einen anderen Zweck.

Ein seltsamer Widerspruch: Die aufdringliche Demonstration von Verteidigungsmaßnahmen unmittelbar an der Grenze und die vernichtete verschlüsselte Nachricht im Stab des Militärbezirks. Und dennoch handelt es sich nur um die beiden Seiten ein und derselben Medaille: eine intensivierte Verteidigungsvorbereitung, die der Gegner einsehen kann, und gleichzeitig die heimlich zunehmende Truppenkonzentration in den Wäldern für einen Überraschungsschlag.

Schukows Vorstöße kamen stets überraschend.

6.

Am 13. Juni ließ Molotow den deutschen Botschafter zu sich kommen und übergab ihm den Text des TASS-Kommuniqués. (Vgl. das Telegramm von der Schulenburgs an Ribbentrop, Nr. 1368, vom 13. Juni 1941) In dem Kommuniqué heißt es, daß Deutschland die UdSSR nicht angreifen wolle, daß die UdSSR

Deutschland nicht angreifen wolle, daß jedoch »der UdSSR und Deutschland feindselig gesonnene Kräfte, die an einer zunehmenden Ausweitung und Ausuferung des Krieges interessiert seien«, sie zu entzweien versuchten, indem sie provozierende Gerüchte über einen nahe bevorstehenden Krieg verbreiteten.

In dem Kommuniqué werden diese »feindlich gesonnenen Kräfte« beim Namen genannt: »der britische Gesandte in Moskau Mr. Cripps«, »London«, »die englische Presse«.

Unsere Untersuchung wäre nicht vollständig, wenn wir uns nicht an diesem 13. Juni 1941 kurz nach London begäben.

Die Annahme, daß es am 13. Juni zu einer Begegnung zwischen dem sowjetischen Botschafter I. M. Maiski und dem Außenminister Großbritanniens A. Eden gekommen sei, wäre nur logisch. Bei dieser Begegnung wirft Maiski das TASS-Kommuniqué auf den Tisch, schlägt mit der Faust auf die Platte, stampft mit dem Fuß auf und verlangt, daß der Botschafter Cripps aus Moskau abberufen werde, daß man nicht Zwietracht zwischen den guten Freunden Stalin und Hitler säen solle, daß das Ausstreuen provokatorischer Gerüchte über einen Krieg zwischen der UdSSR und Deutschland zu unterbleiben habe. So etwa stellen Sie sich diese Begegnung vor? Sie irren sich. Die Sache sah ganz anders aus.

Am 13. Juni 1941 fand tatsächlich eine Begegnung zwischen Maiski und Eden statt. Maiski übergab nicht der britischen Regierung das TASS-Kommuniqué, auch stampfte er nicht auf und schlug ebensowenig mit der Faust auf den Tisch. Die Begegnung fand in freundschaftlicher Atmosphäre statt. Es galt eine ernste Frage zu besprechen: die Maßnahmen, die Großbritannien zur Unterstützung der Roten Armee ergreifen würde, »falls in nächster Zukunft ein Krieg zwischen der UdSSR und Deutschland ausbrechen sollte«. (Geschichte des Zweiten Weltkrieges 1939–1945, Bd. 3, S. 352) Zu diesen konkreten Maßnahmen gehörten: direkte Kampfeinsätze der Royal Airforce zugunsten der Roten Armee, Kriegslieferungen, Koordinierung der Aktionen der militärischen Führung beider Länder.

Am 13. Juni legt die Stalinsche Diplomatie das Fundament für etwas, was man in Bälde mit dem Terminus Anti-Hitler-

Koalition bezeichnen wird. Aus der Sicht Großbritanniens ist überhaupt nichts Verwerfliches dabei: Großbritannien führt Krieg gegen Hitler. Doch die Sowjetunion spielt ein schmutziges Spiel. Mit Deutschland hat man einen Nichtangriffspakt geschlossen und gleich darauf einen Freundschaftsvertrag. Wenn die Sowjetregierung meint, daß diese Dokumente nicht länger der realen Situation entsprechen, muß sie sie annullieren. Aber das tut Stalin nicht, vielmehr versichert er Hitler seiner glühenden Freundschaft und entlarvt in dem TASS-Kommuniqué diejenigen, »die an einer Ausweitung des Krieges interessiert sind« – die britischen Politiker. Zur gleichen Zeit aber werden in London Verhandlungen über ein militärisches Bündnis mit Deutschlands Gegner und über konkrete militärische Maßnahmen gegen Deutschland geführt. Wie erstaunlich: Das geschieht noch vor Hitlers Überfall auf die UdSSR!

Hinter dem neutralen diplomatischen Tenor verbergen sich sehr ernste Dinge. Vor noch gar nicht so langer Zeit hat die sowjetische Diplomatie mit Deutschland Verhandlungen über Polen geführt: ». . . falls es auf dem Territorium des polnischen Staates zu Veränderungen kommen sollte . . .« Jetzt ist die Zeit gekommen, daß sowjetische Diplomaten hinter Deutschlands Rücken in ähnlichem Ton über Deutschland zu reden beginnen. Erstaunlicherweise bedienen sich bei den Verhandlungen in London beide Seiten der Wendung »falls ein Krieg ausbrechen sollte« anstelle von »falls Deutschland angreifen sollte«; mit anderen Worten – die Gesprächspartner schließen keineswegs aus, daß dieser Krieg auch auf andere Weise und nicht nur durch eine deutsche Aggression ausgelöst werden könnte. Es ist bemerkenswert, daß bei den Unterhandlungen in London die UdSSR an erster Stelle genannt wird: »falls es zu einem Krieg zwischen der UdSSR und Deutschland kommen sollte«, genauso im TASS-Kommuniqué: »Gerüchte von einem nahe bevorstehenden Krieg zwischen der UdSSR und Deutschland«. Warum drückt man es nicht umgekehrt aus: zwischen Deutschland und der UdSSR, wenn man doch davon ausgeht, daß Deutschland der Angreifer sein wird?

Vielleicht wird mir auch hier der eine oder andere erwidern, der sowjetische Botschafter habe seine Unterhandlungen ohne Wissen Stalins geführt und seine Vollmachten ebenso überschritten wie jene sowjetischen Generale, die ihre Truppen an den deutschen Grenzen zusammenziehen, »ohne Stalin davon in Kenntnis gesetzt zu haben«. Nein, damit kommt man im vorliegenden Falle nicht durch. Maiski selbst hat betont, daß er vor seiner Abreise nach London 1932 zum Dienstantritt eine Zusammenkunft mit M. Litwinow hatte, bei der der Volkskommissar für auswärtige Angelegenheiten ihn warnte, daß Maiski nicht seine, Litwinows, Instruktionen ausführen würde, »sondern die höherer Instanzen«. »Höher« standen zu der Zeit nur noch Molotow (Chef einer Regierung, der Litwinow selber angehörte) und Stalin. 1941 hatte man Litwinow bereits ausgebootet (seine Nachfolge hatte nach seinem Rücktritt am 3. 5. 1939 W. Molotow angetreten), und als »höhere Instanzen« waren nur noch Molotow und Stalin übriggeblieben. Maiski überlebte die Säuberungen und saß recht lange auf seinem Posten, wobei er nur deshalb seinen Kopf behielt, weil er sich an die Instruktionen der »höheren Instanzen« hielt und diese nicht verletzte.

Um dem Leser ein abgerundeteres Bild von dem Genossen Maiski und der Sowjetdiplomatie insgesamt zu vermitteln, sei noch ergänzt, daß Maiski nach seiner Rückkehr von elfjähriger Tätigkeit in London Stalin bei dessen Begegnungen mit Churchill und Roosevelt begleitete und Verstärkung der Hilfeleistung forderte. Später schrieb er dann sein Buch »Wer Hitler geholfen hat«, das 1962 in Moskau erschien. Darin erfahren wir, daß Hitler allein den Zweiten Weltkrieg gar nicht habe beginnen können, Großbritannien und Frankreich hätten ihm dabei geholfen. Im weiteren Verlauf seiner Ausführungen lädt der sowjetische Botschafter die Schuld für »die unzähligen Opfer und Leiden« auf die Schultern jenes Landes, das Stalin militärische und wirtschaftliche Hilfe bereits am 13. Juni 1941 angeboten hatte.

7.

Das TASS-Kommuniqué verfolgt das Ziel, die Gerüchte über einen unvermeidlichen Krieg zwischen der UdSSR und Deutschland zu unterbinden. Der 13./14. Juni bringt ein plötzliches Aufflackern des Terrors in Moskau. Es rollen Köpfe, darunter auch recht prominente.

Hitler sah sich mit demselben Problem konfrontiert. Die Kriegsvorbereitungen zu verbergen war schwierig. Das Volk sah sie und äußerte alle möglichen Vermutungen. Am 24. April schickte der deutsche Marineattaché Baumbach in Moskau eine alarmierende Nachricht nach Berlin, daß er gegen »unverkennbar unsinnige Gerüchte über einen bevorstehenden deutsch-sowjetischen Krieg anzukämpfen habe«. (Telegramm Nr. 34112/110, bestimmt für die Kriegsmarine) Am 2. Mai berichtet Botschafter von der Schulenburg, daß er gegen diese Gerüchte angehe, aber alle deutschen Mitarbeiter, die aus Deutschland kommen, brächten nicht nur Gerüchte, sondern auch Fakten mit, die diese bestätigen. Im Mai redet der Leiter der Auslandspresseabteilung im Propagandaministerium Deutschlands Karl Bömer in angetrunkenem Zustand ein bißchen zuviel über die Beziehungen zur Sowjetunion. Er wird umgehend verhaftet. Hitler selbst nahm sich dieser Angelegenheit an, die man laut Goebbels »künstlich aufgebauscht« hatte. (Die Tagebücher von Joseph Goebbels. Sämtliche Fragmente. Hrsg. Elke Fröhlich. Teil 1, Bd. 4. München/New York/London/Paris 1987, S. 658, 687, 690) Am 13. Juni 1941, dem Tag, an dem das TASS-Kommuniqué darüber, daß es keinen Krieg geben werde, verbreitet wurde, stand Karl Bömer vor dem Volksgerichtshof (wie erschütternd: auch hier ein Volksgericht, genauso wie in der Sowjetunion) und erklärte die von ihm geführten Reden als trunkenes Gefasel: Natürlich wird es keinen Krieg zwischen Deutschland und der Sowjetunion geben! Das bewahrte den armen Karl Bömer nicht vor harter Bestrafung, die ganz Deutschland zur Lehre gereichen sollte: Es gibt keinen Krieg! Es gibt keinen Krieg! Und damit auch im Ausland niemandem Zweifel kämen, schickte Ribbentrop am 15. Juni streng geheime Telegramme an seine Botschafter: Mit Moskau stünden höchst wichtige Verhandlungen bevor. Dies sollen die Botschafter gewissen Personen unter dem Siegel strengster Vertraulichkeit mitteilen. So war zum Beispiel der Botschaftsrat der Deutschen Botschaft in Budapest beauftragt, diese Neuigkeit als ein besonderes Geheimnis dem ungarischen Staatschef anzuvertrauen.

Die Prinzipien der Desinformation sind überall dieselben: Wenn du nicht willst, daß der Feind ein Geheimnis erfährt, dann hüte es auch vor deinen Freunden! Und siehe da, am Tag nach der Verbreitung des TASS-Kommuniqués sorgt Deutschland gezielt für eine Desinformation des eigenen diplomatischen Dienstes und der eigenen militärischen Verbündeten. Wir wissen bereits, daß die oberste sowjetische Heeresleitung dasselbe mit den sowjetischen Truppen tat.

Bei unserem Versuch, in das Dunkel der Geschichte des deutschen Nationalsozialismus und des sowjetischen Sozialismus einzudringen, stellen wir verblüffende Ähnlichkeiten nicht nur in den Losungen, Liedern und Ideologien fest, sondern auch in den historischen Ereignissen. In der Geschichte des Nationalsozialismus gibt es ein Ereignis, das dem TASS-Kommuniqué ausgesprochen ähnelt. Am 8. Mai 1940 verbreitet der Großdeutsche Rundfunk die Meldung, Großbritannien plane eine Invasion in den Niederlanden. Dann folgt das Interessanteste: Die Berichte, daß zwei deutsche Armeen an die holländische Grenze geworfen würden, seien »unsinnige Gerüchte«, die von den »britischen Kriegshetzern« in Umlauf gesetzt worden seien. Was danach geschah, ist gut bekannt. Diese Meldung des deutschen Rundfunks und die Meldung des sowjetischen Rundfunks entsprechen einander nahezu wörtlich. Der Hauptgedanke lautet: Wir verlegen keine Truppen, das haben sich nur »die britischen Kriegshetzer« ausgedacht. Ich weiß, ein Vergleich ist noch kein Beweis, doch im vorliegenden Fall sind sich die beiden Meldungen nicht nur ähnlich, sie sind fast schon Kopien.

8.

Nach dem Erscheinen meiner ersten Publikationen empörten sich sowjetische Historiker: Gewiß, die sowjetischen Truppen seien aufmarschiert, aber sowjetische Quellen hätten längst eine befriedigende Erklärung für diese Aktion (nämlich als Verteidigungsmaßnahme) gegeben, weshalb man auch keine andere Erklärung zu suchen brauche, alles sei ohnehin bereits klar.

Nein, es ist nicht alles klar! Und niemand in der Sowjetunion hat jemals eine befriedigende Erklärung gegeben. Gerade das Fehlen von Erklärungen für diese Aktionen hatte ja meine Aufmerksamkeit geweckt. Die sowjetischen Generale und Marschälle haben nicht nur keine Erklärung anzubieten, sondern keiner von ihnen hat auch nur ein einziges Mal die genaue Anzahl der Divisionen genannt, die an dieser riesigen Truppenbewegung beteiligt waren: 191 Divisionen! Kein einziger hat jemals auch nur eine annähernde Zahl genannt. Können wir von einem General eine befriedigende Erklärung erwarten, der das wahre Ausmaß der Vorgänge, die sich da abspielen, entweder nicht kennt oder aber bewußt verhüllt?

Ein ausgezeichneter Kenner der Anfangsphase des Krieges, *W. A. Anfilow,* berichtet vom Sondermilitärbezirk West: »Aus den Zentralregionen des Militärbezirks wurden entsprechend der Direktive des Volkskommissars für Verteidigung zehn Schützendivisionen nach Westen in Marsch gesetzt.« (Die unsterbliche Tat, S. 189) An derselben Stelle äußert er sich über den benachbarten Sondermilitärbezirk Baltikum: »Näher zur Grenze schlossen vier Schützendivisionen auf (die 23., 48., 126. und 128.).« Das ist alles richtig, und wir werden eine Menge Belege dafür finden, daß sich die Sache genau so verhielt. Aber waren im Sondermilitärbezirk Baltikum nicht außerdem die 11. und die 183. Schützendivision an die Grenze verlegt worden? Waren etwa alle Panzerdivisionen und motorisierten Divisionen stehengeblieben?

Einige sowjetische Marschälle – auch G. K. Schukow – sagen, aus dem Landesinneren seien 28 Schützendivisionen in Marsch gesetzt worden. Es ist die lautere Wahrheit. Nur nicht die ganze

Wahrheit. *Marschall der Sowjetunion A. M. Wassilewski* betont, daß 28 Divisionen »nur den Anfang machten bei der Erfüllung des Planes zur Konzentrierung der Truppen«. (Ein Lebenswerk. Moskau 1973, S. 119) Wir wissen, daß es eine Fortsetzung gab, die den Anfang um ein Vielfaches übertraf, aber Marschall Wassilewski verstummt, nachdem er nur ein klein wenig verraten hat, und genaue Zahlenangaben werden wir bei ihm nicht finden.

Um ein bestimmtes Phänomen erklären zu können, muß man zuvor seinen Umfang genau bestimmen. Jeder, der versucht, die sowjetischen Truppenbewegungen und das TASS-Kommuniqué, das diese Bewegungen tarnen soll, zu erklären, kann von uns erst dann ernstgenommen werden, wenn er sich bemüht, zumindest annähernd zusammenzufassen, was über diese Truppenbewegungen bekannt und offiziell publiziert worden ist.

Da mich die Erklärungen der Experten in der vorliegenden Frage nicht zufriedenstellten, griff ich zu den Memoiren der Generale und Marschälle, die an dieser Truppenbewegung beteiligt gewesen sind bzw. diese geleitet haben. Und erst da entdeckte ich die erstaunliche Geschmeidigkeit der sowjetischen Geschichtswissenschaft und der sowjetischen Memoirenschreiber, die einer Antwort ausgewichen sind.
Beispiele:

Der Oberkommandierende der Truppen im Militärbezirk Odessa, *Generaloberst Ja. T. Tscherewitschenko* befand sich in der Zeit vom 9. bis 12. Juni auf der Krim, wo er die Truppen des 9. Spezial-Schützenkorps übernahm. Das wissen wir von *Marschall der Sowjetunion M. W. Sacharow.* (»Fragen der Geschichte« 1970, Nr. 5, S. 44) Auf dieses Korps kommen wir noch zurück. Es war ein sehr ungewöhnliches Korps und führte in seiner offiziellen Bezeichnung nicht grundlos den Zusatz »Spezial-«. Aber versuchen Sie, auch nur eine einzige Zeile über diesen Vorgang bei General Ja. T. Tscherewitschenko zu finden. Aus irgendeinem Grund wird das von dem General mit Schweigen übergangen. Das soeben eintreffende Korps wird, nebenbei gesagt, von demselben Tscherewitschenko abgenommen, der nichts davon weiß, daß auf dem Territorium seines Militärbezirks heimlich eine ganze Armee, nämlich die des Generalleutnants I. S. Konew und seines Stellvertreters, des Generalleutnants Max Reiter, zusammengezogen wird.

I. S. Konew wurde während des Krieges zum Marschall der Sowjetunion befördert. Wir greifen zu seinem Buch in der Hoffnung, eine Erklärung darüber zu entdecken, wie und warum er sich mit seinen »Annuschkas« in einem fremden Militärbezirk befand; doch verwundert stellen wir fest, daß der wackere Marschall schlichtweg die ganze Anfangsphase des Krieges ausgelassen hat. Er zog es vor, über das Jahr fünfundvierzig zu schreiben, und so hat er sein Buch auch genannt: »Das Jahr Fünfundvierzig« (2. Aufl. Moskau 1970). Wir greifen zu den Memoiren des Armeegenerals *P. I. Batow*, ist es doch schließlich sein Korps gewesen, das Tscherewitschenko auf der Krim begrüßt, doch welch Malheur – Batow läßt einfach sämtliche Fakten weg. (Im Felde. 3. Aufl. Moskau 1974) Batow ist Stellvertreter des Befehlshabers im Militärbezirk Transkaukasien. Wie kommt er am Vorabend des Krieges an der Spitze eines Korps auf die Krim? Welche Divisionen umfaßte dieses Korps? Wieso war es ein Spezialkorps? Wer war der Stellvertreter des Korpskommandeurs, wer der Stabschef? Wieso übte das Korps Einschiffungsoperationen, das Anlanden an feindlichen Ufern, das Sprengen von Erdölbohrtürmen? Die Antworten auf diese Fragen können wir durch entsprechend langes Suchen finden, wir können sie aus vielen verschiedenen Quellen gewinnen, nur nicht aus den Memoiren Batows, der diesen ganzen Zeitabschnitt einfach überschlagen hat.

Da wir hier keine Erklärung gefunden haben, wollen wir uns auf eine höhere Ebene begeben. Allerdings haben Stalin und die Mitglieder des Politbüros keine Memoiren geschrieben. So bleibt uns als einzige Möglichkeit, um etwas in Erfahrung zu bringen, der Griff zu den Memoiren von Marschall G. K. Schukow. Er war zu der betreffenden Zeit Chef des Generalstabs, er war persönlich für die Dislozierung und Verlegung der Truppen verantwortlich; ohne seinen Sichtvermerk konnte kein einziges Bataillon verlegt werden, geschweige denn mehrere Regimenter oder ganze Divisionen. Ja mehr noch: Der gesamte Militärtransportdienst war ihm unmittelbar unterstellt, das heißt alles, was die militärische Nutzung des Eisenbahnnetzes betraf.

So öffnen wir denn gespannt den stattlichen Band mit Schukows Erinnerungen und ...

Schukow gibt zu, daß es eine Truppenverlegung gegeben hat. Schukow gibt zu, daß sie kolossale Ausmaße besaß, aber Schukow nennt keine genauen Daten und gibt keine Erklärungen. Er weicht einer Antwort aus. Anstelle von Zahlen und Erklärungen bietet Schukow auf drei Seiten Beschreibungen der Truppenverlegung, doch er tut dies nicht von seiner hohen Warte als Generalstabschef aus. Schukow zitiert einfach drei Seiten lang seinen Freund I. Ch. Bagramjan, der zu der Zeit Oberst war. Hört nur, was Bagramjan darüber denkt, der keinen Zugang zu Staatsgeheimnissen hatte! Hört einen Mann, der zur Ersten Strategischen Staffel gehörte und nur die aus Moskau kommenden Befehle ausführte, der nur Transport auf Transport übernahm, ohne Erklärungen zu erhalten, wozu dies nötig war.

Mein lieber Georgi Konstantinowitsch, Genosse Marschall der Sowjetunion! Wenn wir die Meinung von Iwan Christoforowitsch Bagramjan kennenlernen wollen, dann schlagen wir selbst seine guten Bücher auf und blättern darin. Aus Ihren Memoiren aber wollen wir Ihre Ansichten erfahren, Ihre Zahlen und Ihre Erklärungen. Wir wollen die Situation von der schwindelerregenden Höhe Ihrer Position überschauen und nicht von der Warte des lieben Iwan Christoforowitsch. Er sagt viel, und er sagt es gut, er verfügt über eine glänzende Bildung, die Kunst der feinen Analyse, ein bemerkenswertes Gedächtnis und eine prächtige Kenntnis der Umstände. Aber er hatte an der Truppenbewegung selbst nicht teil und hat sie auch nicht geleitet. Diese Truppenbewegung leiteten Sie!

Schukows geschicktes Rückzugsmanöver hinter den Rücken von Bagramjan, das Fehlen genauer Zahlen und Erklärungen verstärken nur unseren Verdacht, daß hier nicht alles in Ordnung ist, daß hier nicht alles gesagt wird, daß es hier etwas gibt, was weder damals noch heute zur Sprache kommen darf.

Die sowjetischen Marschälle haben uns keine Erklärungen

geliefert und werden es auch nicht mehr tun. Sie sind längst von dieser Welt abgetreten. Die Dokumente aber, die sie für ihre Operationen brauchten, wurden schon vor dem 22. Juni 1941 vernichtet. Das ist der Grund, weshalb ich die schwierige Aufgabe, eine Antwort zu suchen, auf mich genommen habe, die Suche nach einer Antwort, die man sorgfältig vor uns verbirgt.

DIE VERWAISTEN MILITÄRBEZIRKE

Es ist eine seit langem eingeführte Ordnung in der Roten Armee: Während die Truppen noch im Anmarsch sind, ist die Führung bereits an den Ort der bevorstehenden Aktionen vorausgeeilt.

Marschall der Sowjetunion K. K. Rokossowski (Soldatenpflicht, S. 166)

1.

Auf seinem Weg nach oben in der militärischen Hierarchie versieht ein sowjetischer General nacheinander die Funktion eines Divisionskommandeurs, Korpskommandeurs, Armeekommandierenden ... Die nächste Position, Befehlshaber eines Militärbezirkes, bedeutet nicht bloß einen weiteren Schritt auf der militärischen Stufenleiter – es ist vielmehr ein abrupter qualitativer Sprung, weil der Befehlshaber eines Militärbezirks nicht einfach ein militärischer Vorgesetzter mit einem besonders hohen Dienstgrad ist, sondern weil er eine Art Militärgouverneur in einem riesigen Territorium darstellt, in dem Millionen Menschen leben. Der Befehlshaber eines Militärbezirks trägt nicht nur die Verantwortung für die Truppen und deren militärische Ausbildung, sondern auch für die Vorbereitung der Bevölkerung, der Industrie, des Transportwesens, der Landwirtschaft dieser Region auf die Erfordernisse der Kriegsführung. Der Befehlshaber eines Militärbezirks ist verantwortlich für die Aufrechterhaltung des kommunistischen Regimes in dem ihm anvertrauten Territorium, das er erforderlichenfalls mit militärischer Gewalt schützen wird.

Vor dem Zweiten Weltkrieg war die Sowjetunion in 16 Militärbezirke unterteilt (auch gegenwärtig sind es 16), von denen acht an fremde Staaten grenzten, während die anderen acht Militärbezirke ohne Auslandsgrenzen als innere Militärbezirke galten. Natürlich hat jeder Militärbezirk seine eigene Bedeutung. In den inneren Militärbezirken war ein gewaltiges Industriepotential konzentriert, durch die inneren Militärbezirke verliefen die Transportadern des Landes, und die inneren Militärbezirke umfaßten ein großes Menschenreservoir.

Am 13. Mai 1941 erreichte die Befehlshaber von sieben der acht inneren Militärbezirke (nur der Militärbezirk Moskau war ausgenommen) eine Direktive von besonderer Wichtigkeit: die Stäbe der Militärbezirke waren in Armeestäbe umzuwandeln. Jeder Befehlshaber hatte sämtliche Korps und Divisionen seines Militärbezirks zu einer Armee zusammenzufassen, persönlich die Führung dieser Armee zu übernehmen und genau einen Monat später, am 13. Juni 1941, mit der getarnten Verlegung seiner Armee nach Westen zu beginnen.

Lassen Sie uns die Vorgänge am Beispiel der 186. Schützendivision des Militärbezirks Ural verfolgen:

Am 13. Juni 1941 begann die 186. Schützendivision und mit ihr alle anderen Divisionen des Militärbezirks Ural mit dem heimlichen Abrücken in Richtung Westen. Die Divisionen wurden in zwei Korps vereinigt, die ihrerseits die 22. Armee bildeten. Der Befehlshaber des Militärbezirks Ural, Generalleutnant F. A. Jerschakow, trat persönlich an die Spitze dieser Armee. Das Mitglied des Militärrats des Militärbezirks Korpskommissar D. S. Leonow und der Stabschef des Militärbezirks, Generalmajor G. F. Sacharow, wurden dementsprechend zum Mitglied bzw. Stabschef der neuen Armee. Die Chefs der Artillerie, der Pioniertruppen, der Rückwärtigen Dienste, der Nachrichtentruppen und aller sonstigen Truppenteile wurden mit ihren Untergebenen in die 22. Armee eingegliedert, in Eisenbahnwaggons verladen und nach Westen in Marsch gesetzt.

Wer aber bleibt im Ural? Im Ural liegt Magnitogorsk mit seinem Eisenhüttenkombinat, der Uralmasch (S. Ordschonikidse-Schwermaschinenbaubetrieb) in Swerdlowsk, die »Traktoren«-Werke in Tscheljabinsk mit ihrer Panzerproduktion, die der Stadt den inoffiziellen Namen Tankograd (Panzerstadt) eingetragen hat. Der Ural ist Standort einer leistungsfähigen Rüstungsindustrie; durch den Militärbezirk Ural verlaufen wichtige Verkehrswege, dort befinden sich Konzentrationslager mit Hunderttausenden und vielleicht sogar Millionen von Strafgefangenen. Ist es nicht riskant, dieses ganze Territorium ohne einen Militärgouverneur zu belassen? Man wird mir entgegnen, jeder Befehlshaber habe einen Stellvertreter, dessen Aufgabe gerade darin bestehe, den Befehlshaber in dessen Abwesenheit zu vertreten. Doch eben hier ergibt sich ein Problem, weil nämlich der Stellvertreter des Befehlshabers im Militärbezirk Ural, Generalleutnant M. F. Lukin, schon zuvor den Befehl erhalten hatte, sich nach Transbaikalien zu begeben. Dort hatte er die *16. Armee* aufgestellt, und zum Zeitpunkt der Verbreitung des TASS-Kommuniqués befindet sich seine Armee bereits auf dem Weg von Transbaikalien nach Westen. Das ist der Grund, weshalb sich nach dem Fortgang der gesamten militärischen Führung an der Spitze des Militärbezirks Ural der völlig unbekannte Generalmajor A. W. Katkow praktisch ohne militärischen Stab befand.

Dasselbe spielte sich im Militärbezirk Charkow ab. Wir wissen bereits, daß am Vorabend des Krieges an der rumänischen Grenze die *18. Armee* aufgestellt wurde. Führung und Stab dieser Armee setzten sich aus Führung und Stab des Militärbezirks Charkow zusammen. Der Befehlshaber des Militärbezirks, Generalleutnant A. K. Smirnow, der Stabschef, Generalmajor W. Ja. Kolpaktschi, der Chef der Fliegerkräfte des Militärbezirks, Generalmajor S. K. Gorjunow, waren mitsamt ihren Untergebenen an die rumänische Grenze beordert worden, zur neuen 18. Armee – der Militärbezirk aber blieb ohne Führung.

Die *19. Armee* besteht aus sämtlichen Truppen und Stäben des Militärbezirks Nordkaukasus. Der Befehlshaber dieses Militärbezirks, Generalleutnant I. S. Konew, hatte alle Truppen seines Militärbezirks in der 19. Armee zusammengefaßt, war an die Spitze dieser Armee getreten und heimlich in Richtung Westen aufgebrochen, und wieder blieb der Militärbezirk ohne jegliche militärische Kontrollorgane zurück. Theoretisch hätte an seiner Stelle sein Stellvertreter, der deutsche Kommunist Generalleutnant Max Reiter, zurückbleiben müssen, aber wir wissen bereits, daß auch dieser sich zu der Zeit nicht im Kaukasus, sondern in der Ukraine befand, genauer gesagt in Tscherkassy, wo laufend die Transportzüge der 19. Armee eintrafen. Daß Reiter sich in der Ukraine aufhielt, wissen wir nicht nur aus den Memoiren von Marschall der Sowjetunion M. W. Sacharow, sondern auch aus vielen anderen Quellen, u. a. aus den Memoiren von *Marschall der Sowjetunion I. Ch. Bagramjan.* (So begann der Krieg, S. 63)

Werfen wir einen Blick auf die Kommandeure der Fliegerkräfte des Militärbezirks Nordkaukasus: Chef der Fliegerkräfte ist Generalmajor der Luftstreitkräfte Je. M. Nikolajenko, Stabschef der Fliegerkräfte ist Oberst N. W. Kornejew, Kommandeur der Jagdfliegerdivision ist Generalmajor der Luftstreitkräfte Je. M. Belezki. Nach der Verbreitung des TASS-Kommuniqués finden wir sie in denselben Dienststellungen, nur nicht in ihrem Militärbezirk, sondern in der 19. Armee, die heimlich in die Ukraine verlegt wird.

Die *20. Armee* rekrutierte sich aus dem Militärbezirk Orjol. Der Befehlshaber des Militärbezirks, Generalleutnant F. N. Remesow, hat seine eigenen Truppen und die Truppen des Militärbezirks Moskau unter seinem Befehl vereint, den Stab seines Militärbezirks in den Stab der 20. Armee umgewandelt und sich in Richtung Westen in Bewegung gesetzt, womit er Zentralrußland seinem Schicksal ohne militärische Kontrolle überließ.

Die *21. Armee* ist nichts anderes als der Militärbezirk Wolga. Der Befehlshaber des Militärbezirks Wolga, Generalleutnant W. F. Gerassimenko, wurde zum Kommandierenden der 21. Armee, der Stabschef des Militärbezirks, General W. N. Gordow, zum Stabschef der 21. Armee. Die Chefs der verschiedenen Truppengattungen und Dienste, Hunderte anderer Truppenführer änderten in ihren Dienstbezeichnungen einfach »Militärbezirk Wolga« in »21. Armee« um. Sollten Sie zum Beispiel auf die Information stoßen, daß der Hauptmarschall der Luftstreitkräfte G. A. Woroschejkin Anfang 1941 (damals natürlich mit einem niedrigeren Dienstgrad) die Fliegerkräfte des Militärbezirks Wolga befehligt habe, dann können Sie ruhigen Gewissens, ohne einen Blick in die Archive zu werfen, behaupten, daß er nach dem 13. Juni Chef der Fliegerkräfte der 21. Armee geworden sei und sich auf dem Weg zur deutschen Grenze befunden habe. Wenn Sie wissen, daß der Generaloberst der Pioniertruppen Ju. W. Bordsilowski zu derselben Zeit in eben diesem Militärbezirk (natürlich mit einem niedrigeren Dienstgrad) in der Pionierabteilung des Stabes gedient habe, dann können Sie unbesorgt behaupten, daß er nach dem TASS-Kommuniqué in der Pionierabteilung des Stabes der 21. Armee eingesetzt gewesen sei.

Im Militärbezirk Sibirien (unter dem Befehlshaber Generalleutnant S. A. Kalinin) war die *24. Armee* aufgestellt worden und im Militärbezirk Archangelsk (unter Generalleutnant W. Ja. Katschalow) die *28. Armee*.

An einem einzigen Tag, dem besagten 13. Juni 1941, brach praktisch mit dem Augenblick der Verbreitung dieser seltsamen Nachrichten durch den sowjetischen Rundfunk in den riesigen Gebieten Zentralrußlands, des Nordkaukasus, Sibiriens, im Ural, von Archangelsk bis zum Kuban und von Orjol bis Tschita die bisherige militärische Territorialordnung zusammen. Hätte es einen Aufstand gegeben, wäre niemand zu seiner Unterdrükkung dagewesen: Sämtliche Divisionen befanden sich auf dem Weg zur deutschen Grenze. Ja nicht einmal die Entscheidung zur Unterdrückung des Aufstandes hätte fallen können: Alle Generale waren ebenfalls heimlich nach Westen aufgebrochen. Aufstände werden vom NKWD unterbunden, aber unter entsprechend ernsten Umständen reichen die NKWD-Truppen allein nicht aus, dann muß auf die Armee zurückgegriffen werden. Im übrigen gingen bei den NKWD-Truppen zur selben Zeit nicht weniger seltsame Dinge vor sich, auf die ich noch kommen werde.

Was aber steht hinter alledem? Traut Stalin vielleicht seinen Befehlshabern in den inneren Militärbezirken nicht mehr, und hat er deshalb beschlossen, sie alle gleichzeitig ihrer Posten zu entheben? Nein, das ist nicht der Grund. Alle, denen Stalin mißtraute, hatte er vorsorglich schon früher beseitigen lassen und in ihre Positionen diejenigen berufen, die sein Vertrauen besaßen. Hier gilt es unbedingt im Auge zu behalten, daß anstelle der abgezogenen Generale praktisch niemand zurückgeblieben war. Jeder Befehlshaber eines Militärbezirks hatte seinen Stellvertreter, den Stabschef und den gesamten Stab bei seinem heimlichen Aufbruch nach Westen mitgenommen, Stalin aber hatte nicht zur gleichen Zeit einen neuen General als Nachfolger berufen. So hatte zum Beispiel der Befehlshaber des Militärbezirks Sibirien, Generalleutnant S. A. Kalinin, sämtliche Truppen und den Stab seines Militärbezirks zur 24. Armee zusammengefaßt und diese nach Westen geführt, während ein neuer General erst 1942 in Sibirien eintraf. (Sowjetische Militärenzyklopädie, Bd. 7, S. 338) In allen anderen inneren Militärbezirken tauchten die neuen Befehlshaber entweder mit mehrmonatiger Verspätung auf, oder man griff auf drittrangige Generale zurück, die weder jemals zuvor noch jemals danach wieder mit der Führung eines Militärbezirks oder einer Armee betraut wurden. Ein Beispiel dafür ist Generalmajor M. T. Popow im Militärbezirk Wolga.

So bleibt uns nur die Vermutung, daß allen diesen Befehlshabern und Kommandeuren etwas Wichtigeres zu vollbringen vorbehalten war als den Schutz der Sowjetmacht in den inneren Regionen der Sowjetunion zu garantieren. Hätte man etwas minder Wichtiges im Sinne gehabt, wären sie alle auf ihren Posten geblieben.

2.

Unter den acht inneren Militärbezirken stellt der Militärbezirk Moskau eine Ausnahme dar. Das ist verständlich – Moskau ist die Hauptstadt des Landes. Hier lag die Führung im Unterschied zu allen anderen inneren Militärbezirken nicht in den Händen eines Generalleutnants, ja nicht einmal in denen eines Generalobersten – Befehlshaber im Militärbezirk Moskau war Armeegeneral I. W. Tjulenew.

Nun aber verlassen unter dem Schutz des TASS-Kommuniqués die sowjetischen Generale, die Stäbe und Truppen die inneren Militärbezirke, und selbst die Sonderstellung des Militärbezirks Moskau bewahrte ihn nicht vor diesem Los. Sämtliche Truppen wurden zur Verstärkung der Ersten Strategischen Staffel und der 20. Armee der Zweiten Strategischen Staffel abgegeben. Sämtliche Vorräte an Waffen, Munition und sonstigem Hab und Gut des Militärbezirks Moskau wurden an die Westgrenzen geschickt. Danach war die militärische Führung an der Reihe. Natürlich nahm General I. W. Tjulenew zu der Zeit einen zu hohen Rang ein (und er genoß zudem das besondere Vertrauen Stalins), um nur mit dem Kommando über eine Armee betraut zu werden. Auf einen im Beisein Stalins vom Politbüro gefaßten Beschluß hin wurde Tjulenew zum Befehlshaber der Süd-Front ernannt. Beim Aufbruch dorthin nahm er den ganzen Stab des Militärbezirks Moskau unter Generalmajor G. D. Schischenin mit. Die Zusammensetzung der Südfront kennen wir bereits: es ist die 9. (extrem starke) und die 18. (Gebirgsjäger-)Stoßarmee, das 9. Spezial-Schützenkorps und das 3. Luftlandekorps sowie die Fliegerkräfte dieser Front.

Der Beschluß, Führung und Stab des Militärbezirks Moskau in die Führung der Süd-Front umzuwandeln und sie nach Winniza zu verlegen, war am 21. Juni 1941 gefaßt worden, doch gibt es genügend Hinweise darauf, daß für die Offiziere dieses Stabes der Beschluß nicht unerwartet kam, ja mehr noch, viele Stabsabteilungen waren zu diesem Zeitpunkt bereits auf den Weg dorthin in Marsch gesetzt. Ein Beispiel: Generalmajor A. S. Ossipenko, Stellvertreter des Chefs der Fliegerkräfte im Militärbezirk Moskau, befand sich Anfang Juni 1941 bereits an der rumänischen Grenze.

Führung und Stab des Militärbezirks Moskau waren nach Winiza aufgebrochen und hatten ihren Militärbezirk, auf dessen Territorium die Hauptstadt des Landes liegt, verlassen, ohne ihre Aufgaben irgendjemandem übertragen zu können, da anstelle der abgezogenen Kommandeure keine neuen ernannt worden waren.

Blieb etwa auch der Militärbezirk Moskau ohne militärische Führung? So ist es. Gewiß, am 26. Juni 1941, d. h. nach dem deutschen Angriff, hatte das Kommando über den Militärbezirk Moskau Generalleutnant P. A. Artemjew übernommen. (Der Militärbezirk Moskau. Moskau 1985, S. 204) Formal ist der Posten des Befehlshabers besetzt. Aber praktisch ist niemand da! Artemjew kommt nicht von der Armee. Er ist ein Tschekist. Die

Funktion, von der aus er zum Militärbezirk Moskau kam, war die eines Chefs der Hauptverwaltung der operativen Truppen des NKWD. Im Juli ernannte Stalin auch ein Mitglied des Militärrats des Militärbezirks Moskau – den Divisionskommissar der NKWD-Truppen (und späteren Generalleutnant) K. F. Telegin. Auch er ist ein reinblütiger Tschekist, der früher in den Osnas-Einheiten gedient hatte, während der Großen Säuberung politischer Kommissar im NKWD-Bezirk Moskau der Inneren Truppen war und später einen verantwortungsvollen Posten im zentralen NKWD-Apparat einnahm.

Und das ist nun wirklich erstaunlich: Selbst während der Großen Säuberung waren die Militärbezirke in militärischen Händen geblieben. Jetzt aber gibt es keinen Unterschied mehr zwischen dem NKWD-Bezirk Moskau und dem Militärbezirk Moskau. Theoretisch existiert ein Militärbezirk Moskau, aber er verfügt nicht mehr über Kampfeinheiten der Roten Armee, sondern nur über zwei NKWD-Divisionen und fünfundzwanzig selbständige Jägerbataillone – und sie sind ebenfalls NKWD-Einheiten.

Generalleutnant K. F. Telegin erinnert sich, daß in dem Augenblick, als im Stab des Militärbezirks Moskau die »neuen Leute«, d. h. die Tschekisten, auftauchten, viele Stabsabteilungen spürbar geschwächt wurden, und die wichtigsten, ohne die ein Militärbezirk nicht existieren kann – die Operative Abteilung und die Abteilung Aufklärung – gab es überhaupt nicht. Den »neuen Leuten« mangelte es an militärischem Fachwissen, und sie mußten »nicht wenig Kräfte und Zeit aufwenden, um sich mit den Verhältnissen im Militärbezirk, mit seinen Aufgaben und Möglichkeiten, vertraut zu machen«.

So haben sich denn unter dem Schutz des TASS-Kommuniqués die Generalstabsoffiziere an der Spitze von Armeen und in einem Falle sogar an der Spitze einer Front heimlich an die deutschen Grenzen begeben und sämtliche inneren Militärbezirke der Willkür des Schicksals (und des NKWD) überantwortet. Es steht unbestreitbar fest, daß sich etwas Vergleichbares in der ganzen sowjetischen Geschichte weder davor noch später jemals ereignet hat, und es ist ebenso unbestreitbar, daß eine derartige Bewegung in einer bestimmten Richtung unmittelbar mit einem Krieg in Verbindung stand, der für die Sowjetunion völlig unvermeidlich und unabwendbar war. Hätte es auch nur den geringsten Zweifel an der Unvermeidbarkeit dieses Krieges gegeben, dann wären doch wenigstens an der einen oder anderen Stelle die Befehlshaber auf ihren Posten geblieben.

Aber: Diese Aktionen der sowjetischen Führung stellten keine Vorbereitungen auf einen Verteidigungskrieg dar. In einem langwierigen Verteidigungskrieg werden nicht sämtliche Befehlshaber und Generalstabsoffiziere an die Grenzen des Gegners geschickt, ein paar militärische Experten beläßt man auch in den Territorien, in denen der Gegner plötzlich auftauchen könnte. Außerdem ist in einem langwierigen Verteidigungskrieg unbedingt die Anwesenheit wirklicher militärischer Generale (und nicht die von Polizeioffizieren) in den Räumen mit den wichtigsten Industriezentren und Verkehrsadern des Landes erforderlich, und zwar zu deren Schutz wie auch zur umfassenden und richtigen Nutzung des gesamten militärischen Potentials dieses gewaltigen Hinterlandes für die Erfordernisse der Kriegsführung.

Nur wenn die sowjetische Führung einen blitzartigen Überraschungsfeldzug auf dem gegnerischen Territorium plant, der sich vornehmlich auf die vor Ausbruch des Krieges mobilisierten Vorräte stützt und weniger auf die Waffenproduktion im Laufe des Krieges, dann allerdings haben die Generale in den Industriezentren nichts mehr zu tun, dann ist ihr Platz an den Grenzen des Gegners.

Sind wir zu weit gegangen mit unseren Überlegungen? O nein. Generalleutnant K. F. Telegin, Sie haben das Wort: »Da man davon ausging, daß der Krieg auf dem Territorium des Gegners geführt werden würde, waren die in der Vorkriegszeit innerhalb des Militärbezirks angelegten Mobilmachungsvorräte an Bewaffnung, Versorgungsgütern und Munition in die Grenzbezirke verlagert worden.« (»Militärhistorische Zeitschrift« 1962, Nr. 1, S. 36)

Habe wirklich nur ich mir dies alles ausgedacht?

WESHALB HAT STALIN CHURCHILL NICHT GETRAUT?

1.

Weshalb hätte Stalin Churchill trauen sollen?

Wer war dieser Churchill? Ein Kommunist? Ein großer Freund der Sowjetunion? Ein glühender Verfechter der weltweiten kommunistischen Revolution?

Wenn wir einen Brief erhalten, der eine nicht ganz gewöhnliche Information enthält, stellen Sie und auch ich uns die Frage, wie ernst diese Informationsquelle zu nehmen ist. Ich vermute, daß auch Stalin sich diese Frage stellte. Wer war eigentlich dieser Churchill vom Standpunkt der sowjetischen Kommunisten? Churchill war der erste politische Führer der Welt, der bereits 1918 die große Gefahr des Kommunismus begriff und alles tat, um dem russischen Volk bei dem Versuch, sich davon zu befreien, behilflich zu sein. Diese Anstrengungen reichten zwar nicht aus, dennoch hatte Churchill mehr getan als viele anderen führenden Staatsmänner in der Welt. Churchill ist ein Feind der Kommunisten und hat dies niemals verheimlicht. Churchill äußerte 1918 die Idee, mit Deutschland im Kampf gegen die sowjetische kommunistische Diktatur zusammenzuarbeiten. (Der Bürgerkrieg und die militärische Intervention in der UdSSR. Enzyklopädie. Moskau 1983, S. 653) Churchill hatte bereits zu einer Zeit aktiv und beharrlich die Kommunisten bekämpft, als es den Reichskanzler Hitler noch gar nicht gab, sondern nur den einfachen Gefreiten.

Lenin hat Churchill als den »größten Hasser Sowjetrußlands« definiert. (Vollständige Werkausgabe, Bd. 41, S. 350)

Wenn Ihr größter Feind, der Mensch, der Sie am meisten haßt, Ihnen einen Brief mit einer Warnung vor Gefahren zukommen läßt, werden Sie ihm dann wohl großen Glauben schenken?

2.

Um Stalins Verhältnis zu den Churchill-Briefen zu verstehen, muß man sich die damalige politische Situation in Europa vergegenwärtigen.

Im diplomatischen Krieg der dreißiger Jahre ist die Situation Deutschlands denkbar ungünstig. Dank seiner Lage im Zentrum Europas steht es auch im Mittelpunkt sämtlicher Konflikte. Wo immer ein Krieg in Europa ausbrechen mag, wird Deutschland fast unweigerlich hineingezogen werden, weshalb die diplomatische Strategie vieler Länder in den dreißiger Jahren auf eine Position hinausläuft, die etwa lautet: Setzt ihr euch ruhig mit Deutschland auseinander, ich will mich lieber abseits halten. München ist ein eklatantes Beispiel für diese Denkweise.

Der diplomatische Krieg der dreißiger Jahre wurde von Stalin und Molotow gewonnen. Durch den Molotow-Ribbentrop-Pakt gab Stalin grünes Licht für den Zweiten Weltkrieg, während er selbst »neutraler« Beobachter blieb und unterdessen eine Million Fallschirmspringer für den Fall »unerwarteter Wendungen« ausbilden ließ.

Großbritannien und Frankreich hatten den diplomatischen Krieg verloren und waren nun gezwungen, einen echten Krieg zu führen. Dabei scheidet Frankreich rasch aus dem Kriege aus. Worin besteht also das politische Interesse Englands? Betrachtet man die Lage aus dem Blickwinkel des Kreml, dann kann man sich nur ein einziges politisches Ziel Churchills vorstellen: einen Blitzableiter für den deutschen Blitzkrieg zu finden und den deutschen Schlag von Britannien in irgendeine andere Richtung abzulenken. In der zweiten Jahreshälfte von 1940 konnte dieser Blitzableiter nur die Sowjetunion sein.

Einfacher gesagt: Britannien möchte (nach Stalins Meinung, die er auch offen am 10. März 1939 ausgesprochen hat), daß die Sowjetunion und Deutschland aneinandergeraten, während es selbst bei der Prügelei abseits bleibt. Ich weiß nicht, ob sich Churchill mit dieser Absicht trug, aber vor diesem Hintergrund interpretierte Stalin jede Aktion der britischen Regierung und Diplomatie.

Flottenadmiral der Sowjetunion N. G. Kusnezow: »Stalin hatte natürlich absolut hinreichende Gründe zu der Annahme, daß England und Amerika es darauf anlegten, uns und Deutschland mit den Köpfen zusammenzustoßen.« (Am Vorabend, S. 321)

Bei jedem Brief von Churchill konnte Stalin, auch ohne ihn gelesen zu haben, den Inhalt erraten. Was braucht Churchill? Was beunruhigt ihn? Ist es die Sicherheit des kommunistischen Regimes in der Sowjetunion, oder hat Churchill wichtigere Beweggründe? Wovon kann Churchill in politischer Hinsicht träumen? Doch wohl nur, wie ein Rollentausch mit Stalin zu erreichen wäre, damit Stalin sich mit Hitler herumschlagen muß, während Churchill bei der Rauferei als Außenstehender zusieht.

In dieser Situation ist Churchill selbst viel zu sehr involviert, als daß Stalin seinen Worten hätte Glauben schenken können.

3.

Um Stalins Einstellung zu den Churchill-Briefen zu verstehen, muß man sich auch die strategische Lage in Europa ins Gedächtnis rufen. Grundprinzip der Strategie ist die Konzentration. Machtkonzentration gegen Schwäche. Im Ersten Weltkrieg konnte Deutschland diese Grundkonzeption der Strategie nicht anwenden, weil es an zwei Fronten zu kämpfen hatte. Der Versuch, gleichzeitig an zwei Fronten Stärke zu zeigen, führte zu einer allgemeinen Schwäche, die Versuche zur Konzentration starker Kräfte an einer Front hatten automatisch eine Schwächung der anderen Front zur Folge, was von der gegnerischen Seite umgehend ausgenutzt worden war. Wegen des Vorhandenseins zweier Fronten war Deutschland damals gezwungen, auf das Prinzip des Einsatzes konzentrierter Kräfte zu verzichten und damit auch auf eine Strategie, die auf eine Zerschlagung der gegnerischen Kräfte ausgerichtet ist; statt dessen mußte sie durch die einzige Alternative ersetzt werden – die Strategie der Zermürbung. Doch Deutschlands Ressourcen sind begrenzt, die Ressourcen der Gegner dagegen unbegrenzt. Deshalb konnte ein Zermürbungskrieg für Deutschland nur in einer Katastrophe enden.

Das deutsche Oberkommando der Wehrmacht und selbst Hitler hatten im Zweiten Weltkrieg ausgezeichnet begriffen, daß ein Zweifrontenkrieg einer Katastrophe gleichkäme. In den Jahren 1939 und 1940 hatte es Deutschland auf Dauer praktisch mit nicht mehr als einer Front zu tun. Deshalb war es dem OKW möglich, das Prinzip der Kräftekonzentration anzuwenden, und dies hat es glänzend getan, indem es das gewaltige deutsche militärische Potential nacheinander erst gegen den einen, hernach gegen den nächsten Gegner zum Einsatz brachte.

Worin besteht die Hauptaufgabe der deutschen Strategie? In der Vermeidung eines Zweifrontenkrieges. Nur an einer Front zu kämpfen ist gleichbedeutend mit dem Erringen glänzender Siege. Zwei Fronten wären die Abkehr vom entscheidenden Prinzip der Strategie, es würde den Übergang vom Prinzip der Vernichtung zum Prinzip der Zermürbung bedeuten, und das hieße keinen Blitzkrieg mehr, sondern hieße das Ende und die Katastrophe.

Worauf kann Churchill 1940 in strategischer Hinsicht hoffen? Doch nur darauf, daß der Krieg für Deutschland aus einem Einfrontenkrieg zu einem Zweifrontenkrieg wird.

Hitler selbst ging davon aus, daß es unmöglich sein würde, den Krieg an zwei Fronten zu führen. Bei einer Besprechung des Oberkommandos des Heeres am 23. November 1939 sprach Hitler davon, daß man einen Krieg gegen die Sowjetunion erst führen könne, wenn der Krieg im Westen beendet sei.

Und nun stellen Sie sich vor, da ist eine Person, die Ihnen 1940 die Nachricht zukommen läßt, Hitler beabsichtige, auf die Anwendung dieses großen strategischen Prinzips zu verzichten und anstelle einer Konzentration die Zersplitterung seiner Kräfte vorzubereiten. Stellen Sie sich vor, da ist eine Person, die Ihnen beharrlich zu suggerieren versucht, Hitler wolle mit voller Absicht den entscheidenden Fehler Deutschlands im Ersten Weltkrieg wiederholen. Jeder Schuljunge weiß, daß ein Krieg an zwei Fronten für Deutschland den Selbstmord bedeutet. Der

Zweite Weltkrieg wird diese Regel später abermals bestätigen, wobei für Hitler persönlich der Zweifrontenkrieg den Selbstmord im wahren Sinn des Wortes bedeuten wird.

Hätte Ihnen jemand im Jahre 1940, nachdem Frankreich gefallen war, gesagt, Hitler bereite sich auf einen selbstmörderischen Zweifrontenkrieg vor, würden Sie dem Betreffenden wohl geglaubt haben? Ich nicht.

Wenn die sowjetische militärische Aufklärung etwas derartiges gemeldet hätte, würde ich ihrem Chef, General Golikow, geraten haben, seinen Posten aufzugeben, zur Militärakademie zurückzugehen, um nochmals die Ursachen für die Niederlage Deutschlands im Ersten Weltkrieg zu studieren. Hätte mir diese Neuigkeit von dem selbstmörderischen Krieg eine unbeteiligte neutrale Person erzählt, würde ich ihr geantwortet haben, daß Hitler kein Idiot sei – wahrscheinlich bist du es selber, lieber Zeitgenosse, wenn du glaubst, daß Hitler sich freiwillig auf einen Zweifrontenkrieg einlassen könnte.

Churchill war derjenige Mensch auf der ganzen Welt, der das größte Interesse daran haben mußte, daß Hitler anstelle einer Front deren zwei bekam. Wenn Ihnen Churchill unter diesen Umständen heimlich anvertrauen würde, daß Hitler sich auf einen Zweifrontenkrieg vorbereite, wie würden Sie wohl diese Mitteilung auffassen?

4.

Abgesehen von der rein strategischen und politischen Lage ist auch die allgemeine Atmosphäre zu berücksichtigen, in der Churchill seine Botschaften schrieb und Stalin diese las.

Am 21. Juni 1940 war Frankreich gefallen, und der Zugriff der deutschen U-Boote auf die Seewege hatte eine spürbare Intensivierung erfahren. Dem mit der ganzen Welt durch enge Handelsbeziehungen verknüpften Inselstaat Großbritannien drohte eine Seeblockade, eine schwere Handels-, Industrie- und Finanzkrise. Schlimmer noch, die deutsche Kriegsmaschinerie, die vielen zu diesem Zeitpunkt unbesiegbar erscheint, bereitet sich intensiv auf eine Landung auf den britischen Inseln vor.

In dieser Situation schreibt Churchill am 25. Juni Stalin einen Brief. Am 30. Juni werden von den deutschen Streitkräften die britischen Kanalinseln Guernsey und Jersey besetzt. Im Verlauf der tausendjährigen Geschichte Britanniens gibt es nur wenige Fälle, in denen ein Gegner auf einer britischen Insel gelandet ist. Was wird als nächstes folgen? Die Landung in England? Guernsey und Jersey waren ohne Widerstand eingenommen worden. Wie lange wird Britannien Widerstand leisten?

Genau am Tage nach der Besetzung von Guernsey und Jersey durch Deutschland erhält Stalin Churchills Botschaft.

Fragen wir uns, worin Churchills Interesse besteht. Will er die kommunistische Diktatur in der Sowjetunion retten oder das Britische Imperium? Ich glaube, daß es die britischen Interessen waren, die Churchill veranlaßten, diesen Brief zu schreiben. Wenn Sie und ich dies so verstehen, sollte es da nicht auch Stalin in diesem Sinne aufgefaßt haben? Churchill ist für Stalin kein neutraler Beobachter, der aus freundschaftlichen Gefühlen auf eine Gefahr aufmerksam macht, sondern ein Mann, der in eine schwierige Situation geraten ist, ein Mann, der Hilfe braucht, Verbündete im Kampf gegen einen furchtbaren Feind. Deshalb verhält sich Stalin so vorsichtig gegenüber Churchills Briefen.

Churchill hat mehrere Briefe an Stalin gerichtet. Aber unglücklicherweise erreichten sie alle Stalin zu einem Zeitpunkt, als sich Churchill selbst in einer recht schwierigen Lage befand. Nehmen wir zum Beispiel den bekanntesten Churchill-Brief aus dieser Serie, den Stalin am 19. April 1941 erhielt. Sämtliche sowjetischen und auch andere Historiker sind sich darüber einig, daß gerade dieser Brief die entscheidende Warnung an Stalin enthalten habe. Der Brief wird ausgiebig von vielen Historikern zitiert. Wir wollen jedoch zunächst nicht den Brieftext, sondern Churchills Situation betrachten. Am 12. April haben deutsche Truppen Belgrad erobert. Am 13. April stößt Rommel bis zur ägyptischen Grenze vor. Am 14. April ergibt sich Jugoslawien. Am 16. April wird bei einem Bombenangriff auf London St. Paul's Cathedral beschädigt. Im April steht Griechenland unmittelbar vor der Kapitulation, und die britischen Truppen dort befinden sich in einer katastrophalen Lage. Die Frage lautet nur noch, ob ihre Evakuierung gelingen wird oder nicht. In dieser Situation erhält Stalin Churchills wichtigsten Brief.

Stalin hatte gute Gründe für seinen Argwohn nicht nur hinsichtlich der Motive Churchills, sondern auch im Hinblick auf die Quellen der Information. Churchill hatte Stalin einen Brief im Juni 1940 geschrieben. Warum aber schrieb derselbe Churchill nicht ähnlich lautende Briefe im Mai desselben Jahres an die Regierung Frankreichs und seine eigenen Truppen auf dem Kontinent?

Churchill schreibt an Stalin im April 1941, aber einen Monat später führen die deutschen Streitkräfte die glänzende Landeoperation auf Kreta durch. Weshalb – so mochte Stalin immerhin denken – arbeitet die britische Aufklärung ausgezeichnet, wenn es um die Interessen der Sowjetunion geht, aber warum ist sie nicht ebenso erfolgreich, wenn es um die Interessen von Großbritannien geht?

5.

Und schließlich gibt es einen noch triftigeren Grund dafür, daß Stalin Churchills »Warnungen« nicht glaubte – Churchill hat Stalin vor der deutschen Invasion gar nicht gewarnt.

Die kommunistische Propaganda hat große Anstrengungen unternommen, um den Mythos von Churchills »Warnungen« zu untermauern. Zu diesem Zweck zitierte Chruschtschow Churchills Botschaft an Stalin vom 18. April 1941. Der ausgezeichnete sowjetische Militärhistoriker (und höchst raffinierte Fälscher) W. Anfilow zitiert diese Botschaft Churchills in allen seinen Büchern. Marschall der Sowjetunion G. K. Schukow führt den Wortlaut der Botschaft vollständig an. Armeegeneral S. P. Iwanow tut dasselbe. Die offizielle »Geschichte des Großen Vaterländischen Krieges« hämmert uns beharrlich die Sache mit Churchills Warnungen ein und zitiert die Botschaft vom 18. April vollständig. Obendrein finden wir Churchills Botschaft in Dutzenden und Hunderten sowjetischer Bücher und Aufsätze.

Und so lautet sie:

»Ich bekam von einem vertrauenswürdigen Agenten die zuverlässige Information, daß die Deutschen, nachdem sie festgestellt haben, daß ihnen Jugoslawien ins Garn gegangen ist, das heißt am 20. März, mit der Verlegung von drei der fünf in Rumänien liegenden Panzerdivisionen in das südliche Polen begonnen haben. In dem Augenblick, als sie von der serbischen Revolution erfuhren, wurde diese Truppenverlegung rückgängig gemacht. Eure Exzellenz wird leicht die Bedeutung dieser Fakten zu würdigen wissen.«

In dieser Fassung wird Churchills Botschaft von sämtlichen sowjetischen Quellen publiziert, wobei sie auf der Versicherung beharren, daß dies in der Tat eine »Warnung« sei. Ich persönlich kann überhaupt keine Warnung darin erkennen. Anstelle einer Warnung ist es eher eine Rätselfrage nach dem Motto: Und nun zerbrich dir selbst dein Köpfchen, liebe Marusenka, was wohl dahinterstecken mag.

Churchill spricht von drei Panzerdivisionen. Nach Churchills Normen ist das sehr viel. Für Stalin nicht sonderlich. Stalin selbst ist im Augenblick dabei, heimlich 63 Panzerdivisionen aufstellen zu lassen, von denen jede an Quantität und Qualität einer deutschen Division überlegen ist. Mußte Stalin, als er die Nachricht über die drei deutschen Divisionen erhielt, unbedingt auf eine deutsche Invasion schließen?

Wenn wir die Mitteilung über drei Panzerdividisonen für eine hinreichende »Warnung« vor der Vorbereitung einer Angriffsoperation halten, dann brauchen wir Hitler keiner Aggressivität zu beschuldigen: Die deutsche Abwehr hatte Hitler Informationen über Dutzende von Panzerdivisionen geliefert, die sich an den Grenzen Deutschlands und Rumäniens formierten.

Churchill schlägt Stalin vor, »die Bedeutung dieser Fakten selbst zu würdigen«. Wie sollte man sie würdigen? Polen war das historische Einfallstor für sämtliche Aggressoren, die von Europa nach Rußland zogen. Hitler hatte die deutschen Panzerdivisionen nach Polen werfen wollen, doch dann hat er es sich anders überlegt.

Rumänien ist im Vergleich zu Polen ein sehr schlecht geeigneter Aufmarschplatz für eine Offensive: Die Versorgung der deutschen Truppen gestaltete sich in Rumänien schwieriger als in Polen; im Falle einer Aggression von Rumänien aus ist der Weg zu den lebenswichtigen Zentren Rußlands für den Angreifer weit länger und beschwerlicher, er hat eine Menge von Hindernissen zu überwinden – einschließlich des Dnjepr an seinem Unterlauf.

Wenn Stalin sich tatsächlich auf eine Verteidigung vorbereitet und Churchills »Warnung« Glauben geschenkt hätte, würde er erleichtert aufgeatmet und das Tempo seiner militärischen Vorbereitungen gemäßigt haben. Churchill nennt zudem den Grund, weshalb die deutschen Truppen nicht nach Polen verlegt werden, sondern in Rumänien bleiben: Die Deutschen haben Probleme in Jugoslawien insgesamt, und insbesondere in Serbien. Mit anderen Worten: Churchill sagt, die deutschen Panzertruppen seien keineswegs für einen nach Osten gegen die Sowjetunion gerichteten Angriff in Rumänien geblieben, sondern zielten vielmehr aus Rumänien in südwestliche Richtung, das heißt, sie haben Stalin den Rücken gekehrt.

Zu der Zeit führte Großbritannien einen intensiven diplomatischen und militärischen Krieg im ganzen Mittelmeerraum, und besonders in Griechenland und Jugoslawien. Churchills Telegramm ist von eminenter Bedeutung, nur darf man es keinesfalls als Warnung einstufen. Es enthält in weit höherem Maße eine Aufforderung an Stalin: Die Deutschen wollten ihre Divisionen nach Polen werfen, doch jetzt haben sie es sich anders überlegt – du hast nichts zu befürchten, und dies um so mehr, als sie dir in Rumänien den Rücken zugekehrt haben! Würdige diese Fakten und handle!

Im Verlaufe des Krieges hat Stalin, als er selbst in eine kritische Lage geriet, ähnliche Botschaften an Churchill und Roosevelt gerichtet: Deutschland hat seine Hauptstreitmacht gegen mich konzentriert und euch den Rücken zugekehrt, das ist für euch der beste Augenblick! Also los doch, vorwärts, eröffnet die zweite Front! Doch dann waren erneut die westlichen Verbündeten an der Reihe: Als sie die zweite Front eröffnet hatten und in Schwierigkeiten gerieten, wandten sich die westlichen Führer im Januar 1945 an Stalin mit der gleichen Botschaft: Kannst du nicht, lieber Stalin, ein bißchen kräftiger nachstoßen!

Wir haben keinen Grund, Churchills Briefe als Warnung anzusehen: Churchill schrieb seinen ersten langen Brief an Stalin am 25. Juni 1940, *als es den Plan zum »Unternehmen Barbarossa« noch gar nicht gab!* (Die unheilige Allianz. Stalins Briefwechsel mit Churchill 1941–1945. Hamburg 1964, S. 47f.) Churchills Briefe basieren nicht auf einem Wissen um die deutschen Pläne, sondern auf einem nüchternen Kalkül. Churchill will einfach Stalins Aufmerksamkeit auf die Lage in Europa lenken: Heute hat Großbritannien Probleme mit Hitler, aber morgen wird es unweigerlich der Sowjetunion nicht anders ergehen. Churchill lädt Stalin zu einem Bündnis gegen Hitler ein, das heißt er fordert die Sowjetunion zum Kriegseintritt an der Seite Großbritanniens und des ganzen unterjochten Europa auf.

Der britische Militärhistoriker B. H. Liddell Hart hat eine brillante Analyse der strategischen Situation zu diesem Zeitpunkt aus der Perspektive Hitlers vorgenommen. Nach dem Zeugnis von General Jodl, auf den sich Liddell Hart beruft, hat Hitler seinen Generalen gegenüber wiederholt geäußert, daß Britannien eine einzige Hoffnung habe: die sowjetische Invasion in Europa. (*B. H. Liddell Hart,* History of the Second World War. London 1978, S. 151) Churchill selbst notierte am 22. April 1941: »Die Sowjetunion weiß sehr gut, ... daß wir auf ihre Hilfe angewiesen sind.« (*L. Woodward,* British Foreign Policy in the Second World War. London 1962, S. 611) Was für eine Hilfe erwartet Churchill von Stalin? Und wie kann Stalin diese Hilfe leisten, es sei denn durch einen Angriff auf Deutschland?

6.

Stalin hat also hinreichende Gründe, Churchill nicht zu vertrauen. Aber Stalin muß doch von sich aus begreifen, daß er nach dem Fall Großbritanniens Deutschland allein Aug' in Auge gegenüberstehen wird. Begreift Stalin das? Natürlich. Und er erwähnt es gegenüber Churchill in seiner Antwort auf dessen Botschaft vom 25. Juni 1940: »Die Politik der Sowjetunion ist auf die Vermeidung eines Krieges mit Deutschland ausgerichtet, aber Deutschland kann die Sowjetunion im Frühjahr 1941 angreifen, falls zu diesem Zeitpunkt Großbritannien den Krieg verloren hat.« (Zitiert nach *R. Goralski,* World War II. Almanach 1931–1945. London 1981, S. 124)

Aus Stalins Antwort geht hervor, daß er in Frieden leben, geduldig den Fall von Großbritannien und – mit Hitler allein zurückgeblieben – die deutsche Invasion abwarten möchte.

Ach, wie dumm ist dieser Stalin, entrüsten sich einige Historiker. Wir werden uns ihnen allerdings nicht anschließen: Diese Botschaft ist nicht an Churchill, sondern an Hitler adressiert! Am 13. Juli 1940 übergibt Molotow auf Stalins Geheiß eine Aufzeichnung über die Gespräche zwischen Stalin und dem britischen Botschafter Cripps an den deutschen Botschafter Graf von der Schulenburg. Ein seltsamer Schritt, nicht wahr? Da werden mit Churchill (durch den Botschafter Cripps) Verhandlungen geführt und die Geheimprotokolle der Verhandlungen Hitler (durch den Botschafter Graf von der Schulenburg) zugespielt.

Nebenbei gesagt treibt auch hier Stalin ein hinterhältiges Spiel. Er läßt Hitler nicht das Original des Memorandums übergeben, sondern eine sorgfältig redigierte Kopie, die eine Vielzahl unnötiger Details peinlich genau bewahrt, doch die entscheidenden Formulierungen sind vollständig verändert. Ich meine, daß man im vorliegenden Fall nicht von zwei Kopien ein und desselben Memorandums sprechen darf, sondern von zwei verschiedenen Dokumenten, die mehr Unterschiede als Übereinstimmungen aufweisen.

Wenn man die Stalinsche »Kopie« von ihrer diplomatischen Schale befreit und das Memorandum in seinem Klartext studiert, dann sagt dieses Dokument:

1. Hitler möge ruhig seinen Krieg führen und sich nicht darum kümmern, was in seinem Rücken geschieht; er möge vorangehen und brauche sich nicht umzusehen, denn hinter ihm stünde sein Freund Stalin, der nichts als Frieden wolle und ihm unter gar keinen Umständen in den Rücken fallen würde.
2. In Moskau seien zwar Verhandlungen mit dem britischen

Botschafter geführt worden, doch richteten sich diese Verhandlungen nicht gegen ihn. Zum Beweis dessen erhielte er sogar die Geheimprotokolle der Unterredung mit Cripps.

Kann man den Versicherungen aus dem Kreml trauen? Viele Historiker tun es. Doch Hitler traute ihnen nicht, und nach kräftigem Nachdenken über die »Kopie« des Protokolls der Unterredung zwischen Stalin und Cripps gibt er am 21. Juli 1940 den Befehl zur Ausarbeitung des Planes für das »Unternehmen Barbarossa«. Hitler ist im Begriff, die Entscheidung für einen Zweifrontenkrieg zu fällen. Diese Entscheidung erscheint vielen unbegreiflich und unerklärlich. Viele deutsche Generale und Feldmarschälle verstanden diese wirklich selbstmörderische Entscheidung nicht und hießen sie auch nicht gut. Doch Hitler hatte bereits keine Wahl mehr. Er war weiter und weiter nach Westen, Norden und Süden vorgerückt, derweil Stalin mit der Axt in der Hand in seinem Rücken stand und süße Friedenstöne flötete.

Hitler hatte einen irreparablen Fehler begangen, doch war dies nicht am 29. Juli 1940 geschehen, sondern am 19. August 1939. Als Hitler seine Zustimmung zur Unterzeichnung des Molotow-Ribbentrop-Paktes gab, hatte er vor sich den unausbleiblichen Krieg gegen den Westen und den »neutralen« Stalin in seinem Rücken. Genau von dem Augenblick an hatte Hitler seine zwei Fronten. Der Entschluß, das »Unternehmen Barbarossa« im Osten anlaufen zu lassen, ohne einen Sieg im Westen abzuwarten, ist kein schicksalhafter Irrtum, sondern nur ein Versuch Hitlers, einen bereits früher begangenen schicksalhaften Fehler zu korrigieren. Aber dazu war es zu spät. Der Krieg hatte bereits zwei Fronten und war nicht mehr zu gewinnen. Selbst eine Eroberung Moskaus hätte das Problem nicht mehr gelöst: Hinter Moskau lagen noch immer 10 000 Kilometer nicht endenwollenden Raumes, gewaltige Industriekapazitäten, unerschöpfliche natürliche Reserven und ein riesiges Menschenpotential. Einen Krieg mit Rußland zu beginnen ist immer leicht, diesen Krieg auch zu beenden dagegen weniger. Das Kriegführen im europäischen Teil Rußlands mochte Hitler noch leicht erschienen sein: ein begrenzter Raum, viele Verkehrswege von relativ guter Qualität und ein gemäßigt strenger

Winter. War Hitler aber auch darauf vorbereitet, diesen Krieg in Sibirien fortzusetzen, in den unendlichen Weiten, die völlig wegelos sind, wo man tatsächlich im Schlamm versinkt, wo die Härte des Frostes der Härte des Stalinschen Regimes entspricht?

Stalin konnte davon ausgehen, daß Hitler keinen Krieg im Osten anfangen würde, ohne den Krieg im Westen zuvor beendet zu haben. Stalin wartete daher auf den Schlußakkord des deutsch-britischen Krieges: die Landung der deutschen Panzerkorps auf den Britischen Inseln. Die beeindruckende Luftlandeoperation auf Kreta hatte Stalin und nicht nur er allein für eine Generalprobe der Landung in England gehalten. Gleichzeitig traf Stalin alle Vorkehrungen, um Hitler von seiner Friedensliebe zu überzeugen. Deshalb schoß die sowjetische Flak nicht auf deutsche Aufklärungsflugzeuge über sowjetischem Gebiet, und deshalb posaunten die sowjetischen Zeitungen und TASS in alle Welt hinaus, daß es keinen Krieg zwischen der UdSSR und Deutschland geben würde.

Wenn es Stalin gelingt, Hitler zu überzeugen, daß die UdSSR ein neutrales Land ist, dann werden die deutschen Panzerkorps ganz zweifellos auf den Britischen Inseln landen. Und dann ...

Dann wäre tatsächlich eine nie dagewesene Lage entstanden: Polen, die Tschechoslowakei, Dänemark, Norwegen, Belgien, die Niederlande, Luxemburg, Jugoslawien, Frankreich, Griechenland, Albanien besitzen keine Armeen, keine Regierungen, keine Parlamente, keine politischen Parteien mehr. Millionen Menschen sind in die nazistischen Konzentrationslager gejagt, und ganz Europa wartet auf seine Befreiung. Auf dem europäischen Festland zurückgeblieben aber sind lediglich ein Regiment der persönlichen Leibgarde Hitlers, die Bewachungsmannschaften für die nazistischen Konzentrationslager, die rückwärtigen Truppendienste der Deutschen, die militärischen Lehranstalten ... gegen fünf sowjetische Luftlandekorps, etliche tausend Schnellpanzer, die speziell für Operationen auf den Autobahnen konstruiert worden sind, Tausende und aber Tausende von Flugzeugen – deren Piloten zwar nicht gelernt haben, wie man Luftkämpfe führt, wohl aber, wie man Einsätze auf

Bodenziele fliegt –, NKWD-Divisionen und ganze Armeen des NKWD, Armeen, die mit sowjetischen Lagerhäftlingen aufgefüllt worden sind, riesige Lastenseglerformationen für schnelle Luftlandeoperationen auf dem Territorium des Gegners, Gebirgsjägerdivisionen, die darin geübt sind, die Transportwege für das Erdöl, den Lebenssaft des Krieges, im Sturmangriff zu nehmen.

Hat es jemals in der Geschichte eine so günstige Situation für eine »Befreiung« Europas gegeben? Und diese Situation war nicht von selbst entstanden. Lange, hartnäckig und beharrlich hatte sie Stalin stückchenweise wie ein feines Mosaik zusammengesetzt und aufgebaut. Stalin hatte Hitler dazu verholfen, an die Macht zu gelangen, Stalin hatte aus Hitler einen wirklichen Eisbrecher (eine Formulierung Stalins) gemacht. Stalin hatte den Eisbrecher der Revolution auf Europa angesetzt. Stalin hatte von den französischen und den anderen Kommunisten verlangt, diesen Eisbrecher am Zertrümmern Europas nicht zu hindern. Stalin hatte den Eisbrecher mit allem für den siegreichen Vormarsch erforderlichen Rüstzeug versehen. Stalin hatte die Augen vor allen Verbrechen der Nazis verschlossen und frohlockte, »als die Welt in ihren Grundfesten erschüttert wurde, als die Mächtigen untergingen und die Erhabenen stürzten«.

Aber Hitler hatte Stalins Absichten durchschaut, und das ist der Grund, weshalb der Zweite Weltkrieg für Stalin ein so nicht erwartetes Ende nahm: Er hat nur das halbe Europa bekommen, und ein bißchen von Asien dazu.

7.

Und eine letzte Frage: Wenn Churchill Stalin keine Warnung über die Vorbereitung einer Invasion zukommen ließ, warum klammern sich dann die Kommunisten so hartnäckig an diese Legende? Um dem Sowjetvolk zu zeigen, daß Churchill ein guter Mensch gewesen ist? Oder um zu beweisen, daß man den westlichen Führern vertrauen müsse? Natürlich ist es weder das eine noch das andere.

Die Legende von Churchills »Warnungen« haben die Kommunisten nötig, um in jedweder Situation ihre eigenen aggressiven Vorbereitungen rechtfertigen zu können: Ja, sagen sie, wir haben den Stacheldraht auf unserer Seite durchtrennt, aber nicht, weil wir von uns aus angreifen wollten ... Churchill hatte uns schließlich gewarnt!

WESHALB HAT STALIN RICHARD SORGE NICHT GETRAUT?

1.

Stalin nahm die Vorbereitungen für den Krieg sehr ernst. Seine besondere Sorge ließ Stalin dabei der sowjetischen militärischen Aufklärung angedeihen, die heute die Bezeichnung GRU (zu russisch ›Glawnoje raswedywatelnoje uprawlenije‹ = Hauptverwaltung Aufklärung) führt. Es genügt, die Liste der Leiter der GRU seit ihrer Einrichtung bis zu Golikows Amtsantritt im Jahre 1940 durchzugehen, um das ganze Ausmaß der »Fürsorge« Stalins für seine heldenmütigen Geheimagenten würdigen zu können:

Aralow – verhaftet; gegen ihn lief ein jahrelanges Untersuchungsverfahren unter Anwendung von »Maßnahmen physischer Gewalt«

Stigga – liquidiert (29. 7. 1938)
Nikonow – liquidiert (29. 7. 1938)
Bersin – liquidiert (29. 7. 1938)
Unschlicht – liquidiert (1937)
Urizki – liquidiert (1937)
Jeschow – liquidiert (1940)
Proskurow (Golikows Vorgänger als GRU-Chef) – liquidiert (28. 10. 1941)

Es versteht sich von selbst, daß bei der Liquidierung eines Führers der militärischen Aufklärung auch seine Ersten Stellvertreter, die Berater, die Chefs der einzelnen Verwaltungen und Abteilungen liquidiert werden mußten. Bei der Ausschaltung der Abteilungsleiter mußte unweigerlich auch ein Schatten auf die operativen Offiziere und die von ihnen geführten Agenten fallen, weshalb die Vernichtung der Spitze der militärischen Aufklärung zumindest zweimal auch die Vernichtung der gesamten militärischen Aufklärung nach sich zog.

Es heißt, diese Sorge Stalins um seine militärischen Geheimdienstleute habe katastrophale Folgen gehabt. Glauben Sie diesen Gerüchten nicht. Die GRU war vor und während des Zweiten Weltkrieges die mächtigste Nachrichtenbeschaffungsorganisation der Welt und ist es bis heute geblieben. Die GRU steht zwar zahlenmäßig hinter ihrem Hauptgegner und Konkurrenten, der sowjetischen Geheimpolizei – der Tscheka bzw. dem KGB – zurück, übertrifft diese jedoch wesentlich hinsichtlich der Qualität der beigebrachten Geheiminformationen. Die andauernden Wellen blutiger Säuberung der sowjetischen militärischen Aufklärung haben in keiner Weise ihre Macht geschwächt. Im Gegenteil – die abgetretene Generation wurde jeweils durch eine neue, noch aggressivere abgelöst. Dieser Generationswechsel ist dem Zahnwechsel bei einem Haifisch vergleichbar. Die neuen Zähne erscheinen reihenweise, verdrängen die vorher dagewesene Reihe, und dahinter schimmern schon die nächsten und abermals neue Reihen durch. Je größer das Scheusal wird, um so größer werden auch die Zähne in seinem abscheulichen Rachen, um so häufiger erfolgt ihr Wechsel und um so länger und schärfer werden sie.

Bei dem raschen Generationswechsel unter den Geheimdienstlern gab es oft (sogar sehr oft) auch unschuldige (nach kommunistischen Normen) Opfer, und dennoch ist der sowjetische Haifisch dadurch nicht zahnlos geworden. Erinnern Sie sich, wie Hitler eine ganze Menge eifriger Nazis in einer der größten nationalsozialistischen Massenorganisationen, der SA, liquidierte? Wurde dadurch das Hitler-Regime geschwächt?

Der Unterschied zwischen Hitler und Stalin besteht darin, daß Stalin sich auf diesen Krieg wirklich ernsthaft vorbereitet hat. Stalin organisierte Nächte der Langen Messer nicht nur gegen seine eigenen kommunistischen »Sturmabteilungen«, sondern auch gegen seine Generale, Marschälle, Konstrukteure, Geheimagenten. Zwar war Stalin durchaus der Meinung, daß es wichtig sei, von seiner Aufklärung Aktentaschen, vollgestopft mit Geheiminformationen, zu bekommen, aber noch wichtiger war es ihm, daß er nicht von seiner Aufklärung eine Aktentasche mit einer Bombe zugesteckt bekam. Dabei ließ er sich nicht nur von seinem persönlichen Interesse leiten, sondern hatte auch das Wohl des Staates im Auge. Die Stabilität der höchsten politischen und militärischen Staatsführung in kritischen und mehr als kritischen Situationen ist eines der wichtigsten Elemente der Kriegsbereitschaft eines Staates.

Stalin wurde von niemandem in einer kritischen Situation eine Bombe unter den Tisch gelegt, und das ist kein Zufall. Durch den ständigen zweckbestimmten Terror gegen die GRU hatte Stalin nicht nur eine außerordentliche Qualität der beigebrachten Geheiminformationen erreicht, sondern auch die höchste Führung des Landes gegen »Überraschungen jeglicher Art« in Augenblicken der Krise abgesichert.

Der 1944 von den Japanern hingerichtete deutsche Journalist und Geheimagent in sowjetischen Diensten Richard Sorge ist ein Spion aus jener Reihe von Zähnen, die Stalin prophylaktisch am 19. Juli 1938 auszureißen befahl.

2.

Die sowjetische militärische Aufklärung ist nicht so töricht, die interessantesten Meldungen von Sorge zu veröffentlichen. Aber selbst die Analyse der relativ geringen Menge zur Veröffentlichung freigegebener Meldungen Sorges bringt uns in Verlegenheit. Ohne allzu viele dieser Botschaften zitieren zu wollen (die sich im übrigen alle recht ähnlich sind), seien hier doch drei sehr charakteristische aufgeführt:

Januar 1940: »Ich danke für Ihre Grüße und Wünsche zu meinem Erholungsurlaub. Wenn ich jedoch jetzt meinen Urlaub nehme, würde das auf der Stelle die Informationen reduzieren.«

Mai 1940: »Es versteht sich von selbst, daß wir im Hinblick auf die gegenwärtige militärische Lage den Zeitpunkt unserer Heimkehr verschieben. Wir versichern Sie nochmals, daß jetzt nicht die geeignete Zeit ist, diese Frage zu stellen.«

Oktober 1940: »Kann ich damit rechnen, nach Beendigung des Krieges zurückkehren zu können?«

Das klingt seltsam, nicht wahr? Ein Agent fragt zu Beginn eines Krieges, ob man ihm gestatten wird, am Ende des Krieges heimzukehren! Im übrigen zählt Sorge im Anschluß an diese

Frage seine zahlreichen Verdienste für die Sowjetmacht auf. Was ist das für ein seltsames Telegramm? Jeder Agent weiß, daß er nach dem Krieg in seine Heimat zurückkehren darf. Warum also unnötigerweise mit dieser Frage in den Äther gehen? Jede von einer absolut geheimen Sendestation in den offenen Äther geschickte Meldung in einer unverständlichen Chiffre stellt ein gewaltiges Risiko für Sorges gesamte Spionageorganisation dar. Die Funkstation seiner Agentur und ihre Codes höchster Geheimhaltungsstufe sind doch nicht eingerichtet worden, damit Sorge derartige Fragen stellen kann?

Noch eigenartiger mutet das dritte Telegramm an, wenn man es mit den beiden ersten vergleicht (wobei ich wiederhole, daß es von der Art der erstgenannten nicht nur zwei, sondern mehrere gibt). Die GRU fordert Sorge auf: Komm, mach Urlaub, wann immer du willst! Vergiß diesen Krieg und schau zu, daß du herkommst, erhol dich! Warum dann diese Frage nach der Rückkehrerlaubnis nach dem Krieg, wenn ihm doch beharrlich diese Rückkehr gleich jetzt, gleich während des Krieges, nahegelegt wird?

Über Sorge sind in der Sowjetunion eine Menge Bücher und Abhandlungen geschrieben worden. Aus einigen klingt ein seltsam anmutendes Lob: Er war ein edelmütiger Agent, ein so treuer Kommunist, daß er sogar sein eigenes Geld, dieses mit der durchaus nicht leichten Journalistentätigkeit verdiente Geld, für seine illegale Arbeit geopfert hat. Was für ein Unsinn! Graben vielleicht in Kolyma die sowjetischen Strafgefangenen nicht mehr nach Gold für den Staat? Ist die GRU so sehr verarmt, daß sie ihren illegalen Residenten auf solche Weise düpieren muß?

Eine äußerst interessante Mitteilung brachte die Zeitschrift »Ogonjok« 1965 (Nr. 17), des Inhalts nämlich, daß Sorge höchst wichtige Dokumente besaß, die er jedoch nicht an die Zentrale weiterleiten konnte: Die Zentrale schickte ihm keinen Kurier. Die Zeitschrift verrät nicht, weshalb die Zentrale keinen Kurier geschickt hat. Uns hat diese Frage ebenfalls stutzig gemacht.

Doch des Rätsels Lösung war ganz einfach:

Zum Zeitpunkt dieser Vorgänge ist der Mann, der Richard

Sorge angeworben hatte, Jan Bersin, ein glänzender Chef der sowjetischen militärischen Aufklärung, nach grausamen Folterungen bereits liquidiert. Solomon Urizki, ein weiterer Chef der GRU, der Sorge persönlich Anweisungen gegeben hatte, ist gleichfalls liquidiert. Der sowjetische illegale Resident Ja. Gorew, der für Sorges Transfer aus Deutschland gesorgt hatte, sitzt im Gefängnis. (»Komsomolskaja Prawda«, 8. Oktober 1964) Ajna Kuusinen, die Frau des Stellvertreters des GRU-Chefs und Chefs der Volksregierung der 1939 zu Beginn des Winterkrieges ausgerufenen Finnischen Demokratischen Republik (und künftigen Mitglieds des Politbüros des ZK der KPdSU) Otto Kuusinen, eine heimliche Mitarbeiterin Sorges, sitzt im Gefängnis. Jekaterina Maximowa, Richard Sorges Frau, ist verhaftet, sie gesteht, Kontakte zu den Feinden unterhalten zu haben, und wird liquidiert. Der illegale GRU-Resident in Schanghai und ehemalige Stellvertreter Sorges, Karl Ramm, wird »zu einem Urlaub« nach Moskau zurückgerufen und liquidiert. Und nun hat Sorge den Befehl erhalten, seinen Urlaub in der Sowjetunion anzutreten. Kennt er den wahren Grund für den Rückruf? Er kennt ihn. Auch die sowjetischen kommunistischen Quellen verheimlichen ihn nicht: »Sorge weigert sich, in die UdSSR zurückzukehren«; »Zweifellos konnte Sorge erraten, was ihn in Moskau erwartete.« Publikationen zu diesem Thema hatte es während des »Tauwetters« nach Stalins Tod nicht wenige gegeben.

In Moskau hält man demnach Richard Sorge, alias Ramsay, für einen Feind und fordert ihn auf, zur Erschießung anzutreten. Sorge antwortet auf die beharrlichen Aufforderungen: Zur Exekution komme ich nicht, ich will meine interessante Arbeit nicht abbrechen.

Und nun wollen wir versuchen, uns in die Formulierung eines sowjetischen kommunistischen Historikers hineinzudenken: »Er weigerte sich, in die UdSSR zurückzukehren.« Wie heißt im offiziellen kommunistischen Sprachgebrauch eine solche Person? Richtig: Rückkehrverweigerer. Zu jener Zeit hatte man sich sogar einen noch treffenderen Terminus ausgedacht: böswilliger Rückkehrverweigerer. Jetzt erkennen wir auch den Grund, weshalb Sorge seine Agenten aus eigener Tasche bezahlt:

Die Zentrale hat seine Finanzierung eingestellt. Hier liegt die Ursache dafür, daß keine Kuriere zu ihm eilen. Schließlich kann man nicht einen illegalen Kurier zu einem böswilligen Rückkehrverweigerer schicken!

Da Sorge nicht zu schnellem Gericht und böser Abrechnung zurückkehren will, setzt er seine Arbeit für die Kommunisten fort, doch nun nicht länger in der Rolle eines geheimen Mitarbeiters, sondern in der eines Zuträgers aus Enthusiasmus, der nicht um des Geldes willen die Feder über das Papier kratzen läßt, sondern aus purem Vergnügen. Ramsays Überlegung ist richtig: Jetzt fahre ich nicht, aber nach dem Krieg, wenn die dort dahintergekommen sind, daß ich die reine Wahrheit berichtet habe, wird man mir auch verzeihen und mich wieder zu schätzen wissen. Auch die Zentrale verliert bis zum Ende nicht den Kontakt mit ihm: Sie empfängt seine Telegramme, allerdings offensichtlich nur, um zu antworten: Komm heim! Worauf Ramsay seinerseits wiederholt: Bin zu beschäftigt!

Die erste Antwort auf die gestellte Frage lautet: Stalin hat Richard Sorge nicht getraut, weil Sorge ein Rückkehrverweigerer war, und das bedeutete allein schon mindestens zweimal die Höchststrafe. Man hätte ihm – ganz klar – Artikel 38 (Volksfeind) aufgebrummt, nach der Standardliste, wie allen anderen auch. Und dann hätte es zusätzlich etwas für die böswillige Rückkehrverweigerung gegeben. Genosse Sorge selbst traut dem Genossen Stalin nicht so recht, deshalb kommt er auch nicht zurück. Wie aber kann dann erst der Genosse Stalin jemandem vertrauen, der Stalin nicht traut?

3.

Irgendjemand hat die Legende erfunden, Richard Sorge habe der GRU irgendwelche wichtigen Informationen über die deutsche Invasion zukommen lassen, aber man habe ihm nicht geglaubt.

Sorge war ein wirklich großer Geheimagent, aber zur deutschen Invasion hat er überhaupt nichts Wichtiges nach Moskau berichtet. Ja mehr noch: Sorge wurde ein Opfer der Desinformation und hat die GRU sogar mit falschen Informationen gefüttert.

Da ist zum Beispiel sein Telegramm vom 11. April 1941: »Der Vertreter des [deutschen – V. S.] Generalstabs hat in Tokio angekündigt, daß unmittelbar im Anschluß an die Beendigung des Krieges in Europa der Krieg gegen die Sowjetunion beginnt.«

Auch Hitler ist ein hinterhältiger Bursche. Er bereitet eine Invasion vor, indem er eine Lüge verbreiten läßt, die der Wahrheit sehr ähnlich ist. Hitler weiß, daß er die Vorbereitungen für den Einfall in die Sowjetunion nicht mehr verbergen kann. Deshalb erklärt er heimlich (aber so, daß es alle hören können): Ja, ich will Stalin angreifen . . ., sobald der Krieg im Westen beendet ist. Wir wissen bereits, daß Stalin genau einen Monat später genau dasselbe tut. In seiner »Geheim«-Rede sagt er beinahe die Wahrheit: Ja, ich will Hitler angreifen . . . 1942.

Aber selbst wenn man dem Telegramm Sorges vom 11. April (und anderen ähnlichen Telegrammen) Glauben schenken will, besteht für die sowjetische Führung kein Grund zur Aufregung. Der Krieg im Westen geht weiter, glimmt bald schwächer vor sich hin, um dann wieder mit neuer Kraft aufzulodern, aber ein Ende ist noch nicht abzusehen. Später allerdings, wenn der Krieg im Westen zu Ende geht, wird das Verlagern der Anstrengungen der deutschen Militärmaschinerie nach Osten möglich. Sorge sagt mit anderen Worten, daß Hitler nur an einer Front kämpfen will.

Bei der GRU versteht man das auch ohne Sorge. Ausgehend von einem gründlichen Studium aller wirtschaftlichen, politischen und militärischen Aspekte der gegebenen Situation war die GRU zu den beiden folgenden Schlüssen gekommen:

1. Deutschland kann in einem Zweifrontenkrieg nicht gewinnen;

2. Hitler wird aus diesem Grund keinen Krieg im Osten beginnen, solange er den Krieg im Westen nicht beendet hat.

Der erste Schluß war richtig. Der zweite nicht: Bisweilen wird ein Krieg auch ohne Aussicht auf einen Sieg begonnen, zumindest dann, wenn man von falschen Prämissen wie der Hoffnung auf einen Blitzkrieg ausgeht.

Noch vor Sorges »Warnungen« hatte der neue GRU-Chef, Generalleutnant F. I. Golikow, am 20. März 1941 vor Stalin ein ausführliches Referat gehalten, das mit folgendem Fazit endete: »Der wahrscheinlichste Termin für den Beginn von feindseligen Aktionen gegen die UdSSR ist der Augenblick nach einem Sieg über England oder dem Abschluß eines für Deutschland ehrenhaften Friedens zwischen diesen beiden Staaten.« (*Schukow*, Erinnerungen und Gedanken, S. 240)

Stalin aber ist sich der einfachen Wahrheit, daß Hitler keinen Zweifrontenkrieg beginnen wird, auch ohne Golikow und ohne dessen Ausführungen bewußt. Deshalb sprach er schon in seiner Antwort auf Churchills Brief vom 25. Juni 1940 davon, daß Hitler einen Krieg gegen die UdSSR 1941 *unter der Voraussetzung* beginnen kann, daß zu diesem Zeitpunkt Großbritannien seinen Widerstand eingestellt hat.

Aber Hitler, den Stalin durch den Molotow-Ribbentrop-Pakt in eine strategische Sackgasse getrieben hatte, begriff plötzlich, daß er nichts mehr zu verlieren hatte – gab es für Deutschland doch ohnehin nicht nur die eine Front, sondern deren zwei –, und deshalb nahm er den Kampf an beiden Fronten auf. Das hatten weder Golikow noch Stalin erwartet. Es war eine selbstmörderische Entscheidung, aber eine andere war Hitler nicht mehr geblieben. Stalin hatte sich einfach nicht vorstellen können, daß Hitler, der in die strategische Sackgasse geraten war, sich auf diesen selbstmörderischen Schritt einlassen würde. Auch der Chef der GRU hatte nicht damit gerechnet. Sorge aber (und noch einige andere) hatten mit ihren irreführenden Telegrammen die beiden in ihrer Meinung nur noch bestärkt.

Man wird mir entgegnen, daß Sorge am 15. Juni das Datum der deutschen Invasion mit dem 22. Juni richtig angegeben habe. Das stimmt. Aber, sagen Sie selbst, welchem Richard Sorge soll man nun eigentlich glauben, dem, der meldet, daß Hitler keinen Zweifrontenkrieg führen wird, oder dem anderen, der vom 22. Juni redet, was bedeutet, daß Hitler doch an zwei Fronten kämpfen will. Sorges Informationen schließen sich gegenseitig aus. Außerdem bleiben Sorges Informationen nur Informationen. Die GRU glaubt *keinerlei* Informationen, und sie tut recht daran. Was man braucht, sind *Informationen mit Beweisen.*

4.

Sorge war einer der großen Geheimagenten des 20. Jahrhunderts. Die höchste Auszeichnung – der Rang eines Helden der Sowjetunion – ist ihm nicht ohne Grund posthum verliehen worden. Aber Sorges Stärke lag auf einem ganz anderen Gebiet.

Hauptgegenstand von Sorges Aktivitäten in Japan war nicht Deutschland, sondern Japan. Der GRU-Chef Solomon Urizki hatte Richard Sorge persönlich die Aufgabe gestellt: »Der Sinn ihrer Arbeit in Tokio besteht darin, die Gefahr eines Krieges zwischen Japan und der UdSSR abzuwenden. Ihr Hauptobjekt ist die Deutsche Botschaft.« (»Ogonjok« 1965, Nr. 14, S. 23) Die Deutsche Botschaft ist nur der Deckmantel, dessen sich Sorge bei der Erfüllung seiner Hauptaufgabe bedient. Ich möchte meine Leser auf ein Detail aufmerksam machen: Sorge hat nicht vor den Vorbereitungen für eine Invasion zu warnen, sondern diese Invasion abzuwenden, das heißt, die japanische Aggression in eine andere Richtung zu lenken.

Es ist bekannt, daß Sorge im Herbst 1941 Stalin informierte, daß Japan sich nicht auf einen Krieg gegen die Sowjetunion einlassen wird. Stalin nutzte diese außerordentlich wichtige Information und zog Dutzende sowjetischer Divisionen von der Grenze im Fernen Osten ab, um sie in den Kampf vor Moskau zu werfen, und er führte auf diese Weise eine Veränderung der strategischen Situation zu seinen Gunsten herbei.

Weniger bekannt ist der Grund, weshalb Stalin in diesem Falle Sorges Nachrichten glaubte. Er glaubte Sorge, weil dieser nicht nur die Informationen, sondern auch die Beweise geliefert hatte. Über die Beweise schweigen sich die sowjetischen Historiker lieber aus, und das ist verständlich: Wenn Sorge sagt, daß Japan die Sowjetunion nicht angreifen werde, dann kann er dies nur beweisen, indem er den anderen Gegner aufzeigt, gegen den Japan einen Überraschungsschlag vorbereitet. Sorge hatte genau gezeigt, *gegen wen* sich die japanischen Angriffsvorbereitungen richteten, und unwiderlegbare Beweise beigebracht.

Die kommunistische Propaganda bauscht ganz bewußt den Mythos von den »Warnungen« Sorges vor einem deutschen Angriff auf. Sie tut dies, um die Aufmerksamkeit von den wirklich erstaunlichen Erfolgen Sorges beim Eindringen in die höchsten politischen und militärischen Führungsebenen Japans abzulenken. Sorges Tätigkeit beschränkte sich keineswegs nur darauf, Stalin darüber zu informieren, daß Japan die Sowjetunion nicht angreifen würde, und nicht einmal nur darauf, daß er – mit Beweisen untermauert – die Richtung der Intentionen des japanischen Militarismus angab. Seine Verdienste auf diesem Gebiet sind weitaus größer. Entsprechend dem von der GRU erteilten Auftrag sagte Sorge nicht nur bestimmte Ereignisse voraus, vielmehr hat er in einer Reihe von Fällen auch ihre Richtung bestimmt. Im August 1951 beschäftigte sich der Kongreß der USA mit dem Fall Sorge. Im Verlauf der Anhörung wurde unwiderleglich nachgewiesen, daß die sowjetische militärische Aufklärung über die illegale Residentur »Ramsay« ungemein viel dazu beigetragen hatte, daß Japan den Angriffskrieg im Pazifik unternahm und auch dafür, daß sich diese Aggression gegen die Vereinigten Staaten von Amerika richtete. (Vgl. Hearings on American Aspects of the Richard Sorge Spy Case. House of Representatives Eighty Second Congress. First Session August 19, 22 and 23. Washington 1951)

Nicht Sorge hat den japanischen Eisbrecher produziert, aber Sorge trug viel dazu bei, um ihn in eine Stalin nützliche Richtung zu lenken. Als Sorge Beweise für seine Informationen beibringen konnte, da hat Stalin ihm voll und ganz vertraut.

5.

Spionage ist die undankbarste Arbeit in der Welt. Wer einem Irrtum erlegen, wer aufgeflogen ist, wen man aufgehängt hat – der wird berühmt. Wie zum Beispiel Sorge.

Aber Stalin hatte außer Pechvögeln auch Männer von erstklassigem Rang im Militärspionageapparat, denen Erfolg beschieden war, die frappierende Resultate erzielten und dabei nicht berühmt, das heißt nicht enttarnt und nicht aufgehängt wurden. Einer dieser sowjetischen Agenten hatte Zutritt zu den wirklichen Geheimnissen Hitlers. *Marschall der Sowjetunion A. A. Gretschko* kann es bezeugen: »Elf Tage nachdem Hitler den endgültigen Kriegsplan gegen die Sowjetunion akzeptiert hatte (18. Dezember 1940), war diese Tatsache und die wesentlichen Daten dieser Entscheidung der deutschen Führung unseren Aufklärungsorganen bekannt.« (»Militärhistorische Zeitschrift« 1966, Nr. 6, S. 8)

Wir werden offenbar nie den Namen des großartigen Geheimagenten erfahren, der diese Heldentat vollbrachte. Es ist nicht ausgeschlossen, daß es sich dabei um denselben GRU-Residenten handelt, der 1943 den Plan für das »Unternehmen Zitadelle«, die Angriffsoperation zur Abriegelung des Kursker Bogens, beschaffte. Aber das ist nur eine Vermutung von mir. Zu Stalins Zeiten – ich muß es wiederholen – stand die militärische Aufklärung auf einem sehr hohen Niveau, und dies hätte auch irgendein anderer Agent getan haben können.

Im Dezember 1940 meldete der GRU-Chef, Generalleutnant F. I. Golikow, Stalin, daß, *bestätigten Informationen zufolge*, Hitler beschlossen habe, an zwei Fronten zu kämpfen, d. h. die Sowjetunion anzugreifen, ohne das Ende des Krieges im Westen abzuwarten.

Dieses Dokument von äußerster Wichtigkeit wurde Anfang Januar 1941 in einem sehr engen Kreis der obersten sowjetischen Führung im Beisein Stalins erörtert. Stalin traute dem Dokument nicht und erklärte, daß man jedes beliebige Dokument fälschen könne. Er verlangte von Golikow, die Arbeit der sowjetischen militärischen Aufklärung so zu organisieren, daß man jederzeit in Erfahrung bringen könne, ob Hitler tatsächlich Anstalten zu diesem Krieg treffe oder ob er nur bluffe. Golikow meldete, daß er dies bereits veranlaßt habe. Die GRU verfolge unter einer ganzen Reihe von Aspekten die militärischen Vorbereitungen Deutschlands, mit deren Hilfe die GRU den genauen Zeitpunkt bestimmen könne, zu dem die Vorbereitungen für die Invasion begönnen. Vorerst gebe es nichts dergleichen. Stalin verlangte eine nähere Erklärung, wie Golikow das wissen könne. Darauf antwortete Golikow, daß er dies nur Stalin persönlich und niemandem sonst sagen könne.

In der Folgezeit erstattete Golikow regelmäßig Stalin Bericht, wobei er jedesmal zu melden wußte, daß die unmittelbaren Vorbereitungen für die Invasion vorerst noch nicht angelaufen seien.

Am 21. Juni 1941 fand eine Sitzung des Politbüros statt. Golikow meldete weitere Massierungen deutscher Truppen an der sowjetischen Grenze; er berichtete von riesigen Munitionsvorräten, von Umgruppierungen bei der deutschen Luftwaffe, von deutschen Überläufern und vielem, vielem anderem mehr. Golikow kannte die Nummern nahezu sämtlicher deutscher Divisionen, die Namen ihrer Kommandeure, wußte, wo sie standen. Sehr vieles war bekannt, einschließlich der Bezeichnung der Operation als »Unternehmen Barbarossa«, des Zeitpunkts ihres Planungsbeginns und vieler Geheimnisse von größter Bedeutung. Danach meldete Golikow, daß die unmittelbare Vorbereitung zur Invasion noch nicht begonnen habe, ohne diese Vorbereitung aber könne man den Krieg nicht beginnen. Auf dieser Sitzung des Politbüros wurde Golikow die Frage gestellt, ob er sich für seine Worte verbürgen könne. Golikow antwortete, daß er sich mit seinem Kopf für diese Information verbürge, und wenn er sich irre, dann sei das Politbüro berechtigt, mit ihm genauso zu verfahren, wie es allen seinen Vorgängern ergangen sei.

Zehn bis zwölf Stunden später begann das »Unternehmen Barbarossa«. Was machte Stalin mit Golikow? Keine Angst, nichts Schlimmes. Schon am 8. Juli beauftragt Stalin Golikow mit einer Dienstreise nach Großbritannien und in die USA und erteilt ihm persönlich die nötigen Instruktionen. Nach der erfolgreichen Durchführung dieses Besuchs kommandiert Golikow Armeen und Fronten, und im Jahre 1943 befördert Stalin Golikow auf den außerordentlich wichtigen Posten eines Stellvertreters des Volkskommissars für Verteidigung (d. h. eines Stellvertreters von Stalin höchstselbst) in Kaderangelegenheiten. Zugang zur delikaten Frage der Auswahl und Verteilung der Kader gewährte Stalin nur den verläßlichsten Leuten. Berija, zum Beispiel, besaß ihn nicht.

Golikows Aufstieg setzte sich auch nach dem Tode Stalins fort, und er brachte es bis zum Marschall der Sowjetunion.

Es ist begreiflich, daß er in seinen Memoiren mit keinem Wort erwähnt, wie er Deutschlands Kriegsvorbereitungen verfolgte, wie er es schaffte, am Leben zu bleiben, warum nach dem »Unternehmen Barbarossa« seine Karriere so stürmisch nach oben führte.

Wenn wir uns an das Schicksal seiner sämtlichen Vorgänger erinnern, während deren Amtsführung sich nichts der deutschen Invasion Vergleichbares ereignete, und wenn wir dann deren Schicksal mit dem Golikows vergleichen, kennt unser Staunen keine Grenzen.

Das Rätsel Golikow hatte mich persönlich schon lange beschäftigt, und an der GRU-Akademie fand ich für mich selbst eine Antwort. Später, als ich im zentralen GRU-Apparat arbeitete, entdeckte ich auch die Bestätigung für die von mir gefundene Antwort.

Golikow hatte Stalin regelmäßig berichtet, daß Hitler keine Vorbereitungen zu einem unmittelbar bevorstehenden Angriff auf die Sowjetunion treffe. Hitler hatte sich damals tatsächlich nicht für einen Krieg auf sowjetischem Boden vorbereitet.

Golikow wußte, daß Stalin sich auf Dokumente allein nicht verließ (Golikow tat es auch nicht), und deshalb glaubte Golikow, man müsse irgendwelche Leitindizien finden, die zuverlässig das Einsetzen von Hitlers Vorbereitungen zum Einfall in die Sowjetunion anzeigen würden. Golikow fand solche Indikatoren. Sämtliche GRU-Residenten in Europa erhielten den Befehl, den Hammelmarkt zu beobachten und ihre Agenten in alle direkt oder indirekt mit dem »Hammelproblem« befaßten Schlüsselorganisationen einzuschleusen. Monatelang wurden Nachrichten über die Anzahl der Hammel in Europa, über die Zentren der Hammelhaltung, über die Schlachthöfe gesammelt und fein säuberlich ausgewertet. Zweimal täglich liefen bei Golikow die Nachrichten über die Hammelfleischpreise in Europa zusammen.

Daneben entfaltete die sowjetische Aufklärung eine wahre Jagd auf Putzlappen und Ölpapier, wie es Soldaten dort, wo sie ihre Waffen gereinigt haben, zurücklassen. In ganz Europa standen deutsche Truppen. Sie waren unter feldmarschmäßigen

Bedingungen stationiert. Jeder Soldat reinigt mindestens einmal täglich sein Gewehr. Die Putzlappen und das Papier, das dabei Verwendung findet, werden gewöhnlich verbrannt oder im Boden vergraben. Aber natürlich wurde diese Regel nicht überall streng befolgt, weshalb die GRU genügend Möglichkeiten fand, eine Menge gebrauchter Putzlappen aufzutreiben.

Diese schmutzigen Lappen wurden über die Grenze gebracht. Um keinen Verdacht zu erregen, wurde irgendwelches Eisengerät in diese Lappen eingewickelt und auf verschiedenen Wegen in die UdSSR geschickt. Sollten sich Komplikationen ergeben, würden die Kontrollen ihr Augenmerk auf die Metallteile richten (gewöhnlich war es irgendein völlig harmloses Eisending), nicht aber auf den fettigen Lappen, in den es eingewickelt war.

Außerdem kamen über die Grenze auf legalem und illegalem Weg ungewöhnlich große Mengen von Petroleumlampen, Petroleumkochern, Primuskochern, primitiven Laternen verschiedenster Art und von Feuerzeugen.

Das alles wurde von Hunderten sowjetischer Experten analysiert und umgehend Golikow gemeldet, Golikow aber informierte Stalin, daß Hitler mit den Vorbereitungen zur Invasion in die Sowjetunion noch nicht begonnen habe und man deshalb alle Truppenkonzentrationen und Dokumente des deutschen Generalstabs nicht weiter zu beachten brauche.

Golikow glaubte (aus gutem Grund), daß ein Krieg gegen die Sowjetunion einer sehr ernsthaften Vorbereitung bedürfe. Wichtigstes Element dieser Vorbereitung Deutschlands auf einen Krieg gegen die Sowjetunion mußten die Schafspelze sein. Davon würde eine Riesenmenge gebraucht werden – mindestens 6000000. Golikow wußte, daß in Deutschland keine einzige Division für die Kriegsführung in der UdSSR vorbereitet war. Er hatte sorgfältig die europäischen Hammelmärkte beobachtet. Er wußte ganz genau, daß Hitler, sobald er sich wirklich entschlossen haben wird, die UdSSR anzugreifen, den Befehl zur Vorbereitung der Operation geben muß. Der Generalstab wird umgehend die Industrie anweisen, große Mengen von Schafspelzen zu liefern. Diese Tatsache wird sich unweigerlich auf den europäischen Markt auswirken. Ungeachtet des Krieges müssen die Preise für Hammelfleisch ins Wanken geraten und infolge der gleichzeitigen Abschlachtung von Millionen Schafen sinken, während zu eben diesem Zeitpunkt die Preise für Schaffelle in die Höhe schnellen müssen. (Aus dem Blickwinkel von russischen Offizieren, deren Armeen – nach den Erfahrungen im finnischen Winterkrieg – bis hinunter zum einfachen Soldaten im Winter Schafspelze trugen, *mußten* deutsche Soldaten für einen Winterkrieg mit Schafspelzen ausgerüstet werden. Die Unterscheidung: Schafspelze für Offiziere, Wattejacken für Soldaten war für russische Militärs unsinnig.)

Golikow ging des weiteren davon aus, daß die deutsche Wehrmacht für den Krieg gegen die UdSSR ein neues Schmieröl bei ihren Waffen einsetzen würde. Das gewöhnliche deutsche Waffenöl mußte bei starkem Frost erstarren, und die Waffen würden nicht mehr funktionsfähig sein. Golikow wartete auf den Zeitpunkt, wenn in der deutschen Wehrmacht das Waffenöl ausgestauscht würde. Die sowjetischen Expertisen zu den gebrauchten Putzlappen zeigten, daß die Wehrmacht ihr altes Waffenfett benutzte und daß es keine Anzeichen für eine Ablösung durch ein neues Schmiermittel gab. Die sowjetischen Experten beobachteten auch den deutschen Treibstoff für die Motoren. Der normale deutsche Treibstoff würde sich unter starker Frosteinwirkung in nicht brennbare Bestandteile zersetzen. Golikow wußte, daß Hitler oder sein Generalstab, falls er sich allem zum Trotz für den selbstmörderischen Schritt eines Zweifrontenkrieges entschied, den Befehl geben mußte, die bisher verwendete Treibstoffsorte auszuwechseln und die Massenproduktion eines Treibstoffs aufzunehmen, der sich bei Frost nicht zersetzen würde. Eben deshalb hatte die sowjetische militärische Aufklärung Proben des deutschen Treibstoffs in den Feuerzeugen, Laternen und anderen geeigneten Gegenständen über die Grenze befördert. Es gab noch eine ganze Menge weiterer Aspekte, die von der GRU sorgfältig im Auge behalten wurden und das Alarmsignal liefern sollten.

Aber Hitler ließ das »Unternehmen Barbarossa« ohne jegliche Vorbereitung für einen Winterfeldzug anlaufen!

Weshalb Hitler so gehandelt hat, wird wohl für immer ein Rätsel bleiben, wenn man nicht die Erklärung dafür in einer unkritischen Übertragung der bis zu diesem Zeitpunkt errungenen Blitzkriegserfolge auf die Sowjetunion sucht. Die deutsche Wehrmacht war für einen Krieg in Westeuropa geschaffen, aber Hitler hat nichts für die Vorbereitung der Wehrmacht auf einen Winterkrieg in Rußland unternommen.

Stalin hatte keinen Anlaß, Golikow zur Rechenschaft zu ziehen. Golikow hatte alles Menschenmögliche und sogar noch mehr getan, um die Vorbereitungen zur Invasion aufzudecken, doch eine solche Vorbereitung hatte es nicht gegeben. Da war lediglich die gewaltige Konzentration deutscher Truppen gewesen, Golikow aber hatte befohlen, nicht alle deutschen Divisionen zu beobachten, sondern nur diejenigen, die invasionsbereit waren, d. h. jene Divisionen, von denen eine jede 15 000 Schafspelze in ihren Vorratslagern hatte. Solche invasionsbereiten Divisionen aber hat es in der ganzen Wehrmacht nicht gegeben.

Golikow war nicht schuld, daß er keine Anstalten zur Invasion bemerkt hatte. Aus seinem Blickwinkel hatte es keine ernsthaften Vorbereitungen gegeben.

WESHALB WURDE DIE ZWEITE STRATEGISCHE STAFFEL GEBILDET?

**Mobilisierung bedeutet Krieg –
eine andere Auslegung ist für uns
nicht vorstellbar.**
*Marschall der Sowjetunion
B. M. Schaposchnikow (Erinnerungen.
Moskau 1974, S. 558)*

1.

Die Kommunisten erklären die Bildung der Zweiten Strategischen Staffel und deren Verlegung in die Westregionen des Landes mit den Warnungen von Churchill, Richard Sorge und sonst wem noch – kurzum, als die Zweite Strategische Staffel in Marsch gesetzt wurde, sei dies eine Reaktion auf die Aktionen Hitlers gewesen.

Doch diese Erklärung hält einer Überprüfung nicht stand.

Armeegeneral I. W. Tjulenew sprach unmittelbar nach dem Beginn der Invasion durch die deutschen Truppen mit Schukow im Kreml. Er berichtet Schukows Worte: »Man hat es Stalin gemeldet, aber er glaubt es noch immer nicht, er hält es für eine Provokation seitens der deutschen Generale.« (Nach drei Kriegen. Moskau 1960, S. 141) Derlei Zeugnisse ließen sich in großer Zahl beibringen, aber schon vor mir ist oftmals nachgewiesen worden, daß Stalin an die Möglichkeit eines deutschen Angriffs bis zum letzten Augenblick nicht glaubte, ja daß er dies selbst dann noch nicht tat, als die Invasion bereits angelaufen war.

Das aber bringt die kommunistischen Historiker in eine Sackgasse:. Stalin organisierte die gewaltigste Umgruppierung von Truppen in der gesamten Militärgeschichte, um einen deutschen Angriff abzuwehren, an dessen Möglichkeit er selbst nicht glaubte?

Die Verlegung der Zweiten Strategischen Staffel ist keine Reaktion auf Aktionen Hitlers. Die Bildung der Zweiten Strategischen Staffel begann *vor* der berühmten »Warnung« Churchills vom April 1941, *vor* den »wichtigen« Informationen Sorges und auch noch *bevor* eine massierte Konzentration deutscher Truppen an der sowjetischen Grenze einsetzte.

Die Verlegung der Truppen der Zweiten Strategischen Staffel war eine gewaltige Eisenbahnoperation, die eine lange und detaillierte Vorbereitung seitens der Eisenbahnverwaltung erforderte, der wiederum eine peinlich genaue Planung durch den Generalstab vorauszugehen hatte. *Marschall der Sowjetunion S. K. Kurkotkin* berichtet, daß der Generalstab alle erforderlichen Unterlagen für die Truppenverlegung am 21. Februar 1941 dem Volkskommissariat für das Verkehrswesen übergeben habe. (Die rückwärtigen Dienste der sowjetischen Streitkräfte im Großen Vaterländischen Krieg, S. 33) Aber auch der Generalstab hatte Zeit gebraucht, um diese Unterlagen sorgfältig vorzubereiten, denn die Eisenbahnverwaltung benötigte genaue Angaben, zu welchem Zeitpunkt welche Transportmittel für welchen Bestimmungsort bereitzustellen waren, um Ladung und Transport in optimaler Weise durchführen zu können, welche Streckenführung vorgesehen war, an welchen Orten die Massenausladungen von Truppen erfolgen sollten. Um dies alles vorzubereiten, mußte der Generalstab zuvor genau festgelegt haben, wo welche Truppenteile zu welchem Zeitpunkt eintreffen mußten. Das aber bedeutet, daß wir den Beschluß zur Aufstellung der Zweiten Strategischen Staffel und den Planungsbeginn für die Verlegung und den Kampfeinsatz an irgendeinem früheren Zeitpunkt suchen müssen. Und der läßt sich finden.

Im Grunde genommen ist die Aufstellung der Truppen in den inneren Militärbezirken und ihre Verlegung in die westlichen Grenzmilitärbezirke ein Prozeß, der am 19. August 1939 seinen Anfang nahm. Er wurde ausgelöst durch Beschluß des Politbüros, kam nie zum Stillstand und gewann zunehmend an Dynamik. Hier sei nur einer dieser Militärbezirke aus dem Landesinnern als Beispiel gewählt – der Militärbezirk Ural. Im September 1939 werden dort zwei neue Divisionen aufgestellt: die 85. und die 159. Division. Die 85. begegnet uns am 21. Juni

1941 unmittelbar an der deutschen Grenze im Raum Augustów, gerade in jenem Abschnitt, wo der NKWD den Stacheldraht durchtrennt. Auch die 159. Division entdecken wir an der Grenze in Rawa-Russkaja als Einheit der 6. (extrem starken) Armee. Ende 1939 werden in demselben Militärbezirk Ural die 110., 125. und 128. Schützendivision aufgestellt, und jede taucht anschließend an der deutschen Grenze auf, dabei die 125. Division – sowjetischen Quellen zufolge – »direkt an der Grenze« zu Ostpreußen. Der Militärbezirk Ural hat noch viele Regimenter und Divisionen aufgestellt, und sie alle wurden still und unauffällig näher an die Staatsgrenze vorgeschoben.

Während die Zweite Strategische Staffel offiziell nicht existierte, während ihre Armeen eine Geisterexistenz führten, arbeitete die oberste sowjetische militärische Führung die Formen des Zusammenwirkens der Ersten und Zweiten Strategischen Staffel aus. So führt zum Beispiel in der zweiten Jahreshälfte 1940 Armeegeneral D. G. Pawlow eine Besprechung mit den Kommandierenden der Armeen und Stabschefs des Sondermilitärbezirks West durch. Unter den tausend sowjetischen Generalen und Admiralen steht D. G. Pawlow an vierter Stelle.

Im Sondermilitärbezirk West werden große Stabsrahmenübungen vorbereitet. Das Vorgehen von Truppenkommandeuren, Stäben, des Nachrichtendienstes in der Anfangsphase eines Krieges wird ausgearbeitet. Den sowjetischen Stäben wird bei diesen Übungen die Aufgabe gestellt, eine Verlegung nach Westen durchzuführen, und zwar so, wie es für den Beginn eines Krieges vorgesehen ist. Der Stabschef der 4. Armee, L. M. Sandalow, stellt die erstaunte Frage: »Und diejenigen Stäbe, die unmittelbar an der Grenze liegen? Wo sollen die hin?« (*Generaloberst L. M. Sandalow*, Erlebtes. Moskau 1966, S. 65) Hier muß darauf hingewiesen werden, daß bei der Vorbereitung auf einen Verteidigungskrieg niemand seine Stäbe »unmittelbar an die Grenze« verlegt. Aber die sowjetischen Stäbe hatte man dahin vorgezogen, und dort waren sie konstant seit Errichtung einer gemeinsamen Grenze mit Deutschland geblieben.

Interessant ist auch die Reaktion des Stabschefs einer Grenzarmee: Er assoziiert den Befehl »Verlegung« nur mit dem

Begriff einer »Westbewegung«, einer »Bewegung über die Grenze«. Er kann sich nicht einmal vorstellen, daß man im Krieg einen Stab auch noch anderswohin verlegen kann.

Bei der Besprechung an der Grenze nehmen außer den Kommandeuren der Ersten Strategischen Staffel auch hohe Gäste aus der Zweiten Strategischen Staffel mit dem Befehlshaber des Militärbezirks Moskau, Armeegeneral I. W. Tjulenew, an der Spitze teil. Tjulenew nimmt in der Reihe der tausend Generale die dritthöchste Stelle ein. Armeegeneral D. G. Pawlow nutzt die Anwesenheit von Tjulenew, um dem Kommandierenden der 4. Armee, Generalleutnant W. I. Tschuikow (dem künftigen Marschall der Sowjetunion), die Bestimmung der Zweiten Strategischen Staffel zu erläutern:

»›... Sobald aus dem rückwärtigen Raum die Truppen aus den inneren Militärbezirken‹ – Pawlow warf einen Blick zu Tjulenew hin – ›aufgeschlossen haben, sobald in dem von Ihrer Armee eingenommenen Streifen eine Truppendichte von einer Division pro siebeneinhalb Kilometer erreicht ist, wird ein Vorrücken möglich, und es besteht kein Grund, an dem Erfolg zu zweifeln.‹« (*Sandalow,* Erlebtes, S. 65)

Die Anwesenheit von Armeegeneral I. W. Tjulenew, dem Befehlshaber im Militärbezirk Moskau, bei dieser Besprechung im Grenzmilitärbezirk ist höchst bezeichnend. Bereits 1940 kennt er seine Rolle in der Anfangsphase des Krieges: Er hat mit seinem Stab im Grenzbezirk zu erscheinen, während die Erste Strategische Staffel die Grenze überschreitet. Im übrigen war im Februar 1941 auf Drängen Schukows, der den Generalstab übernommen hatte, der sowjetische Plan geändert worden, und Armeegeneral Tjulenew sollte mit seinem Stab heimlich an die rumänische und nicht an die deutsche Grenze geworfen werden, da sich die Hauptanstrengungen der Roten Armee dort konzentrierten.

Die Truppendichte von »einer Division pro siebeneinhalb Kilometer«, welche die sowjetischen Generale zugrunde legen, ist Standardnorm für eine Angriffsoperation. Zu der Zeit ging man bei Verteidigungsaufgaben von einem drei- bis viermal größeren Geländestreifen für jede Division aus. Bei der hier genannten Besprechung wird auch noch eine weitere wichtige Frage behandelt, nämlich die der Tarnung der sowjetischen Truppenbewegungen in Richtung Grenze: »Das Heranführen neuer Divisionen kann unter dem Vorwand von Ausbildungslehrgängen erfolgen.«

Der 13. Juni 1941 ist der nämliche Zeitpunkt, zu dem 77 sowjetische Divisionen aus den Militärbezirken im Landesinnern »unter dem Vorwand von Ausbildungslehrgängen« in Richtung Westgrenzen aufgebrochen sind. In dieser Situation wartete Adolf Hitler nicht mehr ab, bis die sowjetischen Generale die »vorgeschriebene Truppendichte von einer Division pro siebeneinhalb Kilometer« hergestellt hatten, sondern er führte den ersten Schlag.

2.

Nachdem Deutschland den Präventivschlag geführt hatte, wurde die Zweite Strategische Staffel ebenso wie die Erste zur Verteidigung eingesetzt. Doch das besagt durchaus nicht, daß sie dafür auch geschaffen worden war. *Armeegeneral M. I. Kasakow* äußert sich zur Zweiten Strategischen Staffel folgendermaßen: »Nach Kriegsausbruch mußten in ihren Einsatzplänen gravierende Änderungen vorgenommen werden.« (»Militärhistorische Zeitschrift« 1972, Nr. 12, S. 46)

Generalmajor W. Semskow drückt sich genauer aus: »Diese Reserven mußten wir – nicht wie es dem Plan entsprochen hätte, für den Angriff – sondern zur Verteidigung einsetzen.« (»Militärhistorische Zeitschrift« 1971, Nr. 10, S. 13)

Armeegeneral S. P. Iwanow: »Falls es den Truppen der Ersten Strategischen Staffel gelingen sollte . . ., die Kampfhandlungen noch vor der Entfaltung der Hauptstreitkräfte auf das Territorium des Gegners voranzutragen, sollte die Zweite Strategische Staffel die Anstrengungen der Ersten Strategischen Staffel zusätzlich verstärken und einen Gegenschlag entsprechend dem strategischen Gesamtziel entwickeln.« (Die Anfangsphase des Krieges, S. 206) In dieser Formulierung sollte sich der Leser nicht durch den Terminus »Gegenschlag« irritieren lassen. Die

Bedeutung dieses Terminus wird man nach einem Blick zurück auf den Winterkrieg richtig verstehen. Auch vierzig Jahre später lautet die sowjetische Version noch immer, daß der Angriff von Finnland ausgegangen sei, die Rote Armee dagegen nur einen »Gegenschlag« geführt habe.

3.

Von der Stimmung in der Zweiten Strategischen Staffel berichtet *Generalleutnant S. A. Kalinin*: Vor dem Beginn der heimlich durchgeführten Verlegung nach Westen bereitet er die Truppen des Militärbezirks Sibirien (die anschließend zur 24. Armee umgewandelt werden) auf die kommenden Kampfhandlungen vor. Während der Truppenübungen hört sich der General die Meinung eines jüngeren Offiziers an: »Ja, und diese Verstärkungen werden doch wohl überhaupt nicht gebraucht. Schließlich bereiten wir uns nicht auf eine Verteidigung, sondern zum Angriff vor, schließlich werden wir den Feind auf seinem eigenen Territorium schlagen.« (Gedanken zu dem, was gewesen ist. Moskau 1963, S. 124) General Kalinin gibt die Worte des jungen Offiziers leicht ironisch wieder: Sieh einmal an, wie naiv der Mann war. Aber er sagt nicht, woher bei diesem rangniedrigen Offizier diese Auffassung kommt. Wenn der Offizier nicht recht hatte, hätte General Kalinin ihn korrigieren und außerdem sämtliche Kommandeure, von den Bataillonen angefangen bis hinauf zu den Korps, darauf hinweisen müssen, daß die jungen Offiziere irgend etwas nicht richtig verstanden hätten, daß die Zielsetzung der Gefechtsausbildung zu einseitig ausgerichtet sei. General Kalinin hätte umgehend eine Umfrage bei den Kommandeuren der benachbarten Bataillone, Regimenter, Divisionen anstellen müssen, und wenn sich diese »unrichtige« Meinung dort wiederholen sollte, hätte er einen dringenden Befehl für die 24. Armee erlassen müssen, daß die Zielsetzung der Gefechtsausbildung zu ändern sei. Aber General Kalinin tut dies nicht, und seine Truppen bereiten sich weiter darauf vor, »auf dem Territorium des Gegners zu kämpfen«.

Nicht die jungen Offiziere sind schuld daran, daß sie auf eine

Verteidigung nicht vorbereitet waren, ja, es ist nicht einmal die Schuld von General Kalinin. Er kommandierte nur eine einzige Armee, dabei bereiteten sich immerhin sämtliche Armeen darauf vor, »auf dem Territorium des Gegners zu kämpfen«.

Interessant ist eine Erklärung desselben Generals in demselben Buch (S. 182–183). Nachdem Kalinin im Herst 1941 die 24. Armee an General K. Rakutin übergeben hat, kehrt er nach Sibirien zurück und macht sich hier »in Holzfällerbarackensiedlungen« an die Ausbildung von zehn neuen Divisionen. Kalinin mag selbst zu Worte kommen: »Womit sollte man beginnen? Worauf war das Hauptaugenmerk bei der Ausbildung der Truppen zu konzentrieren – Verteidigung oder Angriff? Die Situation an den Fronten war weiterhin angespannt. Die Truppen der Roten Armee setzten ihre schweren Abwehrkämpfe fort.

Die Erfahrung der vorausgegangenen Kämpfe hatte gezeigt, daß wir durchaus nicht immer unsere Verteidigung klug organisiert hatten. Oft genug waren die Verteidigungsstellungen aus pioniertechnischer Sicht schlecht angelegt. Mitunter fehlte es in der vordersten Stellung an Schützengrabensystemen. Die Gefechtsordnung der Verteidiger bestand zumeist aus einer einzigen Staffel und einer geringen Reserve, was die Widerstandskraft der Truppen schmälerte. In vielen Fällen waren die Leute ungenügend in der Panzerabwehr ausgebildet, es herrschte eine gewisse Panzerfurcht...

Zugleich aber überlegte ich mir: ›Wir werden uns nicht immer nur verteidigen. Dieser Rückzug ist eine Notmaßnahme...‹

Zudem hatte man in der Verteidigung niemals die Hauptkampfform gesehen und tat es auch weiterhin nicht... Folglich mußten die Truppen auf Angriffskämpfe vorbereitet werden...; ... Ich besprach mich mit den Kommandeuren. Wir kamen zu der übereinstimmenden Auffassung, daß das Hauptgewicht bei der Ausbildung auf eine sorgfältige Ausarbeitung von Fragen im Bereich der Taktik von Angriffsoperationen zu legen war.«

Die Hauptaufgabe des Staates und seiner Armeen besteht zu diesem Zeitpunkt darin, den Feind zumindest vor den Mauern Moskaus zum Stehen zu bringen, und allen ist klar, daß die Rote

Armee für eine Verteidigung nicht gerüstet ist. Aber sie wird auch nicht darauf vorbereitet. Sie ist nicht verteidigungsbereit? Und wenn schon! Wir werden sie dennoch für den Angriff schulen! Und nur dies!

Wenn sogar nach der deutschen Invasion, zu einem Zeitpunkt, da die deutsche Wehrmacht den Fortbestand des kommunistischen Regimes selbst bedroht, General Kalinin fortfährt, seine Truppen nur für den Angriff zu schulen, worauf hat er sie dann wohl erst recht *vor* der deutschen Invasion vorbereitet?

4.

Die Zweite Strategische Staffel konnte infolge der deutschen Präventivaktion nicht ihrer eigentlichen Bestimmung entsprechend eingesetzt werden, sie wurde für die Abwehr gebraucht. Wir verfügen jedoch über genügend Dokumente, um die ursprüngliche Bestimmung der Zweiten Strategischen Staffel festhalten zu können, sowie die Rolle, die ihr in den sowjetischen Kriegsplänen zugedacht war. Auch hier besaß, genauso wie in der Ersten Strategischen Staffel, jede Armee ihre eigene unwiederholbare individuelle Ausprägung, ihre eigene Physiognomie, ihren eigenen Charakter. Die Mehrzahl der Armeen war gewissermaßen mit leichtem Gepäck ausgerückt, stellte eine Art mächtiges Skelett dar, das nach der Ankunft und der heimlichen Entfaltung in den Wäldern der Westregionen des Landes aufgefüllt werden sollte.

Die Standardzusammensetzung der Armeen in der Zweiten Strategischen Staffel bestand aus zwei Schützenkorps zu je drei Schützendivisionen. Das war keine Stoßarmee, sondern eine normale Armee mit reduzierten Kräften.

Nach ihrem Eintreffen in den Westregionen schritt jede Armee unverzüglich zur vollständigen Mobilisierung und zur Auffüllung ihrer Divisionen und Korps. Das Fehlen mechanisierter Korps mit ihrer Riesenmenge an Panzern in der Mehrzahl der Armeen der Zweiten Strategischen Staffel war völlig logisch. Erstens wurden diese Korps hauptsächlich in den Westregionen des Landes aufgestellt. So mußten sie im Bedarfsfall nicht aus den fernen Provinzen im Ural und aus Sibirien nach Westen geworfen werden: Es war einfacher, die von dort eintreffenden reduzierten Armeen mit diesen Korps erst in den Westregionen des Landes aufzufüllen und voll auszurüsten. Eine noch bessere Variante bestand darin, den überwiegenden Teil der mechanisierten Korps bei dem ersten Überraschungsschlag einzusetzen, um diesem eine außerordentliche Schlagkraft zu verleihen, danach die Zweite Strategische Staffel in den Kampf zu werfen und diesen leichteren Armeen alle Panzer zu überlassen, die die ersten Operationen überstanden hatten.

Doch gab es auch Ausnahmen innerhalb der Armeen der Zweiten Strategischen Staffel. Die 16. Armee war eindeutig eine Stoßarmee. Sie zählte zu ihrem Bestand ein vollzählig aufgefülltes mechanisiertes Korps, das über mehr als 1000 Panzer verfügte, außerdem wurde zusammen mit dieser Armee die selbständige 57. Panzerdivision (unter Oberst W. A. Mischulin) nach Westen verlegt, die in operativer Hinsicht dem Kommandierenden General der 16. Armee unterstellt war. Insgesamt besaß die 16. Armee einschließlich dieser Division mehr als 1200 Panzer, und bei abgeschlossener Auffüllung mußte sie zahlenmäßig 1340 Panzer überschreiten. Noch stärker war die aus dem Nordkaukasus erwartete 19. Armee. Sie umfaßte vier Korps, einschließlich eines mechanisierten, des 26. Korps. Es gibt genügend Hinweise, daß auch das 25. Mechanisierte Korps (unter Generalmajor S. M. Kriwoschejin) für die 19. Armee bestimmt war. Sie war eindeutig eine Armee von maximaler Schlagkraft. Sogar ihre Schützenkorps wiesen eine ungewöhnliche Zusammensetzung auf und wurden von ranghohen Kommandeuren befehligt. So verfügte zum Beispiel das 34. Schützenkorps (unter Generalleutnant R. P. Chmelnizki) über vier Schützen- und eine Gebirgsjägerdivision sowie über mehrere schwere Artillerieregimenter. Die Zugehörigkeit von Gebirgsjägerdivisionen zu einer Armee ist kein Zufall. Die 19. Armee, diese stärkste Armee der Zweiten Strategischen Staffel, wurde *nicht gegen Deutschland* entfaltet, sondern hierin zeichnet sich das sowjetische Gesamtkonzept ab: Die stärkste Armee der Ersten Strategischen Staffel tritt gegen Rumänien an, die stärkste

Armee der Zweiten Strategischen Staffel steht unmittelbar dahinter gleichfalls vor Rumänien.

Voreingenommene Freunde der Sowjetunion haben die Legende in Umlauf gebracht, daß die Zweite Strategische Staffel für »Gegenangriffe« bestimmt gewesen sei. Wenn dem so war, dann wurde der mächtigste »Gegenschlag« gegen die rumänischen Erdölfelder vorbereitet.

Die 16. und zweitstärkste Armee innerhalb der Zweiten Strategischen Staffel entfaltete sich in ihrer unmittelbaren Nachbarschaft. Sie konnte ebenfalls gegen Rumänien eingesetzt werden, wahrscheinlicher aber war Ungarn als Einsatzgebiet, an der Nahtstelle zwischen der 26. (Stoß-)Armee und der 12. (Gebirgsjäger-Stoß-)Armee, um die Erdölquellen von den Verbrauchern abzuschneiden.

Hitler hatte jedoch durch seine Invasion diese ganze Entfaltung gestört. Die 16. und 19. Armee mußten kurzfristig nach Smolensk geworfen werden, und dergestalt wurde auch die »Befreiung« von Rumänien und Ungarn einige Jahre aufgeschoben.

Der Kommandierende General der 16. Armee, *Generalleutnant M. F. Lukin*, erwähnt nicht, auf welchen Territorien die 16. Armee, die zu der Zeit unter seinem Kommando stand, plangemäß hätte eingesetzt werden sollen. In keinem Falle aber war es sowjetisches Gebiet: »Wir gingen davon aus, auf gegnerischem Territorium zu kämpfen.« (»Militärhistorische Zeitschrift« 1979, Nr. 7, S. 43) Auf derselben Seite unterstreicht *Marschall der Sowjetunion A. M. Wassilewski*, daß man Lukin glauben müsse: »in seinen Worten steckt viel rauhe Wahrheit«. Wassilewski selbst ist ein hervorragender Meister der Kriegsführung »auf gegnerischen Territorien«. Er war es gewesen, der 1945 den Überraschungsschlag gegen die japanischen Truppen in der Mandschurei führte und der erlesenste Klasse darin demonstrierte, wie ein plötzlicher verräterischer Stoß in den Rücken eines Gegners zu versetzen ist, den der Krieg an anderen Fronten beschäftigt.

5.

Gleich nach der Teilung Polens im Herbst 1939 war eine Riesenmenge sowjetischer Truppen von ihren ständigen Garnisonen an die neuen Grenzen geworfen worden. Aber die neuen Territorien waren nicht für die Aufnahme großer Truppenmassen eingerichtet, vor allem nicht moderner Truppen mit einer großen Anzahl von kampftechnischem Gerät.

In der offiziellen *Geschichte des Zweiten Weltkrieges* (Bd. 4, S. 27) heißt es: »Die Truppen der westlichen Grenzbezirke hatten mit großen Schwierigkeiten zu kämpfen. Alles mußte neu gebaut und ausgerüstet werden: ... Basen und Versorgungspunkte, Flugplätze, das Verkehrsnetz, Nachrichtenzentralen und -verbindungen ...«

Die offizielle *Geschichte des Militärbezirks Belorußland* (Der Rotbanner-Miltärbezirk Belorußland, Moskau 1983, S. 84) sagt dazu: »Die Verlegung von Verbänden und Truppenteilen des Militärbezirks in die Westgebiete Belorußlands verursachte nicht geringe Schwierigkeiten ... Die Kräfte der 3., 10. und 4. Armee ... waren mit der Ausbesserung und dem Bau von Kasernen, Magazinen und Lagern, mit der Einrichtung von Truppenübungsplätzen, Schießplätzen und Panzerparcours beschäftigt. Den Truppen wurden große Anstrengungen abverlangt.«

Generaloberst L. M. Sandalow: »Die Verlegung der Truppen des Militärbezirks hierher war mit großen Schwierigkeiten verknüpft. Der Kasernenbestand war nicht der Rede wert ... Für die Truppen ohne Kasernenunterkünfte wurden Erdhütten gebaut.« (An der Front vor Moskau, S. 41) Doch es kamen immer neue Truppen hinzu. General Sandalow spricht davon, daß für die Truppenunterbringung in den Jahren 1939–1940 Vorratslager, Baracken, sämtliche verfügbaren Räume genutzt wurden. »In Brest war eine Riesenmasse an Truppen zusammengekommen ... In den unteren Stockwerken der Kasernen wurden Pritschen in vier Etagen aufgestellt.«

Der für die Gefechtsausbildung in der Roten Armee verantwortliche *Generalleutnant W. N. Kurdjumow* äußerte bei einer Kommandeurbesprechung im Dezember 1940, daß die Truppen in den neuen Gebieten oft genug mit Wirtschaftsarbeiten anstelle ihrer Gefechtsausbildung beschäftigt seien.

Auf derselben Besprechung sagte der Chef der Kraftfahrzeug- und Panzer-Führung *Generalleutnant der Panzertruppen Ja. N. Fedorenko,* daß nahezu sämtliche Panzerverbände in der Zeit von 1939–1940 ihre Dislozierung geändert hätten, mitunter drei- bis viermal. Der Erfolg war, daß »über die Hälfte der Truppenteile, die an neue Orte verlegt worden waren, keine Truppenübungsplätze besaßen«.

Um den Preis ungeheurer Anstrengungen konnte die gewaltige Truppenmenge der Ersten Strategischen Staffel in den Jahren 1939 und 1940 schließlich untergebracht werden. Doch nun setzte im Februar 1941 zuerst langsam, dann zunehmend schneller die Verlegung der riesigen Truppenkontingente der Zweiten Strategischen Staffel ein.

In diesem Augenblick ging eine Veränderung von einschneidender Bedeutung vor sich: *Die sowjetischen Truppen hörten auf, sich darum zu sorgen, wo sie den kommenden Winter verbringen würden.* Die Truppen der Ersten Strategischen Staffel gaben ihre Erdhütten und halbfertigen Kasernen auf und rückten in den Grenzstreifen ab. Hier ist die Rede von *sämtlichen* Truppen und einem Abrücken *unmittelbar zur Grenze.* (Siehe *Marschall der Sowjetunion I. Ch. Bagramjan*, »Militärhistorische Zeitschrift« 1976, Nr. 1, S. 62.) Die Truppen der Zweiten Strategischen Staffel, die aus dem Landesinnern herangeführt wurden, bezogen nicht die unfertigen Kasernen und Militärsiedlungen, die von der Ersten Strategischen Staffel verlassen worden waren. Die eintreffenden Truppen machten keine Anstalten, an diesen Orten zu überwintern, und bereiteten sich in keiner Weise auf den Winter vor. Sie bauten keine Erdhütten, legten keine Truppenübungsplätze und Schießplätze an, nicht einmal Schützengräben wurden ausgehoben. Es gibt eine Menge Unterlagen und Memoiren von sowjetischen Generalen und Marschällen, aus denen hervorgeht, daß die Truppen jetzt nur noch in Zelten kampierten. Einige Beispiele: Im zeitigen Frühjahr 1941 formierte sich im Baltikum die 188. Schützendivision des 16. Schützenkorps der 11. Armee. Im Mai kommen die Reservisten dazu. Die Division errichtet ein provisorisches Sommerzeltlager im Gebiet Koslowo Ruda (Entfernung zur Staatsgrenze: 45–50 km). Unter dem Schutz des TASS-Kommuniqués verläßt die Division diese Zeltstadt und rückt an die Grenze vor. Jeder Versuch, auch nur eine Anspielung auf Vorbereitungen für den Winter zu finden, ist zum Scheitern verurteilt – die Division hat sich hier nicht auf eine Überwinterung eingerichtet. Gleich nebenan erfolgt die Entfaltung der 28. Panzerdivision, und es ergibt sich das gleiche Bild. In sämtlichen Panzerdivisionen, bei allen in der Neuformierung begriffenen Schützendivisionen hat sich die Einstellung gegenüber dem Winter radikal geändert – niemand trifft noch irgendwelche Vorkehrungen für das Überwintern.

Marschall der Sowjetunion K. S. Moskalenko (zu der Zeit Generalmajor und Kommandeur einer Brigade) erhält vom Kommandierenden General der 5. Armee, Generalmajor M. I. Potapow, den Auftrag: »– Hier hat deine Brigade mit der Formierung begonnen – . . . Du besetzt diesen Abschnitt, da, im Waldgelände und errichtest ein Lager . . .« Die kampfstarke, voll aufgefüllte Brigade mit über 6000 Mann und mehreren hundert schweren Geschützen bis hin zur 85-mm-Artillerie errichtet ein Lager innerhalb von drei Tagen. Danach beginnt eine intensive Gefechtsausbildung von 8 bis zu 10 Stunden täglich, nichtgerechnet die Nachtübungen, Selbststudium, Waffenwartung, Ausbildung an der Waffe. (An der Südwest-Front, S. 18)

Würden sich die sowjetischen Truppen auf eine Verteidigung vorbereiten, dann müßten sie sich in den Boden eingraben, eine ununterbrochene Linie von Schützengräben vom Nördlichen Eismeer bis zur Donaumündung anlegen. Aber das tun sie bekanntlich nicht. Wenn sie die Absicht hätten, noch einen weiteren Winter ruhig abzuwarten, müßten sie von April/Mai an nichts als bauen, bauen und nochmals bauen. Aber auch das geschieht nicht. Einige Divisionen haben irgendwo weiter hinten halbfertige Kasernen. Aber viele Divisionen werden erst im Frühjahr 1941 aufgestellt, und die verfügen nirgendwo über irgend etwas: weder Kasernen noch Baracken, aber sie legen auch keine Erdhütten an. Wo sonst wollten sie den Winter verbringen, wenn nicht in Mittel- und Westeuropa?

6.

Bei *Generalmajor A. Saporoschtschenko* finden wir folgende Beschreibung: »Die abschließende Etappe der strategischen Entfaltung bildete die heimliche Verlegung der Angriffsgruppierungen in die Bereitstellungsräume für die Offensive, die im Verlauf einiger Nächte vor dem Angriff erfolgte. Die Tarnung dieser Verlegung wurde durch die Kräfte der bereits früher an die Grenze vorgezogenen verstärkten Bataillone organisiert, die bis zum Aufschließen der Hauptstreitkräfte die für die Divisionen bestimmten Frontabschnitte kontrollierten.

Die Verlegung der Fliegerkräfte begann in den letzten Maitagen und war am 18. Juni beendet. Dabei wurden Jagdflieger und Armeeflieger auf Flugplätzen konzentriert, die bis zu 40 km von der Grenze entfernt waren, und Bomberflieger nicht weiter als 180 km.« (»Militärhistorische Zeitschrift« 1984, Nr. 4, S. 42) In dieser Beschreibung muß uns nur das genannte Datum des 18. Juni wundern. Die sowjetischen Fliegerkräfte hatten ihre Verlegung noch nicht abgeschlossen, sondern damit erst am 13. Juni unter dem Schutz des TASS-Kommuniqués begonnen. Wieso spricht der General dann vom 18. Juni? Nun, er spricht nicht von der Roten Armee, sondern von der deutschen Wehrmacht. Dort ging nämlich genau dasselbe vor sich: Die Truppen rückten bei Nacht zur Grenze vor. Vorausgeschickt hatte man verstärkte Bataillone. Die eintreffenden Divisionen nahmen die Absprungstellungen für den Angriff ein bzw. verbargen sich – schlichter ausgedrückt – in den Wäldern. Die Aktionen der beiden riesigen Heere ergeben ein Spiegelbild. Die einzige Nichtübereinstimmung betrifft die zeitliche Terminierung. Zu Beginn hatten die sowjetischen Truppen einen Vorsprung, jetzt kommt ihnen Hitler um zwei Wochen zuvor: Er hat weniger Truppen und muß bei dieser Verlegung nur eine sehr kurze Entfernung überbrücken. Es fällt auf, daß die deutsche Wehrmacht Anfang Juni in einer ausgesprochen mißlichen Lage war: Eine Menge

Truppen befand sich in den Militärtransportzügen. Die Geschütze sind in dem einen Zug, die Munition dafür in einem anderen. Die Kampfbataillone werden da ausgeladen, wo es keine Stäbe gibt, die Stäbe dort, wo keine Truppen sind. Es fehlt an Nachrichtenverbindungen, weil aus Sicherheitserwägungen die Arbeit vieler Funkstationen bis zum Einsetzen der Kampfhandlungen einfach untersagt war. Auch die deutschen Truppen bauten keine Erdhütten und legten keine Schießplätze an. Aber die wichtigste Übereinstimmung bestand in der ungeheuren Menge an Vorräten, Truppen, Flugzeugen, Lazaretten, Stäben, Flugplätzen unmittelbar an der sowjetischen Grenze, und nur ganz wenige kannten den Plan für den weiteren Gang der Ereignisse – dies war ein streng gehütetes Geheimnis der obersten Führung.

Alles, was wir bei der Roten Armee sehen und als Dummheit und Idiotie abqualifizieren, vollzog sich zwei Wochen zuvor bei der deutschen Wehrmacht. Doch es ist nichts Abwegiges, sondern die Vorbereitung für eine gewaltige Angriffsoperation.

7.

Was hätte nach der vollständigen Konzentrierung der sowjetischen Truppen der Zweiten Strategischen Staffel in den Westregionen des Landes geschehen sollen? Die Antwort auf diese Frage war lange vor Ausbruch des Zweiten Weltkrieges gegeben.

General W. Sikorski: »Das strategische Abwarten kann nicht über den Zeitpunkt hinaus andauern, an dem sämtliche Kräfte mobilisiert sind und ihre Konzentrierung abgeschlossen ist.« (Der künftige Krieg. Moskau 1936, S. 240) Das sagt der Generalstabschef des polnischen Heeres. Allerdings wurde das Buch in Moskau auf Beschluß des sowjetischen Generalstabs für die sowjetischen Kommandeure veröffentlicht. Das Buch wurde deshalb veröffentlicht, weil die sowjetische Militärwissenschaft schon vorher zu der festen Überzeugung gelangt war, daß »das Schlechteste unter den gegenwärtigen Bedingungen das Bestreben wäre, sich in der Anfangsphase eines Krieges an die Taktik des Abwartens zu halten.« (»Krieg und Revolution« 1931, Nr. 8, S. 11)

Der Chef des sowjetischen Generalstabs, *Marschall der Sowjetunion B. M. Schaposchnikow*, hatte in dieser Frage eine feste Meinung: »Ein langes Verweilen der eingezogenen Reservisten unter der Fahne ohne Aussicht auf einen Krieg kann sich negativ auf ihre moralische Verfassung auswirken; anstelle einer Erhöhung der Gefechtsbereitschaft wäre deren Absinken die Folge... Kurzum, wie sehr dies (das Andauern dieses Zustandes) auch die militärische Führung und um so mehr die Diplomatie wünschen mag – in jedem Falle können mit der Bekanntgabe der Mobilmachung aus rein militärischen Gründen die Kanonen von selbst losfeuern.

Es muß daher bezweifelt werden, daß ein langes Verharren mobilisierter Armeen im Zustand militärischer Ruhe ohne Übergang zu aktiven Operationen unter den heutigen Bedingungen eines Krieges möglich ist.« (Das Gehirn der Armee, Bd. 3. Moskau 1929)

Die sowjetische Militärwissenschaft ging damals und geht auch heute noch davon aus, daß »Mobilmachung, Truppenzusammenziehung, operative Entfaltung und Durchführung der ersten Operationen einen einzigen untrennbaren Prozeß darstellen«. (»Militärhistorische Zeitschrift« 1986, Nr. 1, S. 15) Nachdem die sowjetische Führung die Mobilmachung, und mehr noch die Konzentrierung und operative Entfaltung der Truppen in Gang gesetzt hatte, konnte sie diesen Prozeß gar nicht mehr aufhalten oder auch nur bremsen. Das ist genauso, als würde die Hand hastig nach unten fahren, das Pistolenhalfter öffnen, die Waffe herausziehen, auf den Gegner richten und gleichzeitig den Abzug spannen. Danach ist das Auslösen eines Schusses, ob uns dies gefällt oder nicht, unausbleiblich – denn sobald die eine Hand zielstrebig nach unten greift, wird der Gegner ebenso schnell (oder auch noch schneller) das gleiche tun.

Die Historiker sind uns bis auf den heutigen Tag die Antwort auf die Frage schuldig geblieben, wer den sowjetisch-deutschen Krieg 1941 begonnen hat. Zur Lösung dieses Problems schlagen die kommunistischen Historiker ein Kriterium vor: Wer den ersten Schuß abgegeben hat, ist schuld. Warum aber sollen wir uns nicht eines anderen Kriteriums bedienen? Warum sollten wir nicht darauf achten, wer als erster mit der Mobilisierung, Zusammenziehung und operativen Entfaltung der Truppen begann, das heißt, wer als erster zur Pistole griff?

8.

Die Verfechter der kommunistischen Version greifen nach jedem Strohhalm. Da hält man mir wieder lautstark entgegen: Schaposchnikow hatte begriffen, daß das Aufschließen der Truppen zur Grenze Krieg bedeutet. Die heutigen sowjetischen Strategen begreifen das. Aber 1941 war nicht mehr Schaposchnikow Generalstabschef, sondern Schukow. Vielleicht hat er die Truppen in Richtung Grenze verlegt, weil er nicht verstand, daß dies Krieg bedeuten würde?

Nein, Schukow hatte alles begriffen, und sogar noch besser als wir.

Um die ganze Entschlossenheit in den Aktionen der sowjetischen obersten Führung zu verdeutlichen, müssen wir uns in das Jahr 1932 zurückbegeben, zur 4. Kavalleriedivision, nicht nur der besten in der ganzen Roten Kavallerie, sondern in der ganzen Roten Armee überhaupt. Bis 1931 war sie im Militärbezirk Leningrad stationiert und lag dort, wo früher die kaiserliche berittene Garde untergebracht war. Ein jeder mag sich selbst die Bedingungen ausmalen, unter denen diese Division ihre Tage verbrachte und ihre Gefechtsausbildung absolvierte. Man kann ihre Unterbringungsverhältnisse nicht anders als prächtig bezeichnen. Doch dann wurde diese Division aufgrund besonderer operativer Überlegungen an einen unvorbereiteten Standort verlegt. *Marschall der Sowjetunion G. K. Schukow:* »Eineinhalb Jahre lang mußte die Division selbst Kasernen, Pferdeställe, Stabsunterkünfte, Wohnhäuser, Lagerräume und die gesamten Ausbildungsanlagen bauen. Am Ende war die glänzend ausgebildete Division zu einem schlechten Arbeitstruppenteil abgesunken. Der Mangel an Baumaterialien, das regnerische Wetter und andere ungünstige Bedingungen hatten eine rechtzeitige Vorbereitung auf den Winter unmöglich gemacht, was sich ungemein stark auf die Gesamtverfassung der Division und ihre Gefechtsbereitschaft auswirkte. Die Disziplin verfiel ...« (Erinnerungen und Gedanken, S. 118)

Im Frühjahr 1933 hatte die beste Division der Roten Armee »einen extremen Tiefstand erreicht« und »war kampfunfähig«. Der Divisionskommandeur wurde zum Hauptschuldigen mit allen sich für ihn daraus ergebenden Folgen erklärt, für die Division aber »wurde ein neuer Kommandeur ausfindig gemacht«. Dieser Kommandeur war G. K. Schukow. Genau von da an begann sein Aufstieg. Schukows Tätigkeit wurde nicht nur sorgfältig von seinem Korpskommandeur S. K. Timoschenko überwacht, sondern vom Volkskommissar für Verteidigung K. Je. Woroschilow höchstpersönlich, trug doch die Division dessen Namen und hatte als beste Division gegolten. Woroschilow erwartete von Schukow, daß er den ehemaligen Ruf der 4. Kavalleriedivision wiederherstellen würde, und das erreichte Schukow durch eiserne Maßnahmen, womit er gleichzeitig den Nachweis erbracht hatte, daß man ihm jede theoretisch nicht erfüllbare Aufgabe übertragen konnte.

1941 waren alle an dieser Geschichte Beteiligten auf eine höhere Ebene als die von 1933 aufgerückt. Sie waren sogar wesentlich höher aufgestiegen. K. Je. Woroschilow ist Mitglied des Politbüros, Marschall der Sowjetunion, Vorsitzender des Verteidigungskomitees; S. K. Timoschenko ist Marschall der Sowjetunion, Volkskommissar für Verteidigung; Schukow ist Armeegeneral, Stellvertreter des Volkskommissars für Verteidigung, Generalstabschef. Sie sind es, die selbdritt die Bewegung der sowjetischen Truppen in Richtung deutsche Grenze leiten. Sie wissen besser als wir – und nicht nur aus theoretischen Überlegungen –, daß man nicht einmal eine einzige Division in einem unvorbereiteten Waldgelände überwintern lassen darf. Ein Soldat kann unter jeden beliebigen Bedingungen überwintern. Nicht das ist das eigentliche Problem. Das Problem besteht darin, daß es an den Westgrenzen, wie bereits erwähnt, keine Schießplätze gibt, keine Truppenübungsplätze, keine Panzerparcours, keine Ausbildungszentren, daß die Voraussetzungen für eine Gefechtsausbildung fehlen. Die Truppen müssen entweder unverzüglich in den Kampf geführt werden, oder es folgt unweigerlich ein Rückgang im erreichten Zustand der Gefechtsbereitschaft. Also: Sie wissen, daß man keine einzige Division über den Winter an einem nicht entsprechend vorbereiteten Ort lassen kann. Sie wissen, daß man die Schuldigen finden wird, und sie wissen auch, was mit den für schuldig Befundenen geschieht. Aber sie verlegen die Truppen an Orte, wo praktisch für die *gesamte Rote Armee* die Voraussetzungen zur Gefechtsausbildung fehlen!

Der Krieg begann nicht so, wie Stalin es gewollt hatte, und deshalb endete er auch nicht so: Stalin bekam nur die Hälfte von Europa. Um aber Stalin zu verstehen und sein Handeln richtig einschätzen zu können, lassen Sie uns für einen Augenblick die folgende Situation ausmalen: Hitler hat Stalin nicht am 22. Juni 1941 angegriffen. Hitler hat sich zum Beispiel entschlossen, erst Gibraltar zu erobern und das »Unternehmen Barbarossa« für zwei Monate zurückzustellen.

Was würde Stalin in diesem Falle getan haben?

Stalin hatte bereits keine Wahl mehr.

Erstens: Er konnte seine riesigen Armeen nicht zurückziehen. Viele der im ersten Halbjahr 1941 aufgestellten Armeen und Korps hätten überhaupt nicht gewußt, wohin sie zurückkehren sollten, es sei denn in die »Holzfällerbarackensiedlungen«. Die Rückverlegung der Truppen hätte erneut viele Monate in Anspruch genommen, sie hätte den gesamten Eisenbahnverkehr gelähmt und eine wirtschaftliche Katastrophe bedeutet. Was hätte zudem für ein Sinn darin gelegen, zunächst ein halbes Jahr lang heimlich die Truppen an bestimmten Stellen zu konzentrieren, nur um sie hernach ein halbes Jahr lang wieder zu entzerren? Aber selbst wenn nach der vollständigen Konzentrierung eine umgehende Dezentrierung eingesetzt hätte, so wäre dieser Prozeß doch nicht bis zum Wintereinbruch abgeschlossen gewesen.

Zweitens: Stalin konnte seine riesigen Armeen nicht in den Grenzwäldern zur Überwinterung liegenlassen. Ohne angespannte Gefechtsbereitschaft verlieren die Armeen rasch die Fähigkeit zu kämpfen. Außerdem hatte Stalin aus irgendeinem

Grund den gesamten Prozeß der Aufstellung und Verlegung der Zweiten Strategischen Staffel streng geheimgehalten. Konnte er damit rechnen, dieses Geheimnis weiterhin wahren zu können, wenn er wochenlang diese Truppenmassen in den Grenzwäldern beließ?

Die zentrale Frage meines Buches lautet: *Wenn die Rote Armee weder zurückkehren noch sich lange in den Grenzgebieten aufhalten konnte, was für ein Handlungsraum blieb ihr dann?*

Die kommunistischen Historiker sind bereit, jedes Detail in meinem Buche zu erörtern und jeden Fehler ausfindig zu machen. Es enthält Fehler! Das ist unvermeidlich. Irgendwo ist die Nummer eines Korps verwechselt oder die Nummer einer Division, irgendwo eine Zeile oder ein Satz ausgelassen. Aber lassen Sie uns von zweitrangigen Details absehen und eine Antwort auf die entscheidende Frage finden.

Alle kommunistischen Historiker fürchten sich, diese Frage zu beantworten. Deshalb führe ich die Meinung eines Generals an, der ab Mai 1940 Stellvertreter des Chefs der Operativen Führung im Generalstab ist; er bearbeitete den operativen Teil des Plans zur strategischen Entfaltung der sowjetischen Streitkräfte an der Nord-, Nordwest- und West-Front. (Sowjetische Militärenzyklopädie, Bd. 2, S. 27) In seiner Planung war alles richtig, weshalb er auch – bei Kriegsbeginn Generalmajor – eineinhalb Jahre später Marschall der Sowjetunion wurde. Er ist einer von jenen Männern, die Stalin am nächsten gestanden haben. Er ist es, und nicht Schukow, der die Rote Armee in den letzten Lebensjahren Stalins leitet und seine hohen Posten mit dem Tod Stalins verliert.

Marschall der Sowjetunion A. M. Wassilewski, Sie haben das Wort: »Die Befürchtungen, daß im Westen Lärm wegen der angeblich aggressiven Absichten der UdSSR entstehen könnte, mußten beiseitegeschoben werden. Wir hatten ... den Rubikon des Krieges erreicht, und der Schritt nach vorn mußte festen Sinnes getan werden.« (»Militärhistorische Zeitschrift« 1978, Nr. 2, S. 68)

Bei jedem grandiosen Prozeß gibt es einen kritischen Moment, von dem an die Ereignisse einen irreversiblen Charakter annehmen. Für die Sowjetunion stellte der 13. Juni 1941 diesen Augenblick dar. Nach diesem Tag war der Krieg für die Sowjetunion völlig unvermeidlich, und zwar mußte er im Sommer 1941 beginnen, ganz unabhängig davon, was Hitler unternehmen würde.

DIE SCHWARZEN DIVISIONEN

Stalin wird nicht vor Gewaltanwendung in einem nie dagewesenen Ausmaß zurückschrecken.

Trotzki, 21. Juni 1939 (»Bulletin der Opposition« Nr. 79–80, S. 10)

1.

Das wesentliche gemeinsame Merkmal der Ersten und der Zweiten Strategischen Staffel bestand darin, daß sie die stärksten Armeen innerhalb ihrer Truppenkontingente nicht gegen Deutschland, sondern gegen die Erdölfelder Rumäniens entfalteten. Der entscheidende Unterschied war farblicher Natur. Die Farbe der Ersten Strategischen Staffel war bestimmt durch das Grün bzw. Graugrün (die Tarnfarbe, wie es in der Armee heißt) der Millionen Feldblusen. Diese Tarnfarbe dominierte zwar auch in der Zweiten Strategischen Staffel, doch war sie dort reichlich mit Schwarz durchsetzt.

Eines Tages war ich bei einem Treffen mit dem pensionierten General F. N. Remesow zugegen, der 1941 unter dem Schutz des TASS-Kommuniqués den Militärbezirk Orjol verlassen, dessen Truppen mit den Truppen des Militärbezirks Moskau zur 20. Armee vereinigt hatte und an ihrer Spitze heimlich in Richtung Westen aufgebrochen war. Die Anwesenden bei dieser Begegnung waren Offiziere und Generale des Militärbezirksstabes, die das Gesprächsthema nicht nur aus den Memoiren von in den Ruhestand abgetretenen Generalen kannten. Es entspann sich eine hitzige Debatte, in deren Verlauf ein schneidiger Oberst General Remesow offen heraus fragte, weshalb die Deutschen in ihren Dokumenten das 69. Schützenkorps seiner 20. Armee das »schwarze Korps« nannten. Der General gab keine befriedigende Erklärung. Er wich auf die 56. Armee aus, die er später kommandierte und in der man einige Divisionen in Ermangelung grauer Militäruniformmäntel in schwarze Eisenbahnermäntel gesteckt hatte. Aber das war im Dezember gewesen.

Remesow war offensichtlich bemüht, eine Beantwortung der Frage zu umgehen. Man hatte ihn nach dem Juni 1941 gefragt, in dem es noch keinen Mangel gab und die Soldaten natürlich auch nicht in Uniformmänteln in den Kampf zogen – es war schließlich eine warme Jahreszeit. Im 69. Schützenkorps aber hatten viele Soldaten *im Sommer* eine schwarze Uniform getragen. Es waren ihrer immerhin so viele gewesen, daß diese Tatsache die Aufmerksamkeit der deutschen Abwehr auf sich zog, was zu der inoffiziellen Bezeichnung des 69. Korps als »schwarzes Korps« führte.

Dieses Korps war nicht das einzige. Das 63. Schützenkorps der 21. Armee der Zweiten Strategischen Staffel taucht gleichfalls in den deutschen Unterlagen als schwarzes Korps auf. Der Kommandeur des 63. Schützenkorps, Korpskommandeur L. G. Petrowski, war ein in jeder Hinsicht herausragender Truppenführer. Mit 15 Jahren hatte er an der Erstürmung des Winterpalais in Petrograd und anschließend am gesamten Bürgerkrieg kämpfend teilgenommen, wobei er dreimal schwere Verwundungen erlitt. Am Ende des Bürgerkrieges ist er im Alter von 18 Jahren Regimentskommandeur. Mit 20 Jahren hat er bereits mit Glanz die Generalstabsakademie absolviert. Er kommandiert die besten Einheiten der Roten Armee einschließlich der 1. Moskauer Proletarischen Schützendivision. Mit 35 Jahren ist er Stellvertreter des Befenısnabers im Militärbezirk Moskau.

L. G. Petrowski hatte sich in den Kämpfen als Truppenführer mit strategischem Weitblick bewährt. Im August 1941 wird er zum Generalleutnant befördert und zum Kommandierenden der 21. Armee ernannt. Das 63. Schützenkorps ist zu diesem Zeitpunkt nach schweren Kämpfen eingeschlossen. Stalins Befehl an Petrowski lautet, das Korps zu verlassen und umgehend das Armeekommando zu übernehmen. Petrowski erbittet eine Fristverlängerung von wenigen Tagen für die Übernahme des neuen Kommandos. Das Flugzeug, das ihn aus dem Kessel ausfliegen soll, schickt er mit einer Ladung verwundeter Soldaten zurück. Petrowski gelingt es, sein schwarzes Korps aus der Umzingelung herauszuführen, anschließend begibt er sich nochmals zurück hinter die feindlichen Linien, um die 154. Schützendivision (unter dem Brigadekommandeur Ja. S. Fokanow) aus dem Kessel herauszuholen. Bei diesem Durchbruch durch die Umzingelung wurde Petrowski tödlich getroffen. Als die deutschen Truppen Petrowskis Leichnam auf dem Schlachtfeld fanden und identifizierten, wurde der sowjetische General auf höheren Befehl mit allen militärischen Ehren beigesetzt. Auf seinem Grab wurde ein großes Kreuz aufgestellt mit der deutschen Aufschrift: »Generalleutnant Petrowski, Kommandeur des schwarzen Korps«.

Sowjetische Quellen bestätigen diese ungewöhnliche, ehrende Geste der deutschen militärischen Führung für einen sowjetischen General. Detaillierte Informationen über die Aktionen des 63. schwarzen Korps kann man der »Militärhistorischen Zeitschrift« 1966, Nr. 6, S. 17 entnehmen. Die »Sowjetische Militärenzyklopädie« (Bd. 6, S. 314) bestätigt die Korrektheit der Angaben dieses Aufsatzes. Das schwarze Korps von Petrowski wird auch von *Generalleutnant der Artillerie G. D. Plaskow* erwähnt. (Unter dem Dröhnen der Kanonade, S. 163)

Die ungewöhnliche schwarze Uniform vermerkte die deutsche Abwehr auch bei anderen Armeen der Zweiten Strategischen Staffel. Sofern diese Uniform gegenüber der gewohnten grünen Montur überwog, sind die Regimenter, Divisionen und mitunter sogar ganze Korps als schwarze Einheiten festgehalten. Die 24. Armee der Zweiten Strategischen Staffel, die heimlich aus Sibirien aufgebrochen war, stellte insofern keine Ausnahme dar. Im Verlauf der Kämpfe wurden mehrere ihrer Regimenter und Divisionen bei den Deutschen mit dem Attribut »schwarz« versehen. Aber schon vor Beginn der Kämpfe hatten sich in den Divisionen und Korps dieser Armee höchst bemerkenswerte Dinge ereignet. Ende Juni 1940 zogen sich die Militärtransportzüge der Armee über Tausende von Kilometern hin. Zu dieser Zeit befand sich der Kommandierende der Armee, Generalleutnant S. A. Kalinin (der den Befehl über den Militärbezirk Sibirien abgegeben hatte), bereits in Moskau, um die Versorgungsfrage für die 24. Armee zu klären. Dabei kommt er auch zum Sekretär des Moskauer Stadtparteikomitees. Hören wir, was *Generalleutnant S. A. Kalinin* zu berichten hat: »Der

Sekretär des Moskauer Stadtparteikomitees ließ sich telefonisch mit dem Volkskommissariat für innere Angelegenheiten verbinden.

›Der Genosse, mit dem ich eben sprach, hat große Erfahrung in der Lösung von Versorgungsproblemen. Er war lange Zeit mit diesen Dingen beim Bau des Wolga-Moskwa-Kanals befaßt. Der wird Ihnen helfen.‹

Etwa zwanzig Minuten später betrat das Zimmer des Parteisekretärs ein hochgewachsener, stattlicher Kommandeur der NKWD-Truppen mit drei Rauten auf den Kragenspiegeln und strammgezogenem Koppel über der Feldbluse. Wir hatten uns schnell über alles geeinigt.« (Gedanken zu dem, was gewesen ist, S. 132–133)

Schade, daß General Kalinin sich geniert, den Sekretär des Moskauer Stadtparteikomitees und den stattlichen NKWD-Offizier mit dem strammgezogenen Koppel und den drei Rauten am Kragenspiegel beim Namen zu nennen.

Nach den ersten Kämpfen kam die 24. Armee in die richtigen Hände: Da übernahm das Kommando der NKWD-Generalmajor Konstantin Rakutin. Generalleutnant S. A. Kalinin aber kehrte auf persönlichen Befehl Stalins nach Sibirien zurück. Nein, nicht um wieder den Befehl über den Militärbezirk Sibirien zu übernehmen. Der bleibt verwaist. Kalinin stellt auf Stalins Befehl neue Divisionen auf. »Die Einheiten wurden an Orten aufgestellt, wo es früher überhaupt keine militärischen Verbände gegeben hatte. Meine Arbeit begann mit der Besichtigung dieser Orte.

Der erste Ausflug führte mich in eine Stadt in Sibirien. Schon einige Jahre vor Kriegsbeginn hatte man dort inmitten abgelegener Waldgebiete eine Barackenstadt für Holzfäller errichtet. Sie wurde jetzt auch zur Unterbringung der aufzustellenden Einheiten genutzt.

Die Siedlung war nahezu geschlossen von undurchdringlicher Taiga umgeben.« (*Kalinin,* Gedanken . . ., S. 182)

Alles Wissenswerte über die »Barackenstädte für Holzfäller« kann man bei Alexander Solschenizyn nachlesen – in seinem »Archipel GULag«, in allen drei Bänden. Zehn neue Divisionen (über 130000 Mann) werden demnach im Militärbezirk Sibirien nicht an Orten aufgestellt, wo schon früher militärische Einheiten lagen, sondern in »Barackenstädten«. Man wird mir erwidern, daß selbstverständlich nicht Häftlinge zu Soldaten gemacht worden seien. General Kalinin wird einfach die leeren Baracken für die Unterbringung der eintreffenden Reservisten verwendet haben, die hier ausgebildet und zu Soldaten gemacht werden sollen. Gut, einverstanden. Wo aber sind dann die »Holzfäller« abgeblieben? Weshalb ist die »Siedlung« (und nicht nur diese eine) leer? Sehr einfach: Weil General Kalinin *vor Kriegsausbruch* seine 24. Armee mit diesen »Holzfällern« aufgefüllt und sie heimlich für die Verlegung nach Westen ausgebildet hat. Das ist der Grund für die schwarzen Uniformen in den Regimentern und Divisionen dieser Armee und vieler anderer Armeen der Zweiten Strategischen Staffel. Die »Holzfäller« waren oft nicht einmal militärisch eingekleidet worden. Das ist der Grund, weshalb die von Kalinin heimlich nach Westen geführte Armee versorgungsmäßig nicht der Verwaltung für Einrichtungen der Rückwärtigen Dienste im Generalstab der Roten Arbeiter- und Bauernarmee unterstand, sondern der Hauptverwaltung der Straflager (GULag) des Volkskommissariats für innere Angelegenheiten. Das ist der Grund, weshalb Stalin an die Spitze der 24. Armee anstelle des halben Tschekisten Kalinin einen Vollblut-Tschekisten, nämlich Rakutin, setzt. Er versteht sich besser darauf, wie man mit den »Holzfällern« umzugehen hat.

2.

Es ist bekannt, daß Stalin im Laufe des Krieges den GULag durchkämmen ließ, um alles, was eine Waffe zu tragen imstande war, an die Front zu werfen. Mitunter wurden die Häftlinge mangels Zeit und Bekleidungsreserven einfach in ihrer Lagerkluft an die Front geschickt. Im Grunde genommen war der Unterschied auch nicht groß: Es waren die gleichen Segeltuchstiefel, wie sie die Soldaten trugen, im Winter die gleichen schäbigen Fellmützen – und jahraus jahrein die gleichen Uniformblusen, die sich von denen der Soldaten nur in der Farbe unterschieden.

Aber bei uns in der Sowjetunion hält sich hartnäckig die weiß der Himmel woher stammende Auffassung, daß uns zuerst Hitler überfallen und dann Stalin die Häftlinge losgeschickt habe, »ihre Schuld zu sühnen«.

Indessen stießen die deutschen Truppen bereits Anfang Juli 1941 auf die schwarzen Divisionen und Korps. Und zur Westgrenze des Landes waren diese Divisionen und Korps am 13. Juni 1941 in Marsch gesetzt worden. Die Bildung der Armeen der Zweiten Strategischen Staffel jedoch, zu denen alle diese schwarzen Divisionen und Korps gehörten, hatte schon im Juni 1940 begonnen, als Hitler Stalin den Rücken gekehrt und nahezu alle seine Divisionen von den sowjetischen Grenzen abgezogen hatte.

Jede Armee der Zweiten Strategischen Staffel war gerade im Hinblick auf die Möglichkeit eines überraschenden Auftauchens an den Westgrenzen geschaffen worden. Jede dieser Armeen formierte sich längs einer Haupteisenbahnstrecke. Jede Armee entstand im Gebiet der Konzentrationslager: Die Männer dort sind an Ordnung gewöhnt, sie sind anspruchslos, und es ist leichter, sie aus den Lagern zusammenzuholen, als aus den Dörfern. Sie stehen schon bereit, sind in Brigaden organisiert, und die Hauptsache dabei: Holt man die Männer aus den Dörfern, geht es ohne Gerüchte über eine Mobilmachung und einen bevorstehenden Krieg nicht ab. Aber Stalin kann kein Aufsehen, keine Gerüchte für diese Aktion brauchen. Eben deshalb hat er ja das TASS-Kommuniqué verfaßt. Deshalb waren die Männer vorsorglich in Lager gesteckt worden, dort hatte man sie an Disziplin gewöhnt – und nun ging es ohne Lärm an die Front.

Viele Jahre später wird man über diese Zeit Bücher und Lieder schreiben.

Erinnern Sie sich an die Zeilen des Liederdichters Wladimir Wyssozki:

Und neue Häftlinge nach uns
Mögen an den Lagertoren lesen
Unsere Namen hinter Glas
Unter der Überschrift:
»Sie alle gingen an die Front.«

Kennen Sie den Satz aus dem Buch von *Michail Djomin*? »Fast die gesamte Armee Rokossowskis bestand aus Lagerhäftlingen.« (Der Gauner. New York 1981, S. 26)

Rokossowski hat in seinem ganzen Leben nur eine einzige Armee kommandiert: die 16. Er vergißt in seinen Memoiren darüber zu sprechen, woraus sie sich zusammensetzte. Diese Vergeßlichkeit ist typisch für ihn. Er beginnt seine Erinnerungen mit den Worten: »Im Frühling 1940 war ich zusammen mit meiner Familie in Sotschi« und vergißt zu sagen, daß er selbst davor im GULag gewesen ist.

Gewiß, im weiteren Text erwähnt Rokossowski beiläufig: »Das Leben hatte mich davon überzeugt, daß man auch jenen vertrauen kann, die früher einmal aus irgendwelchen Gründen gegen die Gesetze verstoßen hatten. Gebt einem solchen Menschen Gelegenheit, seine Schuld zu sühnen, und ihr werdet sehen, daß das Gute in ihm, die Liebe zur Heimat, zu seinem Volk siegt; das Bestreben, koste es was es wolle, das verlorene Vertrauen zurückzugewinnen, macht ihn zu einem wagemutigen Kämpfer.« (*Marschall der Sowjetunion K. K. Rokossowski,* Soldatenpflicht, S. 136)

Damit gibt Rokossowski offen zu, daß er reichlich Gelegenheit hatte, sich davon zu überzeugen, daß man aus Lagerhäftlingen Soldaten machen kann. Aber nicht das ist hier wichtig. Entscheidend ist vielmehr, daß Stalin den Lagerhäftlingen die »Gelegenheit, ihre Schuld zu sühnen« und »wagemutige Kämpfer« zu werden, bereits *vor Hitlers Angriff* gab. Mit der Aufstellung jener Armeen, die speziell dafür vorgesehen waren, Häftlinge als Kanonenfutter in ihren Reihen aufzunehmen, hatte man bereits begonnen, noch ehe der Plan für das »Unternehmen Barbarossa« entstand! Die 16. Armee – die Stammutter der Zweiten Strategischen Staffel – wurde an der Transsibirischen Eisenbahn aufgestellt, um sie rasch nach Westen werfen zu können; in Transbaikalien, wo es Häftlinge in Fülle gab. Sie war schon eine Strafarmee gewesen, bevor Rokossowski das Kommando über sie erhielt. Rokossowski hat sie nur im August 1941 übernommen. Vor ihm hatte sie ein anderer General kommandiert – ein Opfer der Großen Säuberung –, Michail Fjodorowitsch Lukin, der sich danach bei Smolensk in den heftigen Kämpfen auszeichnen und schwer verwundet werden sollte, der in Gefangenschaft geriet und dem dort ein Bein amputiert wurde. Von deutscher Seite erlebte er Anerkennung seiner Verdienste, aber er lehnte eine Zusammenarbeit mit den Deutschen ab, verbrachte vier schreckliche Jahre in deutschen Konzentrationslagern und geriet nach der Befreiung erneut in den sowjetischen GULag.

Die Begegnung mit der 16. Armee Lukins Anfang Juli 1941 kam für die deutsche Heeresleitung völlig unerwartet, so wie die Existenz der gesamten Zweiten Strategischen Staffel überhaupt eine Überraschung war. Deshalb findet man hierüber in den deutschen Archiven besonders viele Unterlagen. Jeder, der sich dafür interessiert, kann in diesen Archiven Hunderte von Photographien finden, die den Augenblick der Gefangennahme von Soldaten der Zweiten Strategischen Staffel festgehalten haben. Und immer wieder tauchen darauf inmitten der jungen Burschen die Gesichter von Männern auf, die ein hartes Leben gezeichnet hat, Männer in halbmilitärischer Uniform. Bisweilen tragen diese Gefangenen eine normale Militärbluse ohne Dienstgradabzeichen. Aber selbst diese Feldbluse macht sie noch nicht den Soldaten gleich. Und noch ein Unterschied ist da – jeder dieser Männer hat kräftige, schwielige Hände, eine ausrasierte Stirn, ein ausgemergeltes Gesicht. Woher? Noch sind sie nicht durch die *deutschen* Konzentrationslager gegangen! Ich will Ihnen sagen, woher diese ausgemergelten Gesichter kommen: Die Rokossowskis waren aus dem GULag in die Armee geraten, nachdem sie zuvor in Sotschi auf der Krim herausgefüttert worden waren – doch diese einfachen Soldaten hatten Sotschi nicht einmal gesehen.

Wenn die deutsche Wehrmacht Anfang Juli 1941 auf Divisionen und Korps stieß, die mit Lagerhäftlingen aufgefüllt waren, jedoch zu Armeen gehörten, die aus weit entfernten Provinzen, aus dem Ural, aus Sibirien, von jenseits des Baikalsees kamen, dann kann dies nur bedeuten, *daß Stalin den Häftlingen schon vor dem 22. Juni 1941 eine Waffe in die Hand gedrückt haben mußte.*

3.

Ich weiß nicht, was der deutschen Abwehr *in der ersten Junihälfte 1941* bekannt gewesen ist und was nicht. Aber nehmen wir einmal an, sie habe nur ganz wenig gewußt und sei nur im Besitz jener kleinen Bruchstücke und Fragmente von Informationen gewesen, die auch wir jetzt kennen:

1. An den Westgrenzen der Sowjetunion werden getarnt mehrere Armeen zusammengezogen.

2. Innerhalb dieser Armeen trägt eine bestimmte Anzahl Soldaten, und mitunter ganze Divisionen (davon jede in einer Stärke von ca. 15000 Mann) und sogar ganze Korps (50000 Mann), eine ungewöhnliche schwarze Uniform, die an die Gefängniskleidung erinnert.

3. Mindestens eine dieser Armeen untersteht versorgungsmäßig der Hauptverwaltung der Straflager des NKWD.

4. Die Sowjetregierung leugnet im TASS-Kommuniqué kategorisch und in aller Öffentlichkeit das Außergewöhnliche dieser Truppenbewegung und ihren Massencharakter, indem sie von »gewöhnlichen Truppenübungen« spricht.

Versetzen wir uns in die Rolle des Chefs der militärischen Aufklärung des angrenzenden Staates, der die Situation zu beurteilen hat und seiner Regierung gegenüber kurzfristig eine Empfehlung aussprechen muß. Die entscheidende Frage, die eine klare Antwort erfordert, lautet: Was wird Stalin tun, wenn wir nicht angreifen? Oder hat Stalin noch andere Varianten für den Einsatz der bewaffneten Häftlinge im Sinn, die da heimlich an den deutschen Grenzen zusammengezogen worden sind?

ZWEI PARALLELE SYSTEME MILITÄRISCHER DIENSTGRADE

... Nur wer zunächst sein eigenes
Volk besiegt hatte, konnte einen
starken Gegner bezwingen.
Shang Yang, chinesischer Staatsmann,
4. Jahrhundert v. Chr.

In unserem Bericht über die schwarzen Divisionen und Korps hatten wir eingangs vom 63. Schützenkorps der 21. Armee gesprochen. Dabei waren die Namen des Korpskommandeurs Petrowski und des Brigadekommandeurs Fokanow gefallen. Weshalb sind sie nicht Generale? Die Antwort ist einfach: In den schwarzen Korps und Divisionen waren nicht nur Soldaten und Offiziere, sondern auch die höchsten Truppenkommandeure Veteranen aus den »Holzfällerbarackensiedlungen«.

Bis 1940 gab es in der Roten Armee für die Stabsoffiziere die militärischen Dienstgrade des Brigadekommandeurs (kombrig), Divisionskommandeurs (komdiv), Korpskommandeurs (komkor) und des Armeekommandierenden (komandarm). Als Dienstgradabzeichen dienten Rauten auf den Kragenspiegeln: eine Raute für den Brigadekommandeur, zwei Rauten für den Divisionskommandeur usf. Aber dann macht Stalin den Stabsoffizieren seiner Roten Armee ein Geschenk: Er führt Generalsränge ein, Lampassen an den Uniformhosen, Sterne anstelle der Rauten. Die neuen Ränge Generalmajor, Generalleutnant, Generaloberst, Armeegeneral stehen in keinerlei Beziehung zu den alten Dienstgraden. Eine Regierungskommission nahm eine völlige Neuattestierung der gesamten Stabsoffiziere vor, wobei viele Brigadekommandeure zu Obersten wurden, das heißt auf eine Ebene herabgestuft wurden, auf der sie sich viele Jahre zuvor befunden hatten. Einige Brigadekommandeure wurden Generalmajore und der Brigadekommandeur I. N. Musytschenko sogar Generalleutnant. Viele Armeekommandierende wurden zu Generalobersten – O. I. Gorodowikow, G. M. Stern, D. G. Pawlow,

N. N. Woronow. Der Armeekommandierende W. Ja. Katschalow wurde zum Generalleutnant herabgestuft. Korpskommandeur G. K. Schukow dagegen erhielt die höchste Generalswürde – er wurde zum Armeegeneral ernannt. Es ist nebenbei gesagt eine wenig bekannte Tatsache, daß Schukow General Nr. 1 war: Er hatte als erster in der ganzen Roten Armee den Generalsrang verliehen bekommen. Insgesamt waren durch Beschluß der Sowjetregierung im Juni 1940 1000 Stabsoffiziere in den Rang von Generalen bzw. Admiralen erhoben worden.

Die Einführung der Generalsdienstgrade ist Stalins Zuckerbrot nach der großen Züchtigung von 1937/38. Aus welchem Anlaß zeigt sich Genosse Stalin von seiner gütigen Seite? Weil er plant, alle seine Kommandeure in einer überschaubaren Perspektive tätig werden zu lassen. Andernfalls hätte er sich mit dem Zuckerbrot nicht so zu beeilen brauchen.

Aber Stalin genügen diese tausend Generale noch nicht. Immer neue und abermals neue Divisionen, Korps und Armeen werden aufgestellt. Dienststellungen von Generalen werden mit Obersten besetzt. Wir können noch an die hundert Oberste entdecken, die die Dienststellung eines Generals bekleiden, d. h. in der Funktion von Divisionskommandeuren. Und wir sind auch bereits Oberst I. I. Fedjuninski in der Funktion eines Kommandeurs des 15. Schützenkorps der 5. Armee begegnet.

Doch die Truppenkommandeure reichen noch immer nicht aus. Als Hitler sich Stalin zugewendet hatte, begnügte sich Stalin mit dem vorhandenen Bestand. Dann wandte sich Hitler nach Westen und kehrte Stalin den Rücken zu, und auf einmal hat Stalin einen enormen Bedarf an höheren Offizieren. An Kommandeuren! Deshalb rollen die Gefangenenwaggons so eilig nach Moskau. Da werden die ehemaligen Kommandeure, die den GULag am eigenen Leibe kennengelernt haben, im Lubjanka-Gefängnis höflich empfangen, man erklärt ihnen, daß ein Irrtum unterlaufen sei, das Strafverfahren werde eingestellt, die Rehabilitierung eingeleitet. Die Kommandeure eilen nach Sotschi und von da unter die Kriegsfahnen.

Nicht allen diesen Kommandeuren wird die gleiche Ehre zuteil. Einige werden auf Generalsränge befördert. Zu ihnen gehört Generalmajor K. K. Rokossowski, der künftige Marschall der Sowjetunion. Die Mehrzahl der aus den Gefängnissen und Lagern Entlassenen aber behält einfach den alten militärischen Dienstgrad: »Brigadekommandeur« (kombrig), »Divisionskommandeur« (komdiv), »Korpskommandeur« (komkor). Das führt zu einer seltsamen Situation innerhalb der Roten Armee: Es gibt nun zwei parallele Systeme militärischer Dienstgrade für die Stabs- bzw. Generalstabsoffiziere, zwei verschiedene Systeme von Dienstgradabzeichen, zwei verschiedene Uniformen. Die eine Sorte von Kommandeuren schreitet stolz mit Sternen auf den Kragenspiegeln und Lampassen (bei der Truppe nennt man es die gestreiften Hosen) einher, sie haben schmucke Paradeuniformen; die anderen, die die gleichen Aufgaben versehen, tragen bescheidene Rauten.

Bei Melgunow gibt es eine mit Dokumenten belegte Beschreibung der von den Tschekisten in Kiew während des Roten Terrors angewandten Verhörmethoden. (*S. P. Melgunow*, Der Rote Terror in Rußland. Berlin 1924, S. 129) Wer die Fragen der Tscheka-Leute nicht beantwortete, wurde einfach in einen Sarg gelegt und eingegraben. Später holte man ihn wieder heraus und setzte das Verhör fort.

Im Grunde tut Stalin in der »Vorkriegsperiode« genau das gleiche. Während der Großen Säuberung geraten Tausende von Truppenkommandeuren in den GULag, einige mit einem Todesurteil, andere mit langen Freiheitsstrafen, die sie in Kolyma verbüßen müssen. Viele Zeugenaussagen bestätigen, daß das Leben dort durchaus nicht die bessere Lösung im Vergleich zu einer Vollstreckung der Todesstrafe durch Erschießen sein mußte. (Siehe z. B. *W. Schalamow*, Geschichten aus Kolyma. Berlin 1983) Und auf einmal werden diese Menschen, die bereits mit ihrem Leben abgeschlossen haben, in komfortablen Eisenbahnabteilen befördert, man füttert sie in Sanatorien der Partei-Nomenklatur heraus, legt die frühere Befehlsgewalt in ihre Hände zurück und gibt ihnen die »Möglichkeit, ihre Schuld zu sühnen«. Generalsdienstgrade werden ihnen nicht zugestanden (d. h. sie erhalten überhaupt keine Garantien) – erfüll du deine Pflichten als Kommandeur, dann sehen wir weiter ...!

Können wir uns vorstellen, wie alle diese »Kombrigs« und »Komdivs« darauf brennen, sich einzusetzen, das, was sie gelernt haben, zu tun?

Versuchen Sie, sich einen schuldlos zum Tode Verurteilten vorzustellen, dem man anschließend eine Arbeit anbietet, für deren Ausführung ihm Begnadigung und Wiedereinsetzung in seine einstmals hohe Position winken. Wird er die ihm übertragene Aufgabe wohl erfüllen?

Stalins Rechnung ging auf. Viele der so Befreiten dienten Stalin aufrichtig und überzeugt, sie stürzten sich in den Kampf und bewiesen durch ihre Taten und mit ihrem Blut, daß sie des in sie gesetzten Vertrauens würdig waren. Zu ihnen gehört der Divisionskommandeur Woroschejkin, der die Fliegerkräfte der 21. Armee der Zweiten Strategischen Staffel kommandierte. Er zeichnete sich von den ersten Kämpfen an aus und erhielt im Juli 1941 den Dienstgrad eines Generalmajors der Luftstreitkräfte. Im August war er bereits Stabschef der Luftstreitkräfte der Roten Armee. Nach weiteren Beförderungen in jedem folgenden Jahr wurde er 1944 zum Marschall ernannt.

Brigadekommandeur A. W. Gorbatow, der im März 1941 aus dem Lager entlassen worden war, erhielt die Dienststellung eines Stellvertreters des Kommandeurs des 25. Schützenkorps in der 19. Armee der Zweiten Strategischen Staffel. Er stieg bis zum Dienstgrad eines Armeegenerals und zur Dienststellung des Befehlshabers der Luftlandetruppen der Roten Armee auf.

Hier die Schilderung seiner Befreiung:

»Meine Frau war beim NKWD gewesen, von dort kam sie wie auf Flügeln zu mir geeilt und erzählte, wie man sie dort sehr gut empfangen und zuvorkommend mit ihr gesprochen habe, wie man sich nach ihren Lebensumständen erkundigt habe, ob man ihr finanziell behilflich sein könne . . .

. . . In der Nacht zum 5. März 1941, um zwei Uhr morgens, brachte mich der Untersuchungsrichter in einem Pkw zum Komsomol-Platz zu meinen Bekannten. Als er mich abgeliefert hatte, verabschiedete er sich höflich: ›Hier ist meine Telefonnummer. Sollte etwas sein, rufen Sie mich ruhig jederzeit an. Sie können auf meine Hilfe rechnen.‹

Wie eine Reliquie hatte ich meinen Sack mit den alten Lappen, die Gummischuhe, die pechschwarzen Zuckerstückchen und das Trockenbrot mitgenommen, die ich für den Fall einer Erkrankung aufgehoben hatte.« (Jahre und Kriege. Moskau 1965, S. 168–169)

Der Vergleich mit dem Eingraben im Sarg und dem erneuten Herausholen ist nicht meine Idee. Die habe ich von Armeegeneral Gorbatow entliehen: »Der 5. März ist für mich der Tag, an dem ich zum zweiten Mal geboren wurde.«

Brigadekommandeur Gorbatow war (so wie viele andere auch) nach einem guten Zeitplan entlassen worden: Ein Monat Urlaub im Sanatorium, dann folgt der Dienstantritt mit der Übernahme seiner neuen Aufgaben, und schon sind wir beim Datum des TASS-Kommuniqués angelangt. Da aber ist der wakkere Brigadekommandeur mit seinen Divisionen, den »Annuschkas«, bereits auf dem Weg in Richtung Westen.

Die »Souvenirs« aus dem GULag hat er jedenfalls als erfahrener Lagerhäftling nicht ohne Grund mitgehen lassen. Gorbatow hat sie nicht wieder nötig gehabt, und das ist gut. Andere haben sie wieder gebraucht. Da ist zum Beispiel der Brigadekommandeur I. F. Daschitschew, der die Gummigaloschen ein zweites Mal anziehen mußte. Im März 1941 entlassen, war er im Oktober bereits wieder verhaftet und hat mindestens bis 1953 gesessen.

Die alten Brigade-, Divisions- und Korpskommandeure fanden auch bei der Auffüllung der Ersten Strategischen Staffel Verwendung: Brigadekommandeur M. S. Tkatschow bei der 109. Schützendivision im 9. Spezial-Schützenkorps; Brigadekommandeur N. P. Iwanow als Stabschef der 6. Armee; Divisionskommandeur A. D. Sokolow als Kommandeur des 16. Mechanisierten Korps der 12. Armee; Divisionskommandeur G. A. Buritschenkow als Chef der südlichen Luftverteidigungszone; Divisionskommandeur P. G. Alexejew als Chef der Fliegerkräfte der 13. Armee; Brigadekommandeur S. S. Kruschin als Stabschef der Fliegerkräfte der Nordwest-Front; Brigadekommandeur A. S. Titow als Chef der Artillerie der 18. Armee, und viele, viele andere mehr.

Diese Brigade- und Divisionskommandeure füllten auch die leergewordenen Stellen, nachdem die Zweite Strategische Staffel heimlich zu den Westgrenzen aufgebrochen war. So übt der Brigadekommandeur N. I. Christofanow die Funktion des Kriegskommissars in der Region Stawropol aus. Brigadekommandeur M. W. Chripunow ist Abteilungsleiter im Stab des Militärbezirks Moskau. Der Stab war nach dem Abrücken sämtlicher Stabsoffiziere an die rumänische Grenze mit Tscheka-Leuten besetzt worden, die von militärischen Dingen nicht besonders viel verstehen. Deshalb hatten sie sich den armen Chripunow aus dem GULag herbeordert.

Aber zweifellos war der entscheidende vorgesehene Platz für alle diese Divisions-, Brigade- und Korpskommandeure die Zweite Strategische Staffel gewesen. Diese Staffel war durch die »Holzfäller« aufgefüllt worden, also waren auch die Truppenführer gleicher Herkunft für sie bestimmt. Hier stoßen wir auch auf den Korpskommandeur Petrowski. Seine letzte Dienststellung war die eines Stellvertreters des Befehlshabers im Militärbezirk Moskau gewesen. Anschließend hat er gesessen. (Anderen Informationen zufolge war Petrowski seines Postens enthoben, aber nicht verhaftet worden. Über zwei Jahre hat er in ständiger Erwartung seiner Verhaftung zugebracht.) Im November 1940 griff man wieder auf ihn zurück, und er wurde mit der Aufstellung des 63. Schützenkorps beauftragt. Hier stoßen wir auf den Anfang des schwarzen Korps! Von den drei Divisionen dieses Korps werden zwei von den Brigadekommandeuren Ja. S. Fokanow und W. S. Rakowski geführt. Die dritte Division steht unter dem Kommando von Oberst N. A. Prischtschep. Er ist kein Brigadekommandeur, aber auch er hat gesessen. Auch Oberste hatte man eingesperrt und sie hernach zur Komplettierung der Zweiten Strategischen Staffel wieder aus den Lagern herausgeholt. Ebenso Majore, Hauptleute und selbst Leutnants.

Das angrenzende 67. Korps derselben Armee ist überreich mit Brigadekommandeuren ausgestattet. Selbst an der Spitze des Korps steht ein Brigadekommandeur – F. F. Schmatschenko (der später zum Generaloberst befördert wird). Nehmen Sie jede beliebige Armee, die heimlich aus dem Landesinneren zur

Grenze aufschließt, und Sie werden überall in Mengen Brigadekommandeure finden, die unmittelbar davor aus dem Lager entlassen worden sind. Zwei Korps hat die 22. Armee, und beide werden von Brigadekommandeuren geführt: Powetkin an der Spitze des 51. Korps, I. P. Karmanow an der Spitze des 62. Korps. Werfen Sie einen Blick auf die Stabschefs, die Chefs der Artillerie, der Pioniertruppen, der Rückwärtigen Dienste und jedes beliebigen anderen Dienstes oder welcher Waffengattung auch immer – überall begegnen wir entlassenen Strafgefangenen. Zwei Divisionen dieser Armee sind besonders stark schwarz durchsetzt, es sind eindeutig »Holzfäller«; doch auch die Truppenkommandeure kommen aus demselben Milieu: die 112. Schützendivision steht unter dem Kommando von Brigadekommandeur Ja. S. Adamson, die 174. unter dem von Brigadekommandeur A. I. Sygin.

Ich will nicht diese Ausführungen durch die Aufzählung weiterer Dutzender Namen und Nummern von Divisionen und Korps überladen. Jeder, der sich für die Geschichte des Zweiten Weltkrieges interessiert, kann auch selbst eine stattliche Liste von Namen aus dem Gefängnis entlassener Stabsoffiziere anlegen, denen Stalin die »Möglichkeit gab, ihre Schuld zu sühnen«.

Die Kommunisten behaupten, es sei eine Schutzreaktion Stalins gewesen, er habe eine ungute Entwicklung vorausgefühlt und deshalb seine Armeen verstärkt. Nein, das war keine Schutzreaktion! Der Prozeß der Entlassung der Brigade-, Divisions- und Korpskommandeure war von Stalin, lange bevor der Plan zum »Unternehmen Barbarossa« entstand, in Gang gesetzt worden. Der Höhepunkt dieses Prozesses war nicht in dem Augenblick erreicht, als die deutschen Truppen an den sowjetischen Grenzen standen, sondern zu dem Zeitpunkt, als sie nach Frankreich gezogen waren.

DER NICHTERKLÄRTE KRIEG

Sind wir ringsum von Feinden
umgeben, werden ein plötzlicher
Vorstoß unsererseits, ein
unerwartetes Manöver, die
Schnelligkeit alles entscheiden.
Stalin auf dem 12. Parteikongreß 1923
(Werke V, S. 225)

1.

An den Westgrenzen der Sowjetunion gab es fünf Militärbezirke, in denen heimlich, aber höchst intensiv Truppen zusammengezogen wurden, während die sowjetische Führung alle acht Militärbezirke im Landesinnern, wie wir sahen, militärisch vollkommen entblößen ließ. Aus den inneren Militärbezirken waren heimlich sämtliche Armeen, Korps, Divisionen und fast alle Generale und Stäbe an die Westgrenzen abgezogen worden.

Außer den fünf westlichen Grenzbezirken und den acht inneren Militärbezirken gab es noch die Fernost-Front und drei östliche Grenzmilitärbezirke: den Militärbezirk Transkaukasien, den Militärbezirk Mittelasien und den Militärbezirk Transbaikalien. Interessant ist auch ein Blick auf sie.

Im Mai 1941 liefen im Militärbezirk Mittelasien und im Militärbezirk Transkaukasien entgegen dem TASS-Dementi vom 9. Mai 1941 angestrengte Vorbereitungen zur »Befreiung« des Iran. Dem Militärbezirk Mittelasien war dabei die Hauptrolle zugedacht, der Militärbezirk Transkaukasien hatte eine Hilfsfunktion. Wie üblich stellten den Schlußakkord nach den Vorbereitungen riesige Truppenübungen in Anwesenheit der höchsten Offiziere der Roten Armee dar. Im Mai sollte zu diesen Truppenübungen der Generalstabschef, Armeegeneral G. K. Schukow, und sein Stellvertreter, Generalleutnant N. F. Watutin, abreisen.

Armeegeneral S. M. Stemenko (zu der Zeit Oberst in der Operativen Führungsebene des Generalstabs): »Ende Mai sollten die Hauptkräfte unserer Abteilung nach Tiflis fahren. Wir erhielten Verstärkung aus den anderen Abteilungen ... Unmittelbar vor der Abreise stellte sich heraus, daß weder der Chef des Generalstabs noch sein Stellvertreter abkömmlich waren und daß die Truppenübungen von den Befehlshabern der Truppen geleitet werden würden: im Militärbezirk Transkaukasien von D. T. Koslow und im Militärbezirk Mittelasien von S. G. Trofimenko. Doch schon am Tag nach unserer Ankunft in Tiflis wurde Generalleutnant Koslow eilends nach Moskau beordert. Man spürte, daß in Moskau etwas Außergewöhnliches vor sich ging.« (Der Generalstab in den Kriegsjahren, S. 20)

So war denn der Militärbezirk Transkaukasien unmittelbar am Vorabend der »Befreiung« des Iran ohne Befehlshaber. Man wird mir entgegenhalten, General Koslow habe einen Vertreter gehabt – Generalleutnant P. I. Batow. Der kann den Militärbezirk leiten. Nein, Batow ist anderweitig beschäftigt. Batow hat gerade aus den besten Truppen des Militärbezirks das 9. Spezial-Schützenkorps formiert und auf die Krim verlegt, und dort ist dieses Korps eben jetzt gemeinsam mit der Schwarzmeerflotte mit der gezielten Vorbereitung für Landeoperationen von See aus befaßt. Die Schwarzmeerflotte übt die Landung einer Division dieses Korps durch Kriegsschiffe.

Der Militärbezirk Transkaukasien blieb ohne Befehlshaber und ohne Stellvertreter des Befehlshabers bis August 1941, als General D. T. Koslow zurückkehrte und die »Befreiung« des Iran durchführte. Hitler hatte Stalins Karten auch hier durcheinandergebracht. Infolge der nicht vorhergesehenen Aktionen Hitlers konnte die »Befreiung« des Iran nicht nur erst mit mehrmonatiger Verspätung erfolgen, sondern auch nur mit begrenzten Kräften, weshalb man auch ohne »grundlegende sozialpolitische Umgestaltungen« auskommen mußte.

Ich habe noch nicht ergründet, ob Stalin Anfang Juni 1941 den Befehlshaber des Militärbezirks Mittelasien, General S. G. Trofimenko, nach Moskau beorderte. Der Stab jedenfalls wurde stark ausgedünnt und »von Großbauern befreit«. Bereits im März 1941 war aus dem Stab des Militärbezirks Mittelasien Oberst N. M. Chlebnikow nach Moskau geholt und zum Chef der

Artillerie in der 27. Armee im Baltikum abgestellt worden. Später wird Chlebnikow Generaloberst der Artillerie. Übrigens war die 27. Armee offiziell in den Westregionen des Landes im Mai 1941 aufgetaucht, aber ihre Kader waren schon weit früher von den entlegenen Grenzen zusammengeholt worden. Gleich nach Chlebnikow und vielen anderen Obersten und Generalen war auch der Stabschef des Militärbezirks, Generalmajor (später Armeegeneral) M. I. Kasakow, nach Moskau beordert worden. General Kasakow berichtet in seinem Buch »Über der Karte einstiger Schlachten«, wie er vom Flugzeug aus die riesige Menge von Transportzügen mit Truppen und Kriegsgerät beobachtete, die aus Zentralasien verlegt wurden.

Armeegeneral A. A. Lutschinski (zu der Zeit Oberst und Kommandeur der 83. Gebirgsjägerdivision) gehörte zu denjenigen, die in den Militärtransporten aus Mittelasien nach Westen rollten. Lutschinski teilt sein Abteil mit Generalmajor I. Je. Petrow (er wird später Armeegeneral). Lutschinskis Erinnerungen an Petrow sind wirklich unbezahlbar: »Wir fuhren gemeinsam in einem Abteil, weil wir in das Volkskommissariat für Verteidigung befohlen waren, als über das Radio die Nachricht vom Überfall des faschistischen Deutschland auf unser Land kam.« Lutschinski erwähnt nicht, weshalb sie in das Volkskommissariat für Verteidigung zitiert waren, aber er sagt von seinem Freund General Petrow: »Kurz vor Kriegsbeginn war er zum Kommandeur der 192. Schützendivision ernannt worden (Petrow stellte diese Division auf eine Gebirgsjägerdivision um und schickte sie heimlich an die rumänische Grenze – V. S.) und später zum Kommandeur des 27. mechanisierten Korps, an dessen Spitze er auch an die Front ging.« (»Militärhistorische Zeitschrift« 1976, Nr. 9, S. 121–122)

Das 27. Mechanisierte Korps wird heimlich aus Mittelasien an die rumänische Grenze verlegt, während der Korpskommandeur nach Moskau fährt, um den Kampfauftrag entgegenzunehmen. Wir sind in diesem Buch schon wiederholt einer derartigen Prozedur begegnet: So wird zum Beispiel die 16. Armee heimlich an die rumänische Grenze transportiert, während ihr Kommandierender, Generalleutnant M. Lukin, in Moskau den Kampfauftrag erhält.

In dem kurzen Artikel von Lutschinski über General Petrow wirkt alles ganz normal und alltäglich. Aber achten Sie einmal auf die Reihenfolge, in der sich die Ereignisse entwickeln. Zunächst formiert Generalmajor I. Je. Petrow das 27. Mechanisierte Korps, verlädt es in Militärtransporte und schickt es an die Front, aber erst danach, als er bereits im Zuge sitzt, hört er die Nachricht, daß Deutschland den Krieg begonnen hat.

Doch das Interessanteste geschah ein paar Tage später: Das 27. Mechanisierte Korps wird unterwegs aufgelöst. In einem Verteidigungskrieg werden derartige reine Offensivformationen einfach nicht gebraucht. Im Juli 1941 werden gleich nach dem 27. Mechanisierten Korps auch alle übrigen mechanisierten Korps aufgelöst. Es waren insgesamt neunundzwanzig gewesen.

Eine scheinbar absurde Situation: Das 27. Mechanisierte Korps fährt *vor* Hitlers Überfall in den Krieg, kaum aber hat Hitler den Krieg begonnen, da wird das 27. Korps noch vor dem Zusammentreffen mit dem Gegner aufgelöst. Doch das ist nicht absurd. Das 27. Mechanisierte Korps wird an die rumänische Grenze geworfen, um dort zu kämpfen, aber es sollte nicht in einem Krieg kämpfen, den Hitler begonnen hat, sondern in einem Krieg, dessen Beginn man sich anders gedacht hat.

Was zu dem Schluß führt: Hätte Hitler nicht angegriffen, würde das 27. Mechanisierte Korps am Krieg teilgenommen haben, denn dazu war es schließlich auf dem Weg an die Front gewesen. Aber Hitler hatte durch seine Aktionen jene Art von Krieg abgewendet, für die das 27. Mechanisierte Korps aufgestellt worden war und seine achtundzwanzig Parallelverbände dazu, von denen jeder über mehr als 1000 Panzer verfügen sollte.

Außer Petrow und Lutschinski hatten in den Zügen aus Mittelasien noch viele andere bekannte hohe Offiziere gesessen oder solche, die sich einen Namen machen sollten. Alle Namen werde ich nicht anführen, es ergäbe eine zu langweilige Lektüre. Nur noch einer sei genannt, und auch nur deshalb, weil er zu dem Zeitpunkt Generalmajor war, hernach aber wie Kasakow, wie Petrow, wie Lutschinski Armeegeneral wurde. Er heißt

A. S. Schadow. Von ihm ist bekannt, daß »unmittelbar vor Kriegsbeginn A. S. Schadow, der in Mittelasien eine Gebirgskavalleriedivision kommandierte, zum Kommandeur des 4. Luftlandekorps ernannt wurde und an der Front eintraf, als die Kampfhandlungen bereits in vollem Gange waren«. (»Militärhistorische Zeitschrift« 1971, Nr. 3, S. 124)

Sollte Ihnen jemand weismachen wollen, Stalin habe seine Generale an den Westgrenzen versammelt, um eine deutsche Aggression abzuwehren oder »Gegenschläge« zu führen, dann erinnern Sie den Betreffenden an General Schadow, der seine Gebirgskavalleriedivision in Mittelasien gegen ein Luftlandekorps in Belorußland eintauschte. Sind Luftlandekorps etwa für Gegenschläge oder zur Abwehr feindlicher Angriffe bestimmt?

2.

Der Militärbezirk Transbaikalien blieb verwaist, obwohl seine Truppen nicht nur auf sowjetischem Territorium, sondern auch in der Mongolei standen, wo erst vor kurzem ein richtiger Krieg unter Beteiligung von Hunderten von Panzern und Flugzeugen, Tausenden von Geschützen und etlichen Tausenden von Soldaten geführt worden war.

Unter allen inneren und östlichen Grenzmilitärbezirken war der Militärbezirk Transbaikalien der einzige, der auch über Armeen verfügte. Es waren zwei: die 16. und die 17. Armee. Die 17. Armee war in der Mongolei zurückgelassen worden, doch hatte man sie bereits 1940 bis zu einem solchen Grad »erleichtert«, daß wegen des Mangels an Generalen Oberst P. P. Polubojarow das Amt des Stellvertreters des Kommandierenden einnahm. Wie wir bereits wissen, wurde auch er zuerst nach Moskau geholt und danach an die Nordwest-Front geschickt.

Die andere Armee des Militärbezirks Transbaikalien – die 16. Armee – war heimlich nach Westen überführt worden. Und obwohl man unter den zurückgebliebenen Ehefrauen das Gerücht von der iranischen Grenze verbreitete, hatten die Kommandeure der 16. Armee gewußt, daß sie in den Krieg zogen, und sie wußten auch gegen wen.

Der Stab des Militärbezirks Transbaikalien war beim Abzug der 16. Armee ebenfalls »erleichtert« worden, als man viele Offiziere und Generale an die Divisionen und Korps der 16. Armee abgegeben hatte. Ein Beispiel: *Generalmajor P. N. Tschernyschow* war Kommandeur der 152. Schützendivision der 16. Armee. Er wurde befördert und zum Chef der Abteilung Gefechtsausbildung des Militärbezirks Transbaikalien ernannt. Doch »als die Armee abrückte, erklärte Pjotr Nikolajewitsch«, daß er »mit seiner Division in den Kampf ziehen wird«, und er erreichte, daß man ihn in die 152. Division zurückversetzte. (*Generalmajor A. A. Lobatschow,* Auf schwierigen Pfaden, S. 147)

Aber nicht nur Oberste und unbedeutendere Generale wurden in Transbaikalien zusammengerafft. Man holte sich auch wirklich bewährte Kommandeure von dort. Zu den größten gehörten die Befehlshaber des Militärbezirks. Wieso Befehlshaber? Hatte der Militärbezirk Transbaikalien nicht nur einen Befehlshaber, sondern gleich mehrere? Genau das ist es: Es waren mehrere. Gewiß, sie befehligten ihn nicht alle zur gleichen Zeit, sondern der Reihe nach. Aber diese Wechsel waren nicht von Dauer. 1940 leitet Generalleutnant F. N. Remesow den Militärbezirk Transbaikalien. Er wurde als Befehlshaber des Militärbezirks Orjol abkommandiert. Dort stellte er insgeheim die 20. Armee auf und führte sie unter dem Schutz des TASS-Kommuniqués an die deutsche Grenze. Nach Remesow fungierte vorübergehend Generalleutnant I. S. Konew als Befehlshaber des Militärbezirks Transbaikalien. Er wurde von da in den Militärbezirk Nordkaukasus versetzt, wo er heimlich die 19. Armee aufstellte und diese unter dem Schutz desselben TASS-Kommuniqués an die rumänische Grenze führte. Den Militärbezirk Transbaikalien hatte auf der Stelle Generalleutnant (später Armeegeneral) P. A. Kurotschkin übernommen. Noch vor dem TASS-Kommuniqué verlud Kurotschkin die 16. Armee und wünschte den Kommandeuren und Kämpfern eine erfolgreiche Ausführung »jedes beliebigen Befehls der Heimat«. Die 16. Armee hatte den längsten Weg vor sich. Deshalb mußte sie früher aufbrechen, um gleichzeitig mit allen übrigen

Armeen der Zweiten Strategischen Staffel an der Westgrenze einzutreffen.

Was aber wird aus Generalleutnant P. A. Kurotschkin? Eine ganze Armee in Militärtransporten so zu verladen, daß es niemand erfährt, ist nicht einfach. Kurotschkin hat diesen Auftrag erfüllt und atmet erleichtert auf. Doch am 13. Juni, im Augenblick der Verbreitung des TASS-Kommuniqués, erhält Kurotschkin den Befehl, den Militärbezirk Transbaikalien zu verlassen und sich unverzüglich nach Moskau zur Entgegennahme eines neuen Auftrags zu begeben. Die Zeitung der Roten Armee »Roter Stern« vom 26. Mai 1984 beweist, daß sich Generalleutnant Kurotschkin am 22. Juni 1941 im Wagen eines Schnellzuges nach Irkutsk befand ... Der Militärbezirk Transbaikalien aber blieb ohne Befehlshaber. Die Sowjetische Militärenzyklopädie (Bd. 3, S. 357) informiert darüber, daß der neue Befehlshaber erst im September 1941 eintraf.

3.

Doch nicht nur aus den inneren Militärbezirken und den halben Frontbezirken, sondern auch von einer echten Front wurden Generale und Offiziere an die deutsche und rumänische Grenze verlegt. In Fernost existierte ein Dauerkriegsherd, und bewaffnete Zusammenstöße hatten sich wiederholt zu Konflikten unter Beteiligung von Hunderten von Panzern und Flugzeugen auf beiden Seiten ausgeweitet. Zu der Zeit lag ein Krieg zwischen Japan und der Sowjetunion durchaus im Bereich des Möglichen, und einigen ausländischen Beobachtern erschien er sogar unvermeidlich. Deshalb gab es in Fernost keinen Militärbezirk, sondern eine Front aus drei Armeen.

Ende 1940 hatte man damit begonnen, Generale (aber auch Truppen divisions- und korpsweise) heimlich nach Westen zu verlegen. Diese Verlegungen beschränkten sich nicht nur auf unbedeutendere Generale. Im Januar 1941 war der Befehlshaber der Fernost-Front, Generaloberst G. M. Stern, nach Moskau geholt worden und hatte dort die Stelle des Chefs in der Leitung der Luftverteidigung übernommen. Am 13. Juni 1941, jenem unvergeßlichen Tag, übergab Stern die Führung der Luftverteidigung an General N. N. Woronow, während er sich selbst in geheimer Mission an die deutsche Grenze begab.

Natürlich fand Stalin für den Generaloberst Stern einen angemessenen Ersatz: Die Fernost-Front übernahm Armeegeneral I. R. Opanassenko. Aber viele höchste Kommandeure verließen die Fernost-Front, ohne ersetzt zu werden oder zumindest ohne einen angemessenen Ersatz. So war zum Beispiel der Chef der Operativen Führungsebene des Stabes dieser Front, Generalmajor G. P. Kotow, nach Westen verlegt worden.

Generalmajor P. G. Grigorenko (zu der Zeit Oberstleutnant im Stab der Fernost-Front) erinnert sich: »Noch vor Stern waren Iwan Stepanowitsch Konew, Markian Michailowitsch Popow, Wassili Iwanowitsch Tschuikow und noch viele andere höchste militärische Vorgesetzte nach Westen abberufen worden.« (Im Keller trifft man nur Ratten. New York 1981, S. 246)

Um selbst diese nur kurze Liste recht zu würdigen, möchte ich daran erinnern, daß Generalleutnant M. M. Popow (später Armeegeneral) die 1. Armee kommandierte und Generalleutnant I. S. Konew (später Marschall der Sowjetunion) die 2. Armee. Alle etwaigen Ausflüchte, daß die Verlegung dieser Generale im Hinblick auf die voraussehbare *deutsche* Invasion erfolgt sei, weise ich schlichtweg zurück. Popow erlebt den Kriegsbeginn als Befehlshaber der Nord-Front an der *finnischen* Grenze, und Konew bewegt sich zu diesem Zeitpunkt an der Spitze seiner übermächtigen Angriffsarmee in Richtung *rumänische* Grenze.

Interessant ist der Weg General Konews vom Posten eines Armeekommandierenden in Fernost zum Posten eines Kommandierenden Generals einer Armee an der rumänischen Grenze. Konew begibt sich nicht auf direktem Wege dahin. Er schlägt Umwege ein. Nachdem er im April 1941 die 2. Armee in Fernost abgegeben hat (Sowjetische Militärenzyklopädie, Bd. 2, S. 409), übernimmt Konew den Militärbezirk Transbaikalien. Nachdem er sich dort abgemeldet hat, taucht er, ohne viel Aufsehen zu erregen, ganz still in Rostow auf und übernimmt den Militärbezirk Nordkaukasus. Hier schließt er die Aufstellung der 19. Armee ab, wird zu deren Kommandierendem ernannt und beginnt »unter strengster Geheimhaltung« (nach einer Formulierung von Armeegeneral S. M. Stemenko für den vorliegenden Fall) Ende Mai 1941 mit der Verlegung der Divisionen und Korps seiner Armee an die rumänische Grenze. Das sind binnen kurzer Frist vier Posten – von der äußersten Ostgrenze an die äußerste Westgrenze. Ein Fuchs in Generalsuniform. Wie will man ihn anders bezeichnen? Vor sämtlichen Angriffsoperationen (aber nicht vor Verteidigungsaktionen) hat Stalin seine besten Generale und Marschälle versteckt. Das betraf vor allem Schukow, Wassilewski, Konew, Rokossowski, Merezkow. Und so verwischte Konew im Frühjahr 1941 geradeso wie vor allen wirklich großen Angriffsoperationen seine Spur in einer Weise, daß selbst seine engsten Freunde nicht wußten, wohin er geraten war.

Aber nicht nur Konew verwischte seine Spur. Selbst bei einem Blick auf die Posten, die Konew zur Irreführung vorübergehend übernahm, wird man noch weitere Generale entdecken, die dieselben Posten zur Ablenkung und Tarnung ihrer Spuren benutzten. So hatte zum Beispiel Generaloberst F. I. Kusnezow nach Aufgabe seines Postens als Leiter der Akademie des Generalstabs den Militärbezirk Nordkaukasus übernommen, und als er diesen an Konew abgetreten hatte, war er an der Grenze von Ostpreußen als Befehlshaber der Nordwest-Front aufgetaucht.

4.

Nach dem geheimnisvollen Verschwinden General Konews von der fernöstlichen Grenze hatte die dort zurückgebliebene 2. Armee keinen angemessenen Ersatz bekommen. General M. F. Terjochin kann man natürlich nicht als wirklichen Ersatz für Konew akzeptieren.

Bei der 1. Armee an der Fernost-Front war die Situation sogar noch interessanter. Nach dem Weggang von General M. M. Popow an die Nord-Front hatte man für ihn einen würdigen Nachfolger bestimmt: Generalleutnant A. I. Jerjomenko (später Marschall der Sowjetunion). Aber lange behielt Jerjomenko dieses Kommando nicht. Am 19. Juni erhielt er den Befehl, die 1. Armee abzugeben und sich unverzüglich in Moskau einzufinden, um seinen neuen Einsatzort zu erfahren.

Hitler hatte alle Karten durcheinandergebracht, und erst nach dem Beginn der deutschen Invasion wird Jerjomenko Befehlshaber der West-Front anstelle des abgesetzten Generals D. G. Pawlow. Am 19. Juni war allerdings eine derartige Wendung der Ereignisse nicht vorauszusehen. Pawlow saß fest auf seinem Posten als Befehlshaber der West-Front. Stalin hatte Jerjomenko zur Erledigung einer anderen Mission kommen lassen, die nicht bekannt ist und möglicherweise auch unerledigt blieb. Mir glückte es, Marschall der Sowjetunion Jerjomenko persönlich zu begegnen und mit ihm zu sprechen. Sehr behutsam, um nicht seinen Argwohn zu wecken, versuchte ich mich an diese Frage heranzutasten. Ich hatte den Eindruck, daß Jerjomenko sich nicht verstellte, sondern wirklich nicht wußte, wofür Stalin ihn am 19. Juni 1941 brauchte. Ich lenkte die Aufmerksamkeit des Marschalls darauf, daß er damals keineswegs der einzige war. Ich sagte zu ihm, da sei zum Beispiel auch Kurotschkin unterwegs gewesen und Siwkow und Kurdjumow und Schadow und Petrow und Lutschinski. Der Marschall zeigte sich sehr interessiert. Ich bedaure ungemein, daß ich kein westlicher Historiker bin mit dem Paß eines demokratischen Landes in der Tasche, so daß ich die Unterhaltung mit dem Marschall einfach nicht zu weit ausdehnen konnte.

Der aufmerksam gewordene Jerjomenko wies mich auf noch ein paar Generale hin, die man aus Fernost geholt und damit die sowjetische Verteidigung dort nahezu vollkommen entblößt hatte: Generalmajor N. E. Bersarin war Stellvertreter des Kommandierenden der 1. Armee. Jerjomenko sagte mir, wovon er in seinen Memoiren nicht berichtet: Als er aus dem Fernen Osten aufbrach, sollte er die Armee seinem Stellvertreter Bersarin übergeben. Dazu ist ein Stellvertreter schließlich da! Aber Bersarin war von Stalin bereits Ende Mai insgeheim nach Moskau zitiert und zum Kommandierenden der 27. Armee im Baltikum, d. h. an der deutschen Grenze, ernannt worden.

Man könnte auch hier erwidern, Stalin habe Jerjomenko

und die anderen Generale von der Fernost-Front zur Verstärkung der Verteidigung abberufen. Um restlos alle Zweifel zu beseitigen, will ich nur noch einen einzigen weiteren General anführen, den mir ebenfalls Jerjomenko genannt hat: *Generalmajor W. A. Glasunow* (später Generalleutnant, Befehlshaber der Luftlandetruppen der Roten Armee) kommandierte Anfang 1941 die 59. Schützendivision in der 1. Armee der Fernost-Front. Jerjomenko hatte die 1. Armee sehr ins Herz geschlossen und wollte sie nicht ohne Kommandierenden General der »Stabsratte« Schelachow überlassen. Aber Stalin hatte Jerjomenkos Stellvertreter bereits weggeholt, die Korpskommandeure ebenfalls, und selbst die erfahrenen Divisionskommandeure waren längst nach Westen verlegt worden. Nur noch die 59. Division hatte einen erfahrenen, kämpferischen, vielversprechenden General – Glasunow. Jerjomenko sagte mir, er habe unverzüglich eine chiffrierte Nachricht an den Generalstab mit dem Vorschlag geschickt, General Glasunow mit der Führung der 1. Armee zu betrauen. Von der Division weg an die Spitze einer Armee – das ist ein großer Sprung, aber was sollte man tun, wenn es andere Draufgänger unter den Kommandeuren im Fernen Osten nicht mehr gab?

Moskau zeigte sich sofort einverstanden – nämlich damit, daß Glasunow wirklich ein würdiger Kommandeur war, und in einer chiffrierten Antwort erhielt Glasunow den Befehl, unverzüglich die Division abzugeben und statt dessen das 3. Luftlandekorps an der rumänischen Grenze zu übernehmen.

Auf Stalins Befehl waren Anfang Juni 1941 an den Westgrenzen nicht nur *sämtliche* sowjetischen Luftlandetruppen einschließlich der erst vor kurzem aus dem Fernen Osten hierher verlegten Einheiten konzentriert, sondern im allerletzten Moment holte Stalin auch noch die Infanterie- und Kavalleriegenerale von den äußersten Grenzen zusammen und machte aus ihnen binnen kurzer Frist Kommandeure von Luftlandekorps. Das betrifft nicht nur die Generale Glasunow und Schadow, sondern auch die Generale M. A. Ussenko, F. M. Charitonow und I. S. Besugly.

Die kurzfristige Umstellung der Generale von einem Kommando über Infanterie- und Kavallerieeinheiten zur Führung von Luftlandetruppen ist keine Vorbereitung für den Verteidigungsfall und auch keine Vorbereitung für einen Gegenangriff. Es sind Anzeichen für die Vorbereitung einer Aggression – einer unausweichlichen, unmittelbar bevorstehenden, gigantischen Angriffsoperation.

WARUM STALIN FRONTEN BILDETE

Der Krieg der Armen gegen die
Reichen wird der blutigste sein, der
je geführt worden ist.

Friedrich Engels, Die Lage der
arbeitenden Klasse in England
(Karl Marx. Friedrich Engels. Werke,
Bd. 2. Berlin 1959, S. 504)

1.

Eine Front stellt eine operativ-strategische Zusammenfassung von Streitkräften dar. Eine Front umfaßt mehrere Armeen, Fliegerkräfte, Luftverteidigungskräfte, Truppenteile und Nachschubeinheiten sowie rückwärtige Dienste. In Friedenszeiten gibt es keine Fronten. Anstelle von Fronten hat man Militärbezirke. Eine Front wird gewöhnlich zu Beginn eines Krieges geschaffen. (Sowjetische Militärenzyklopädie, Bd. 8, S. 332)

1938 war angesichts der zugespitzten Beziehungen zu Japan innerhalb der Roten Armee die Fernost-Front mit der 1. und 2. Armee, Fliegerkräften und Verstärkungen gebildet worden. Am 13. April 1941 wurde mit Japan der Neutralitätspakt unterzeichnet, aber die Fernost-Front blieb als solche bestehen und wurde nicht in einen Militärbezirk umgewandelt.

An den sowjetischen Westgrenzen waren 1939 und 1940 vorübergehend Fronten für die »Befreiungsfeldzüge« in Polen, Rumänien, Finnland gebildet worden. Nach Beendigung dieser Feldzüge waren diese Fronten jedoch unverzüglich aufgelöst und an ihrer Stelle erneut Militärbezirke geschaffen worden. Die Historiker werfen Stalin vor, er habe mit Deutschland und Japan jeweils einen Vertrag geschlossen, aber gegen Japan sei eine Front gebildet worden und gegen Deutschland nicht.

Auf den ersten Blick erscheint das unlogisch. Aber sehen Sie sich Hitler an – er tut genau dasselbe: Gegen Großbritannien werden Stäbe mit klingenden Namen geschaffen, unterdessen aber Truppen und die besten Generale heimlich an den Grenzen der Sowjetunion zusammengezogen. So bereitet man einen Überraschungsschlag vor. Auch Stalin handelt nicht anders: Im Fernen Osten bildet man eine Front, doch Truppen und Generale verlassen sie heimlich. An den Westgrenzen existieren weiterhin Militärbezirke, dennoch erfolgt hier die Truppenkonzentration. Ein Vergleich des militärischen Potentials der Fernost-Front mit dem jedes beliebigen westlichen Militärbezirks fällt keineswegs zugunsten der Front aus. So verfügt zum Beispiel die Fernost-Front über drei Armeen, ganz gewöhnliche Armeen; aber im Sondermilitärbezirk West stehen vier Armeen, davon drei normale Stoßarmeen und eine extrem starke Stoßarmee. Außerdem treffen auf dem Territorium des Sondermilitärbezirks West noch drei weitere Armeen der Zweiten Strategischen Staffel ein. An der Fernost-Front dagegen niemand, im Gegenteil – hier werden noch Korps und Divisionen abgezogen. An der Fernost-Front steht ein einziges mechanisiertes Korps, im Sondermilitärbezirk West sind es deren sechs. An der Fernost-Front gibt es keine Luftlandetruppen, im Sondermilitärbezirk West ein ganzes Korps. Dieser Vergleich ließe sich weiter fortsetzen. Aber man darf nicht vergessen, daß der Sondermilitärbezirk West nicht der mächtigste ist. Der Militärbezirk Kiew ist weit stärker. Wenn wir ihn mit der Fernost-Front vergleichen, sind wir vollends von der Front enttäuscht. Die Front in Fernost ist nur ein Deckmantel, sie soll der ganzen Welt demonstrieren, daß hier ein Krieg ausbrechen kann. Aber auch die fünf westlichen Militärbezirke sind nur ein Deckmantel, sie sollen demonstrieren, daß hier mit keinem Krieg gerechnet wird. In Wirklichkeit stellen die fünf westlichen Grenzmilitärbezirke seit langem etwas Ungewöhnliches dar. Gewöhnliche Militärbezirke waren sie bis 1939. Jetzt ist in ihrem Bereich eine so starke militärische Schlagkraft konzentriert, wie sie selten eine sowjetische Front als ein vergleichbares militärisches Machtpotential selbst während der erbittertsten Schlachten im Verlaufe des Krieges vereinte.

Im Fernen Osten hat man die Front auf eine Weise errichtet, daß jeder von ihrer Existenz weiß. Hier im Westen jedoch hat man nicht nur eine, sondern *fünf* Fronten entfaltet, aber so, daß dies keiner wissen soll. In den vorangegangenen Kapiteln habe ich die Nord-, Nordwest-, West-, Südwest- und die Süd-Front erwähnt, und das war kein Irrtum. Offiziell wurden sie erst nach der deutschen Invasion gebildet, als Reaktion auf diese Invasion. Aber werfen Sie einen Blick in die Archive, und Sie werden verblüfft feststellen, daß bereits seit Februar 1941 diese Bezeichnungen in jenen sowjetischen Dokumenten verwendet werden, die seinerzeit »streng geheim« waren. Ein Teil dieser Dokumente ist jetzt freigegeben und für wissenschaftliche Untersuchungen zugänglich. Ich zitiere: »Im Februar 1941 erhielten die Militärräte der Grenzmilitärbezirke ... Anweisungen zur umgehenden Einrichtung von Frontgefechtsständen.« (»Militärhistorische Zeitschrift« 1978, Nr. 4, S. 86)

Offiziell gab es an den Westgrenzen fünf Militärbezirke. Inoffiziell bereitet jeder Militärbezirk bereits Frontgefechtsstände vor, d. h. er schafft nicht eine militärische Territorialstruktur, sondern eine rein militärische Organisationsform, wie sie nur während eines Krieges und nur zur Truppenführung im Kriege benötigt wird.

Die kommunistischen Historiker wollen uns davon überzeugen, daß bis zum 22. Juni 1941 zwischen der UdSSR und Deutschland Frieden geherrscht habe, der angeblich von Deutschland am 22. Juni gebrochen worden sei. Diese sehr kühne Hypothese wird leider durch keinerlei Fakten bestätigt. Die Fakten sprechen eine gegenteilige Sprache. Als die Sowjetunion im Februar 1941 ihre Frontgefechtsstände entfaltete, war sie faktisch in den Krieg gegen Deutschland eingetreten, auch wenn sie dies nicht offiziell erklärte.

2.

Der Befehlshaber eines Militärbezirks übt in Friedenszeiten zwei Hauptfunktionen aus, und seine Rolle ist eine zweifache: Einerseits ist er ein rein militärischer Befehlshaber, dem mehrere Divisionen unterstellt sind, mitunter auch mehrere Korps oder sogar mehrere Armeen. Andererseits kontrolliert der Befehlshaber eines Militärbezirks in Friedenszeiten ein streng definiertes Territorium in der Rolle eines Statthalters oder auch Militärgouverneurs.

Im Kriegsfall verwandelt sich ein Grenzmilitärbezirk in eine Front. Dabei können sich drei Situationen ergeben:

Erste Situation: Die Front kämpft auf demselben Gebiet, auf dem sich vor dem Krieg der Militärbezirk befand. In diesem Fall behält der Frontbefehlshaber seine Funktion als rein militärischer Befehlshaber und kontrolliert außerdem weiterhin das ihm anvertraute Territorium, indem er in den rückwärtigen Frontgebieten die Funktion eines Militärgouverneurs ausübt.

Zweite Situation: Unter dem gegnerischen Druck weicht die Front zurück. In einem solchen Fall bleibt der Frontbefehlshaber verantwortlich für die Leitung der Kampfhandlungen und nimmt beim Rückzug die Organe der militärischen Territorialverwaltung mit.

Dritte Situation: Mit Beginn des Krieges rückt die Front auf das Territorium des Gegners vor. Lediglich im Hinblick auf diese Situation erfolgt eine Aufteilung der Funktionen des Befehlshabers eines Militärbezirks. Er behält die Funktion des rein militärischen Befehlshabers und führt seine Truppen an, während auf dem Territorium des Militärbezirks ein rangniedrigerer Offizier zurückbleiben muß, um die Rolle des Militärgouverneurs zu übernehmen.

Im Februar 1941 geschah etwas, was von den Historikern nicht bemerkt worden ist. Im *Sondermilitärbezirk West* wurde das Amt eines weiteren Stellvertreters für den Befehlshaber des Militärbezirks eingerichtet. Was hat das zu bedeuten? Armeegeneral D. G. Pawlow hat ohnehin bereits mehrere Stellvertreter! Einige Monate lang bleibt dieser zusätzliche Posten eines Stellvertreters vakant. Dann wurde er mit Generalleutnant W. N. Kurdjumow besetzt.

Es ist ein Ereignis von eminent wichtiger Bedeutung.

In Friedenszeiten ist in Minsk der Kommandierende Armeegeneral D. G. Pawlow, sein Stellvertreter ist Generalleutnant I. W. Boldin, Stabschef ist Generalmajor W. Ja. Klimowskich. Für den Fall der Mobilmachung ist Pawlow bereits zum Befehlshaber der West-Front bestimmt, Klimowskich zum Stabschef der West-Front, und für Boldin sehen die entsprechenden Pläne den Einsatz als Kommandeur einer mobilen Gruppe der West-Front vor.

Es geht mir hierbei um Folgendes: Hätte die West-Front dort kämpfen sollen, wo sie sich vor dem Kriege befand, das heißt in Belorußland, wären keinerlei strukturelle Veränderungen nötig gewesen. Doch die West-Front bereitete sich darauf vor, in das Territorium des Gegners einzudringen. Sie wird von den Generalen Pawlow, Boldin und Klimowskich angeführt. Wenn sie jedoch vorrücken und alle Armeen, Korps, Divisionen und Brigaden mitnehmen, wer bleibt dann in Minsk zurück? Nun, eben für diesen Fall ist der zusätzliche Stellvertreter Generalleutnant Kurdjumow vorgesehen. Bereits in Friedenszeiten ist hier die Trennung der Strukturen erfolgt. Armeegeneral Pawlow konzentriert seine Aufmerksamkeit auf rein militärische Probleme und sein neuer Vertreter auf rein territoriale Fragen. Sobald die West-Front mit Pawlow an der Spitze auf das Territorium des Gegners abrückt, bleibt General Kurdjumow in Minsk zurück und übt die Funktion eines territorialen Militärgouverneurs aus, d. h. er sorgt für die Sicherung der lokalen Behörden und der Verkehrswege, er kontrolliert die Industrie und das Transportwesen, führt ergänzende Mobilmachungsmaßnahmen durch und stellt Reserven für die bereits weit vorgerückte Front bereit.

General Kurdjumow haben wir bereits kennengelernt – er war Leiter der Gefechtsausbildung. Jetzt ist er nach Minsk beordert. Vom Standpunkt eines »Befreiungskrieges« eine hervorragende Entscheidung: Ein General mit dieser Erfahrung an den Ausfallstraßen, über die immer neue und abermals neue Reserven nach Westen ziehen. Er kann besser als alle anderen den durchziehenden Truppen die letzten Anweisungen vor dem Antreten zum Gefecht mit auf den Weg geben.

Vier Armeen, zehn selbständige Korps und zehn Fliegerdivisionen stehen auf dem Gebiet des Sondermilitärbezirks Kiew und bereiten sich ebenfalls zum Abrücken auf das Territorium des Gegners vor. Sie werden vom Befehlshaber der Südwest-Front, Generaloberst M. P. Kirponos, angeführt. Im Hinblick auf diese bevorstehende Entwicklung muß umgehend die Aufteilung der Funktionen des Befehlshabers in diesem Militärbezirk durchgeführt werden: Ihm verbleiben die rein militärischen Aufgaben, während die rein territorialen Funktionen einem anderen zu übertragen sind. Und somit wird auch hier das zusätzliche Amt eines Stellvertreters geschaffen, zu dem Generalleutnant W. F. Jakowlew ernannt wird. Kirponos wird mit den Truppen vorrücken und Jakowlew in Kiew bleiben. Seit Anfang Februar läßt sich zunehmend deutlicher die Trennung der beiden Strukturen verfolgen. In Tarnopol wird heimlich ein Gefechtsstand eingerichtet – hier entsteht die Zentrale der militärischen Struktur, in Kiew verbleibt der Stab – die Zentrale der territorialen Struktur. In Browary bei Kiew wird eine fest ausgebaute unterirdische Kommandozentrale für die territoriale Verwaltungsorganisation eingerichtet. Der Gefechtsstand in Tarnopol ist dagegen von besonders leichter Bauart: Erdhütten mit einer einzigen Bretterschicht. Das alles ist völlig logisch: Für die militärische Leitung wird nicht mit einem langen Verweilen in der Ukraine gerechnet, wozu also gewaltige Betonbunker errichten?

Im *Sondermilitärbezirk Baltikum* erfolgte gleichfalls eine Aufteilung der Strukturen. Die Generalstabsoffiziere gingen nach Paneweschis, wo sich von da an die getarnte Zentrale der rein militärischen Struktur der Nordwest-Front befindet; in Riga aber bleibt ein zweitrangiger General, Je. P. Safronow, zurück, der die militärische Territorialkontrolle nach Abzug der Hauptmasse der sowjetischen Truppen in Richtung Westen übernehmen wird.

Im *Militärbezirk Odessa* gibt es eine kleine Nuance. Hier ist es ebenfalls zur Aufteilung der Strukturen gekommen. Doch ist aus dem Stab des Militärbezirks nicht der Stab einer ganzen Front gebildet worden, sondern der Stab der stärksten aller sowjetischen Armeen – der Neunten. Die überwiegende Mehrheit der Offiziere des Stabes im Militärbezirk Odessa ist unter ihrem Stabschef Generalmajor M. W. Sacharow insgeheim in den Stab der 9. Armee versetzt worden. *Marschall der Sowjetunion I. S. Konew* bestätigt, daß am 20. Juni der Stab der 9. Armee unter

Gefechtsalarm zusammengeholt und bei Nacht und Nebel aus Odessa in den Feldgefechtsstand verlegt wurde. (»Militärhistorische Zeitschrift« 1968, Nr. 7, S. 42) Der Befehlshaber des Militärbezirks Odessa, Generaloberst Ja. T. Tscherewitschenko, ist längst nicht mehr in Odessa. Er war auf der Krim gewesen, wo er das heimlich aus dem Kaukasus eingetroffene 9. Spezial-Schützenkorps abgenommen hatte, und fährt jetzt mit dem Zug an Odessa vorbei zum getarnten Gefechtsstand der 9. Armee, deren Kommando ihm übertragen worden ist. *Marschall der Sowjetunion M. W. Sacharow* berichtet, daß zum Zeitpunkt der deutschen Invasion Tscherewitschenko im Zuge saß. (»Fragen der Geschichte« 1970, Nr. 5, S. 46) Die 9. Armee hatte den Auftrag, die Grenzen des sowjetischen Territoriums zu überschreiten, das ist der Grund, weshalb in Odessa *vor* der deutschen Invasion ein zusätzlicher General, N. Je. Tschibissow, auftauchte. Nach dem Abzug der militärischen Führung der 9. Armee sollte er auf dem aus militärischer Sicht halbleeren Territorium zurückbleiben und die militärische Territorialkontrolle übernehmen.

Der Militärbezirk Leningrad stellt dagegen eine Ausnahme dar. Hier wird ebenfalls heimlich die Nord-Front gebildet, aber eine Trennung der Strukturen erfolgt nicht, und auch das ist sehr logisch: Die Nord-Front bereitet sich vorerst nicht auf eine weitere Entfernung vom karelischen Territorium vor, weshalb auch kein Anlaß besteht, die Kommandeure aufzuteilen in solche, die vorrücken, und die anderen, die zurückbleiben. Da die Nord-Front annähernd auf dem Territorium operieren wird, das dem früheren Militärbezirk entspricht, müssen zwei getrennte Strukturen hier auch nicht eingerichtet werden. Sie werden nur dort gebraucht, wo ein Teil der Kommandeure und der Truppen vorrücken soll, während der andere Teil zurückbleiben muß. Deshalb wird im Militärbezirk Leningrad auch nicht der Posten eines zusätzlichen Stellvertreters des Befehlshabers eingerichtet. Kampfhandlungen und Territorialkontrolle werden hier von einer einzigen Zentrale aus geleitet werden – dem Stab der Nord-Front. Er wird nirgendwohin gehen, und deshalb ist auch keine Führungsstruktur vorgesehen, die ihn ersetzen müßte.

3.

Am 13. Juni 1941, dem Tag der Verbreitung des TASS-Kommuniqués durch den Rundfunk, wurde die endgültige und vollständige Trennung der beiden Führungsstrukturen in den westlichen Grenzmilitärbezirken mit Ausnahme von Leningrad vollzogen. An diesem Tag gab der Volkskommissar für Verteidigung den Befehl, die Frontführungsebenen in die vorgeschobenen Feldgefechtsstände zu verlegen.

Von diesem Augenblick an existieren in Belorußland nebeneinander zwei unabhängige militärische Führungssysteme: die heimlich geschaffene West-Front (unter dem Befehl von Armeegeneral D. G. Pawlow mit ihrem im Waldgelände gelegenen Gefechtsstand im Raum der Bahnstation Lesna) und der Sondermilitärbezirk West (unter dem Befehl von Generalleutnant W. N. Kurdjumow, mit dem Stab in Minsk). Pawlow spielt weiterhin die Rolle des Befehlshabers im Militärbezirk, aber er ist bereits offiziell Befehlshaber der West-Front, und sein Stab wird schon in den geheimen Gefechtsstand verlegt, um unabhängig vom Sondermilitärbezirk West zu operieren.

Zwei parallele militärische Führungssysteme auf ein und demselben Territorium, das ist etwa dasselbe wie zwei Kapitäne auf einem Schiff, zwei Führer in einer kommunistischen Partei oder zwei Anführer in einer Bande. Eine doppelte militärische Führung auf ein und demselben Territorium kann es nebeneinander nicht geben, und sie ist auch nur geschaffen worden, weil die West-Front binnen kürzester Frist dieses Territorium verlassen soll.

Zur gleichen Zeit sind auch in der Ukraine zwei unabhängige Strukturformen der militärischen Führung entstanden: die Südwest-Front und der Sondermilitärbezirk Kiew. *Marschall der Sowjetunion I. Ch. Bagramjan* bestätigt, daß es eine besondere verschlüsselte Order von Schukow gab, »dies streng geheim zu halten und die Angehörigen des Stabes im Militärbezirk entsprechend zu instruieren«. (So begann der Krieg, S. 83)

Hier wird dasselbe Täuschungsmanöver wie in Minsk vorgeführt: Für einen Außenstehenden liegt die militärische Führung in der Ukraine nur in den Händen des Stabes des Sondermilitärbezirks Kiew, und die Stabsangehörigen sind besonders darauf hingewiesen worden, diese Rolle auch weiterhin zu spielen. Aber neben dem Stab des Militärbezirks ist auf demselben Territorium eine zweite militärische Führungsstruktur geschaffen worden – die Südwest-Front. Dabei hat der Stab des Militärbezirks Kiew nicht nur die Funktion einer leeren Hülle. Nein, es ist ein Vollblutstab, mit einer Fülle von Aufgaben, der intensiv und angestrengt seine Arbeit verrichtet. Werden zwei unabhängige militärische Führungsstrukturen wohl lange nebeneinander existieren können?

Generalleutnant der Nachrichtentruppen P. M. Kurotschkin (zu der Zeit Generalmajor, Chef der Nachrichtentruppen der Nordwest-Front) berichtet dasselbe vom Baltikum: »Im Raum Paneweschis (Panevėžys) begannen die Führungsebenen und Stabszellen einzutreffen. Die Führung des Militärbezirks verwandelte sich praktisch in eine Frontdienststelle, obwohl formal bis zum Kriegsbeginn die Bezeichnung Militärbezirkskommando beibehalten wurde. In Riga wurde eine Gruppe aus Generalen und Offizieren zusammengestellt, der die Führungsfunktion des Militärbezirks übertragen wurde.« (Sammelband »An der Nord-West-Front«, S. 196)

Die Einrichtung zweier voneinander unabhängiger Führungssysteme hat notwendigerweise auch die Einrichtung zweier unabhängiger Nachrichtensysteme zur Folge. Das Nachrichtensystem an der Front im Baltikum stand unter der persönlichen Leitung von Generalmajor P. M. Kurotschkin, während sein ehemaliger Stellvertreter, Oberst N. P. Akimow, für das davon unabhängige Nachrichtennetz des Militärbezirks zuständig war.

General Kurotschkin widmet sich energisch dem Ausbau des Nachrichtennetzes seiner Front. Das geschieht »gleichsam zur Kontrolle«. Um nicht das Mißtrauen des Gegners durch die explosionsartige Vermehrung von Gesprächen über die neuen militärischen Nachrichtenkanäle zu wecken, werden die zivilen Nachrichtenverbindungen genutzt. Im übrigen muß man das Wort »zivil« in Anführungszeichen setzen. Zivile Nachrichtenverbindungen gab es nämlich in der Sowjetunion nicht. Seit

1939 war das staatliche Nachrichtennetz vollständig militarisiert und in den Dienst der Roten Armee gestellt. Das Volkskommissariat (Ministerium) für das Nachrichtenwesen war direkt dem Volkskommissariat für Verteidigung unterstellt. In allen normalen Ländern ist das militärische Nachrichtenwesen ein Teil des staatlichen allgemeinen Nachrichtenwesens, doch in der Sowjetunion verhält es sich genau umgekehrt: Das allgemeine staatliche Nachrichtenwesen ist Bestandteil des militärischen Nachrichtenwesens, und der Volkskommissar für das Nachrichtenwesen der UdSSR, Peressypkin, war offiziell stellvertretender Leiter des Nachrichtenwesens der Roten Armee.

Die Führung der Nordwest-Front war nicht zu Übungszwekken in den Feldgefechtsstand abgerückt, sondern sie war in den Krieg gezogen: »Eine übergeordnete operative Organisation zur Leitung der Kampfhandlungen wurde geschaffen.« (*Generalleutnant P. M. Kurotschkin*, Rufzeichen der Front. Moskau 1969, S. 117) Das für Kriegszeiten vorgesehene Frontnachrichtensystem war rechtzeitig gut vorbereitet und funktionsfähig gemacht worden. »Sämtliche Planungsunterlagen über Frequenzen, Rufzeichen, Parolen wurden im Stab des Militärbezirks bereitgehalten und brauchten im Falle eines Krieges nur noch an die Truppen weitergeleitet zu werden. Die Zahl der Funkstationen im ganzen Militärbezirk betrug jedoch mehrere Tausend, weshalb die Umstellung der Arbeit auf Kriegsbedingungen mindestens eine Woche erfordern mußte. Eine vorzeitige Durchführung dieser Maßnahmen war nicht erlaubt.« (Ebenda, S. 115) Halten wir für uns fest, daß man bei der gesamten Umstellung von Friedens- auf Kriegsbedingungen nicht von der Annahme ausging, daß der Gegner angreifen könnte und diese Umstellung daher praktisch augenblicklich erfolgen müßte, sondern daß vielmehr mit einem vorab aus Moskau eingehenden Signal zu einer von Moskau bestimmten Zeit gerechnet wurde. Mit anderen Worten: Der Plan für die Umstellung des Nachrichtenwesens war nicht für die Bedingungen eines Verteidigungskrieges aufgestellt, sondern für einen Angriffskrieg, für eine offensive Operation mit einer vorausgehenden Periode getarnter Vorbereitungen auf diese Situation. Diese Periode der heimlichen Invasionsvorbereitungen seitens der Roten Armee war nun angebrochen. Am 19. Juni erteilt der Stabschef der Nordwest-Front, Generalleutnant P. S. Kljonow, dem Generalmajor der Nachrichtentruppen folgenden Befehl:

»›Vorgehen gemäß großem Plan. Sie wissen, wovon die Rede ist?‹

›Jawohl, ich verstehe vollkommen‹, meldete ich«. (*Kurotschkin* im Sammelband »An der Nordwest-Front«, S. 195)

Schade, daß wir nicht alles vollkommen verstehen, was den »großen Plan« betrifft, und daß sich keiner von den sowjetischen Generalen darüber ausläßt, was eigentlich dieser »große Plan« ist. Aber so viel ist klar, daß die sowjetischen Generale im Besitz von Plänen waren und diese bereits in die Praxis umsetzten. Binnen weniger Tage mußte irgendetwas gemäß »großem Plan« geschehen, aber Hitler hat durch seine Initiative die Realisierung des »großen Plans« verhindert und die sowjetischen Generale gezwungen, nicht gemäß vorgesehenem Plan zu handeln, sondern zu improvisieren.

Und hier nun die Maßnahmen, die General Kurotschkin zur Durchführung des »großen Plans« traf: »Die Nachrichtenabteilung des Militärbezirks versandte die Unterlagen, die sich auf die Organisation des Funkverkehrs bezogen ... an die Armeestäbe und die dem Militärbezirk unterstellten Verbände. Alle diese Unterlagen sollten in entsprechender Bearbeitung über die Korps-, Divisions-, Regiments- und Bataillons-Kommandoinstanzen in die Hände der Mannschaft jeder Funkstation gelangen. Das würde, wie ich schon sagte, nicht weniger als eine Woche beanspruchen.« (*Kurotschkin* im Sammelband »An der Nordwest-Front«, S. 118)

Streng geheime Informationen sind demnach in die Hände von Tausenden von Befehlsempfängern gelangt. Das ist ein irreversibler Prozeß. Diese Geheiminformationen zurückzuziehen und in den Safes zu verschließen, ist nicht mehr möglich. Als diese Materialien die Safes verlassen hatten, war der Krieg absolut unausbleiblich geworden. Die Vorbereitung eines Angriffskrieges erinnert ein wenig an die Vorbereitung eines Staatsstreiches: Der Plan selbst wird von einer sehr kleinen

Gruppe ausgearbeitet, die den Tausenden von künftigen Teilnehmern an den erforderlichen Aktionen nicht ein Körnchen Information anvertraut. Haben aber die Führer der Verschwörung an Tausende von ausführenden Personen auch nur ein Teilchen ihres Planes weitergegeben, ist ihr Heraustreten an die Öffentlichkeit unvermeidlich geworden. Andernfalls würden die Verschwörer das Überraschungsmoment einbüßen, das ihren entscheidenden Trumpf darstellt, und dadurch den Gegner veranlassen, eilige Gegenmaßnahmen zu ergreifen.

Aber vielleicht hat auch Generalleutnant Kljonow den Befehl zur Weiterleitung von Teilstücken des »großen Plans« an Tausende von Ausführenden im Hinblick auf eine unerwartete deutsche Offensive erteilt? Keineswegs. General Kljonow weist kategorisch die Möglichkeit einer deutschen Invasion von sich. Selbst als diese begonnen hat, lehnt Kljonow ab, so etwas zu glauben, und er trifft keinerlei Anstalten zur Abwehr der angelaufenen Offensive. Auf General Kljonow und seine ausschließlich aggressiven Vorschläge bei der Dezemberbesprechung der Generalstabsoffiziere (1940) werden wir noch im zweiten Band der vorliegenden Publikation zurückkommen. Kljonow hatte vorgeschlagen, nur Offensivkriege zu führen, die mit einem überraschenden Vorstoß der Roten Armee beginnen. An Aggressivität übertraf er sogar Schukow, und er besaß auch den Mut, in Gegenwart Stalins mit Schukow darüber zu streiten, wie ein Überraschungsschlag geführt werden müsse. An die Möglichkeit einer deutschen Invasion glaubte er genausowenig wie sein Gönner, das Politbüromitglied A. A. Schdanow, wie im übrigen auch nicht die vielen anderen sowjetischen militärischen und politischen Führer, selbst Stalin nicht.

Am 13. Juni 1941 und in den wenigen auf das TASS-Kommuniqué folgenden Tagen waren in der Sowjetunion sämtliche Mechanismen für den bevorstehenden Krieg mobilisiert worden. Der Prozeß der Entfaltung der sowjetischen Fronten ging so weit, daß Tausende von Befehlsempfängern in Geheimnisse von außerordentlicher Wichtigkeit eingeweiht waren. Mitte Juni 1941 hatte die Sowjetunion bereits den kritischen Punkt überschritten, von dem ab ein Krieg unvermeidlich wird.

4.

Bei der Durchführung riesiger Angriffsoperationen müssen die gleichzeitigen Aktionen mehrerer Fronten koordiniert werden. Damit befassen sich die Vertreter des Hauptquartiers des Oberkommandos.

Ein Vertreter des Hauptquartiers begibt sich – unabhängig von seinem militärischen Rang mit tatsächlich unbeschränkten Vollmachten ausgestattet – in das Kampfgebiet. Der Einsatz eines Vertreters des Hautpquartiers ermöglicht eine beachtliche Steigerung der Flexibilität in der gesamten strategischen Kriegsführung. Einerseits ist der Vertreter des Hauptquartiers Mitglied des Oberkommandos und damit in die Absichten und Pläne eingeweiht, die der gewöhnliche Befehlshaber einer Front nicht kennen darf. Andererseits leitet der Vertreter des Hauptquartiers die Kampfhandlungen nicht aus seinem Moskauer Arbeitszimmer, sondern direkt vom Gefechtsstand einer Front oder Armee, an dem er sich unmittelbar vor Beginn der betreffenden Operationen einfindet. Der Vertreter des Hauptquartiers ist von den alltäglichen Routineaufgaben des Befehlshabers einer Front freigestellt und kann seine ungeteilte Aufmerksamkeit der Lösung der Hauptprobleme widmen. In kritischen Augenblicken können die Vertreter des Hauptquartiers dem Oberkommandierenden unmittelbar zur Seite stehen und diesem die notwendigen Ratschläge geben, oder aber diese besten militärischen Köpfe des Staates können sich auf Befehl des Oberkommandierenden am kritischsten Frontabschnitt des Krieges aufhalten, dort, wo sich das Schicksal des Krieges entscheidet.

Das Erscheinen eines Vertreters des Hauptquartiers in irgendeiner Region kündigt stets große Ereignisse in allernächster Zukunft an.

Der Tag, an dem das TASS-Kommuniqué verbreitet wurde, war ein Tag vieler unverständlicher, unerklärlicher, geheimnisvoller Vorgänge, deren Sinn künftige Historikergenerationen erst noch zu enträtseln haben werden. Meine eigenen Informationen sind bruchstückhaft, unvollständig, mitunter widersprüchlich. Aber selbst wenn man nur das wenige in Betracht zieht, das einer Überprüfung standhält, dann muß man den entscheidenden Inhalt dieses Tages in dem heimlichen Aufbruch von Vertretern des sowjetischen Oberkommandos an die Westgrenze sehen.

Ich werde nur einige anführen:

Den *Stellvertreter des Volkskommissars für Verteidigung Generalleutnant Pawel Rytschagow.* Stalins Günstling. Persönlicher Freund von Schukow. 29 Jahre alt. Er hat sich in Luftkämpfen in Spanien und China, bei den Kämpfen mit den Japanern am Chassan-See 1938 und am Chalchyn-gol 1939 hervorgetan, die Fliegerkräfte der 1. Armee in Fernost kommandiert, danach die Fliegerkräfte der 9. Armee während der »Befreiung« Finnlands. Sein ganzes Soldatenleben hat er am Kriegshimmel zugebracht. Rytschagow war auf persönlichen Befehl Stalins stets da aufgetaucht, wo die Rote Armee in allernächster Zukunft einen Überraschungsschlag führen sollte. Rytschagow blickt auf eine steile Karriere zurück. 1940 ernennt Stalin ihn zum Stellvertreter des Chefs der Luftstreitkräfte der Roten Armee, im gleichen Jahr zum Ersten Stellvertreter und im August desselben Jahres zum Chef der Führung der Luftstreitkräfte der Roten Arbeiter- und Bauernarmee. Im Dezember 1940 wird auf einer Besprechung der Generalstabsoffiziere der Roten Armee in Anwesenheit Stalins und der obersten politischen Führung des Landes die Frage eines Krieges gegen Deutschland erörtert. Schukows Vorschlag lautet, durch einen Überraschungsschlag gegen die deutschen Flugplätze die deutsche Luftwaffe auszuschalten und umgehend im Anschluß daran durch massierte Vorstöße die deutschen Landstreitkräfte anzugreifen. »G. K. Schukow hielt es für möglich, die Luftherrschaft im wesentlichen durch Angriffe auf die Flugplätze des Gegners zu erringen.« (Geschichte des sowjetischen militärischen Denkens. Herausgegeben von der Akademie der Wissenschaften der UdSSR. Moskau 1980, S. 173) Schukows Vorschlag wird vehement von Pawel Rytschagow unterstützt. Er hatte bereits vor Schukow die Gefechtsausbildung der sowjetischen Luftstreitkräfte dahingehend umgestellt, daß die Ausbildung der sowjetischen Piloten in der Führung von Luftkämpfen nahezu vollständig entfiel und durch die Ausbildung in der Durchführung überraschender massierter Angriffe auf die Flugplätze des Gegners ersetzt wurde. Schukow hebt in seinen Memoiren das engagierte Auftreten Rytschagows bei dieser Beratung hervor: »Sehr gescheit und sachkundig äußerte sich dazu der Chef der Führung der Luftstreitkräfte der Roten Arbeiter- und Bauernarmee, General P. W. Rytschagow.« (Erinnerungen und Gedanken, S. 194) Wie schade, daß diese gescheite und sachkundige Rede ein halbes Jahrhundert später noch immer ein Staatsgeheimnis der Sowjetunion ist!

Schukows und Rytschagows Diskussionsbeiträge haben Stalin offensichtlich überzeugt. Noch während der Besprechung und in den darauffolgenden strategischen Spielen auf den Landkarten setzt Stalin den bisherigen Generalstabschef ab und befördert Schukow auf dessen Posten, das heißt, er gibt Schukow freie Hand, den Krieg gegen Deutschland so zu planen, wie es Schukow für notwendig hält. Innerhalb weniger Tage wird auch Pawel Rytschagow befördert. Ungeachtet seines relativ niedrigen militärischen Ranges erhält Generalleutnant Rytschagow ein ausgesprochen hohes Amt: Er wird Stellvertreter des Volkskommissars für Verteidigung. Anstelle von Rytschagow ernennt Stalin Generalleutnant P. F. Schigarew zum Chef der Luftstreitkräfte. Befreit von der Alltagsroutinearbeit, wird Rytschagow faktisch zum Vertreter des Oberkommandos: Das bedeutet eines der höchsten Ämter, Zutritt zu Staatsgeheimnissen, jedoch keine Verantwortung für die kleinen Alltagsvorkommnisse. Innerhalb der höchsten sowjetischen militärischen Führung ist Rytschagow zu einer Art Minister ohne Portefeuille geworden. Rytschagow arbeitet zielstrebig weiter an seiner Idee: Die Kombination von Überraschungsmoment, Schnelligkeit und Massierung wird binnen weniger Stunden intensiven Bombardements der gegnerischen Flugplätze den Himmel für die sowjetischen Luftstreitkräfte reinfegen. Praktisch sagen Schukow und Rytschagow genau das, was Hitler am 22. Juni 1941 tat. Hitler war Stalin nur um zwei Wochen zuvorgekommen. Das ist keine Erfindung von mir: »Der deutschen faschistischen Führung war es buchstäblich in den letzten beiden Wochen vor dem Krieg gelungen, unseren Truppen zuvorzukommen.« (*S. P. Iwanow*, Die Anfangsphase des Krieges, S. 212)

Im Frühjahr 1941 hält sich Rytschagow ständig bereit, auf Stalins Befehl dort zu erscheinen, wo sich das Schicksal des Krieges entscheiden wird. Am 13. Juni 1941 taucht unter dem Schutz des TASS-Kommuniqués der Stellvertreter des Volkskommissars für Verteidigung Generalleutnant P. W. Rytschagow heimlich an der deutschen Grenze auf. Unsere Geschichtsfälscher haben eine einfache Erklärung für das Erscheinen von General Rytschagow an der Grenze bereit: Stalin ist besorgt wegen einer möglichen deutschen Invasion, deshalb hat er Rytschagow an die Grenze geschickt, um für eine Verbesserung der Verteidigungsvorkehrungen zu sorgen.

Hätten Stalin in der Tat Verteidigungsprobleme beunruhigt, dann müßten eiligst die sowjetischen Luftstreitkräfte von den Grenzen weg in das Landesinnere verlegt worden sein. Aus der Tiefe heraus sind die Luftstreitkräfte durchaus in der Lage, die Grenzregion zu decken, doch dann würden zwischen der Grenze und den Flugplätzen mehrere hundert Kilometer liegen, die dem Gegner nicht erlauben, einen Überraschungsschlag gegen die sowjetischen Flugplätze zu führen. Die Anwesenheit von General Rytschagow an der Grenze fällt keineswegs zeitlich mit einer Verlegung der sowjetischen Luftstreitkräfte in die Tiefe des sowjetischen Raums zusammen, sondern im Gegenteil mit einer Bewegung in umgekehrter Richtung – aus dem Landesinnern an die Grenze. Vom Standpunkt der Verteidigung kommt die Konzentration der Luftstreitkräfte an der Grenze fast einem Selbstmord gleich, dagegen ist die Konzentrierung der Luftstreitkräfte an der Grenze für eine Offensive unbedingt erforderlich, um sie über dem gegnerischen Territorium unter voller Ausnutzung ihres Aktionsradius einsetzen zu können.

Im übrigen machen die deutschen Generale (mit zweiwöchigem Vorsprung) genau das gleiche – die Verlegung der Luftwaffe an die sowjetischen Grenzen wird emsig vorangetrieben. Hätte Stalin als erster zugeschlagen, würden wir heute die deutschen Generale für verrückt halten. Aber die Verlegung der Luftstreitkräfte an die Grenze ist nur aus verteidigungsstrategischer Sicht ein Irrsinn. Vom Standpunkt eines geplanten Angriffs machen die deutschen Generale alles richtig, und zwar genauso wie ihre sowjetischen Kollegen.

Was Rytschagow an die Westgrenze führte, können wir nur zu erraten versuchen: Nach dem Beginn des »Unternehmens Barbarossa« wurde Rytschagow verhaftet und auf Befehl Stalins hingerichtet. Weshalb er hingerichtet wurde, bleibt ebenfalls ein Rätsel. Zumindest kann es nicht wegen des Verlusts einer Unmenge sowjetischer Flugzeuge auf den grenznahen Feldflugplätzen geschehen sein. Für die Sicherheit der sowjetischen Flugzeuge war Pawel Rytschagow seit Februar 1941 nicht mehr zuständig. Dafür haftete Generalleutnant P. F. Schigarew. Für den Verlust der Flugzeuge hat Stalin Schigarew nicht erschießen lassen, ja er hat es ihm nicht einmal zum Vorwurf gemacht. Im Gegenteil: Generalleutnant Schigarew brachte es bis zum Hauptmarschall der Luftstreitkräfte und überlebte Stalin um zehn Jahre. Wenn Stalin Schigarew nicht erschießen ließ, der die alleinige, direkte und unmittelbare Verantwortung für die Verlegung der Luftstreitkräfte und deren Sicherheit trug, wofür war dann Rytschagow erschossen worden, der nicht dafür verantwortlich war?

Ich vermute, daß Rytschagow an der sowjetischen Grenze irgendeine verantwortungsvolle Aufgabe erfüllen sollte, die *nichts mit der Sicherheit der sowjetischen Luftstreitkräfte zu tun hatte.* Wegen Nichterfüllung dieses Auftrags, den wir nicht kennen, der jedoch ein sehr verantwortungsvoller Auftrag gewesen sein muß, hat Stalin den jüngsten unter allen Stellvertretern des Volkskommissars für Verteidigung in der ganzen Geschichte der Roten Armee erschießen lassen.

Der *ZK-Kandidat Generaloberst A. D. Loktionow* bekleidete bereits seit 1937 den Posten eines Stellvertreters des Volkskommissars für Verteidigung. Bis 1940 war er Chef der sowjetischen Luftstreitkräfte, dann gibt Stalin im Sommer 1940 Loktionow für einen bestimmten Zweck die Möglichkeit, die Grenzen Ostpreußens in sämtlichen Details zu studieren, und schickt ihn als Befehlshaber in den Militärbezirk Baltikum, auf das Territorium der erst kürzlich »befreiten« baltischen Staaten. Im

Februar und März 1941 beginnt Stalin damit, unauffällig die höchsten militärischen Führer in Moskau zu versammeln. Loktionow übergibt den Militärbezirk Baltikum (die Nordwest-Front) an Generaloberst F. I. Kusnezow und geht selbst »zur ärztlichen Behandlung« nach Moskau.

Am 13. Juni 1941, im Augenblick der Verbreitung des TASS-Kommuniqués, sind sämtliche Krankheiten Loktionows verflogen, und er kehrt heimlich an die Grenze vor Ostpreußen zurück.

Zur selben Zeit begibt sich der *ZK-Kandidat Generalleutnant der Luftstreitkräfte Ja. W. Smuschkewitsch* heimlich an die Westgrenze. Smuschkewitsch hatte sich in Spanien bei Luftkämpfen ausgezeichnet. 1939 war er Kommandeur der gesamten Luftstreitmacht Schukows in den Kämpfen am Chalchyn-gol gewesen. Seine Grundkonzeption: Durch einen massierten Überraschungsangriff die gegnerischen Fliegerkräfte auf den Flugplätzen niederzuhalten und unverzüglich eine überraschende Angriffsoperation gegen die Landstreitkräfte des Gegners anzuschließen. Seine Vorstellungen hatte Smuschkewitsch bei der Zerschlagung der 6. japanischen Armee glänzend verwirklicht. Im Dezember 1940 macht Stalin Smuschkewitsch zum Berater des Generalstabschefs in Angelegenheiten der Luftstreitkräfte und deren Einsatzplanung in künftigen Kriegen. Im Januar wird Schukow durch seine Ernennung zum Generalstabschef erneut unmittelbarer Vorgesetzter von Smuschkewitsch. Es war ein bemerkenswertes Paar aggressiver Generale.

Doch nun ist die Planung abgeschlossen, und Smuschkewitsch begibt sich heimlich in einer uns nicht bekannten Mission an die Westgrenze.

Wir wissen bereits, daß noch vor ihm der Generalleutnant der Pioniertruppen D. Karbyschew an der Westgrenze eingetroffen war. *Generalmajor P. G. Grigorenko* stellt in seinem Buch die Frage: »Wie konnte ein Professor der Akademie des Generalstabs an die vorderste Front eines plötzlich ausgebrochenen Krieges geraten?« Auf diese Frage hat ein Schüler Karbyschews, Generalleutnant der Pioniertruppen *Je. Leoschenja,* eine offizielle Antwort gegeben: »Karbyschew führte einen Auftrag des Generalstabs im Bereich der westlichen Staatsgrenze aus.« (»Militärhistorische Zeitschrift« 1980, Nr. 10, S. 96) Demnach dürfen wir uns Karbyschew hier nicht nur als einen Vertreter der Dozenten- und Professorenschaft der Kriegsakademien vorstellen, wie sie herdenweise an der Grenze versammelt wurden, sondern wir müssen ihn auch unter den Vertretern des sowjetischen Oberkommandos anführen. Ich weiß nicht, womit sich andere Vertreter der obersten militärischen Führung an den Grenzen beschäftigten, Karbyschew jedenfalls war aktiv und energisch an der Vorbereitung einer Angriffsoperation beteiligt. In seiner Anwesenheit beseitigten sowjetische Grenzsoldaten die Grenzhindernisse, um damit den Weg für eine sowjetische Offensive von gewaltigen Dimensionen freizumachen. Karbyschew ist derjenige, der die Besatzungen der neuesten sowjetischen T-34-Panzer in der Überwindung gegnerischer Pioniersperren und der Überquerung der Grenzflüsse unter Gefechtsbedingungen unterweist. Darüber hinaus beteiligt sich Karbyschew an den gemeinsamen Aufklärungsunternehmen der Kommandierenden Generale der Armeen und der Befehlshaber der Fronten.

5.

Bevor ein Kommandeur einen Schritt nach vorn tut, prüft er das vor ihm liegende Gelände. Natürlich hat die Aufklärung schon vieles herausgefunden und vieles gemeldet, natürlich glaubt der Kommandeur seiner Aufklärung, und dennoch kontrolliert er vor dem Schritt nach vorn noch ein weiteres Mal das gesamte Gelände mit dem Blick des Kommandeurs. Soll ein Bataillon vorrücken, wird das Gelände lange und eingehend von seinem Bataillonskommandeur durch den Feldstecher geprüft. Soll ein ganzes Korps vorrücken, dann wird das Gelände vom Korpskommandeur persönlich in Augenschein genommen. Das ist keine rudimentäre Tradition und auch kein hohles Ritual. Der Kommandeur ist verpflichtet, ehe er seine Truppen vorrücken läßt, persönlich das vor ihm liegende Gelände zu überschauen und mit jeder Faser seines Wesens zu erfassen: Diese kleine

Bodenwelle da vorn – werden sich seine Panzer nicht im Schlamm festfahren? Und jene kleine Brücke dort – verdammt, vielleicht sind die Stützpfeiler angesägt? Und aus dem Wäldchen da drüben ist mit einem Gegenangriff zu rechnen.

Wenn der Kommandeur den vor ihm liegenden Raum nicht mit seinem ganzen Wesen aufnimmt, wenn seine Vorstellungskraft nicht den ganzen Raum noch vor seinen Infanteristen zu durchdringen vermag und wenn der Kommandeur nicht vor dem Kampf in Gedanken alle Schwierigkeiten, die seine Soldaten erwarten, richtig abzuwägen versteht, wird er mit einer Niederlage dafür bezahlen. Das ist der Grund, weshalb jeder Truppenführer, gleich welchen Ranges, vor einem Angriff die Soldatenuniform anlegt und auf dem Bauch durch den Schlamm neben der Staatsgrenze kriecht und stundenlang das Vorfeld rekognosziert und sich noch vor dem Kampf alle Schwierigkeiten vorzustellen und vorauszusehen versucht, die ihn später erwarten.

Das visuelle Studieren des Gegners und des Geländes durch den Kommandeur nennt man Rekognoszieren oder auch Kommandeursaufklärung. Das Auftauchen von Gruppen gegnerischer Kommandeure zur Rekognoszierung an der eigenen Grenze gehört nicht zu den besonders angenehmen Überraschungen. Es ist noch nicht das Schlimmste, wenn Sie von jenseits der Grenze stundenlang der Kommandeur einer sowjetischen Panzerdivision durch seinen Feldstecher betrachtet. Aber nun stellen Sie sich vor, daß in ihrem Grenzabschnitt der Befehlshaber des sowjetischen Militärbezirks und nicht nur er allein, sondern in seiner Begleitung auch ein Politbüromitglied auftaucht; und wenn sich diese Leute nicht nur stundenlang, sondern wochenlang bei den sowjetischen Grenzwachen herumtreiben, was würden Sie dabei wohl denken?

So war es vor jeder »Befreiung« gewesen. So waren zum Beispiel bereits im Januar 1939 der Befehlshaber des Militärbezirks Leningrad, K. A. Merezkow, und A. A. Schdanow, der bald darauf Mitglied des Politbüros werden sollte, gemeinsam in einem Wagen die ganze finnische Grenze abgefahren. Diese Fahrten wurden im Frühjahr, Sommer und Herbst fortgesetzt.

Ende Herbst hatten sie ihre Arbeit abgeschlossen und waren nach Leningrad zurückgekehrt, und eben dann »provozierte die finnische Militärclique den Krieg«.

Ab Anfang 1941 nehmen die deutschen Generale und Offiziere erst vereinzelt, dann immer intensiver an der deutsch-sowjetischen Grenze genau jene Tätigkeiten auf, die erst vor ganz kurzem Merezkow und Schdanow an der sowjetisch-finnischen Grenze vorexerziert hatten. Über meinem Schreibtisch hängt eine berühmte Photographie: Generaloberst Heinz Guderian mit den Offizieren seines Stabes bei der letzten Kommandeursaufklärung vor Brest in der Nacht zum 22. Juni 1941. Nicht nur Guderian, sondern alle deutschen Generale betrachteten durch ihre Feldstecher das sowjetische Territorium. Je näher das Datum für den Beginn des »Unternehmens Barbarossa« rückte, um so mehr bedeutende deutsche Generale erschienen an der sowjetischen Grenze. Die sowjetischen Generale und Marschälle vermerkten zunehmend mehr deutsche Kommandeursaufklärungsgruppen an den Grenzen. (Vgl. zum Beispiel *Hauptmarschall der Luftstreitkräfte A. A. Nowikow,* Am Himmel von Leningrad, S. 41) Die deutschen Kommandeursaufklärungsgruppen waren bemüht, unerkannt zu bleiben, ihre Tätigkeit auf alle möglichen Arten zu maskieren, sie zogen die Uniformen der Grenzposten oder einfacher Soldaten an, aber ein geübtes Auge unterscheidet natürlich eine Kommandeursaufklärungsgruppe von einer Grenzpatrouille. Von den sowjetischen Grenzen liefen massenweise Meldungen über intensive Aufklärungsaktivitäten deutscher Offiziere ein. Das ist ein deutliches Zeichen für das Näherrücken des Krieges. *Marschall der Sowjetunion M. W. Sacharow* (zu der Zeit Generalmajor und Stabschef der 9. Armee) berichtet, daß seit April 1941 eine »neue Situation« entstanden war (Hervorhebung von M. W. Sacharow), die dadurch charakterisiert wurde, daß »am Prut Gruppen von Offizieren in den Uniformen der deutschen und rumänischen Armeen auftauchten. Allem Anschein nach handelte es sich um Kommandeursaufklärungen«. (»Fragen der Geschichte« 1970, Nr. 5, S. 43) Kommandeursaufklärungen sind Vorbereitungen zu einem Angriff, das versteht Marschall Sacharow 1970 ebensogut, wie er es 1941 verstand. Das Auftauchen von Gruppen von Kommandeuren zur Rekognoszierung auf der anderen Seite bedeutet noch nicht den Ausbruch des Krieges, aber es bezeichnet mit Sicherheit das Ende des Friedens.

Was aber unternehmen die sowjetischen militärischen Führer? Weshalb ergreifen sie nicht umgehend Verteidigungsmaßnahmen zur Abwehr einer Offensive, deren Unausweichlichkeit die gegnerischen Kommandeursaufklärungstrupps bestätigen? Die sowjetischen Generale reagieren aus einem ganz einfachen Grund nicht auf dieses Auftauchen der Rekognoszierungsgruppen des Gegners: Sie sind zu beschäftigt – mit der eigenen Rekognoszierungstätigkeit.

Generalmajor P. W. Sewastjanow (zu der Zeit Chef der Politabteilung der 5. Rotbannerschützendivision aus Witebsk – sie trägt den Namen »Tschechoslowakisches Proletariat« – im 16. Schützenkorps der 11. Armee an der Nordwest-Front): »Wenn wir die deutschen Grenzposten in einer Entfernung von zwanzig bis dreißig Schritt beobachteten, wenn unsere Blicke sich trafen, dann gaben wir uns nicht den Anschein, daß sie überhaupt für uns existierten, daß wir uns auch nur im geringsten für sie interessieren könnten.« (Memel – Wolga – Donau, S. 7) Die Schilderung von General Sewastjanow verrät, daß er nicht nur einmal die deutschen Grenzposten in »zwanzig bis dreißig Schritt« Entfernung gesehen hat, sondern daß dies regelmäßig geschah. Und das führt zu der Frage: Genosse General, was hatte Sie eigentlich so nah an die Grenze geführt? Wenn Sie die Möglichkeit einer deutschen Invasion alarmiert, dann müßten Sie befehlen, fünf bis sechs Reihen Stacheldraht an der Grenze zu ziehen, und damit ja jedem die Lust vergeht, über diesen Stacheldraht zu klettern, auch noch ein paar Minenfallen zu verteilen, und zwar möglichst dicht. Und hinter diesen Stacheldrahtverhauen müßten Sie richtige Minenfelder anlegen lassen, drei Kilometer tief, und hinter diesen Minenfeldern müßten Panzergräben ausgehoben werden, die ihrerseits durch detonierende Sprengbomben gedeckt wären, und dahinter müßten weitere zwanzig bis dreißig Reihen Stacheldraht gezogen werden, und zwar an Metallstäben. Und noch besser wäre es, nicht

Metallstäbe zu verwenden, sondern Eisenbahnschienen, und die nicht einfach in den Boden zu rammen, sondern einzubetonieren, jawohl, rein in den Beton damit! Und dahinter erst – noch ein Minenfeld. Ein vermeintliches. Und dahinter dann ein echtes. Und dann wird noch ein Panzergraben ausgehoben. Und hinter alledem werden Baumsperren angelegt usw. usf. Wenn sich ein General auf eine Verteidigung einstellt, braucht er durchaus nicht die deutschen Grenzsoldaten anzustarren. Er muß nicht das fremde Gelände studieren, sondern das eigene, und je tiefer, um so besser. An der Grenze aber muß er kleine bewegliche Abteilungen unterhalten, die sich im Falle eines Angriffs leicht durch geheime Durchlässe hinter den Sperrstreifen zurückziehen können und hinter sich ihren Rückzugsweg verminen.

So etwa hatte sich Finnland auf seine Verteidigung vorbereitet, und dafür hatten es die finnischen Generale durchaus nicht nötig gehabt, an der Grenzlinie zu stehen und das feindliche Territorium zu beobachten.

Aber die Rote Armee errichtete keine Hindernisse an der Grenze, und die sowjetischen Generale tauchten ebenso wie ihre deutschen Kollegen wochen- und monatelang am äußersten Ende des sowjetischen Territoriums unter, wenige Schritte von der Staatsgrenze entfernt.

Oberst D. I. Kotschetkow erinnert sich, daß der Kommandeur der sowjetischen Panzerdivision in Brest (Generalmajor der Panzertruppen W. P. Puganow, Kommandeur der 22. Panzerdivision im 14. Mechanisierten Korps der 4. Armee an der West-Front – V. S.) den Ort für den Divisionsstab und sein Arbeitszimmer in diesem Stab so ausgesucht hatte, daß »der Regimentskommissar A. A. Illarionow und ich im Arbeitszimmer des Divisionskommandeurs saßen und aus dem Fenster direkt durch den Feldstecher auf die deutschen Soldaten am gegenüberliegenden Ufer des West-Bug schauten«. (Bei geschlossenen Luken. Moskau 1962, S. 8)

So eine Idiotie! regen wir uns auf. Wenn der Krieg beginnt, braucht man bloß vom anderen Ufer auf das Fenster des Divisionskommandeurs mit der Maschinenpistole zu halten oder noch besser – einmal ein Gewehr abzudrücken. Auf den Divisionsstab kann man mit allem schießen, was gerade zur Hand ist: mit Maschinengewehren oder Granatwerfern, man kann den Stab unter Scharfschützenfeuer nehmen oder auch die Geschütze direkt darauf richten, ohne sich einzuschießen – es geht bestimmt nicht daneben.

Aber wir werden uns nicht aufregen. Vom Standpunkt einer Verteidigung wäre eine solche Position des Stabes einer Panzerdivision in der Tat – gelinde ausgedrückt – nicht sehr glücklich gewählt. Aber die Panzerdivision in Brest liegt »in unmittelbarer Nähe der Grenze« (Die sowjetischen Panzertruppen. Moskau 1973, S. 27) keineswegs zur Verteidigung! Betrachtet man die Situation vom Standpunkt eines beabsichtigten Angriffs, dann hat alles seine Richtigkeit. Die deutsche Panzergruppe von Guderian hat am gegenüberliegenden Ufer genauso direkt bis ans Ufer aufgeschlossen. Und Guderian selbst macht am gegenüberliegenden Ufer genau dasselbe: Er schaut aus seinem Fenster mit dem Feldstecher auf das sowjetische Ufer. Bisweilen erscheint Guderian in anderer Uniform mit seinem Feldstecher direkt am Ufer. Unmittelbar vor Beginn des »Unternehmens Barbarossa« aber läßt auch er die Tarnung fallen: Da steht er in seiner Generalsuniform mit seinen Offizieren, sieht durch den Feldstecher, genauso wie seine sowjetischen Gegner. Wir werden die sowjetischen Offiziere nicht Idioten nennen. Schließlich erkennen wir auch nichts Idiotisches am Verhalten der deutschen Generale. Es ist einfach die übliche Form der Angriffsvorbereitung. So wird es immer und bei allen Armeen gemacht, einschließlich der sowjetischen und der deutschen. Der Unterschied bestand lediglich darin, daß die Sowjetunion eine Operation von unvergleichlich größerem Ausmaß vorbereitete, als es das deutsche »Unternehmen Barbarossa« war, weshalb die sowjetischen Kommandeure ihre Rekognoszierungstätigkeit wesentlich früher aufnahmen als die deutschen Kommandeure – allerdings war deren Abschluß für den Juli 1941 vorgesehen. Es gibt verschiedene Erwähnungen, daß Bagramjan, als er die Pässe in den Karpaten studierte, gleichzeitig »sorgfältig einen beachtlichen Grenzabschnitt rekognoszierte«. (»Militärhistorische Zeitschrift« 1967, Nr. 1, S. 54) Das aber war im September 1940 gewesen.

Die Kommandeursaufklärung wird auf sowjetischer Seite von Truppenführern aller Dienstgrade vorgenommen. Der Chef der Pioniertruppen an der Südwest-Front, *Generalmajor A. F. Iljin-Mitkewitsch,* befand sich im Augenblick des Kriegsausbruches unmittelbar an der Grenze in Rawa-Russkaja. (*Oberst R. G. Umanski*, An den Kampflinien. Moskau 1960, S. 39) Auf Befehl von Armeegeneral K. A. Merezkow war im Juli 1940 eine Kommandeursaufklärung an der gesamten Westgrenze angesetzt. An ihr waren Tausende sowjetischer Kommandeure aller Rangstufen beteiligt, einschließlich der Generale und Marschälle in den höchsten Positionen. Merezkow, der erst vor kurzem die finnische Grenze inspiziert hatte, tut nun genau dasselbe an der rumänischen und deutschen Grenze. Genosse Marschall der Sowjetunion, Sie haben das Wort: »Ich führte persönlich lange Beobachtungen von den vordersten Grenzposten aus durch.« (Im Dienst für das Volk, S. 202) »Danach besuchte ich die Truppenteile entlang der Grenze.« (S. 203) Merezkow wiederholt zusammen mit dem Befehlshaber der Südwest-Front, Generaloberst M. P. Kirponos, die Kommandeursaufklärung auf dem gesamten Abschnitt des Sondermilitärbezirks Kiew. »Von Kiew begab ich mich nach Odessa, wo ich mich mit dem Stabschef des Militärbezirks, Generalmajor M. W. Sacharow, traf ... gemeinsam fuhren wir zum rumänischen Kordon. Wir beobachteten die andere Seite, und von dort blickte eine Gruppe von Militärs zu uns herüber.« Man beachte, daß General Merezkow die Rekognoszierung mit General Sacharow durchführt, demselben Sacharow, der berichtet, die Durchführung von Rekognoszierungen durch Gruppen deutscher Generale und Offiziere habe im April 1941 zu einer »neuen Situation« geführt. Haben Sie, Genossen Marschälle und Genossen Generale, nicht darüber nachgedacht, ob die deutschen Kommandeursaufklärungen, die im April 1941 begannen, doch um einiges später erfolgten als die intensivierten Aufklärungen durch hohe sowjetische Offiziere, die bereits seit Juli 1940 erfolgten?

Aber kehren wir zu Merezkow zurück. Aus dem Militärbezirk Odessa eilt er nach Belorußland, wo er in Begleitung von Armeegeneral D. G. Pawlow sorgfältig die sowjetisch-deutsche Grenze und das deutsche Territorium rekognosziert. Ein kurzer Besuch in Moskau, und Merezkow ist bereits wieder an der Nord-Front. Beiläufig erwähnt er, daß er den Befehlshaber der Nordwest-Front im Stab nicht angetroffen habe, der verbringt viel Zeit an der Grenze. Der Befehlshaber der Nord-Front ist ebenfalls nicht bei seinem Stab, sondern an der Grenze.

Fügen wir dem Gesagten noch hinzu, daß Stalin und seine Generale 1945 einen sorgfältig geplanten, brillanten Überraschungsangriff gegen die japanischen Truppen führten und die Mandschurei, Nordkorea und mehrere Provinzen Chinas eroberten. Die Vorbereitungen zu diesem Überraschungsschlag waren in der gleichen Reihenfolge abgelaufen, wie die Vorbereitungen für den Angriff auf Deutschland im Sommer 1941. An der Grenze war derselbe Merezkow erschienen. Er ist jetzt bereits Marschall der Sowjetunion. An der mandschurischen Grenze findet er sich unter dem Decknamen »Generaloberst Maximow« ein. Eines der entscheidenden Elemente der Vorbereitung ist die Rekognoszierung durch den Befehlshaber. »Ich selbst habe mit einem Geländefahrzeug und bisweilen auch zu Pferde alle Abschnitte besucht.« (»Roter Stern«, 7. Juni 1987)

Generalleutnant der Pioniertruppen W. F. Sotow (zu der Zeit Generalmajor und Chef der Pioniertruppen der Nordwest-Front) bestätigt, daß der Befehlshaber der Nordwest-Front, Generaloberst F. I. Kusnezow, fast den ganzen Juni hindurch bis unmittelbar an den 22. Juni heran im Raum des Stabes der 125. Schützendivision zugebracht hat. Der Militärrat der Front befand sich ebenfalls dort. Der Stab der 125. Schützendivision aber lag so nahe an der Grenze, daß er »bereits von der ersten Granate getroffen wurde«. (Sammelband: An der Nordwest-Front, S. 173–174) Wieder könnte man sagen: Ach, was sind diese Russen doch für Esel, ihre Stäbe so nahe an die Grenze vorzuverlegen! Ich habe auch derlei Reden geführt. Doch dann sammelte ich Informationen über die Lage der Stäbe der sowjetischen Divisionen und Korps an der türkischen und mandschurischen Grenze. Und dort gab es nichts dergleichen. Dort lagen die Stäbe mindestens 10 km von der Grenze entfernt. Bereitete man sich jedoch auf »Befreiungsfeldzüge« vor, dann wurden die Stäbe dicht an die Grenze vorgezogen. Und nicht nur Divisionsstäbe, sondern sogar die Stäbe der Korps, Armeen, Fronten. So hatte Schukow seinen Stab vorverlegt, bevor der Überraschungsschlag am Chalchyn-gol erfolgte. So handelten alle sowjetischen Generale und Marschälle vor jedem Angriff. Guderian verhielt sich, nebenbei gesagt, nicht anders. Und auch Manstein. Und Rommel. Und Kleist.

Auch die Kommandeure der sowjetischen im Hinterland liegenden Divisionen und Korps besuchten die Grenze, und sogar recht häufig. *Marschall der Sowjetunion K. K. Rokossowski* (zu der Zeit Generalmajor und Kommandeur eines weiter zurückliegenden mechanisierten Korps) erinnert sich, daß er häufig I. I. Fedjuninski besuchte, dessen Korps unmittelbar an der Grenze stand. *Armeegeneral I. I. Fedjuninski* erwähnt in seinen Memoiren, daß ihn tatsächlich seine Kollegen oft besuchten, zum Beispiel Rokossowski. Dergleichen Erwähnungen finden wir in den Memoiren sowjetischer Marschälle und Generale zu Hunderten.

Marschall der Sowjetunion K. S. Moskalenko (zu der Zeit Generalmajor der Artillerie und Kommandeur der 1. Panzerabwehrbrigade der Reserve des Oberkommandos) bringt das TASS-Kommuniqué in unmittelbaren Zusammenhang mit der massiv verstärkten Aufklärungsaktivität der sowjetischen Kommandeure. Der Kommandierende General der 5. Armee, *Generalmajor der Panzertruppen M. I. Potapow,* formuliert im Gespräch mit General Moskalenko über das TASS-Kommuniqué die Aufgabe: »Hol dir die guten und in militärischer Hinsicht beschlagenen Leute zusammen, schick sie an die Grenze, laß sie das Gelände aufklären und die Deutschen und deren Verhalten beobachten. Und dir selbst könnte das auch nicht schaden.« (An der Südwest-Front, S. 21)

Halten wir fest, daß eine Panzerabwehrbrigade an der vordersten Linie in einer Abwehroperation nichts zu suchen hat. Der Kommandierende General einer Armee wirft nur in einer ausgesprochen kritischen Situation eine Panzerabwehrbrigade in den Kampf, nämlich dann, wenn der Gegner bereits die Abwehr der Bataillone, Regimenter, Brigaden, Divisionen und Korps durchbrochen hat, wenn die Lage der ganzen Armee bedenklich geworden ist und die Hauptstoßrichtung des Gegners sich klar abgezeichnet hat. Das aber kann erst tief hinten in einem sowjetischen Verteidigungsgürtel geschehen. Doch die Brigade von General Moskalenko ist keine Armeebrigade, es ist nicht einmal eine der Front unterstellte Brigade. Es ist eine Brigade der Reserve des Oberkommandos. Bei Abwehrkämpfen kann man sie dann in die Schlacht werfen, wenn die Verteidigung der Armeen und sogar der Fronten bereits aufgebrochen ist und sich deutlich eine Krise von strategischem Ausmaß abzeichnet. Um aber eine strategische Krise abwenden zu können, darf die Brigade nicht an der Grenze stehen, sondern sie muß sich Dutzende oder sogar Hunderte von Kilometern von der Grenze entfernt bereithalten, dort, wo eine derartige strategische Krise entstehen kann! Bei der Vorbereitung einer Verteidigungsoperation hat der Kommandeur einer Panzerabwehrbrigade der Reserve des Oberkommandos an der Grenze absolut nichts zu suchen. Anders dagegen verhält es sich, wenn hier ein gewaltiger sowjetischer Vorstoß aus dem Lemberger Bogen tief in das Hinterland des Gegners erfolgen soll – dann wird die linke Flanke der mächtigsten Truppengruppierung, die es bis dahin jemals gegeben hat, von den Karpaten (und den Gebirgsjägerarmeen, die dort auftauchen werden) gedeckt, während die rechte Flanke von einer extrem starken Panzerabwehrformation gesichert werden muß, und das sogar unmittelbar an der Grenze. Und genau dort befindet sich die Brigade, und General Moskalenko übernimmt persönlich auf Befehl von General Potapow die Aufklärung des gegnerischen Territoriums.

Sollte irgendjemand versuchen, die Masse der sowjetischen Rekognoszierungsaktivitäten damit zu erklären, daß sich die Sowjetunion auf einen Verteidigungskrieg vorbereitete und daher die sowjetischen Kommandeure angeblich aus diesem Grund ihre Blicke über die Grenzen richten mußten, dann möchte ich daran erinnern, daß unter den sowjetischen Kommandeursaufklärungstrupps besonders viele Vertreter der

Pioniertruppen waren, einschließlich solcher aus den höchsten Positionen. Bereitet man eine Verteidigung vor, dann hat ein Pionier keinen Anlaß, sich für das Gelände des Gegners zu interessieren; ihn erwartet vielmehr reichliche Arbeit im eigenen Gelände, und je weiter man auf dem eigenen Territorium zurückgeht, um so mehr nehmen die Aufgaben für den Pionier zu. Aber die sowjetischen Pioniere beobachten aus irgendeinem Grund stundenlang das Territorium des Gegners.

Wenn den gewaltigen sowjetischen Rekognoszierungsaktivitäten Verteidigungsabsichten zugrunde lagen, dann hätte man sie nicht an der Grenze durchführen sollen: Etwa hundert Kilometer hinter der Grenze hätte man auf dem eigenen Gebiet die geeigneten Verteidigungslinien bestimmen und diese rekognoszieren müssen, und dann hätte die intensive Vorbereitung dieser Linien für Abwehrkämpfe einsetzen müssen. Dann hätten alle diese Stabsoffiziere sich zur alten Grenzlinie zurückbegeben und eine neue Rekognoszierung an diesen alten verfallenen Verteidigungslinien durchführen müssen, und schließlich hätten sie zur Dnjepr-Linie zurückgehen müssen und so weiter und so fort.

Aber eine Kommandeursaufklärung von den Grenzposten aus bedeutet eine Angriffsaufklärung.

6.

Am 21. Juni 1941 fand eine geheimnisvolle Sitzung des Politbüros statt. Der sowjetische Historiker *W. A. Anfilow* berichtet darüber: »Die Führer der Kommunistischen Partei und die Mitglieder der Sowjetregierung waren am 21. Juni im Kreml zusammengekommen und mit der Entscheidung wichtiger staatspolitischer und militärischer Fragen befaßt.« (Die unsterbliche Tat, S. 185)

Bekannt geworden sind nur die Beschlüsse zu vier der dort erörterten Fragen, aber wir wissen nicht, wieviele Fragen überhaupt an diesem Tag besprochen wurden und wie die anderen Beschlüsse aussahen.

Hier sei angeführt, was bekannt geworden ist:

Am 21. Juni 1941 wurde der Beschluß gefaßt, in die Bewaffnung der Roten Armee den fahrbaren Mehrfachwerfer BM-13 einzuführen, seine serienmäßige Produktion sowie die der Raketen vom Typ M-13 aufzunehmen und außerdem mit der Aufstellung von Truppenteilen der Raketenartillerie zu beginnen. In den nächsten Wochen wird der BM-13 seine offizielle Bezeichnung als »Katjuscha« (Käthchen – d. Ü.) bekommen, bei den deutschen Soldaten wird er später »Stalinorgel« heißen.

»Am 21. Juni beschloß das Politbüro des ZK der KPdSU (B) die Bildung von Frontverbänden auf der Basis der westlichen Grenzmilitärbezirke.« (*Generalleutnant P. A. Schilin, Korrespondierendes Mitglied der Akademie der Wissenschaften der UdSSR*, Der Große Vaterländische Krieg. Moskau 1973, S. 64) Dieser Beschluß ist tausendmal wichtiger als der erstgenannte. Natürlich hatten die Fronten auch vorher bereits existiert, das Politbüro ratifiziert nur im nachhinein eine bereits getroffene Entscheidung, und dennoch ist dies ungeheuer wichtig: Fünf Fronten sind geschaffen und heimlich rechtskräftig bestätigt, und zwar nicht nach der deutschen Invasion, sondern vor deren Beginn.

Die Bedeutung besteht in Folgendem: Die Sitzung des Politbüros dauerte den ganzen Tag und fand erst am späten Abend ihren Abschluß. Wenige Stunden später ruft Schukow Stalin an und bemüht sich, ihn davon zu überzeugen, daß sich an den Grenzen etwas Ungewöhnliches tut. Diesen Augenblick haben viele Augenzeugen und Historiker beschrieben. Es unterliegt keinem Zweifel, daß nicht nur Stalin, sondern auch Molotow und Schdanow und Berija sich weigerten, an die Möglichkeit einer deutschen Invasion auch nur zu glauben. Diese Ungläubigkeit in bezug auf eine deutsche Offensive wird durch alle Aktionen der Roten Armee bestätigt: Die Flak-Geschütze schießen nicht auf die deutschen Flugzeuge, den sowjetischen Abfangjägern ist es untersagt, deutsche Flugzeuge herunterzuholen, den Truppen der Ersten Staffel hat man die scharfe Munition weggenommen, und aus dem Generalstab kommen massenweise eiserne Befehle, nicht auf Provokationen zu reagieren. (Schukow und Timoschenko glaubten auch nicht so recht an einen deutschen Angriff.)

Frage: Wenn die höchsten politischen und militärischen Führer nicht an die Möglichkeit einer deutschen Invasion glauben, warum wurden dann Fronten gebildet?

Antwort: DIE FRONTEN WAREN NICHT ZUR ABWEHR EINER DEUTSCHEN INVASION GESCHAFFEN WORDEN, sondern zu einem anderen Zweck.

7.

Und hier noch ein weiterer Beschluß, den das Politbüro am 21. Juni 1941 faßte: Es wird eine Gruppe von Armeen als Reserve des Oberkommandos geschaffen. Zum Befehlshaber dieser Gruppe wird der Stellvertreter des Volkskommissars für Verteidigung Marschall der Sowjetunion S. M. Budjonny ernannt und als Stabschef dieser Gruppe Generalmajor A. P. Pokrowski (später Generaloberst) bestimmt. Dieser Armeegruppe gehören sieben Armeen der Zweiten Strategischen Staffel an, die heimlich in die Westregionen des Landes verlegt worden sind. *Generaloberst A. P. Pokrowski* nennt in seinen Erinnerungen diesen neuen Verband ein wenig anders: »eine Gruppe von Reservetruppen des Hauptquartiers«. (»Militärhistorische Zeitschrift« 1978, Nr. 4, S. 64) Diese Bezeichnung weist darauf hin, daß am 21. Juni das Hauptquartier des Oberkommandos eingerichtet worden ist – das höchste Führungsorgan der Streitkräfte im Kriege. Zumindest war die Entscheidung für dessen Einrichtung am 21. Juni vorweggenommen worden.

Es ist sehr gut möglich, daß der Beschluß über die Aufstellung der Gruppe von Reservetruppen des Hauptquartiers bereits eher gefaßt worden ist und am 21. Juni durch das Politbüro diese Entscheidung nur bestätigt wurde. Einen Beweis dafür kann man in den wiederholten Bemerkungen sehen, daß Generalmajor A. P. Pokrowski zu Beginn der deutschen Invasion bereits auf seinem Gefechtsposten in den Westregionen des Landes war. (Vgl. z. B. »Militärhistorische Zeitschrift« 1978, Nr. 11, S. 126)

In jedem Falle stellte die Zweite Strategische Staffel *vor* der deutschen Invasion nicht ein Konglomerat aus sieben verschiedenen Armeen dar, sondern sie bildete bereits einen Kampfverband mit eigener Führung. Wozu? Zur Verteidigung? Nein. Im Verteidigungskrieg war eine eigene Führung der Armeen der Zweiten Strategischen Staffel ganz unnötig, und sie wurde auch aufgegeben, noch ehe die Zweite Strategische Staffel mit dem Gegner in Berührung kam. In Friedenszeiten aber ist eine Zweite Strategische Staffel vollends nicht erforderlich: Im europäischen Teil des Landes läßt sie sich nicht unterbringen, und es fehlt auch an Übungsmöglichkeiten.

Wenn aber die Armeegruppe der Reserve des Hauptquartiers weder für Friedenszeiten noch für einen Verteidigungskrieg geschaffen worden war, wofür dann wohl?

»Am 21. Juni übertrug das Politbüro des ZK der KPdSU (B) dem Generalstabschef, Armeegeneral G. K. Schukow, die allgemeine Führung der Südwest- und der Süd-Front und dem Stellvertreter des Volkskommissars für Verteidigung Armeegeneral K. A. Merezkow die Führung der Nord-Front.« (*Armeegeneral S. P. Iwanow und Generalmajor N. Schechowzew,* »Militärhistorische Zeitschrift« 1981, Nr. 9, S. 11) Erst kurz zuvor hat K. A. Merezkow eine Armee während der »Befreiung« Finnlands kommandiert. Nun wird er ebendorthin als Vertreter des Hauptquartiers geschickt. Erst vor kurzem hat G. K. Schukow die Süd-Front während der »Befreiung« der Ostgebiete Rumäniens kommandiert, jetzt wird er ebendahin als Vertreter des Hauptquartiers geschickt, um die Aktionen der beiden Fronten zu koordinieren.

Man will uns weismachen, Stalin habe Schukow an die *rumänische* Grenze geschickt und Merezkow an die *finnische* Grenze, um die Abwehr eines *deutschen* Angriffs vorzubereiten. Sei dem so. Seltsam ist etwas anderes: Stalin schickt Schukow und Merezkow los, um Ereignisse abzuwenden, an deren Eintritt er nicht glaubt.

Merezkow brach unverzüglich auf. Schukow hielt sich noch ein paar Stunden in Moskau auf und war deshalb bei Beginn des »Unternehmens Barbarossa« im Generalstab in Moskau. Aber das ist ein Zufall. Wäre das »Unternehmen Barbarossa« ein paar Stunden später angelaufen, dann wäre auch Schukow ein

Teil jenes mächtigen Stromes gewesen, der die Generale aus dem Generalstab und die Brigadekommandeure aus dem GULag, die Gefangenen und ihre Begleitsoldaten, die Kommandeure der Reserve und die Truppenführer von den fernen Grenzen, die Hörer aus den Akademien und ihre Dozenten mit sich fortriß und an die westlichen Grenzen des Landes trug.

Sowjetische Historiker sagen von den deutschen Generalen: »Im Juni machten Brauchitsch und Halder bis unmittelbar vor dem Überfall auf die UdSSR eine Inspektionsfahrt nach der anderen zu den Truppen.« (*Anfilow*, Die unsterbliche Tat, S. 65) Und Schukow und Merezkow – haben die sich etwa anders verhalten?

Die Aktionen der beiden Armeen gleichen einander in verblüffender Weise. Ohne etwas von den Aktionen des Gegners zu wissen, kopieren Wehrmacht und Rote Armee einander bis hin zu den kleinsten Details. Ja, die sowjetischen Befehlshaber und Kommandeure zogen ihre Gefechtsstände an die Grenzen vor wie ihre deutschen Kollegen, und sogar noch näher. Ja, die Rote Armee konzentriert zwei extrem starke Gruppierungen an den Flanken dort, wo sich der Grenzbogen in das feindliche Territorium hineinwölbt, ganz so wie die deutsche Armee. Ja, die sowjetischen Flugzeuge sind unmittelbar an der Grenze stationiert, geradeso wie die deutschen. Ja, die sowjetischen Jagdflieger dürfen die deutschen Flugzeuge bis zu einem bestimmten Zeitpunkt nicht herunterholen, genauso wie es den deutschen Fliegern verboten ist, sowjetische Flugzeuge abzuschießen, um nicht vorzeitig den Konflikt auszulösen, damit der Angriff wirklich völlig überraschend erfolgen kann. Ja, der Gefechtsstand Hitlers (die sog. »Wolfsschanze«) befindet sich in Ostpreußen in der Gegend von Rastenburg, und der sowjetische vorgeschobene Hauptgefechtsstand liegt im Raum Wilna. Es ist dieselbe geographische Breite, und der sowjetische Gefechtsstand weist annähernd die gleiche Entfernung von der deutschen Grenze auf wie der deutsche von der sowjetischen Grenze.

Aber: Hitler hat sich bereits in seinen heimlichen Gefechtsstand begeben . . ., und wo ist Stalin?

Nach der Sitzung des Politbüros am 21. Juni verfügen sich

viele seiner Mitglieder eilig an ihre Einsatzorte im Kriegsfall. Schdanow, der als Mitglied des Politbüros die »Befreiung« Finnlands überwacht hatte, bereitet sich darauf vor, am 23. Juni in Leningrad aufzutauchen. Nikita Chruschtschow, der die »Befreiung« in den Ostgebieten Polens und Rumäniens kontrolliert hatte, begibt sich eilends nach Kiew (und vielleicht auch nach Tiraspol), Andrejew, der im Politbüro für die Militärtransporte verantwortlich zeichnet (*Armeegeneral A. A. Jepischew,* Die Partei und die Armee. Moskau 1980, S. 176), eilt zur Transsibirischen Eisenbahn, um die Verlegung der Armeen der Zweiten Strategischen Staffel zu beschleunigen, und schon am nächsten Tag ist seine Anwesenheit in Nowosibirsk belegt. (*Generalleutnant S. A. Kalinin*, Gedanken zu dem, was gewesen ist, S. 131)

Was aber ist mit Stalin? Macht er sich auch bereit, wie Hitler zu seinem geheimen Gefechtsstand aufzubrechen?

8.

Der Beschluß des Politbüros zur heimlichen Entfaltung von fünf Fronten an den Westgrenzen bedeutete, daß die Sowjetunion 1941 unweigerlich zu aktiven Operationen im Westen übergehen mußte. Der Grund hierfür ist ausgesprochen ernster Natur: Jede sowjetische Front verzehrte – abgesehen von allem anderen – monatlich 60000 Rinder. (*Marschall der Sowjetunion S. K. Kurkotkin*, Die rückwärtigen Dienste der sowjetischen Streitkräfte im Großen Vaterländischen Krieg. Moskau 1977, S. 325) Würde man bis zum nächsten Jahr warten, müßten für die fünf Fronten 3000000 Rinder bereitgestellt werden. Außer den fünf Fronten waren noch die sieben Armeen der Zweiten Strategischen Staffel durchzufüttern sowie drei Armeen des NKWD, die dahinter aufgestellt waren. Ferner mußten vier Flotten beköstigt werden sowie die sowjetischen Truppen, die sich auf die »Befreiung« des Iran vorbereiteten, die Flieger, die Truppen der Luftverteidigung und vor allem die Kriegsindustrie, die noch mehr Esser zählte.

Das hat nichts zu besagen, wird man mir entgegnen: Gestützt auf die sozialistische Landwirtschaft, auf unsere Kolchosen ... Ich werde mich nicht streiten. Hier ein paar Informationen aus dem sowjetischen Generalstab: »Ungeachtet der gewaltigen Erfolge auf dem Gebiet der Entwicklung der Landwirtschaft am Vorabend des Krieges war die Getreidefrage aus einer Reihe von Gründen nicht gelöst. Die staatliche Erfassung und die Getreideeinkäufe reichten nicht, um alle Bedürfnisse des Landes auf dem Getreidesektor zu decken.« (»Militärhistorische Zeitschrift« 1961, Nr. 7, S. 102) Kurzum, die Erfolge waren gestiegen, aber es gab kein Brot. Und hier die Meinung von Stalins Volkskommissar für das Finanzwesen, des ZK-Mitglieds A. G. Swerew: »Anfang 1941 hatte der Rinderbestand bei uns noch nicht das Niveau von 1916 erreicht.« (Aufzeichnungen eines Ministers. Moskau 1973, S. 188) Das Niveau von 1916 ist kein normaler Richtwert Rußlands, sondern ein Niveau, auf das die Landwirtschaft des Staates nach zwei Jahren eines verheerenden und verlustreichen Krieges abgesunken war. In »Friedenszeiten« war der Viehbestand in der Sowjetunion demnach niedriger als in Rußland mitten im Ersten Weltkrieg! Das Niveau von 1916 ist, gemessen an den Normen der vorangegangenen Jahrzehnte, ausgesprochen niedrig und ein beinahe schon katastrophales Niveau, das zu Unruhen führen kann, bei dem die gewohnte Lebensform zusammenbricht und die Massen auf die Straße gehen können.

Nachdem die Kommunisten auf der trüben Woge der Unruhen nach oben gespült worden waren und die Macht ergriffen hatten, verbesserten sie nicht die Ernährungslage des Landes, sondern verschlechterten diese so sehr, daß sich das Land ein Vierteljahrhundert später noch immer bemüht, zumindest das niedrige Niveau zu erreichen, auf das es infolge des Ersten Weltkriegs abgesunken war. Stalin hatte eine riesige Armee und eine riesige Rüstungsindustrie geschaffen, doch dafür das in Jahrhunderten angesammelte Vermögen der Nation und den Lebensstandard der Bevölkerung geopfert.

Seit Anfang 1939 war Stalin dazu übergegangen, die Einkünfte der ohnehin katastrophal geschwächten Landwirtschaft in die Armee und Rüstungsindustrie zu pumpen. Armee und Industrie gewannen zielstrebig an Gewicht, während die Landwirtschaft in erschreckender Weise an Bedeutung verlor. Erinnern Sie sich an die 1320 Eisenbahnzüge mit Kraftwagen an den sowjetischen Westgrenzen? Woher waren sie gekommen? Nun, aus den Kolchosen hatte man sie im Rahmen der Mobilmachung zusammengeholt, und nicht aus der Rüstungsindustrie! Oder nehmen wir die 800000 Reservisten, die im Mai 1941 insgeheim in die Rote Armee eingezogen wurden. Binnen eines Monats hatte sich die Zahl der Esser in der Armee um fast eine Million vermehrt. Aber auf wessen Kosten wächst die Armee? Wir wissen bereits, daß dies auf Kosten der Gefangenen in den Lagern geschieht, und natürlich auch auf Kosten der Bauern. In einem Rüstungsbetrieb ist man unentbehrlich. Aber im Kolchos?

Folglich mußten diese fünf gefräßigen Fronten, die *vor* der deutschen Invasion geschaffen worden waren, sowie die geheime Mobilmachung unter den Bauern und der Abzug des technischen Geräts für diese Fronten *vor* Einbringung der Ernte unweigerlich für das Jahr 1942 Hunger bedeuten. Und das selbst ohne deutsche Invasion. Die Vorentscheidung für den Hunger war bereits auf der Sitzung des Politbüros am 21. Juni 1941 gefallen. Als man die gefräßigen Fronten entfaltet hatte, mußten sie unweigerlich noch im selben Jahr in Aktion gesetzt werden. Andernfalls würden im darauffolgenden Jahr 1942 zu Stalins Feinden nicht nur Hitler, sondern Millionen hungriger bewaffneter Bauern in Stalins eigener Armee gehören. Ein überraschender Vorstoß der Roten Armee 1941 verspricht dagegen die Eroberung neuer reicher Gebiete und Nahrungsreserven (zum Beispiel in Rumänien). Und reichen diese Vorräte nicht, ist es auch nicht weiter schlimm: Eine Hungersnot, die sich im Gefolge eines Krieges ergibt, kann man erklären und begreifen.

Wir wissen bereits, daß Stalin gezwungen war, die Armeen der Zweiten Strategischen Staffel noch 1941 in den Kampf zu führen, und dies ganz unabhängig von Hitlers Aktionen, ganz einfach, weil in den Westregionen des Landes kein Platz für eine Überwinterung dieser Armeen war und weil sie im Winter auch nirgendwo ein Übungsgelände besaßen. Und hier kommt nun ein weiterer Anlaß hinzu, der für Stalin den Kriegsbeginn im Jahre 1941 unvermeidlich werden ließ: Wenn er diese fünf Fronten, die sieben Armeen der Zweiten Strategischen Staffel und die drei NKWD-Armeen nicht in den Kampf führt, dann wird sich zu Beginn des Frühjahrs 1942 eine Situation ergeben, in der es nicht mehr möglich ist, diese ganze Masse an Truppen zu ernähren.

Der einzige sowjetische Marschall, dem Stalin völlig vertraute, *B. M. Schaposchnikow*, hatte bereits 1929 kategorisch die Auffassung vertreten, daß die Mobilisierung von Hunderttausenden und Millionen Menschen und deren untätiges Verharren in der Grenzregion auf längere Dauer unmöglich sei. (Das Gehirn der Armee, Bd. 3, 1929) Man hat wesentlich leichter ein Heer während eines Krieges unter Kontrolle, als Millionen mobilisierter bewaffneter Männer, die vor Warten und Nichtstun vergehen. Und dann unterläßt man es obendrein noch, diese bewaffneten Menschen zu ernähren. Was ergibt das wohl? Als Stalin seine Fronten aufstellte, hatte er das ohnehin fragliche Gleichgewicht zwischen den gigantischen Armeen und der ausgelaugten, ruinierten Landwirtschaft zerstört. Danach war eine Situation des Alles oder Nichts entstanden, und bis 1942 abzuwarten war Stalin bereits nicht mehr möglich.

WIE HITLER STALINS KRIEG VEREITELTE

Man hatte uns restlos für einen Angriffskrieg vorbereitet. Und es war nicht unsere Schuld, daß die Aggression nicht von uns ausgegangen war.
Generalmajor P. G. Grigorenko
(Im Keller trifft man nur Ratten, S. 138)

1.

Am 17. Juni 1945 führte eine Gruppe sowjetischer militärischer Untersuchungsrichter eine Vernehmung der höchsten militärischen Führer des faschistischen Deutschland durch. *Generalfeldmarschall W. Keitel*: »Ich betone, daß alle von uns bis zum Frühjahr 1941 durchgeführten vorbereitenden Maßnahmen den Charakter reiner Verteidigungsvorkehrungen für den Fall eines Angriffs durch die Rote Armee trugen. Insofern kann man den ganzen Krieg im Osten gewissermaßen einen Präventivkrieg nennen ... Wir beschlossen ..., einem Angriff Sowjetrußlands zuvorzukommen und durch einen Überraschungsangriff dessen Streitkräfte zu zerschlagen. Gegen Frühjahr 1941 kam ich zu der festen Überzeugung, daß uns die starke Konzentrierung der russischen Truppen und deren nachfolgender Angriff auf Deutschland in strategischer und wirtschaftlicher Hinsicht in eine außerordentlich kritische Lage bringen könnten ... In den ersten Wochen hätte ein Angriff von seiten Rußlands Deutschland in eine extrem ungünstige Situation versetzt. Unser Angriff war eine unmittelbare Folge dieser Bedrohung ...«

Generaloberst A. Jodl, der Chefkonstrukteur der deutschen Kriegspläne, behauptete dasselbe. Die sowjetischen Untersuchungsrichter waren energisch bemüht, Keitel und Jodl den Boden dieses Arguments zu entziehen. Doch das gelang nicht. Keitel und Jodl änderten ihren Standpunkt nicht und wurden aufgrund des Urteils des sogenannten »Internationalen Gerichtshofs« in Nürnberg zusammen mit den anderen »Hauptkriegsverbrechern« gehängt. Eine der Hauptanklagen gegen sie lautete auf »Entfesselung eines nichtprovozierten Angriffskrieges« gegen die Sowjetunion.

Seitdem sind viele Jahre vergangen, und neue Zeugenaussagen sind aufgetaucht. Mein Zeuge ist *Flottenadmiral der Sowjetunion N. G. Kusnezow* (1941 Admiral, Volkskommissar für die Kriegsmarine der UdSSR, Mitglied des Zentralkomitees, Mitglied des Hauptquartiers des Oberkommandos seit dessen Gründung). Und dies sind seine Aussagen: »Für mich steht unstrittig das eine fest: I. W. Stalin hatte nicht nur die Möglichkeit eines Krieges mit Hitler-Deutschland nicht ausgeschlossen, er hielt einen solchen Krieg im Gegenteil sogar ... für unvermeidlich ... I. W. Stalin hat diesen Krieg vorbereitet – seine Vorbereitung war umfassend und vielseitig –, und er ging dabei von den von ihm selbst vorgegebenen ... Fristen aus. Hitler zerstörte seine Berechnungen.« (Am Vorabend, S. 321)

Der Admiral sagt uns vollkommen offen und klar, daß Stalin einen Krieg für unvermeidlich hielt und sich zielstrebig darauf vorbereitete. In diesen Krieg wollte Stalin jedoch nicht in Reaktion auf einen von Deutschland ausgehenden Angriff eintreten, sondern zu einem Zeitpunkt, den er selbst wählen würde. Anders ausgedrückt: Stalin bereitete sich darauf vor, als erster zuzuschlagen, das heißt, einen Angriff gegen Deutschland zu führen, aber Hitler entschloß sich zu einem Präventivschlag und zerstörte damit alle Pläne Stalins.

Admiral Kusnezow ist ein hochkarätiger Zeuge. 1941 nahm er in der sowjetischen militärischen und politischen Hierarchie sogar eine noch höhere Position als Schukow ein. Kusnezow war Volkskommissar, Schukow dagegen nur Stellvertreter eines Volkskommissars; Kusnezow war Mitglied des Zentralkomitees, Schukow dagegen nur ZK-Kandidat.

Keiner unserer Memoirenschreiber nahm 1941 eine gleich hohe Stellung ein wie Kusnezow, und keiner ist Stalin so vertraut gewesen wie er. Deshalb halte ich Kusnezow für meinen wichtigsten Zeugen, nach Stalin natürlich. Im übrigen stimmt das, was Kusnezow nach dem Krieg sagte, völlig mit dem überein, was er schon vor dem Kriege äußerte, wie beispielsweise

1939 auf dem 18. Parteikongreß. Das war der Parteikongreß gewesen, der einen neuen Weg gewiesen hatte: Schluß mit dem Terror im eigenen Land und Verlagerung des Terrors in die Nachbarländer. »Das, was in der UdSSR geschaffen worden ist, kann auch in anderen Ländern geschaffen werden!« Auf diesem Parteitag der »Sieger«, die beschlossen haben, nun »Befreier« zu werden, ist Kusnezows Rede vielleicht die aggressivste. Gerade dank dieser Rede wird Kusnezow am Ende des Parteikongresses Mitglied des Zentralkomitees, und zwar unter Umgehung des Status eines Kandidaten für dieses Amt, und er erhält den Posten eines Volkskommissars.

Alles, was Kusnezow offen ausspricht, hat Stalin viele Jahre vor ihm in seinen geheimen Reden gesagt. Alles, was Kusnezow sagt, wird durch die Handlungsweise der Roten Armee und Flotte bestätigt. Und schließlich muß man Admiral Kusnezow im vorliegenden Fall auch deshalb glauben, weil sein Buch alle Freunde und Feinde gelesen haben, weil es die politischen und militärischen Führer der Sowjetunion gelesen haben, weil es die Marschälle, Diplomaten, Historiker, Generale und Admirale gelesen haben, weil es die voreingenommenen Freunde der UdSSR im Ausland gelesen haben und *keiner* jemals den Versuch unternommen hat, Kusnezows Worte in Abrede zu stellen!

Vergleichen wir seine Worte mit denen von Keitel.

Generalfeldmarschall W. Keitel sagt, Deutschland habe keinen Angriff gegen die Sowjetunion vorbereitet, die Angriffsvorbereitungen habe die Sowjetunion getroffen. Deutschland hat sich nur gegen eine unausweichliche Aggression verteidigt, als es seinen Präventivschlag führte.

Flottenadmiral der Sowjetunion N. G. Kusnezow sagt dasselbe: Ja, die Sowjetunion hat sich auf den Krieg vorbereitet und hätte ihn unweigerlich begonnen, aber Hitler hat durch seinen Angriff diese Pläne vereitelt.

Ich begreife nur nicht, warum man Keitel aufgehängt hat, aber Kusnezow nicht. Ich begreife nicht, warum man Hitler für einen Aggressor hält, Stalin dagegen für ein Opfer.

Ich verstehe, daß die Richter des »Internationalen Gerichtshofs« in Nürnberg nicht das Bedürfnis verspürten (und nicht so viel professionelle Ehrlichkeit aufbrachten), die wahren Urheber des Krieges ausfindig zu machen. Aber ich begreife nicht, warum dieselben »Richter« nach den Bekenntnissen von Admiral Kusnezow sich nicht umgehend in Nürnberg einfanden und einen *Teil* der Anklage gegen Keitel, Jodl, die deutsche Wehrmacht und Deutschland insgesamt zurücknahmen.

2.

Die sowjetischen Marschälle und Generale verhehlen ihre damaligen Absichten nicht. Der Leiter der Akademie des Generalstabs der Streitkräfte der UdSSR *Armeegeneral S. P. Iwanow* hat zusammen mit einer Gruppe führender sowjetischer Historiker 1974 im Militärverlag in Moskau eine wissenschaftliche Untersuchung über »Die Anfangsphase des Krieges« herausgebracht. In diesem Buch gibt Iwanow nicht nur zu, daß Hitler einen Präventivschlag geführt hat, sondern er nennt auch eine Zeit: »Der deutschen faschistischen Führung war es buchstäblich in den letzten beiden Wochen vor dem Krieg gelungen, unseren Truppen zuvorzukommen.« (S. 212) Wenn sich die Sowjetunion auf eine Verteidigung vorbereitet hätte oder allenfalls zu einem Gegenangriff, dann konnten die Deutschen ihr nicht zuvorkommen. Bereitete die Sowjetunion jedoch einen Angriff vor, so konnte man ihr mit einem Vorstoß zuvorkommen, den die andere Seite nur ein klein wenig eher unternahm. 1941 war der deutsche Vorstoß, wie Iwanow sagt, zwei Wochen eher erfolgt.

Derlei Eingeständnisse gibt es nicht wenige. Hier ein weiteres Beispiel. Es ist der »Militärhistorischen Zeitschrift« von 1984 entnommen. Die Zeitschrift ist offizielles Organ des Verteidigungsministeriums der UdSSR und kann nicht ohne Sichtvermerk des Verteidigungsministers und des Chefs des Generalstabs (zu der Zeit die Marschälle der Sowjetunion S. Sokolow und S. Achromejew) erscheinen. Die »Militärhistorische Zeitschrift« erklärt, warum in Grenznähe die erwähnten Riesenvorräte an Munition, Treibstoff und Lebensmitteln angelegt waren. Die Antwort ist einfach – für Angriffsoperationen. (Nr. 4, S. 34)

Auf derselben Seite wird offen davon gesprochen, daß der deutsche Angriff die sowjetischen Pläne vereitelte.

Hätte sich dagegen die Rote Armee auf eine Verteidigung eingestellt oder selbst einen Gegenangriff, dann wäre es nicht so einfach gewesen, ihre Pläne zu vereiteln, vielmehr hätte eine deutsche Invasion für die sowjetischen Truppen nur als auslösendes Signal zu einem planmäßigen Vorgehen gedient. Nur wenn sich die Rote Armee auf einen Angriff vorbereitete, konnte die deutsche Invasion diese Pläne vereiteln, weil die Truppen, statt plangemäß zu handeln, gezwungen waren, sich zu verteidigen, das heißt zu improvisieren, nämlich etwas zu tun, was nicht vorgesehen war.

3.

Kehren wir jetzt zum Juni 1941 zurück.

Am 6. Juni war die deutsche Aufklärung in den Besitz von Informationen gelangt, daß die Sowjetregierung nach Swerdlowsk zu übersiedeln beabsichtige.

In Deutschland haben nur Hitler und seine nächste Umgebung davon Kenntnis. Dr. Goebbels macht in seinem Tagebuch einen entsprechenden Vermerk, daß er eine solche Information erhalten habe. (Die Tagebücher von Joseph Goebbels, Teil 1, Bd. 4, S. 675)

Und erst viele Jahrzehnte später können wir die Nachricht von der Verlegung der sowjetischen Regierung richtig würdigen. Denn heute wissen wir, daß in Swerdlowsk eine *Scheinkommandozentrale* eingerichtet worden war. Erst im Laufe des Krieges wurde deutlich, daß als Ersatzhauptstadt nicht Swerdlowsk vorgesehen war, sondern Kuibyschew, in das, als die Lage kritisch wurde, viele Regierungsinstitutionen der Sowjetunion und die ausländischen Botschaften verlegt wurden. Aber auch Kuibyschew ist noch nicht die ganze, sondern nur die halbe Wahrheit. In Kuibyschew waren diejenigen Einrichtungen konzentriert, deren Verlust ohne Einfluß auf die Stabilität der obersten militärischen und politischen Führung des Landes bleiben würde: Der Oberste Sowjet mit dem »Präsidenten« Kalinin, die weniger wichtigen Volkskommissariate, die Botschaften. Alle wichtigen Institutionen befanden sich in unmittelbarer Nachbarschaft, doch nicht in Kuibyschew, sondern in dem riesigen unterirdischen Tunnelsystem, das man in das Gestein der Schiguli-Höhen gehauen hatte. Vor dem Krieg war der Bau dieser gigantischen Anlage durch den Bau eines anderen Giganten getarnt worden – das Wasserkraftwerk von Kuibyschew. Tausende von Strafgefangenen hatte man dorthin geschickt, Tausende Tonnen an Baumaterialien und Baugerät, und jedermann war klar gewesen, wozu das geschah – für den Bau des Wasserkraftwerks. Nach dem Krieg wurde das ganze gewaltige Bauwerk weiter wolgaaufwärts verlegt und das Wasserkraftwerk an einem neuen Ort errichtet. Für die erste Anlage hatte man eine Baustelle gewählt, an der zwar kein Wasserkraftwerk errichtet werden konnte, wohl aber eine großartige unterirdische, oder genauer gesagt, unter Felsen angelegte Kommandozentrale.

In den deutschen Vorkriegsarchiven habe ich keinerlei Hinweise auf Kuibyschew als Ersatzhauptstadt gefunden, und noch viel weniger irgendeine Erwähnung der Kommandozentrale unter den Schiguli-Höhen. Die deutsche Abwehr besaß nur Informationen über eine Verlegung der sowjetischen Regierung in eine Kommandozentrale in Swerdlowsk. Doch die Regierung kann nicht in eine Kommandozentrale verlegt werden, die überhaupt nicht existiert. Wer aber verbreitet dann Informationen von einer Übersiedlung in eine Scheinkommandozentrale? Das kann nur jemand tun, der diese Scheinkommandozentrale erfunden hat, das heißt: die Sowjetregierung, oder genauer gesagt, der Chef dieser Regierung, I. W. Stalin. Die Scheinkommandozentrale wurde ja geradezu geschaffen, damit der Gegner eines Tages davon erfährt. Und nun war dieser Zeitpunkt gekommen, und die deutsche Abwehr erhielt die »Geheiminformation«, die speziell für sie fabriziert worden war.

Die Nachricht an die deutsche Abwehr von der Absicht der Sowjetregierung, nach Swerdlowsk zu übersiedeln, ist ein »Geheimnis« aus derselben Serie wie Stalins Rede vor den Absolventen der Militärakademie, wie das Geschwätz der sowjetischen Botschafter und wie das TASS-Kommuniqué.

Wenn die deutsche Aufklärung eine falsche Nachricht über die Absichten der Sowjetregierung zugespielt erhält, dann besagt dies, daß die sowjetische Führung in eben diesem Augenblick etwas zu verbergen bemüht ist. Es fällt nicht schwer zu erraten, worum es dabei geht. Wenn die sowjetische Führung falsche Nachrichten über ihre Absicht, sich nach Osten zurückzuziehen, verbreitet, dann trägt sie sich vermutlich mit der Absicht, etwas Gegenteiliges zu tun.

Die List bestand darin, daß es außer der stark gesicherten Kommandozentrale der Schiguli-Höhen, deren Lage zwar schwer zu bestimmen, aber letztlich doch nicht unauffindbar war, noch eine weitere Regierungszentrale gab: einen Eisenbahnzug. Im Kriegsfall konnte diese Kommandozentrale, gedeckt durch mehrere Panzerzüge des NKWD und begleitet von drei Zügen des Volkskommissariats für das Nachrichtenwesen, jederzeit im Bereich der Kampfhandlungen auftauchen. Diese Möglichkeit, sich in unmittelbarer Nähe des Hauptschauplatzes der Kriegsereignisse aufzuhalten, kommt auch in der Bezeichnung dieses Zuges zum Ausdruck: vorgeschobene Hauptkommandozentrale. Für diese Kommandozentrale waren mehrere sorgfältig gedeckte und getarnte Haltepunkte vorbereitet worden, die bereits in Friedenszeiten zum Anschluß an das Regierungsnachrichtennetz vorbereitet wurden. Die Leitungen brauchten nur noch an die entsprechenden Schaltzentralen in den Zügen angeschlossen zu werden.

Es bedarf keiner Erläuterung, daß die mobile Kommandozentrale für einen Angriffskrieg bestimmt war, für eine Situation, in der die eigenen Truppen im zügigen Vormarsch begriffen sind, die Führung aber mit ihren platzraubenden Verwaltungs- und Nachrichtensystemen den angreifenden Fronten und Armeen folgen können muß. In einem Verteidigungskrieg ist es einfacher, zuverlässiger und sicherer, aus dem Arbeitszimmer im Kreml, aus einer unterirdischen Metro-Station in Moskau oder auch aus den Tunnelanlagen in Schiguli die Regierungsgeschäfte zu führen.

Trägt man die verschiedenen kleinen Bruchstücke von Informationen zusammen und fügt sie aneinander, dann können wir mit einiger Sicherheit behaupten, daß sich an der Eisenbahnlinie Minsk-Wilna (näher an Wilna) eine wichtige Kommandozentrale befunden haben muß oder vorgesehen war.

Wenige Tage nachdem die deutsche Führung die »Geheiminformation« von der Verlegung des sowjetischen Regierungssitzes nach Swerdlowsk erhalten hatte, setzte die getarnte Verlegung der Sowjetregierung in Richtung Westgrenze in die Regionen Minsk und Wilna ein.

Jeder Soldat weiß, wie die Verlegung eines großen Stabes bei Manövern oder unter Gefechtsbedingungen vor sich geht. Die Operative Abteilung wählt den Standort für den künftigen Stab, ein übergeordneter Kommandeur bestätigt die getroffene Auswahl und erteilt die Erlaubnis zur Verlegung. Der Wald, in dem der Stab eingerichtet werden soll, wird abgesperrt, so daß keine Unbefugten Zutritt haben, dann rücken die Pioniere und die Männer der Nachrichtentruppen an, die für die Tarnung und Herstellung der Nachrichtenverbindungen zuständig sind, anschließend taucht der Chef des Nachrichtendienstes der betreffenden Formation (der Division, des Korps, der Armee, des Frontabschnittes) auf und kontrolliert persönlich, ob an dem betreffenden Ort die Nachrichtenverbindungen zu allen wichtigen Teilnehmern zuverlässig funktionieren, und danach endlich erscheint der Stab, dessen Offiziere nur noch ihre Telefone und Chiffriermaschinen an die eingemessenen und zuvor überprüften Nachrichtennetze anzuschließen brauchen.

Die Rote Armee arbeitet in den letzten Wochen vor dem 22. 6. 1941 wie ein einziger wohlregulierter Mechanismus: In den Grenzwäldern tauchen Dutzende von Leitern des Nachrichtendienstes der Schützen- und mechanisierten Korps auf, und gleich danach beginnt die heimliche Entfaltung der Gefechtsstände dieser Korps. Unmittelbar darauf erscheinen in einem anderen Waldgelände die Leiter des Nachrichtendienstes der Armeen. Ihre Anwesenheit ist ein Zeichen dafür, daß hier demnächst die Armeestäbe aufkreuzen werden. Es ist ein zuverlässiges Anzeichen, und die Stäbe erscheinen in der Tat. Und genau am Tage der Verbreitung des TASS-Komuniqués stellen sich in abgelegenen Winkeln der unberührten, gut geschützten Wälder die Chefs der Nachrichtentruppen der Fronten ein. Kaum sind die Nachrichtenverbindungen überprüft, ziehen die Frontstäbe getarnt ihre Kolonnen zur Verlegung auseinander.

Jetzt aber ist der Augenblick für einen noch gewichtigeren Chef des Nachrichtendienstes gekommen, sich 150 km vor der Grenze Ostpreußens einzufinden. Und deshalb ist der Volkskommissar für das Nachrichtenwesen, I. T. Peressypkin, heimlich auf dem Weg nach Wilna. Ob wir wohl erraten können, für wen Peressypkin das Nachrichtennetz überprüft? Der Volkskommissar Peressypkin hat nur einen einzigen direkten Vorgesetzten – den Vorsitzenden des Rates der Volkskommissare, den Genossen I. W. Stalin.

Die Fahrt des Volkskommissars für das Nachrichtenwesen in Richtung ostpreußische Grenze erfolgt so, daß niemand davon erfahren kann. Der Volkskommissar benutzt einen gewöhnlichen fahrplanmäßigen Zug, aber hinten ist ein zusätzlicher Sonderwaggon angekuppelt, in dem Peressypkin mit seinen Stellvertretern anreist. Die Fahrt des Volkskommissars für das Nachrichtenwesen ist streng geheim. Sogar die verschlüsselten Meldungen, die Peressypkin aus Moskau empfängt, sind mit seinem Namen unterzeichnet: »Peressypkin«, damit der Chiffrierdienst des Regierungsnachrichtennetzes der Meinung ist, daß sich Peressypkin noch immer in Moskau aufhält und nirgendwohin abgereist ist.

Aber hören wir lieber, was *I. T. Peressypkin* selbst zu sagen hat:

»Buchstäblich am Vorabend des Krieges trug mir I. W. Stalin auf, in die baltischen Republiken zu fahren. Diese verantwortungsvolle Aufgabe brachte ich aus irgendeinem Grund mit den herannahenden Kriegsereignissen in Zusammenhang. Am Abend des 21. Juni 1941 fuhr ich in Begleitung einer Gruppe verantwortlicher Mitarbeiter des Volkskommissars für das Nachrichtenwesen nach Wilna. Wir waren dahin unterwegs, als der Krieg begann . . .« (Die Nachrichtentruppen in den Jahren des Großen Vaterländischen Krieges. Moskau 1972, S. 17) Am Morgen des 22. Juni erhält Peressypkin auf der Station Orscha aus Moskau ein Telegramm: »HALTEN SIE WEGEN LAGEVERÄNDE-

RUNG NICHT RÜCKKEHR NACH MOSKAU FÜR NÖTIG? PERESSYPKIN«. (Die Nachrichtentruppen, S. 32–33)

Peressypkin reist über Bahnstrecken, die nicht nur vollständig vom Militär in Beschlag genommen sind, sondern die obendrein vor wenigen Tagen den Befehl bekommen haben, sich auf Kriegsbetrieb umzustellen und damit bereit zu sein, unter Gefechtsbedingungen zu handeln. (*Anfilow,* Die unsterbliche Tat, S. 184) Peressypkin fährt in ein Gebiet, in dem insgeheim riesige Truppenmassen an den Grenzen zusammengezogen werden, die den Befehl haben, »nur das Lebens- und Gefechtsnotwendige« mitzunehmen (ebenda). Peressypkin begibt sich auf das Territorium eines Militärbezirks, in dem bereits eine Front existiert, deren Stab bereits streng geheime Unterlagen an Tausende von Befehlsempfängern versandt hat, die *vor Kriegsbeginn zu versenden verboten* ist. Peressypkin fährt in ein Gebiet, in dem insgeheim eine Regierungskommandozentrale eingerichtet wird. Peressypkin ist auf persönlichen Befehl Stalins unterwegs und weiß, daß diese »Reise mit den herannahenden Kriegsereignissen in Zusammenhang steht«.

Doch nun hat Hitler angegriffen, und Peressypkin verläßt seinen Geheimwaggon, greift sich den erstbesten Lkw und braust nach Moskau zurück.

Woraus sich folgern läßt, daß der Volkskommissar für das Nachrichtenwesen, Genosse Peressypkin, wenn Hitler nicht angegriffen hätte, in der geheimen Kommandozentrale im Gebiet von Wilna eingetroffen wäre und entsprechend »den herannahenden Kriegsereignissen« gehandelt hätte, das heißt, er würde das militärische Nachrichtennetz mit dem Regierungsnetz und dem Staatlichen Nachrichtenwesen im Kriege koordiniert haben. Aber nun hat Hitler angegriffen, und die Reise in den Krieg muß umgehend abgebrochen werden.

Zwar hat Stalin Peressypkin in den Krieg geschickt, dennoch kommt Hitlers Angriff sowohl für Stalin wie auch für Peressypkin völlig unerwartet. Hitlers Angriff stellt eine so ernste »Lageveränderung« dar, daß sie zum Anlaß wird, viele höchst wichtige Maßnahmen der sowjetischen Regierung außer Kraft zu setzen und statt dessen zu improvisieren, bis hin zur Rückkehr des Volkskommissars nach Moskau auf dem erstbesten Lkw.

DIE MITGLIEDER DER SOWJETREGIERUNG WAREN BEREITS IN DEN KRIEG GEZOGEN, IN EINEN KRIEG, IN DEM EINE DEUTSCHE INVASION NICHT VORGESEHEN WAR.

4.

Für dieselbe Nacht war auf derselben Eisenbahnstrecke Moskau-Minsk die Fahrt führender Mitarbeiter des Volkskommissariats für Verteidigung, des NKWD, des Volkskommissariats für Staatskontrolle und die Verlegung anderer wichtiger Regierungseinrichtungen der Sowjetunion in die Westgebiete des Landes vorgesehen. Ziel der Reise war der Krieg. Auf diese heimliche Reise an die Westgrenzen bereiteten sich vor der Volkskommissar für innere Angelegenheiten, Politbüro-Kandidat und Generalkommissar der Staatssicherheit L. P. Berija, ferner das ZK-Mitglied und Volkskommissar für Staatskontrolle, Armeekommissar 1. Klasse L. S. Mechlis, der ZK-Kandidat und Volkskommissar für Verteidigung Marschall der Sowjetunion S. K. Timoschenko und noch weitere führende Persönlichkeiten in Stalins Imperium. Es ist nicht auszuschließen, daß selbst Stalin zu einer solchen Geheimreise nach Westen Vorbereitungen traf.

Für jeden dieser Staatsfunktionäre war eine gemischte Begleitgruppe aus höchsten Vertretern der am stärksten betroffenen kriegswichtigen Volkskommissariate zusammengestellt worden. Am Morgen des 21. Juni 1941 war die Aufstellung dieser operativen Gruppen abgeschlossen. Jede Einsatzgruppe wartete nur noch auf ihren Leiter, der sich zu der Zeit im Kreml auf einer letzten Sitzung des Politbüros befand, um ihn dann insgeheim in den Krieg zu begleiten. Sämtliche Mitglieder dieser operativen Gruppen wissen am Morgen des 21. Juni, daß es in den Krieg geht. Ja, sie kennen sogar Minsk als Bestimmungsort (was auch stimmt), aber nicht Wilna, bis wo es von Minsk nur noch ein Katzensprung ist.

Alle Mitarbeiter dieser Einsatzgruppen wissen, daß sich die Sowjetunion bereits im Kriegszustand mit Deutschland befindet, obgleich der Krieg offiziell noch nicht erklärt ist und obgleich die Kampfhandlungen noch nicht begonnen haben. Eben deshalb werden die Gruppen ja insgeheim nach Westen transferiert, damit diese Kampfhandlungen beginnen können!

Eines ist jedoch erstaunlich: Niemand – einschließlich der Führer dieser Gruppen, die zur Zeit im Kreml tagen – argwöhnt eine bevorstehende deutsche Invasion. Ja, mehr noch, als darauf hinweisende Informationen am Abend wie eine Sturzflut hereinzubrechen beginnen, weigern sich die höchsten sowjetischen Führer, daran zu glauben. Aus dem Kreml, aus dem Volkskommissariat für Verteidigung, aus dem Generalstab hagelt es entsprechende Direktiven in Richtung Grenze und drohende Anschnauzer per Telefon, sich keinesfalls auf irgendwelche Provokationen einzulassen.

Das führt zu der zwingenden Frage: Wenn die sowjetischen Führer nicht an die Möglichkeit einer deutschen Invasion glauben, in was für einen Krieg gedachten sie dann zu ziehen? Und es bleibt nur eine Antwort: Sie waren auf dem Weg in einen Krieg, der *ohne deutsche Invasion* beginnen sollte.

Die Begleitgruppen der Staatsfunktionäre verbringen qualvolle Stunden des Wartens, und schließlich teilt man ihnen um 6 Uhr morgens am 22. Juni mit, daß die Reise an die Westgrenze gestrichen sei, weil Hitler den Krieg begonnen hat.

Hätten sich die sowjetischen Staatsfunktionäre auf die Reise in die heimlichen Gefechtsstände an den Westgrenzen vorbereitet, um die deutsche Invasion aufzuhalten, dann hätten sie auf das Signal hin, daß eine solche Invasion begonnen habe, nach Westen eilen müssen, aber sie sagen ihre Reise in den Krieg ab. Sie waren willens gewesen, an der Grenze anzutreten, um im Krieg eine leitende Rolle zu übernehmen, aber nicht in einem Krieg, der nach einer deutschen Inszenierung statt einer sowjetischen abläuft. Hitler hatte sie um dieses Vergnügen gebracht.

Ich zitiere einen ganz normalen Standardbericht. Mein Zeuge D. Ortenberg bekleidete am 21. Juni 1941 das Amt eines Leiters der Organisations- und Instruktorenabteilung im Volkskommissariat für Staatskontrolle. Er selbst umreißt seine Funktion als »militärisch ausgedrückt eine Art Stabschef«.

Generalmajor D. Ortenberg, Sie haben das Wort:
»Man fragt mich bisweilen:
›Wann hat für dich der Krieg begonnen?‹
›Am einundzwanzigsten Juni.‹
›?!‹
Ja, so ist es gewesen.

... Am Morgen wurde ich in das Volkskommissariat für Verteidigung bestellt, wo man mir sagte, daß eine Gruppe von Mitarbeitern des Volkskommissariats unter der Leitung von Marschall S. K. Timoschenko nach Minsk fahren würde. Man teilte mir mit, daß ich dazugehören würde. Mir wurde vorgeschlagen, nach Hause zu gehen, meine Uniform anzuziehen und mich im Volkskommissariat einzufinden ... Der Anmelderaum im Volkskommissariat für Verteidigung war vollgestopft mit Leuten in Uniform. Sie hatten Aktendeckel und Landkarten bei sich und waren sichtlich aufgeregt. Die Unterhaltungen werden im Flüsterton geführt. Timoschenko ist in den Kreml gefahren ... Am 22. Juni um fünf Uhr morgens kam der Volkskommissar aus dem Kreml zurück. Er rief mich zu sich:

›Die Deutschen haben den Krieg begonnen. Unsere Fahrt nach Minsk findet nicht statt‹.« (*D. Ortenberg*, Juni-Dezember einundvierzig. Moskau 1984, S. 5–6)

Man weiß nicht, woher die Legende stammt, Hitler habe am 22. Juni 1941 den Krieg im Osten begonnen und fast mit Gewalt die Sowjetunion in den Krieg hineingezogen. Hören wir dagegen auf diejenigen Personen, die sich tatsächlich in jenen Tagen, Stunden und Minuten in unmittelbarer Umgebung der sowjetischen höchsten Führer befanden, dann sieht alles ganz anders aus: Am 22. Juni 1941 hat Hitler den sowjetischen Kriegsplan vereitelt; da hat Hitler seinen Krieg auf das Territorium verlegt, in dem ein anderer Kriegsplan am 19. August 1939 geboren worden war. Hitler hat den sowjetischen Führern nicht erlaubt, ihren Krieg so zu führen, wie sie das vorgesehen hatten, indem er sie zu improvisieren und das zu tun zwang, worauf sie nicht vorbereitet waren: Sie mußten ihr eigenes Territorium verteidigen.

Nicht ich habe mir das alles ausgedacht.
Das sagen sowjetische Generale.

HAT STALIN EINEN KRIEGSPLAN GEHABT?

Da Stalin seine Ansichten und
Pläne nicht vortrug und erläuterte,
glaubte man, daß er keine habe –
ein typischer Fehler geschwätziger
Intellektueller.
Robert Conquest (Am Anfang starb
Genosse Kirow, S. 98)

1.

»Die strategische Verteidigung war eine aufgenötigte Form des Kampfes, sie war nicht vorhergeplant« – das sagen sowjetische militärische Handbücher. (Vgl. *Anfilow,* Der mißglückte Blitzkrieg, S. 590) Aber selbst ohne Lehrbücher wissen wir, daß die Abwehrreaktionen der Roten Armee im Sommer 1941 auf reiner Improvisation beruhten. Die Rote Armee hatte sich vor dem Krieg nicht auf eine Verteidigung vorbereitet, Truppenübungen mit Verteidigungsaufgaben waren nicht durchgeführt worden. In den sowjetischen Dienstvorschriften fällt über eine Verteidigung im strategischen Maßstab kein Wort (wohl in taktischen Zusammenhängen). Die Rote Armee besaß nicht nur keine Verteidigungspläne, sondern selbst rein theoretisch waren Probleme der Durchführung von Abwehroperationen nicht ausgearbeitet. Ja mehr noch, für eine Verteidigung waren weder das sowjetische Volk noch seine Armee moralisch gerüstet. Volk und Armee waren auf die Erfüllung von Verteidigungsaufgaben durch Angriffsmethoden orientiert: »Gerade im Interesse der Verteidigung werden von der UdSSR breite Angriffsoperationen auf dem Territorium der Feinde gefordert, und das widerspricht nicht im geringsten dem Charakter eines Verteidigungskrieges.« (»Prawda«, 19. August 1939)

Wie tief gedachten die Kommunisten ihre »Verteidigungsoperationen« in das feindliche Territorium hineinzutragen? Fürs erste nicht allzu tief: »Die Grenzen dieser Front werden zunächst durch die Grenzen des Festlandes der Alten Welt bestimmt.« (*M. W. Frunse* in der Zeitung »Der Kommunist«, 7. November 1921) Der europäische Kontinent – das ist nur die nächstliegende Aufgabe, weitere sind bereits geplant.

Von den ersten Stunden der deutschen Invasion an versucht die Rote Armee unentwegt, zum Angriff überzugehen. In den heutigen Handbüchern werden diese Aktionen Gegenstöße und Gegenangriffe genannt. Aber auch das ist eine Improvisation. Bei keiner einzigen Truppenübung vor dem Krieg ist das Problem des Gegenstoßes behandelt worden, ja schlimmer noch, man hat sich nicht einmal theoretisch damit auseinandergesetzt: »Die Frage des Gegenangriffs ... hatte sich vor dem Großen Vaterländischen Krieg nicht gestellt.« (Geschichte des Großen Vaterländischen Krieges der Sowjetunion, Bd. 1, S. 441)

Die sowjetischen Stäbe hatten demnach vor dem Krieg keine Pläne für eine Verteidigung und auch keine Pläne für Gegenangriffe ausgearbeitet. Vielleicht haben sie überhaupt nichts getan? O nein, sie haben bekanntlich intensiv gearbeitet. Sie haben Pläne für den Krieg ausgearbeitet. Marschall der Sowjetunion A. M. Wassilewski ist Zeuge dafür, daß im letzten Jahr vor dem Krieg die Offiziere und Generale des Generalstabs, der Stäbe in den Militärbezirken und der Flotten 15 bis 17 Stunden täglich arbeiteten, ohne freie Tage und ohne Urlaub. Davon berichten auch die Marschälle Bagramjan, Sokolowski, die Armeegenerale Stemenko, Kurassow, Malandin und viele andere. Es gibt Berichte darüber, daß General Anissow 20 Stunden am Tag arbeitete, und dasselbe erzählt man sich von General Smorodinow.

Im Februar 1941 war G. K. Schukow Generalstabschef geworden. Von dem Zeitpunkt an stellte sich der Generalstab im Grunde genommen auf Kriegsverhältnisse ein.

Schukow selbst arbeitete ungemein konzentriert und gestattete niemandem eine Ruhepause. Im Sommer 1939 war Schukow, damals noch im Range eines Korpskommandeurs, am Chalchyn-gol aufgetaucht. Er hatte sich persönlich mit der Lage vertraut gemacht, rasch seine Pläne entworfen und sich dann intensiv um deren Realisierung gekümmert. Die geringste Nachlässigkeit in der Arbeit hatte für jeden beliebigen Untergebenen die unverzügliche Hinrichtung zur Folge. Binnen weniger Tage schickte Schukow siebzehn Offiziere vor das Kriegsgericht mit der Forderung, auf Todesstrafe zu erkennen. Das Kriegsgericht fällte jeweils umgehend diese Urteile. Von den siebzehn Mann, die zum Tode verurteilt waren, wurde ein einziger durch Intervention eines höhergestellten Kommandeurs gerettet, die übrigen wurden erschossen. Im Februar 1941 hatte Schukow eine gewaltige Machtposition erklommen, der Machtzuwachs überstieg seine bisherigen Möglichkeiten um ein Mehrfaches, und es gab niemanden mehr, der einen Unglücklichen vor seinem Zorn hätte retten können. Die Veteranen des Generalstabs erinnern sich an das Regiment Schukows als die schrecklichste Periode, sie war noch fürchterlicher als die Große Säuberung. Zu der Zeit arbeiteten der Generalstab und alle übrigen Stäbe mit unmenschlicher Anstrengung.

Wie konnte es da geschehen, daß die Rote Armee bei Kriegsausbruch ohne Pläne dagestanden hat? Und noch etwas anderes ist unbegreiflich: Wenn die Rote Armee schon ohne Pläne in den Krieg eingetreten ist, mußte dann Stalin nicht, als er davon erfuhr, Schukow und alle anderen, die an der Ausarbeitung der Pläne beteiligt waren, erschießen lassen? Doch das geschah nicht. Im Gegenteil, die an der Ausarbeitung der sowjetischen Pläne Beteiligten wie Wassilewski, Sokolowski, Watutin, Malandin, Bagramjan, Stemenko, Kurassow, die zu Beginn des Krieges Generalmajore oder gar nur Oberste gewesen waren, beendeten den Krieg in Marschallsrängen oder zumindest mit vier Generalssternen. Sie alle haben sich im Krieg als wirklich meisterhafte Strategen bewährt. Sie alle waren gewissenhafte und sogar pedantische Stabsoffizere gewesen, die sich ein Leben ohne Plan nicht vorstellen können. Wie konnte es dahin kommen, daß die Rote Armee in den ersten Kriegsmonaten gezwungen war zu improvisieren? Und weshalb hat Stalin Schukow und seine Planer nicht nur nicht erschießen lassen, sondern ihnen auch kein einziges Mal Vorhaltungen gemacht?

Auf die direkte Frage, ob die sowjetische Führung Pläne für den Kriegsfall gehabt habe, antwortet Schukow mit einem eindeutigen Ja. Es hat solche Pläne gegeben. Muß man sich da nicht fragen, warum die Rote Armee als spontane Masse und planlos agierte, wenn es doch Pläne gab? Darauf ist Schukow eine Antwort schuldig geblieben. Doch die Antwort drängt sich ganz von selber auf: Wenn die sowjetischen Stäbe ungemein intensiv mit der Ausarbeitung der Pläne für den Krieg beschäftigt waren, dies aber keine Verteidigungspläne oder Pläne für Gegenangriffe waren, was konnten es dann für Entwürfe sein? Reine Angriffspläne.

Stalin hat aus einem sehr einfachen Grund weder Schukow noch die anderen Kriegsplaner erschießen lassen: Man hatte ihnen nie die Aufgabe gestellt, Pläne für den *Verteidigungsfall* auszuarbeiten. Was hätte er ihnen vorwerfen können? Stalin hatte Schukow, Wassilewski und den anderen Meisterstrategen die Aufgabe gestellt, irgendwelche anderen Pläne auszuarbeiten. Es können sehr gute Pläne gewesen sein, aber vom ersten Augenblick eines Verteidigungskrieges an wurden sie genauso nutzlos wie Autobahnpanzer und Luftlandekorps.

2.

Die Wahrheit kommt dennoch an den Tag.

Zwar hat die sowjetische Führung Maßnahmen getroffen, um alles zu vernichten, was sich auf die sowjetischen Vorkriegspläne für den Krieg bezog. Aber diese Pläne besaßen alle Fronten, Flotten, Dutzende von Armeen, mehr als hundert Korps, alle Schiffe der Kriegsmarine, Hunderte von Divisionen, Tausende von Regimentern und Bataillonen. Das eine oder andere ist erhalten geblieben.

Entsprechende Untersuchungen der Akademie der Wissenschaften der UdSSR haben gezeigt, daß die sowjetische Schwarzmeerflotte vor dem Kriege den Kampfauftrag »zu aktiven Interventionen gegen feindliche Schiffe und den Transportverkehr am Bosporus und an den Zugängen zu den Marinebasen des Gegners sowie zur Unterstützung der Landtruppen bei deren Vorgehen längs der Küste des Schwarzen Meeres« hatte. (*A. W. Bassow,* Die Kriegsmarine im Großen Vaterländischen Krieg, S. 117)

Flottenadmiral der Sowjetunion S. Gorschkow berichtet, daß nicht nur die Schwarzmeer-Flotte, sondern auch die Ostsee-Flotte und die Flotte im Nördlichen Eismeer zwar reine Verteidigungsaufgaben hatten, nur war deren Durchführung mit klaren Angriffsmethoden geplant. Admiral Gorschkow hat sich nichts ausgedacht. Davon ging man auch schon vor dem Kriege aus. So redete man auf den Geheimberatungen der sowjetischen Führung und offen in der »Prawda«: »Einen Verteidigungskrieg zu führen bedeutet keineswegs, an den Grenzen des eigenen Landes haltzumachen. Die beste Form der Verteidigung ist der zügig vorangetragene Angriff bis zur vollständigen Vernichtung des Gegners auf dessen eigenem Territorium.« (14. August 1939)

Das Vorgehen der sowjetischen Flotten in den ersten Minuten, Stunden und Tagen des Krieges zeigt deutlich genug, daß sie Pläne besaßen, aber es waren keine Verteidigungspläne. Am 22. Juni 1941 liefen die U-Boote der Schwarzmeer-Flotte unverzüglich in Richtung auf die Küsten Rumäniens, Bulgariens und der Türkei aus. Am selben Tage liefen die U-Boote der Ostsee-Flotte zur deutschen Küste aus mit dem Kampfauftrag, »sämtliche Schiffe des Gegners im Rahmen eines uneingeschränkten U-Boot-Krieges zu versenken«. (Vgl. den Befehl des Befehlshabers der Ostsee-Flotte vom 22. 6. 1941) Der Befehl ließ nicht einmal Ausnahmen zu für Lazarettschiffe, die unter der Flagge des Roten Kreuzes fuhren.

Am 22. Juni flogen die Flieger der Schwarzmeer-Flotte aktive Kampfeinsätze zur Unterstützung der Donau-Kriegsflottille mit dem Ziel, ihr den Weg donauaufwärts zu öffnen. Am 25. und 26. Juni erschienen Kriegsschiffe der Schwarzmeer-Flotte im Bereich des rumänischen Hafens Constanța und eröffneten ein massives Artilleriefeuer mit der deutlichen Absicht einer Landeoperation von See aus. Gleichzeitig führte die Donaukriegsflottille Landeoperationen im Donaudelta durch.

Am 22. Juni stellte sich die Garnison des sowjetischen auf finnischem Territorium gelegenen Marinestützpunktes Hangö (Hanko) nicht auf eine stille Verteidigung ein, sondern sie ging zur Durchführung intensiver Landeoperationen über, wobei sie mehrere Tage hindurch 19 finnische Inseln besetzt hielt. Am 25. Juni flogen, ungeachtet der riesigen Verluste der sowjetischen Luftstreitkräfte in den ersten Augenblicken und Stunden des Krieges, 487 Maschinen der Ostsee-Flotte und der im Nördlichen Eismeer operierenden Flotte einen überraschenden Einsatz gegen finnische Flughäfen. Trotz der fürchterlichen Verluste verhielten sich die sowjetischen Flieger ausnehmend kühn und aggressiv. Am 22. Juni flog das 1. Fliegerkorps einen massierten Angriff gegen militärische Objekte in Königsberg. Das war keine Improvisation. Am Morgen des 22. Juni um 6 Uhr 44 erhielten die sowjetischen Luftstreitkräfte den Auftrag, plangemäß vorzugehen, und sie haben dies einige Tage lang durchzuführen versucht. Am 26. Juni 1941 nahm das 4. Fliegerkorps die Bombardierung der Erdölfelder von Ploieşti in Rumänien auf. In diesen wenigen Tagen der Bombardierung war die Erdölförderung in Rumänien fast um die Hälfte gesunken. Selbst in einer Situation, bei der praktisch die gesamten sowjetischen Fliegerkräfte auf ihren Flugplätzen niedergehalten waren, fand sie noch genügend Kraft, der rumänischen Erdölproduktion einen so beachtlichen Schaden zuzufügen. In jeder anderen Lage wären die sowjetischen Luftstreitkräfte noch viel gefährlicher gewesen und hätten mit ihren Einsätzen gegen die Erdölgebiete die gesamte deutsche militärische, industrielle und Transportkapazität lahmlegen können. Hitler hatte nur zu gut diese Bedrohung verstanden und eine Invasion in die UdSSR für die einzig mögliche Verteidigung gehalten. Aber auch das rettete ihn nicht.

3.

Die Reaktionen der Roten Armee auf die deutsche Invasion sind nicht die Reaktionen eines Igels, der seine Stacheln zeigt, sondern die eines Krokodils, dem überraschend ein heftiger Schlag versetzt worden ist. Noch während es langsam ausblutet, versucht dieses sowjetische Krokodil anzugreifen. Das Krokodil hatte es verstanden, sich vorsichtig an sein Opfer heranzuschleichen, um es plötzlich zu überfallen. Doch in dem Augenblick, da es seine Beute erreicht hat, wird es selbst von einem gewaltigen Schlag getroffen. Aber auch das kann es nicht aufhalten, und das Krokodil greift an. Es kennt nichts anderes, und deshalb ändert es auch seine Reaktion nicht.

Am 22. Juni 1941 überschreitet die 41. Schützendivision des 6. Schützenkorps der 6. Armee, ohne einen Befehl von oben abzuwarten, im Raum Rawa-Russkaja die Staatsgrenze. Am Morgen des 22. Juni 1941 gibt der Befehlshaber der Nordwest-Front, Generaloberst F. I. Kusnezow, ohne eine Weisung aus Moskau abzuwarten, seinen Truppen den Befehl zum Vorstoß in Richtung Tilsit in Ostpreußen. Für den Stab der Nordwest-Front, für die Kommandierenden Generale der Armeen und ihre Stäbe stellt diese Entscheidung keine Überraschung dar: Die Variante eines Vorstoßes auf Tilsit ist wenige Tage zuvor bei den Stabsrahmenübungen durchgespielt worden, »und sie war den Kommandeuren der Verbände und ihren Stäben wohl vertraut«. (Der Kampf um das sowjetische Baltikum. Tallinn 1980, Bd. 1, S. 67)

Das Vorgehen des Befehlshabers der Nordwest-Front ist keine Improvisation. Generaloberst Kusnezow hat einfach den Vorkriegsplan in die Tat umgesetzt. Am Abend des gleichen Tages befiehlt ihm die oberste sowjetische Führung, ohne etwas von den Aktionen des Generals Kusnezow zu wissen, genau das zu tun, was er bereits eingeleitet hat: auf Tilsit in Ostpreußen vorzustoßen. Der benachbarten West-Front stellt die oberste Führung die Aufgabe, einen massierten Vorstoß in Richtung der polnischen Stadt Suwałki zu führen. Und auch für den Befehlshaber der West-Front, Armeegeneral D. G. Pawlow, ist dies keine Überraschung. Er kennt die Aufgabe seiner Front und hat bereits lange vor dem Eintreffen der Moskauer Direktive den Befehl zum Angriff auf Suwałki gegeben. Allerdings findet dieser Angriff in einer Situation statt, bei der die deutsche Luftwaffe nicht durch einen Überraschungsschlag ausgeschaltet ist, sondern im Gegenteil die sowjetische West-Front in den ersten Stunden des Krieges bereits 738 Flugzeuge verloren hat – durchaus nicht die beste aller möglichen Varianten.

Die West-Front, ihr Befehlshaber und der Stab, die Kommandierenden Generale der Armeen und ihre Stabschefs hatten lange vor Kriegsbeginn gewußt, daß ihre nächstliegende Aufgabe die Einkesselung einer starken deutschen Gruppierung im Raum der polnischen Stadt Suwałki sein würde. Der sowjetische Vorstoß auf Suwalki war lange vor dem Krieg geplant, der Kampfauftrag für alle sowjetischen Kommandeure definiert. Gewiß, die Offiziere der taktischen Ebene hatten ihre Aufgaben nicht kennen dürfen, aber in den höheren Stäben waren diese Aufgaben fest umrissen und formuliert, sie lagen in versiegelten, der Geheimhaltung unterliegenden Umschlägen in den Safes eines jeden Stabes bis hinunter zu den Bataillonsstäben. So hatte sich beispielsweise das Aufklärungsbataillon der 27. Schützendivision, die an der Grenze im Raum Augustów lag, zur Durchführung einer Gefechtsaufklärung in Richtung auf Suwałki vorbereitet. (Archiv des Verteidigungsministeriums der UdSSR, Fonds 181, Inventarverzeichnis 1631, Vorgang 1, Blatt 128) Der Kampfauftrag für das Aufklärungsbataillon lautete, eine zügige Angriffsoperation der gesamten 27. Division aus dem Raum Awgustow in Richtung Suwałki zu gewährleisten. Den publizierten Quellen entnehmen wir sogar noch mehr Informationen als den Archiven. Vor dem Krieg waren im Raum Augustów starke sowjetische Streitkräfte konzentriert. Es ist genau der Ort, wo die sowjetischen Grenztruppen den Stacheldraht auf ihrer Seite der Grenze durchtrennen. Es ist der nämliche Ort, wo der Kommandierende der 3. Armee, Generalleutnant W. I. Kusnezow, und der Vertreter des Oberkommandos Generalleutnant der Pioniertruppen D. Karbyschew stundenlang von den Grenzposten aus das deutsche Territorium beobachten. Es ist der Ort, an dem General Karbyschew Stoßtrupps auf Abriegelung und Neutralisierung der rein taktisch angelegten betonierten Verteidigungsanlagen des Gegners vorbereitet. Auf sowjetischem Boden kann es schlechterdings keine gegnerischen Verteidigungsanlagen aus Stahlbeton geben!

Hier verläuft der Augustów-Kanal auf sowjetischem Territorium unmittelbar parallel zur Grenze. Hätte man sich auf eine Verteidigung eingestellt, müßten die Truppen hinter dem Kanal liegen, um den Kanal als unüberwindlichen Panzergraben zu nutzen. Aber die sowjetischen Truppen hatten den Kanal überquert und lagerten jetzt an dessen Westufer auf dem schmalen Brückenkopf zwischen der Grenze, an der bereits die Stacheldrahtverhaue beiseitegeräumt sind, und dem Kanal. Im Morgengrauen des 22. Juni sind hier Tausende sowjetischer Soldaten im überraschenden Vernichtungsfeuer gefallen. Die Truppen konnten sich nirgendwohin zurückziehen – hinter ihnen lag der Kanal.

Handelt es sich vielleicht um eine russische Idiotie? Nein. Die deutschen Truppen waren auf der anderen Seite ebenfalls in riesigen Massen unmittelbar an der Grenze zusammengezogen worden, und auch sie hatten den Stacheldraht beiseitegeräumt. Hätte die Rote Armee einen Tag eher zugeschlagen, dann wären die Verluste auf der anderen Seite nicht geringer gewesen. Die Zusammenziehung von Truppen unmittelbar an der Grenze ist außerordentlich gefährlich, wenn der Gegner einen überraschenden Vorstoß macht, sie ist jedoch außerordentlich günstig, wenn man selbst einen Überraschungsangriff führen will. Beide Armeen taten genau dasselbe, wie wir wissen.

Die sowjetischen Generale haben niemals verhehlt, daß die ihnen gestellten Aufgaben einen ausgesprochenen Angriffscharakter hatten. Armeegeneral K. Galizki unterstreicht, sobald er auf die Konzentration sowjetischer Truppen im Raum Augustów zu sprechen kommt, daß die sowjetische Führung an die Möglichkeit eines deutschen Angriffs nicht geglaubt hat und daß die sowjetischen Truppen sich auf die Durchführung einer Angriffsoperation vorbereiteten.

Wenn sich schon die gegen Ostpreußen und Polen gerichteten Fronten auf einen Angriff vorbereiteten, dann mußten die gegen Rumänien, Bulgarien, Ungarn und die Tschechoslowakei zusammengezogenen Fronten erst recht auf reine Angriffsoperationen eingestellt gewesen sein. Das ist keine Mutmaßung von mir. Die sowjetischen Generale sagen genau dasselbe.

Generalmajor A. I. Michaljow gibt offen zu, daß die Süd- und die Südwest-Front von der sowjetischen Führung nicht für Verteidigungsaufgaben und Gegenangriffe vorgesehen waren. »Die strategischen Ziele sollten durch den Übergang der Truppen dieser Fronten zum entschlossenen Angriff erreicht werden.« (»Militärhistorische Zeitschrift« 1986, Nr. 5, S. 49)

Ob wir nun den sowjetischen Publikationen glauben oder nicht, das Verhalten der Roten Armee in den ersten Kriegstagen zeugt jedenfalls am deutlichsten von den sowjetischen Absichten. Schukow koordinierte die Operationen der Süd- und Südwest-Front, die gegen Rumänien, Bulgarien, Ungarn und die Tschechoslowakei gerichtet waren. Bis zum 30. Juni 1941 beharrte Schukow auf dem Angriff und verlangte von den Befehlshabern der Fronten nichts anderes als Angriff. Erst im Juli kamen er und seine Kollegen zu dem Schluß, daß für das Krokodil mit seiner beinahe tödlichen Wunde der Angriff nicht das ganz Richtige sei.

Man muß dem sowjetischen Krokodil Gerechtigkeit widerfahren lassen und anerkennen, daß es die Kraft aufbrachte, sich zurückzuziehen und unter unermüdlicher Abwehr der vom Gegner ausgeteilten Schläge seine Wunden zu heilen, neue Kräfte zu sammeln und bis nach Berlin zu gelangen. Wie weit wäre das sowjetische Krokodil wohl gekrochen, wenn es nicht der schwere Schlag am 22. Juni getroffen hätte, wenn es nicht Hunderte von Flugzeugen und Tausende von Panzern verloren hätte, wenn nicht die deutschen Truppen, sondern die Rote Armee den ersten Schlag geführt hätte? Gab es für die deutschen Armeen etwa genügend Raum für einen Rückzug? Besaßen sie vielleicht unerschöpfliche Menschenreserven und hatten sie die Zeit, um ihre Armeen nach dem ersten Überraschungsschlag der sowjetischen Seite wieder aufzufüllen? Hatten die deutschen Generale überhaupt Verteidigungspläne?

DER KRIEG, ZU DEM ES NICHT KAM

Das russische Oberkommando versteht seine Sache besser als das Oberkommando jeder anderen Armee.

General F. W. von Mellenthin (Panzer Battles. London 1979, S. 353)

1.

Hitler hielt die sowjetische Invasion für unvermeidlich, aber er hatte sie nicht in allernächster Zeit erwartet. Die deutschen Truppen wurden für Operationen auf Nebenschauplätzen eingesetzt und der Beginn des »Unternehmens Barbarossa« verschoben. Am 22. Juni 1941 lief es schließlich an. Hitler war sich ganz offensichtlich nicht bewußt, wie sehr ihm das Glück hold gewesen war. Wäre das »Unternehmen Barbarossa» erneut verschoben worden, beispielsweise vom 22. Juni auf den 22. Juli, dann hätte Hitler nicht erst 1945 Hand an sich legen müssen, sondern schon sehr viel früher.

Es gibt mehrere Hinweise, daß der Termin für die sowjetische Operation »Gewitter« auf den 6. Juli 1941 festgesetzt war. Die Memoiren sowjetischer Marschälle, Generale und Admirale, Archivdokumente, eine mathematische Analyse der vorliegenden Daten zu der Bewegung Tausender sowjetischer Militärtransportzüge – das alles deutet auf den 10. Juli als jenen Zeitpunkt hin, an dem der Aufmarsch der Zweiten Strategischen Staffel der Roten Armee in der Nähe der Westgrenzen abzuschließen war. Aber die sowjetische Militärtheorie sah den Übergang zum zügigen Angriff nicht nach der abgeschlossenen Truppenkonzentration vor, sondern *vor* diesem Abschluß. In diesem Fall konnte ein Teil der Zweiten Strategischen Staffel bereits auf gegnerischem Territorium ausgeladen und in den Kampf geführt werden.

Schukow (und auch Stalin) hatten eine Vorliebe dafür, ihre Überraschungsschläge an einem Sonntagmorgen zu führen.

Der 6. Juli 1941 war der letzte Sonntag vor dem vollständigen Aufmarsch der sowjetischen Truppen.

Armeegeneral S. P. Iwanow gibt, wie bereits erwähnt, einen direkten Hinweis auf dieses Datum: Den deutschen Truppen war es gelungen, uns »buchstäblich um zwei Wochen zuvorzukommen«. – Wäre das nicht passiert, hätte die Geschichte einen anderen Verlauf genommen. Die Rote Armee hätte das Ziel Berlin sehr bald erreicht und auch noch andere Ziele weiter im Westen Europas.

Vier Jahre später ist Stalin indessen doch noch nach Berlin gekommen. Und kaum einer denkt daran, daß die Losung, Europa und die ganze Welt zu befreien, durchaus nicht zum erstenmal 1945 ausgegeben wurde, sondern Ende 1938. Als die Große Säuberung in der Sowjetunion zu Ende ging, schrieb Stalin die ganze Geschichte des Kommunismus um und setzte ihm neue Ziele. Das war in dem Buch »Geschichte der KPdSU(B). Kurzer Lehrgang«. Das Buch wurde zum Buch der Bücher aller sowjetischen Kommunisten und aller Kommunisten der Welt. Es endet mit einem Kapitel über die kapitalistische Umklammerung der Sowjetunion. Stalin nennt das große Ziel, die kapitalistische Umzingelung durch eine sozialistische zu ersetzen. Der Kampf gegen die kapitalistische Umzingelung soll solange fortgesetzt werden, bis das letzte Land der Erde eine Republik innerhalb der Union der Sozialistischen Sowjetrepubliken geworden ist.

Zum Hauptthema der politischen Schulungen in der Roten Armee ist damit »Die UdSSR in ihrer kapitalistischen Umzingelung« geworden. Propagandisten, Kommissare, Politfunktionäre und Kommandeure weihen jeden Kämpfer der Roten Armee in die einfache und logische Stalinsche Lösung des Problems ein. Und über die eisernen Bataillone der Roten Armee steigt das Lied vom Befreiungskrieg auf, der mit Stalins Befehl beginnt:

Feuerspeiend, blitzenden Stahls,
Setzen sich dräuend unsere Panzer in Marsch,
Wenn Genosse Stalin zum Kampf aufruft,
Und der erste Marschall in den Kampf uns führt!

Hitler hatte die Unvorsichtigkeit begangen, mit der Sowjetunion einen Vertrag zu schließen und danach Stalin den Rücken zu kehren. Da setzte im Jahre 1940 das Sturmläuten zum großen Befreiungskrieg ein, der alle Länder der Erde zu Republiken der UdSSR machen soll. Hören wir, wie der sowjetische Fliegergeneral *G. Baidukow* am 18. August 1940 in der »Prawda« den kommenden Krieg beschreibt: »Welch ein Glück und welche Freude wird in den Blicken derjenigen stehen, die hier im Kremlpalast die *letzte* Republik in die brüderliche Schar der Völker der ganzen Welt aufnehmen werden! Ich sehe sie deutlich vor mir, die Bomber, die die Fabriken zerstören, die Eisenbahnknotenpunkte, die Brücken, die Vorratslager und die Stellungen des Gegners; die Jagdbomber, die mit einem Feuerhagel die Truppenkolonnen, die Artilleriestellungen attackieren; die Luftlandeflugzeuge, die ihre Divisionen tief im Hinterland des aufmarschierten Gegners anlanden. Die mächtige und gefährliche Luftflotte des Sowjetlandes wird gemeinsam mit der Infanterie, den Panzermännern und Artilleristen ihre heilige Pflicht erfüllen und den unterdrückten Völkern beistehen, sich von ihren Henkern zu befreien.«

Es ist bezeichnend, daß ein Fliegergeneral in seinem langen Artikel über den künftigen Krieg kein einziges Mal einen Verteidigungskrieg erwähnt, wie er auch kein einziges Mal an die Abfangjäger denkt, die Luftkämpfe zu bestehen haben. Der General denkt nur an Bomber, Jagdbomber, Luftlandeflugzeuge, die im »Befreiungskampf« benötigt werden. Und mit Zitaten dieser Art allein aus der »Prawda« könnte man ganze Bände füllen. Die polnische Kommunistin Wanda Wasilewska hat es in der Roten Armee zum Regimentskommissar gebracht, und nun verkündet sie in der »Prawda« vom 4. 8. 1940, daß die Henker nicht mehr lange Blut trinken, daß die Sklaven nicht mehr lange mit ihren Ketten klirren werden: Wir werden alle befreien!

Die Kommunisten hatten ganz offen ihr Hauptziel genannt: die Befreiung der ganzen Welt, und von Europa zu allererst. Die Verwirklichung dieses Planes wurde aktiv betrieben: Allein 1940, als Deutschland im Westen kämpfte, wurden der Sowjetunion fünf neue »Republiken« einverleibt. Anschließend wurde offen verkündet, daß die »Befreiungsfeldzüge« fortgesetzt würden, und dafür wurden gewaltige Streitkräfte aufgestellt. Das nächste »Befreiungs«-Opfer konnte nur Deutschland oder Rumänien sein, was für Deutschland die unverzügliche militärische Niederlage bedeutet hätte.

ABKÜRZUNGEN

Die Umschrift der russischen Abkürzungen erfolgt in Duden-Transkription, die Wiedergabe der russischen Abkürzungsauflösungen in der wissenschaftlichen Transliteration der deutschen Bibliotheken.

DOSAAF (Vsesojuznoe ordena Krasnogo Znameni dobrovol'noe obščestvo sodejstvija armii, aviacii i flotu SSSR) Freiwillige Gesellschaft zur Förderung der Armee, Luftstreitkräfte und Flotte der UdSSR

GPU bzw. OGPU (Ob-edinennoe gosudarstvennoe političeskoe upravlenie pri Sovete Narodnych Komissarov SSSR) Vereinigte staatliche politische Verwaltung beim Rat der Volkskommissare der UdSSR. Sie löste 1922 die Tscheka bzw. WeTscheka (s. u.) ab und unterstand dem NKWD

GRU (Glavnoe razvedyvatel'noe upravlenie) Hauptverwaltung Aufklärung (militärischer Geheimdienst)

GUGB (Glavnoe upravlenie gosudarstvennoj bezopasnosti) Hauptverwaltung für Staatssicherheit, Bezeichnung der GPU bzw. OGPU ab 1934

GULag (Glavnoe upravlenie lagerej) Hauptverwaltung der Straflager; heute auch als Bezeichnung für das Lagersystem, den Lagerbereich, das Leben im Lager gebräuchlich

KGB (Komitet gosudarstvennoj bezopasnosti pri Sovete Ministrov SSSR) Komitee für Staatssicherheit beim Ministerrat der UdSSR, Bezeichnung der geheimen Staatspolizei ab 1954

KPdSU Kommunistische Partei der Sowjetunion

MGB (Ministerstvo gosudarstvennoj bezopasnosti) Ministerium für Staatssicherheit, Nachfolger des NKGB nach Umwandlung der Volkskommissariate in Ministerien 1946

MWD (Ministerstvo vnutrennich del) Ministerium für innere Angelegenheiten, Nachfolger des NKWD nach Umwandlung der Volkskommissariate in Ministerien 1946

NKGB	(Narodnyj komissariat gosudarstvennoj bezopasnosti) Volkskommissariat für Staatssicherheit, 1941 eingerichtete, vom NKWD unabhängige neue Organisationsform der geheimen Staatspolizei GPU bzw. OGPU als selbständiges Volkskommissariat
NKWD	(Narodnyj komissariat vnutrennich del) Volkskommissariat für innere Angelegenheiten, dem bis 1941 die geheime Staatspolizei GPU bzw. OGPU unterstand
NÖP	Neue ökonomische Politik
OGPU	s. GPU
OKW	Oberkommando der Wehrmacht
Osnas	(Osobogo naznačenija) »zur besonderen Verwendung«, Bezeichnung von Spezialeinheiten der NKWD-Truppen
Osoawiachim	(Obščestvo sodejstvija oborone i aviacionno-chimičeskomu stroitel'stvu SSSR) Gesellschaft zur Förderung der Verteidigung, des Flugwesens und der Chemie in der UdSSR (1927–1948), jetzt DOSAAF (s. o.)
TASS	(Telegrafnoe agentstvo Sovetskogo Sojuza) Telegrafenagentur der Sowjetunion, 1925 gegründete sowjetische Nachrichtenagentur
Tscheka	(Črezvyčajnaja komissija) Außerordentliche Kommission, Abkürzung für die 1918 geschaffene Organisation zur Bekämpfung sowjetfeindlicher Strömungen, s. auch WeTscheka
WeTscheka	(Vserossijskaja črezvyčajnaja komissija po bor'be s kontrrevoljuciej i sabotažem) Gesamtrussische außerordentliche Kommission für den Kampf gegen Konterrevolution und Sabotage. 1922 abgelöst durch GPU bzw. OGPU

LITERATUR

Die alphabetische Anordnung der Autorennamen richtet sich nach der hierbei verwendeten Duden-Transkription der kyrillischen Buchstaben, während die Wiedergabe der russischen Titel in der wissenschaftlichen Transliteration der deutschen Bibliotheken erfolgt.

Die Zitate im Text wurden in der Regel (auch wenn deutsche Übersetzungen nachgewiesen sind) nach der russischen Ausgabe gebracht.

An der Nordwest-Front
= Na Severo-Zapadnom fronte. Moskva: Nauka 1969

ANFILOW, W. A., Der mißglückte »Blitzkrieg«
= V. A. Anfilov, Proval »blickriga«. Moskva: Nauka 1974

ANFILOW, W. A., Die unsterbliche Tat
= V. A. Anfilov, Bessmertnyj podvig. Moskva: Nauka 1971

ANTONOW-OWSEJENKO, A., Porträt eines Tyrannen
= A. Antonov-Ovseenko, Portret tirana. New York: Chronika 1980

ASAROW, I. I., Das belagerte Odessa
= I. I. Azarov, Osaždennaja Odessa. Moskva: Voenizdat 1962

Auf Befehl der Heimat
= Po prikazu Rodiny. Boevoj put' 6-j gvardejskoj armii v Velikoj Otečestvennoj vojne 1941–1945 gg. Moskva: Voenizdat 1971

AWTORCHANOW, A., Das Rätsel um Stalins Tod
= A. Avtorchanov, Zagadka smerti Stalina. Frankfurt a. M.: Posev 1. Aufl. 1976, 4. Aufl. 1984; deutsch: Frankfurt a. M./Berlin/Wien: Ullstein 1984

BAGRAMJAN, I. CH., So begann der Krieg
= I. Ch. Bagramjan, Tak načinalas' vojna. Moskva: Voenizdat 1971

BASCHANOW, B., Ich war Stalins Sekretär. Frankfurt a. M./Berlin/Wien: Ullstein 1977
= B. Bažanov, Vospominanija byvšego sekretarja Stalina. Paris: YMCA 1980

BASSOW, A. W., Die Kriegsmarine im Großen Vaterländischen Krieg
= A. V. Basov, Flot v Velikoj Otečestvennoj vojne 1941–1945. Moskva: Nauka 1980
BATOW, P. I., Im Felde
= P. I. Batov, V pochodach. 3. Aufl. Moskva: Voenizdat 1974
Die Beziehungen zwischen Deutschland und der Sowjetunion 1939–1941. 251 Dokumente. Aus den Archiven des Auswärtigen Amtes und der Deutschen Botschaft in Moskau. Hrsg. A. Seidl. Tübingen: Laupp 1949
BIRJUSOW, S. S., Als die Geschütze dröhnten
= S. S. Birjuzov, Kogda gremeli puški. Moskva: Voenizdat 1962
BOLDIN, I. W., Tagebuchseiten eines Lebens
= I. V. Boldin, Stranicy žizni. Moskva: Voenizdat 1961
BRESCHNEW, L. I., Kleines Land
= L. I. Brežnev, Malaja zemlja. Moskva: Politizdat 1978; deutsch: München: Damnitz 1978
Der Bürgerkrieg und die militärische Intervention in der UdSSR
= Graždanskaja vojna i voennaja intervencija v SSSR. Ėnciklopedija. Moskva: Sovetskaja Ėnciklopedija 1983
CHISENKO, I. A., Wiederaufgelebte Seiten
= I. A. Chizenko, Oživšie stranicy. Moskva: Voenizdat 1963
CHRUSCHTSCHOW, N., Erinnerungen
= N. Chruščev, Vospominanija. Bd. 2. New York: Chalidze Publications 1981
CHWALEJ (Chvalej), S. F., s. Sammelband »An der Nordwest-Front«
CONQUEST, R., The Great Terror, London: MacMillan 1969; deutsch u. d. T.: Am Anfang starb Genosse Kirow. Düsseldorf: Droste (1970)
CONQUEST, R., The Harvest of Sorrow. Soviet Collectivization and the Terror-famine. London: Hutchinson (Reprint 1987)
DJOMIN, M., Der Gauner
= Demin, M., Blatnoj. New York: Russica 1981
Dokumente und Materialien zum Vorabend des Zweiten Weltkriegs
= Dokumenty i materialy kanuna vtoroj mirovoj vojny. Hrsg.

Ministerstvo inostrannych del SSSR. 2 Bände. Moskva: Gospolitizdat 1948
(ENGELS, F.) Karl Marx, Friedrich Engels. Werke. Hrsg. Institut für Marxismus-Leninismus beim ZK der SED. 39 Bände, 2 Ergänzungsbände. Berlin (Ost): Dietz 1961–1968
FEDJUNINSKI, I. I., In Alarmbereitschaft
= I. I. Fedjuninskij, Podnjatye po trevoge. 2. verb. Aufl. Moskva: Voenizdat 1964
FRUNSE, M. W., Werke
= M. V. Frunze, Sočinenija, Bd. 1–2. Moskva: Voenizdat 1957
Führung und Stab der Luftstreitkräfte im Großen Vaterländischen Krieg
= Komandovanie i štab voenno-vozdušnych sil v Velikoj Otečestvennoj vojne. Moskva: Nauka 1977
Geschichte des sowjetischen militärischen Denkens
= Istorija sovetskoj voennoj mysli. Hrsg. AN SSSR. Moskva: Nauka 1980
Geschichte des Großen Vaterländischen Krieges der Sowjetunion 1941–1945
= Istorija Velikoj Otečestvennoj vojny Sovetskogo Sojuza 1941–1945, Bd. 1–6. Moskva: Voenizdat 1960–1965; deutsch: Berlin (Ost): Deutscher Militärverlag 1962–1968
Geschichte des Zweiten Weltkrieges
= Istorija Vtoroj Mirovoj vojny, Bd. 1–12. Moskva: Voenizdat 1973–1982; deutsch: Berlin (Ost): Deutscher Militärverlag 1975–1983
(GOEBBELS, J.) Die Tagebücher von Joseph Goebbels. Sämtliche Fragmente. Hrsg. Elke Fröhlich im Auftrag des Instituts für Zeitgeschichte und in Verbindung mit dem Bundesarchiv. Teil 1: Aufzeichnungen 1924–1941, Bd. 4. München/New York/London/Paris: Saur 1987
GORALSKI, R., World War II. Almanach 1931–1945. London: Hamish-Hamilton 1981
GORBATOW, A. W., Jahre und Kriege
= A. V. Gorbatov, Gody i vojny. Moskva: Voenizdat 1965
Die Grenztruppen der UdSSR 1939 – Juni 1941
= Pograničnye vojska SSSR. 1939 – ijun' 1941. Moskva: Nauka 1970

GRIGORENKO, P. G., Im Keller trifft man nur Ratten
= P. G. Grigorenko, V podpol'e možno vstretit' tol'ko krys. New York: Detinec 1981; deutsch u. d. T.: Erinnerungen. München: Bertelsmann 1981
Große Sowjetenzyklopädie, 1. Ausgabe
= Bol'šaja sovetskaja ėnciklopedija, Bd. 1–65. Moskva 1926–1931
IWANOW, S. P., Die Anfangsphase des Krieges
= S. P. Ivanov, Načal'nyj period vojny. Moskva: Voenizdat 1974
JAKOWLEW, A. S., Das Ziel eines Lebens
= A. S. Jakovlev, Cel' žizni. Moskva: Politizdat 1968
JERJOMENKO, A. I., Am Anfang des Krieges
= A. I. Eremenko, V načale vojny. Moskva: Nauka 1964
KALININ, S. A., Gedanken zu dem, was gewesen ist
= S. A. Kalinin, Razmyšlenija o minuvšem. Moskva: Voenizdat 1963
Der Kampf um das sowjetische Baltikum
= Bor'ba za Sovetskuju Pribaltiku. Tallinn: Eesti Ramaat 1980
KASAKOW, M. I., Über der Karte einstiger Schlachten
= M. I. Kazakov, Nad kartoj bylych sraženij. Moskva: Voenizdat 1971
KONEW, I. S., Das Jahr Fünfundvierzig
= I. S. Konev, Sorok pjatyj. 2. Aufl. Moskva: Voenizdat 1970
KOTSCHETKOW, D., Bei geschlossenen Luken
= D. Kočetkov, S zakrytymi ljukami. Moskva: Voenizdat 1962
KOWALJOW, I. W., Das Transportwesen im Großen Vaterländischen Krieg
= I. V. Kovalev, Transport v Velikoj Otečestvennoj vojne (1941–1945 gg.). Moskva: Nauka 1981
KRIWOSCHEJIN, S. M., Eine Kriegsgeschichte
= S. M. Krivošein, Ratnaja byl'. Zapiski komandira mechanizir. korpusa. Moskva: Molodaja gvardija 1962
KURKOTKIN, S. K., Die rückwärtigen Dienste der sowjetischen Streitkräfte im Großen Vaterländischen Krieg 1941-1945
= S. K. Kurkotkin, Tyl Sovetskich Vooružennych Sil v Velikoj Otečestvennoj vojne 1941–1945 gg. Moskva: Voenizdat 1977

KUROTSCHKIN (Kuročkin), P. M., s. im Sammelband »An der Nordwest-Front«
KUROTSCHKIN, P. M., Rufzeichen der Front
= P. M. Kuročkin, Pozyvnye fronta. Moskva: Voenizdat 1966
KUSNEZOW, N. G., Am Vorabend
= N. G. Kuznecov, Nakanune. Moskva: Voenizdat 1966
LAPTSCHINSKI, A. N., Das Luftheer
= A. N. Lapčinskij, Vozdušnaja armija. Moskva 1939
LENIN, W. I., Vollständige Werkausgabe
= V. I. Lenin, Polnoe sobranie sočinenij. 5. Aufl. Bd. 1–55. Moskva: Politizdat 1958–1965; deutsch (nach der 4. russ. Auflage): Bd. 1–40. Berlin (Ost): Dietz 1955–1964, 2 Erg.-Bände 1969 und 1971
LIDDELL HART, B. H., History of the Second World War. London: PAN 1978
LJUDNIKOW, I. I., Durch Gewitter hindurch
= I. I. Ljudnikow, Skvoz' grozy. Doneck: Donbas 1973
LOBATSCHOW, A. A., Auf schwierigen Pfaden
= A. A. Lobačev, Trudnymi dorogami. Moskva: Voenizdat 1960
MAISKI, I. M., Wer hat Hitler geholfen?
= I. M. Majskij, Kto pomogal Gitleru (Iz vospominanij sovetskogo posla). Moskva: 1962
MELGUNOW, S. P., Der Rote Terror in Rußland
= S. P. Mel'gunov, Krasnyj Terror v Rossii. 2. Auflage, Berlin 1924
VON MELLENTHIN, F. W., Panzer Battles. London: Futura 1979 (Reprint)
MEREZKOW, K. A., Im Dienst für das Volk
= K. A. Mereckov, Na službe narodu. Moskva: Politizdat 1968
Der Militärbezirk Moskau
= Ordena Lenina Moskovskij voennyj okrug. Moskva: Moskovskij rabočij 1985
Der Militärbezirk Transbaikalien
= Zabajkal'skij voennyj okrug. Irkutsk: Vostočno-sibirskoe kn. izd. 1972
MOSKALENKO, K. S., An der Südwest-Front
= K. S. Moskalenko, Na jugozapadnom napravlenii. Moskva: Nauka 1969

Das nationalsozialistische Deutschland und die Sowjetunion 1939–1941. Akten aus dem Archiv des Deutschen Auswärtigen Amtes, Department of State, 1948
= SSSR-Germanija 1939–1941, Bd. 2 (o. O.): Telex 1983
NOWIKOW, A. A., Am Himmel von Leningrad
= A. A. Novikov, V nebe Leningrada. Moskva: Nauka 1970
ORTENBERG, D. I., Juni–Dezember einundvierzig
= D. I. Ortenberg, Ijun' – dekabr' sorok pervogo: Rasskaz-chronika. Moskva: Sovetskij pisatel' 1984
OSEROW, G., Tupolews Sonderlager
= G. Ozerov, Tupolevskaja šaraga. Frankfurt a. M.: Posev, 2. Aufl. 1973
Die Partei und die Armee. Red. A. A. Jepischew
= Partija i armija. Pod obšč. red. A. A. Epiševa. Moskva: Politizdat, 2. erg. Aufl. 1980
PERESSYPKIN, I. T., Die Nachrichtentruppen in den Jahren des Großen Vaterländischen Krieges
= I. T. Peresypkin, Svjazisty v gody Velikoj Otečestvennoj. Moskva: Svjaz' 1972
PLASKOW, G. D., Unter dem Dröhnen der Kanonade
= G. D. Plaskov, Pod grochot kanonady. Moskva: Voenizdat 1969
POKRYSCHKIN, A. I., Der Himmel im Kriege
= A. I. Pokryškin, Nebo vojny. Povest' frontovych let. Novosibirsk: Zapadno-sibirskoe kn. izd. 1968
POLUBOJAROW (Polubojarov), P. P., s. Sammelband »An der Nordwest-Front«
PRICE, A., World War II. Fighter Conflict. A Comparative Study on the Evolution of Aircraft and Tactics: Great Britain, Germany, USSR, Japan, France, Italy. London: Macdonald 1975
Probleme der strategischen Entfaltung
= Problemy strategičeskogo razvertyvanija. Hrsg. Voennaja akademija RKKA im. Frunze. Moskva 1935 [interne Broschüre]
RESCHIN, Je. G., General Karbyschew
= E. G. Rešin, General Karbyšev. Moskva: DOSAAF 1971
ROKOSSOWSKI, K. K., Soldatenpflicht
= K. K. Rokossovskij, Soldatskij dolg. Moskva: Voenizdat 1968

Der Rotbanner-Militärbezirk Belorußland
= Krasnoznamennyj Belorusskij voennyj okrug. Moskva: Voenizdat 1983
Der Rotbanner-Militärbezirk Kiew
= Kievskij Krasnoznamennyj. Istorija Krasnoznamennogo Kievskogo voennogo okruga 1919–1972. Moskva: Voenizdat 1974
Der Rotbanner-Militärbezirk Ural
= Krasnoznamennyj Ural'skij. Moskva: Voenizdat 1983
SACHAROW, G. N., Die Geschichte von den Jagdfliegern
= G. N. Zacharov, Povest' ob istrebiteljach. Moskva: DOSAAF 1977
SANDALOW, L. M., Erlebtes
= L. M. Sandalov, Perežitoe. Moskva: Voenizdat 1966
SANDALOW, L. M., An der Front vor Moskau
= L. M. Sandalov, Na moskovskom napravlenii. Moskva: Nauka 1970
SCHALAMOW, W., Geschichten aus Kolyma. Berlin/Frankfurt a. M./Wien: Ullstein 1983
SCHAPOSCHNIKOW, B. M., Erinnerungen
= B. M. Šapošnikov, Vospominanija. Voenno-naučnye trudy. Moskva: Voenizdat 1974
SCHAPOSCHNIKOW, B. M., Das Gehirn der Armee
= B. M. Šapošnikov, Mozg armii, Bd. 1–3. Moskva: GIZ 1927–1929
SCHILIN, P. A., Der Große Vaterländische Krieg
= P. A. Žilin, Velikaja Otečestvennaja vojna. Moskva: Politizdat 1973
Die Schlacht um Leningrad.
= Bitva za Leningrad 1941–1944. Pod obšč. red. S. D. Platonova. Moskva: Voenizdat 1964
SCHUKOW, G. K., Erinnerungen und Gedanken
= G. K. Žukov, Vospominanija i razmyšlenija. Moskva: Novosti 1969; deutsch: Stuttgart: Deutsche Verlagsanstalt 1969
SEWASTJANOW, P. W., Memel–Wolga–Donau
= P. V. Sevast'janov, Neman–Volga–Dunaj. Moskva: Voenizdat 1961

SIKORSKI, W., Der künftige Krieg
= V. Sikorskij, Buduščaja vojna. Moskva: Voenizdat 1936
SOLSCHENIZYN, A., Der Archipel GULAG, Bd. 1–3. Reinbek: Rowohlt 1978
SOTOW, W. F. (Zotov, V. F.), s. Sammelband »An der Nordwest-Front«
Sowjetische Militärenzyklopädie
= Sovetskaja Voennaja ènciklopedija. Bd. 1–8. Moskva: Voenizdat 1976–1980
Die sowjetischen Eisenbahner im Großen Vaterländischen Krieg
= Sovetskie železnodorožniki v gody Velikoj Otečestvennoj vojny. Moskva: Izd. AN SSSR 1963
Die sowjetischen Eisenbahntruppen
= Sovetskie železnodorožnye. Moskva: Voenizdat 1984
Die sowjetischen Panzertruppen 1941–1945
= Sovetskie tankovye vojska 1941–1945. Moskva: Voenizdat 1973
Die sowjetischen Streitkräfte
= Sovetskie Vooružennye Sily. Moskva: Voenizdat 1978
STALIN, I. W., Werke
= I. V. Stalin, Sočinenija, Bd. 1–13. Moskva: Ogiz 1946–1952; deutsch: Berlin (Ost): Dietz 1946–1955
STARINOW, I. G., Die Minen warten auf ihre Stunde
= I. G. Starinov, Miny ždut svoego časa. Moskva: Voenizdat 1964
STEMENKO, S. M., Der Generalstab in den Kriegsjahren
= S. M. Štemenko, General'nyj štab v gody vojny. Moskva: Voenizdat 1968
SWEREW, A. G., Aufzeichnungen eines Ministers
= A. G. Zverev, Zapiski ministra [finansov]. Moskva: Politizdat 1973
TIMOSCHENKO, S. K., Schlußrede anläßlich der militärischen Beratung am 31. 12. 1940
= S. K. Timošenko, Zaključitel'naja reč' Narodnogo komissara oborony Sojuza SSR, Geroja i Maršala Sovetskogo Sojuza na voennom soveščanii 31 dekabrja 1940 g. Moskva 1941
TJULENEW, I. W., Nach drei Kriegen
= I. V. Tjulenev, Čerez tri vojny. Moskva: Voenizdat 1960

TRIANDAFILLOW, W. K., Die Operationsbreite moderner Armeen
= V. K. Triandafillov, Razmach operacij sovremennych armij. Moskva 1926
TRIANDAFILLOW, W. K., Die Operationsweise moderner Armeen
= V. K. Triandafillov, Charakter operacij sovremennych armij. Moskva/Leningrad 1929
TUCHATSCHEWSKI, M. N., Ausgewählte Werke
= M. N. Tuchačevskij, Izbrannye proizvedenija, Bd. 1–2. I: 1919–1927 gg.; II: 1928–1937 gg. Moskva: Voenizdat 1964
UMANSKI, R. G., An den Kampflinien
= R. G. Umanskij, Na boevych rubežach. Moskva: Voenizdat 1960
Die unheilige Allianz. Stalins Briefwechsel mit Churchill 1941–1945. Hamburg: Rowohlt 1964
Vorposten an den Westgrenzen
= Dozornye zapadnych rubežej. Kiev: Politizdat Ukrainy 1972
Wachposten an den sowjetischen Grenzen
= Časovye sovetskich granic. Moskva: Politizdat 1983
WASSILEWSKI, A. M., Ein Lebenswerk
= A. M. Vasilevskij, Delo žizni. Moskva: Politizdat 1973
WAUPSCHAS, S. A., An Alarmpunkten. Aufzeichnungen eines Tschekisten
= S. A. Vaupšas, Na trevožnych perekrestkach. Zapiski čekista. Moskva: Politizdat 1971
WHITE, B. T., Tanks and Other Armored Fighting Vehicles. Dorset: Blandford Press 1975
WOODWARD, L., British Foreign Policy in the Second World War. London 1962
WORONOW, N. N., Im Kriegseinsatz
= N. N. Voronov, Na službe voennoj. Moskva: Voenizdat 1963
ZALOGA, S. J., GRANDSEN, J., Soviet Tanks and Combat Vehicles of World War Two. London/Melbourne/Harrisburg/Cape Town: Arms and Armour Press 1984

Zeitungen, Zeitschriften, Reihen:

Bulletin der Opposition
= Bjulleten' oppozicii, Nr. 1–87, mit aufeinanderfolgenden Erscheinungsorten: Paris → Berlin → Zürich → Paris → New York 1929–1941, enthält fast alle Artikel Trotzkis seit seiner Exilierung im russischen Originaltext

Fragen der Geschichte
= Voprosy istorii: vom Institut für Geschichte der Akademie der Wissenschaften der UdSSR herausgegebene Zeitschrift

Der Kommunist
= Kommunist: vom ZK der KPdSU herausgegebene politisch-parteitheoretische Zeitschrift mit zahlreichen militärwissenschaftlichen Beiträgen

Komsomolskaja prawda: Zeitung der sowjetischen Jugendorganisation »Komsomol«

Krieg und Revolution
= Vojna i revoljucija: vom Volkskommissariat für Verteidigung in Moskau von Januar 1925 bis Dezember 1936 herausgegebene Zeitschrift

Militärhistorische Zeitschrift
= Voenno-istoričeskij žurnal: vom Volkskommissariat für Verteidigung bzw. Verteidigungsministerium der UdSSR herausgegebene Zeitschrift

Militärischer Bote
= Voennyj vestnik: vom Verteidigungsministerium der UdSSR herausgegebenes militärisches Informationsblatt

Ogonjok (Feuerchen): in der UdSSR wöchentlich erscheinende Zeitschrift zur Unterhaltung mit hoher Auflage

Prawda (Die Wahrheit): vom ZK der KPdSU herausgegeb. Zeitung

Revolution und Krieg
= Revoljucija i vojna: von der Militärwissenschaftlichen Gesellschaft der West-Front 1920–1923 herausgegebene militärwissenschaftliche Zeitschrift

Roter Stern
= Krasnaja zvezda: Zentralorgan des Volkskommissariats für Verteidigung bzw. Verteidigungsministeriums der UdSSR

Sowjetische Verlage:

Donbas:	Regionalverlag in Donezk
DOSAAF:	Verlag der gleichnamigem Gesellschaft (s. Abkürzungen)
GIZ:	Staatsverlag
Gospolitizdat:	Staatsverlag für politische Literatur
Izdatel'stvo AN SSSR:	Verlag der Akademie der Wissenschaften der UdSSR (bis 1963)
Molodaja gvardija:	Literaturverlag in Moskau
Nauka:	Verlag der Akademie der Wissenschaften der UdSSR (seit 1964)
Novosti:	Verlag der Presseagentur Novosti
Ogiz:	Vereinigte Staatsverlage
Politizdat:	Verlag für politische Literatur
Sovetskij pisatel':	Verlag des Schriftstellerverbandes der UdSSR
Svjaz':	Fachverlag für das Nachrichtenwesen
Voenizdat:	Militärverlag
Vostočno-sibirskoe kn. izd.:	Ostsibirischer Verlag
Zapadno-sibirskoe kn. izd.:	Westsibirischer Verlag

DIE MILITÄRISCHEN OFFIZIERSDIENSTGRADE IN DER SOWJET

Sowjetunion

Die Umschrift der kyrillischen Buchstaben erfolgt nach den Transliterations grade orientiert sich an den dem sowjetischen Vorbild weitgehend angegliche Republik. Mit * sind die dort nicht vor

	Heer und Luftstreitkräfte	Marine
0	Unterleutnant (Mladšij lejtenant)	Unterleutnant
1	Leutnant (Lejtenant)	Leutnant
2	Oberleutnant (Staršij lejtenant)	Oberleutnant
3	Hauptmann (Kapitan)	Kapitänleutnant (Kapitan-lejtenant)
4	Major (Major)	Korvettenkapitän (Kapitan 3 ranga)
5	Oberstleutnant (Podpolkovnik)	Fregattenkapitän (Kapitan 2 ranga)
6	Oberst (Polkovnik)	Kapitän zur See (Kapitan 1 ranga)
7	Generalmajor (General-major)	Konteradmiral (Kontr-admiral)
8	Generalleutnant (General-lejtenant)	Vizeadmiral (Vice-admiral)
9	Generaloberst (General-polkovnik)	Admiral (Admiral)
10	Armeegeneral (General armii); * Marschall (einer bestimmten Waffengattung) (Maršal roda vojsk, aviacii)	* Flottenadmiral (Admiral flota)
11	* Hauptmarschall (einer bestimmten Waffengattung) (Glavnyj maršal roda vojsk, aviacii)	—
12	* Marschall der Sowjetunion (Maršal Sovetskogo Sojuza)	* Flottenadmiral der Sowjetunion (Admiral Flota Sovetskogo Sojuza)
13	* Generalissimus der Sowjetunion (Generalissimus Sovetskogo Sojuza)	

UNION UND IN DER BUNDESREPUBLIK DEUTSCHLAND

Bundesrepublik Deutschland

regeln der deutschen Bibliotheken. Die Übersetzung der russischen Dienst-
nen Dienstgraden der Nationalen Volksarmee der Deutschen Demokratischen
gesehenen Dienstgrade gekennzeichnet.

Heer und Luftwaffe	Marine
—	—
Leutnant	Leutnant zur See
Oberleutnant	Oberleutnant zur See
Hauptmann	Kapitänleutnant
Major	Korvettenkapitän
Oberstleutnant	Fregattenkapitän
Oberst	Kapitän zur See
Brigadegeneral	Flottillenadmiral
Generalmajor	Konteradmiral
Generalleutnant	Vizeadmiral
Gencral	Admiral
—	—
—	—

PERSONENREGISTER

GEOGRAPHISCHES REGISTER

Sämtliche Ortsangaben stehen in historischen und militärstrategischen Zusammenhängen.

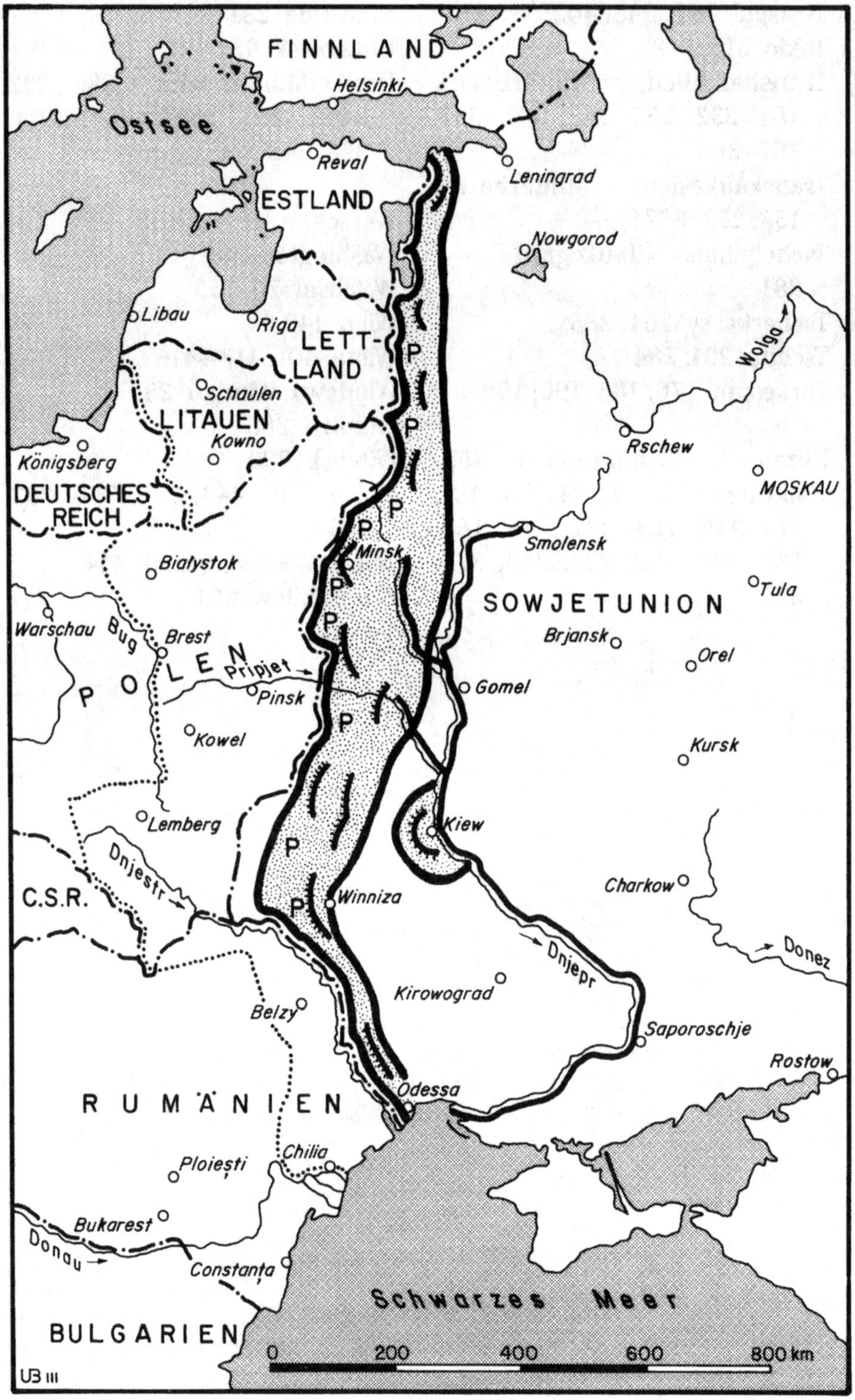
FINNLAND
Helsinki
Ostsee
Reval
Leningrad
ESTLAND
Nowgorod
Libau
Riga
LETT-
LAND
Wolga
Schaulen
LITAUEN
Rschew
Königsberg
Kowno
MOSKAU
DEUTSCHES
REICH
Smolensk
Minsk
Białystok
Tula
SOWJETUNION
Warschau
Bug
Brest
Brjansk
Orel
POLEN
Pripjet
Pinsk
Gomel
Kowel
Kursk
Lemberg
Kiew
Dnjestr
C.S.R.
Winniza
Charkow
Dnjepr
Donez
Kirowograd
Belzy
Saporoschje
Rostow
Odessa
RUMÄNIEN
Chilia
Ploiești
Bukarest
Donau
Constanța
Schwarzes Meer
BULGARIEN
0
200
400
600
800 km
P
UB III

Karte 1 Kaum hatten England und Frankreich Deutschland den Krieg erklärt, da begann die Rote Armee mit dem Abbau der eigenen Verteidigungssysteme. Fragen der Verteidigung des eigenen Territoriums interessierten die sowjetische militärische Führung nicht mehr.

»Todesstreifen« zur Sicherung gegen einen plötzlichen Angriff von Westen. In diesem Geländestreifen waren sämtliche Brücken, Bahnhöfe, Elektrizitätswerke, Tunnelanlagen, Lokomotivendepots, Fabriken, die Wasserversorgungs- und Nachrichtennetze zur Sprengung bzw. die Eisenbahnweichen, Schienen und selbst die Telegrafen- und Telefonleitungen zum Abtransport vorbereitet. In diesem Streifen waren Minenfelder und andere Pioniersperren in einer Tiefe von 120–150 km angelegt. Der gesamte Sicherungsstreifen wurde im Herbst 1939 entmint.

P — In Friedenszeiten vorbereitete Partisanenabteilungen und -stützpunkte sowie Diversantengruppen. Sie wurden im September 1939 aufgelöst.

Befestigte Räume (UR) der Stalin-Linie. Beginn des Abzugs der Waffensysteme und der Zerstörung der Anlagen im Herbst 1939.

Vorgesehener Operationsbereich der Dnjepr-Kriegsflotte. Die Flotte wurde im Juni 1940 aufgelöst.

Grenzen bis 1. 9. 1939.

Westgrenze der Sowjetunion im Juni 1941.

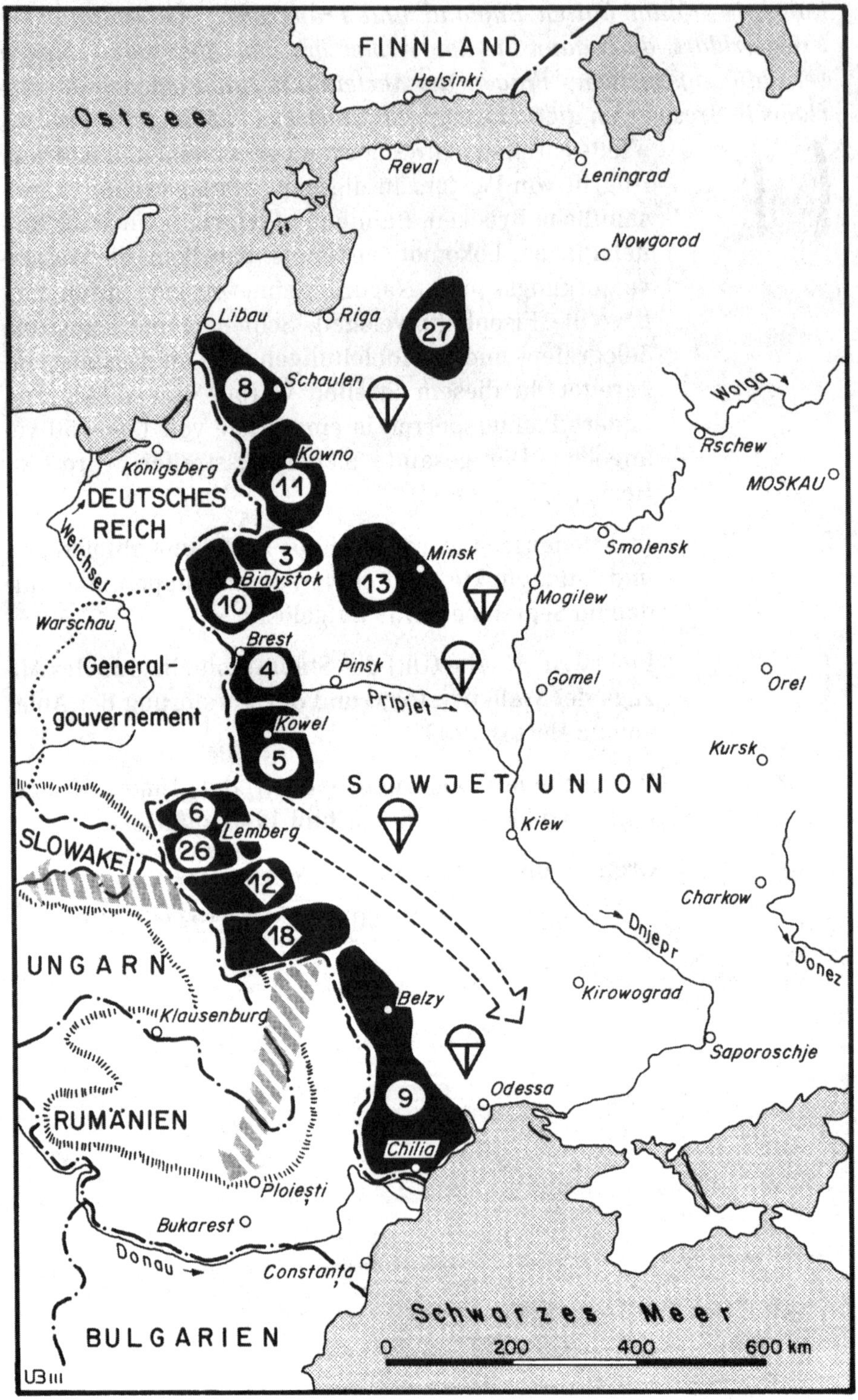
FINNLAND
Helsinki
Ostsee
Reval
Leningrad
Nowgorod
Libau
Riga
27
8
Schaulen
Wolga
Rschew
Kowno
11
Königsberg
MOSKAU
DEUTSCHES REICH
Weichsel
3
Minsk
Smolensk
Bialystok
13
10
Mogilew
Warschau
Brest
4
Pinsk
General-gouvernement
Gomel
Orel
Pripjet
Kowel
5
Kursk
SOWJET UNION
6
Lemberg
Kiew
26
SLOWAKEI
12
Charkow
18
Dnjepr
UNGARN
Donez
Belzy
Kirowograd
Klausenburg
Saporoschje
9
Odessa
RUMÄNIEN
Chilia
Ploiești
Bukarest
Donau
Constanța
Schwarzes Meer
BULGARIEN
0 200 400 600 km

Karte 2 Die Erste Strategische Staffel der Roten Armee

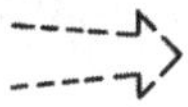

Die Dislozierung der Ersten Strategischen Staffel machte eine Verteidigung der Sowjetunion nahezu unmöglich. Selbst ein schwacher gegnerischer Vorstoß in Richtung Lublin-Rowno-Perwomajsk mußte umgehend zum Verlust von fünf sowjetischen Armeen einschließlich der stärksten Armee der Welt, der 9., führen. Ein solcher Schlag würde für die UdSSR den Verlust gewaltiger materieller Werte, fruchtbarster Ländereien, die Preisgabe der unverteidigten Marinebasen der Schwarzmeerflotte sowie strategischer Stützpunkte der Luftstreitkräfte bedeuten. Ein solcher Schlag des Gegners mußte den Verlust großer Energiekapazitäten im Süden der Ukraine zur Folge haben und dem Gegner den Zugang zum Donezbecken – dem »sowjetischen Ruhrgebiet« – eröffnen. Genau diesen Schlag führte im Juni 1941 die 1. deutsche Panzergruppe.

Die Dislozierung der Ersten Strategischen Staffel zeigt eine deutlich erkennbare offensive Ausrichtung. Die

⑨ 9. Armee – stärkste Armee der Welt – war insgeheim nicht an der deutschen, sondern vor der rumänischen Grenze konzentriert worden. Der Vorstoß der 9. Armee nach Rumänien hätte einen Schlag gegen die ungeschützte primäre Erdölquelle Deutschlands bedeutet.

◇12 Gebirgsjägerinvasionsarmeen und einzig mögliche Richtung ihres Einsatzes im Gebirge. Das Vorrücken der sowjetischen Gebirgsjägerarmeen über die unverteidigten Gebirgszüge hätte nicht nur ein Durchtrennen der Erdöl-»Aorta« Deutschlands an vielen Stellen ermöglicht, sondern zusätzlich das Herüberwerfen deutscher Reserven nach Rumänien vereitelt.

⑬ Sowjetische Invasionsarmeen der Ersten Strategischen Staffel, in deren Rücken das getarnte Aufschließen weiterer sieben sowjetischer Armeen zu den Grenzen erfolgt.

Luftlandekorps der »ersten Angriffswelle«. Im Landesinnern erfolgt zur gleichen Zeit insgeheim die Aufstellung von fünf weiteren Luftlandekorps.

–·–·– Grenzen im Juni 1941.

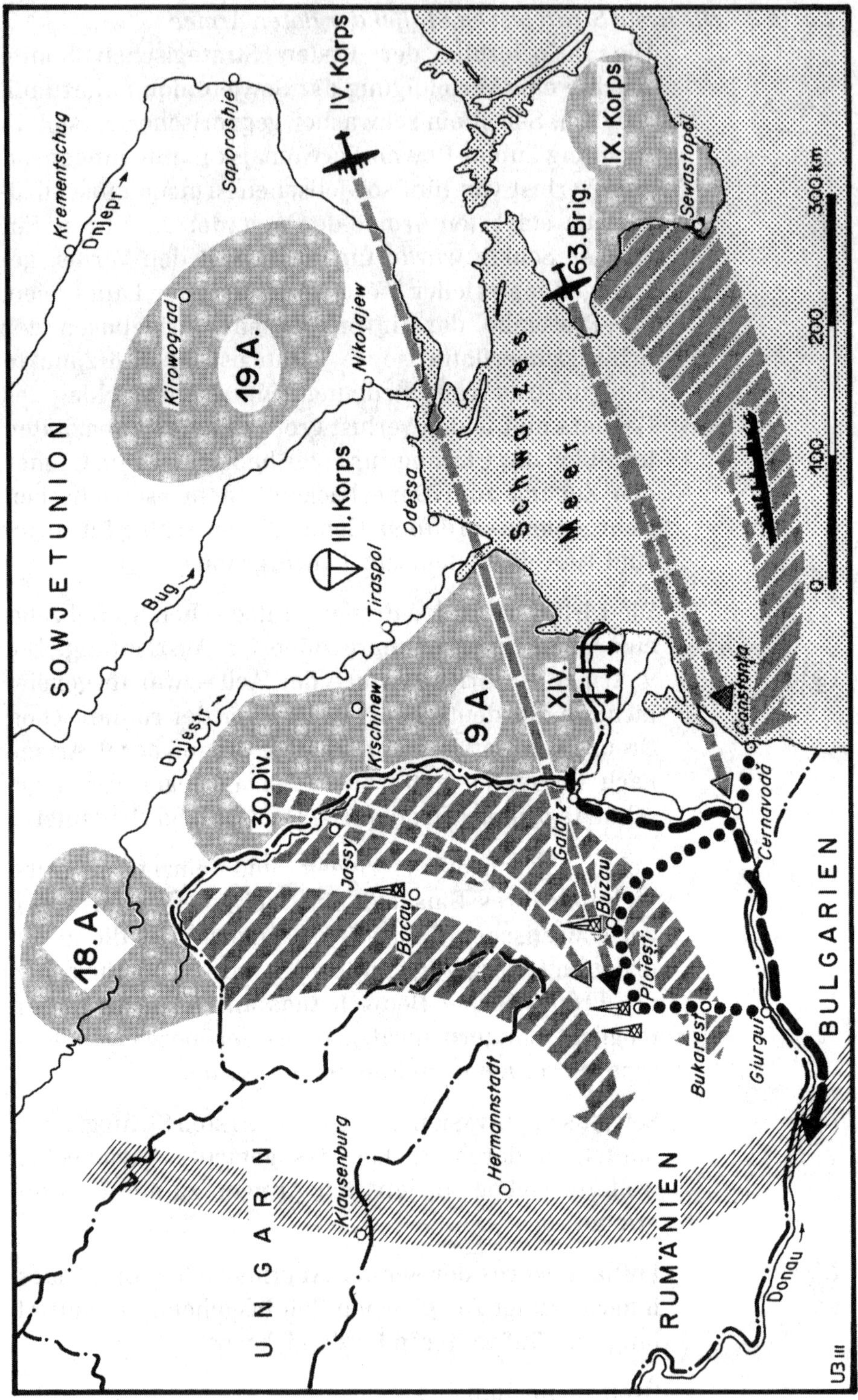
SOWJETUNION
UNGARN
RUMÄNIEN
BULGARIEN
Schwarzes Meer
18. A.
19. A.
9. A.
30. Div.
III. Korps
IV. Korps
IX. Korps
63. Brig.
XIV.
Krementschug
Dnjepr
Saporoshje
Kirowograd
Nikolajew
Odessa
Tiraspol
Bug
Dnjestr
Kischinew
Jassy
Bacau
Galatz
Buzau
Ploiești
Bukarest
Giurgiu
Cernavodă
Constanța
Sewastopol
Hermannstadt
Klausenburg
Donau
0 100 200 300 km

Karte 3 Der Verlust des rumänischen Erdöls würde für Deutschland die unverzügliche Niederlage zur Folge haben. Die Rote Armee war darauf vorbereitet, ihren Hauptschlag gegen Rumänien zu führen. Die Vorbereitungen für diesen Angriff in Rumänien befanden sich in ihrem allerletzten Stadium.

Die 18. (Gebirgsjäger-)Armee begann mit der getarnten Entfaltung am 13. Juni 1941.

Einzig mögliche Operationsrichtung einer Gebirgsjägerarmee im Gebirge. Andere Gebirge gibt es in diesem Raum nicht.

Die 9. Armee – stärkste Armee der Ersten Strategischen Staffel – wurde nicht gegen Deutschland, sondern gegen Rumänien entfaltet. Beginn dieser Aktion war der 13. Juni 1941.

Stoßrichtung der 9. Armee (bezeugt durch Marschall der Luftstreitkräfte A. Pokryschkin).

30. Gebirgsjägerdivision der 9. Armee. Auf sowjetischem Gebiet ist eine solche Division nicht erforderlich – es gibt in diesem Raum keine Gebirge. Wohl aber würde bei einer Invasion in Rumänien die rechte Flanke der 9. Armee längs eines Gebirgszuges operieren. Eben deshalb braucht diese Armee eine Gebirgsjägerdivision, und zwar gerade an ihrer rechten Flanke.

Übungen des 14. Schützenkorps der 9. Armee zur Überwindung des Donau-Deltas Anfang Juni 1941 und Versuche, am 22. Juni 1941, ohne Befehle aus Moskau abzuwarten, dieses Delta zu erstürmen.

Donau-Kriegsflottille und deren einzig mögliche Operationsrichtung im Kriegsfall: stromaufwärts. In einem Verteidigungskrieg wird die Flottille im Donau-Delta nicht gebraucht, und sie hat keine Rückzugsmöglichkeit.

Die 19. Armee – stärkste Armee der Zweiten Strategischen Staffel – wurde nicht an die deutsche, sondern an die rumänische Grenze herangeführt. Beginn des getarnten Aufschließens der Zweiten Strategischen Staffel an die Westgrenzen ist der 13. Juni 1941.

3. Luftlandekorps und sein vorgesehenes Operationsgebiet. Das Absetzen allein dieses Korps im Raum Ploieşti oder im Gebirge, da wo die Haupt-Erdöl-Transportadern verliefen, konnte das ganze Schicksal des Zweiten Weltkrieges entscheiden.

IX. Korps

Das 9. Spezial-Schützenkorps wird, aus dem Nordkaukasus kommend, am 13. Juni 1941 heimlich auf die Krim geworfen. Das Korps übt das Anlanden durch Kriegsschiffe, den Abtransport auf dem Seeweg und Landeoperationen auf gegnerischem Territorium.

Die Schwarzmeerflotte führte vor dem 21. Juni 1941 nach Umfang und Inhalt ungewöhnliche Manöver zur Bombardierung eines gegnerischen Küstengeländes, zum Anlanden starker Marineinfanterieverbände und deren Feuerunterstützung sowie zum Zusammenwirken mit den auf dem gegnerischen Territorium operierenden Landtruppen durch. Nach dem 22. Juni erhielt die Schwarzmeerflotte den Auftrag, genau in dieser Weise vorzugehen. Ihr erstes Ziel war die Bombardierung von Constanţa – dem wichtigsten Erdölausfuhrhafen Rumäniens.

 63. Brig.

63. Bomberbrigade der Fliegerkräfte der Schwarzmeerflotte, speziell ausgebildet für die Bombardierung des Erdölhafens in Constanţa und der Donaubrücke in Cernavodă.

 IV. Korps

4. Fernbomberkorps der Luftstreitkräfte der Roten Arbeiter- und Bauernarmee, das speziell auf die Bombardierung der Erdölfelder vorbereitet ist.

••••••

Ölpipeline.

INHALT

Pour le Mérite

VIKTOR SUWOROW
STALINS VERHINDERTER ERSTSCHLAG
Hitler erstickt die Weltrevolution
352 S. – s/w. Abb. – geb. im Großformat – € 25,95. – Anhand einer Fülle von Material beweist der bekannte Autor messerscharf: Hitlers Präventivschlag rettete Europa in letzter Minute vor dem Bolschewismus.

WILHELM TIEKE
IM FEUERSTURM LETZTER KRIEGSJAHRE
II. SS-Panzerkorps mit 9. und 10. SS-Division „Hohenstaufen" und „Frundsberg"
676 S. – viele s/w. Abb. – geb. im Großformat – € 25,95. – Neben der nüchternen Sachinformation sind hier packende Berichte der Kommandeure und Soldaten der Waffen-SS enthalten.

WERNER MASER
DER WORTBRUCH
Hitler, Stalin und der Zweite Weltkrieg
480 S. – viele s/w. Abb. – geb. im Großformat – € 24,80. – Materialreich wird die langjährige Planung Stalins für einen Erstschlag gegen das Deutsche Reich belegt und so mit der Legende von der „heimtückisch von Hitler überfallenen" Sowjetunion aufgeräumt.

MICHAEL REYNOLDS
EIN GEGNER WIE STAHL
Das I. SS-Panzerkorps in der Normandie 1944
304 S. – davon 16 s/w. Bildseiten – geb. im Großformat – € 24,80. – Den Kampf der 1. SS-Panzerdivision „Leibstandarte Adolf Hitler" und der 12. SS-Panzerdivision „Hitlerjugend" gegen die alliierte Invasion kennzeichneten übermenschliche Leistungen.

HEINZ MAGENHEIMER
STALINGRAD
Die große Kriegswende
352 S. – viele teils farbige Abb. – geb. im Großformat – € 25,90. – Der renommierte Wiener Autor hat die Schlacht um Stalingrad unvoreingenommen analysiert und widerlegt faktenreich das verzerrte Bild vom angeblich sinnlosen und starrsinnigen Verhalten der deutschen Wehrmachtführung.

JAMES BACQUE
VERSCHWIEGENE SCHULD
Die alliierte Besatzungspolitik in Deutschland nach 1945
312 S. – geb. im Großformat – € 19,95. – Nicht nur die Rote Armee, sondern ebenso Amerikaner, Briten und Franzosen stillten nach dem Krieg ihren Haß an den Deutschen. Die „Befreier" als selbsternannte Richter und Henker.

Verlag für Militärgeschichte

Pour le Mérite

MEINOLF REITZ
GROSSADMIRAL KARL DÖNITZ
und die deutsche Kriegsmarine.
Zeitgeschichte in Farbe
160 S. – durchgängig vierfarbig – geb. im Atlas-Großformat – € 25,95. – Dieser Bildband zeigt das Leben und Wirken des großen deutschen Soldaten und Patrioten im Rahmen von U-Boot-Waffe und Kriegsmarine.

REINHARD GÜNZEL u.a.
GEHEIME KRIEGER
Drei deutsche Kommandoverbände im Bild.
KSK – Brandenburger – GSG 9
160 S. – durchgängig vierfarbig – geb. im Atlas-Großformat – € 25,95. – Drei Ex-Kommandeure berichten in diesem Bildband über die Grundsätze ihrer Verbände und das, was sie miteinander verbindet.

FRITJOF SCHAULEN
DIE DEUTSCHE MILITÄRELITE 1939–1945
Zeitgeschichte in Farbe
160 S. – durchgängig farbig – geb. im Atlas-Großformat – € 25,95. – Die Oberbefehlshaber von Heer, Marine, Luftwaffe und SS, die Generalfeldmarschälle, Armee- und Heeresgruppenführer und die Träger des Ritterkreuzes mit Eichenlaub, Schwertern und Brillanten.

REINHARD OLTMANN
DER RUSSLANDKRIEG IN FARBE
Zeitgeschichte in Farbe

160 S. – durchgängig farbig – geb. im Atlas-Großformat – je Band € 25,95. – Der Ostfeldzug war gekennzeichnet von immensen Geländegewinnen und riesigen Kesselschlachten mit Millionen von russischen Kriegsgefangenen. Aber die deutschen Soldaten lernten auch die Tücken des Feindeslandes kennen: verschlammte Rollbahnen, mörderische Winter und Partisanen. Nach einer sachkundigen Einführung erstehen in atemberaubenden, teilweise bisher unveröffentlichten Farbfotos Faszination und Schrecken dieses Feldzugs zu neuem Leben.

BAND 1: STURM AUF MOSKAU
Von Finnland bis zum Schwarzen Meer (1941)

BAND 2: IN DIE TIEFEN RUSSLANDS
Durchbruch zu Wolga und Kaukasus (1942)

BAND 3: SCHICKSALSWENDE IM OSTEN
Von Stalingrad nach Ostpreußen (1943/45)

Alle drei Bände zusammen für nur € 65,90!

FRITJOF SCHAULEN
EICHENLAUBTRÄGER 1940–1945
Zeitgeschichte in Farbe

160 S. – durchgängig farbig – geb. im Atlas-Großformat – je Band € 25,95. – Das „Ritterkreuz mit Eichenlaub“ wurde bis zum Ende des Zweiten Weltkrieges an insgesamt 882 Soldaten verliehen. Diejenigen, die dieses Ehrenzeichen erhielten, gelten unter Militärhistorikern als die besten Soldaten ihrer Epoche. Von über 350 von ihnen liegen durch glückliche Umstände hochkarätige Farbfotos vor. Alle in dieser Trilogie abgebildeten Eichenlaubträger werden mit Kurzbiographien gewürdigt und in gestochen scharfen, meist unveröffentlichten farbigen Porträts vorgestellt.

EICHENLAUBTRÄGER BAND I
Abraham – Huppertz

EICHENLAUBTRÄGER BAND II
Ihlefeld – Primozic

EICHENLAUBTRÄGER BAND III
Radusch – Zwernemann

Alle drei Bände zusammen für nur € 65,90!

Verlag für Militärgeschichte